그림 앞에서
수다 떨기

그림 앞에서 수다 떨기

화가가 들려주는, 그림에 관해 말하는 법

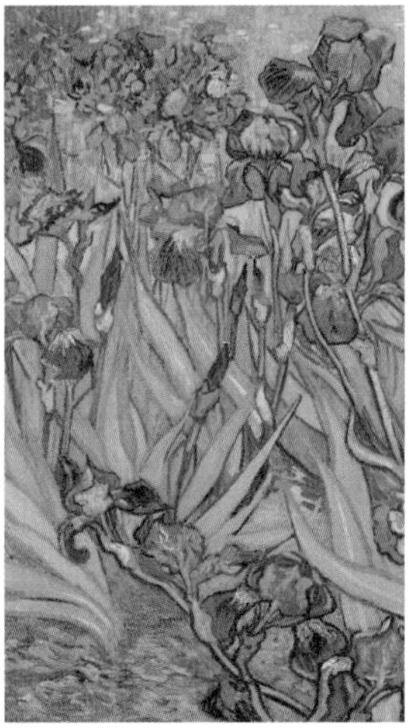

캐럴린 슐람 지음

이진경 옮김

두란

열심히 작업하고 있는 동료 화가들과

그 작품들을 향유하는 예술 애호가들에게

미술작품은 만드는 사람과 보는 사람이

기쁘게 만나는 곳이다.

—코지로 토미타

차례

1장

머리말: 이 책을 쓰게 된 까닭

1장

머리말:
이 책을 쓰게 된 까닭

이 책을 쓰겠다고 생각한 것은 뉴욕의 현대미술관에서 열린 〈피카소 조각 특별전〉을 찾았을 때였다. 피카소를 사랑해 마지않았기에 그 특별전 소식에 정말 흥분했으며, 오랫동안 손을 꼽으며 기다렸다. 처음으로 보는 수많은 작품들을 실제로 보고, 또 공부할 기회를 얻게 된 것이다.

그러나 그 기대는 여지없이 무너졌다. 관람객들이 너무 많아 작품에 가까이 다가가는 것 자체가 힘겨웠다. 더욱이 대부분의 사람들은 약속이라도 한 듯 휴대전화로 작품들마다 사진을 찍어 대고 있었다. 나는 인파가 흩어지기를 기다리고 있다가 다음 작품으로 옮겨가기 직전에 재빨리 일별해야만 했다.

나는 정말 궁금했다. 이 열성적인 사진작가들이 전시장을 빠져나간 다음 찍은 사진을 다시 보기나 할까 솔직히 의심스러웠다.

사람들은 분명 그림을 보는 일에 관심이 있으며, 이는 미술관의 입장 통계만 보아도 쉽게 알 수 있다. 사람들은 어디를 여행하든 미술관을 꼭 가봐야 할 목록의 우선순위에 놓고 있으며, 일류의 건축가들이 경쟁적으로 새로운 미술관을 짓고 있다. 더욱이 미술관의 규모는 점점 더 방대해지고 있다.

수요가 급증하고 있음이 분명하다면 그림을 보는 관람객들의 경험을 훨씬 더 만족스럽고 뜻깊게 만들 수 있는 방법은 없을까 하고 나는 생각했다.

화가로서 나는 전시를 보는 나만의 방법이 있다. 물론 나 또한 다른 관람객들과 다를 바 없이 작품을 즐기기 위해 간다. 그러나 나는 사냥꾼이기도 하다. 공감할 만한 작품, 무언가 내게 개인적으로 말을 걸어오는 작품, 한층 더 탐구하고 싶은 무언가를 나 자신의 작업에 제시해 주는 작품을 찾는다. 그 탐구의 대상은 때로는 색일 수도 있고, 특별한 색감들일 수도 있다. 질감, 처리, 구성, 형태, 재료 등 무엇이든지 탐구의 대상이 되기에 충분하다. 작품의 어떤 특성이 나의 관심을 이끌어냈는지 그 이유를 알게 되면, 내 작품에 지금 무엇이 중요한지, 무엇을 시도해야 할지를 알 수 있는 단서가 된다.

사냥꾼으로서 나는 단순히 관람의 경험을 쌓는다거나 비 오는 오후의 소일거리로 삼기 위해서만 미술관을 찾지는 않는다. 미술관 탐방은 내 삶의 중요한 한 부분이기에 그저 한가하게 시간을 메꾸려는 활동이 아니다. 사냥은 경험을 개인적인 것으로 만들어준다. 경험을 개인적인 것으로 만든다는 것은 내가 그 경험을 기억하고, 내 삶의 다른 부분과 연결시키며, 실제로 그로부터 무언가를 얻는다는 것을 의미한다. 나는 이날의 경험을 통해서도 그림에 관해 또 동시에 나 자신에 관해 무언가를 배워나갈 것이다.

방법은 이렇다. 전시실로 들어가 작품을 전반적으로 훑어본다. 안내된 글을 읽을 수도 있지만 가능하면 그렇게 하지 않는다. 이 문제는 나중에 다시 다루어 볼 것이다. 큐레이터들은 종종 자신들의 재능을 발휘하여 탁월하게 설명하지만, 가능하면 나는 전시된 작품에 관해 스스로 결론을 이끌어내길 좋아하며, 남의 의견을 좇는 것을 그다지 좋아하지 않는다. 비록 전시실에서 모든 작품을 일별하긴 하지만 분명 특히 흥미를 자극하는 작품 한두 점에 이끌리게 된다. 나는 딱히 끌리는 이유를 몰라도 본능이 시키는 대로 대부분의 시간을 이 한두 작품을 연구하는 데 할애한다. 제목과 제작 일자를 알려주는 꼬리표를 볼 수도 있지만 그다지 필요하지도 않으며, 반드시 보는 것도 아니다. 그런 다음 전시실을 옮겨 똑같은 방식으로 훑어보고, 나를 매료시키는 작품들에 초점을 맞춘다.

왜 이렇게 전시실에서 몇몇 작품만 집중해서 보는지 의아해할지도 모르겠다. 그러나 나는 이들 작품 모두를 꼼꼼하게 살피는 것이 애초에 불가능함을 알기 때문에 그렇게 한다. 많은 작품을 대충 보기보다 몇몇 작품에 깊이 집중하는 편이 더 낫다. 결국 우리는 한 번의 경험으로는 그에 걸맞은 정보를 흡수할 수 있을 뿐이다. 모든 것을 보려고 한다면 수평적으로 옮겨가야 한다. 나의 방법은 그 대신 수직으로 깊이 파고든다.

이런 식으로 전체 전시를 둘러본 다음 발걸음을 돌려 다시 한번 좋아하는 작품들을 살펴본다. 이 재방문에서는 내게 흥미를 불러일으킨 이 특별한 작품들의 속성에 주목하면서 작품을 이해하려고 하며, 일종의 잠정적인 결론에 도달한다. 나는 이 작품을 좋아한다. 왜냐하면 __________때문이다. 화가는 __________을 성취했다. 이런 방식은 내게 __________한 의미가 있다. 기타 등등.

이처럼 능동적인 학습을 경험한 다음에야 나는 행복한 마음으로 미술관을 떠난다. 그 과정은 보통 한두 시간 남짓 걸린다. 모든 작품을 보려고 하지 않았으며, 작품에 관해 쓰인 모든 정보를 읽으려고 하지 않았다. 내 머릿속에 모든 정보의 조각들을 빠짐없이 욱여넣으려 하지 않았다. 나는 숭배하는 많은 작품들을 보았고, 왜 그 작품들이 내게 호소력이 있는지를 주목해서 본다. 그리고 가장 중요한 것은 내가 본 작품을 *기억한다*는 것이다. 나는 진짜 경험을 얻게 된 것이다.

이제 잠깐 내 이야기를 해야겠다. 나는 살아오는 동안 평생을 그림을 연구했고, 그림을 그리며 보냈다. 그 결과 평범한 관람객들이 가지고 있지 않은, 능숙하게 다룰 수 있는 많은 도구들을 가지고 있다. 화가가 아닌 사람들을 미술관에 데리고 가서 이런 식의 관람 방법을 설명하고, 함께 그림에 관해 이야기를 나눈 적도 있었다. 대체로 나는 그렇게 경험한 사람들이 성장했다고 믿는다.

그리고 이 책도 다르지 않을 것이다. 나는 당신과 함께 미술관으로 갈 것이다. 우리는 시각 예술의 용어들을 배우게 될 것이다. 우리는 선택한 작품들을 보게 될 것이다. 물론 그 가운데 많은 작품들은 이미 당신에게 친숙한 것들일 수도 있다. 그러나 우리는 화가의 눈으로 그 작품들을 보게 될 것이다.

이 책은 예술 감상에 관한 책이며, 감상이야말로 이 책의 목적이다. 우리는 이해하지 못하더라도 즐길 수는 있다. 그러나 이해를 통해 즐거움은 더 크게 향상되고 심화된다는 것이 내 생각이다.

우리는 취향과 양식에 대해 말할 것이다. 그리고 왜 이들 취향과 양식이 이토록 개인적이며 다채로운지를 이야기할 것이다. 유행은 오기도 하고 가기도 한다. 그림이라고 예외는 아니다. 왜 특정한 작품은 인기가 있는지, 왜 어떤 작품들은 세대를 뛰어넘어 살아남았는지 이유가 있을 것이다. 우리는 이 모든 것을 검토해 볼 것이다.

나는 시각 예술을 이해하고 논의하도록 도울 미술의 용어들을 먼저 건네려고 한다. 또 당신이 보는 것을 해석하도록 돕는 도구들을 건넴으로써 그림을 이해할 수 있게 만들 것이다.

우리는 또 서구 시각 예술의 모범들을 역사적으로 살펴볼 것이다. 수천 명의 화가들이 살았고, 미술에 일정한 기여를 해왔음은 분명하다. 그러나 이 책에서 우리는 백 점에도 미치지 않는 작품들을 예시로 선택하여 여기에 초점을 맞출 것이다. 물론 여러 가지 이유로 그 작품들을 선택하였다. 그 작품들이 반드시 최고의 작품, 가장 유명한 작품은 아닐 수도 있다. 그럼에도 이 작품들은 전반적인 경계를 이해하고, 우리가 주제를 일별할 수 있도록 도와주는 핵심을 잘 보여준다.

이들 작품은 작가의 다재다능함 때문에 혹은 미술 창작의 새로운 방향을 선구적으로 개척했다는 이유로 조명을 받기도 할 것이다. 아마도 이들은 기법의 모범이 되거나 특정한 부문의 거장이거나 혹은 상징적인 작품을 창작하기도 했을 것이다. 이들은 이러저러한 이유로 중요하며, 이 책에서는 그 이유가 무엇인지 살펴볼 것이다.

미술계에서 걸작이라고 논의되는 몇몇 작품들을 언급하고 논의하기도 하겠지만 이 책에서는 이들 작품을 싣지는 않았다. 나는 공공 영역에서 활용할 수 있는 도판으로 자료를 한정했으며, 이들 걸작은 최근까지도 저작권의 관리 아래 놓여 있기도 하기 때문이다. 이 책처럼 교육적인 목적으로, 정당하게 사용한다는 조건으로 작품의 사용 권리를 건네준 화가들의 재단에 고마움을 표하고 싶다.

나의 바람은 바로 이 책에 담긴 폭넓은 개관이 독자들로 하여금 특정한 주제나 화가들에 관한 흥미를 불러일으키고, 더욱 깊이 파고들 수 있게 만드는 디딤돌이 되게 하는 것이다. 그러자면 저작권이 묶여 있는 화가들의 작품도 기꺼이 찾아보고 탐구해 보기를 권한다. 또한 다른 관점을 모색해 보라는 말도 덧붙이고 싶다. 이 책 속 나의 관점은 그저 하나의 관점일 뿐이며, 관점의 다양성 역시 중요한 주제임은 분명하다.

비록 걸작들이 더 많이 논의되고 환대받기는 하겠지만 언급되지 않은 예술가들의 훌륭한 작품들 역시 많이 존재하며, 그들의 작품 역시 상찬에 값할 만한 가치가 있다. 이러한 작품들 가운데 몇몇 작품이 이 책에 포함되어 있다. 나의 바람은 당신이 이 책으로부터 얻은 이해를 활용하여 다소 덜 알려진 작품의 빛을 발견하고, 나아가 이들 몇몇 작품을 소장까지 할 수 있었으면 하는 것이다.

미술의 감상은 아주 주관적이며 의견 또한 갈리기 마련이다. 나의 평가와 당신의 평가는 서로 일치하지 않을 수 있다. 그래도 괜찮다. 내가 이 책을 통해 제대로 주어진 역할을 해냈다면, 비록 나의 취향과 일치하지 않더라도 당신은 자신의 취향에 관해 더 많은 것을 배울 수 있게 될 것이다. 나는 무엇을 좋아해야 한다는 식으로 말하지는 않을 것이다. 그저 왜 당신이 그 작품을 좋아하는지 이해하도록 돕기만 할 따름이다. 당신은 미술에 관해 배우게 될 것이며, 마찬가지로 당신 자신에 관해 배우게 될 것이다. 이것이 아주 재미있는 일임을 약속드린다.

자, 이제 시작해 보자. 나와 함께 그림을 보러 길을 떠나자. 그곳에는 북적이는 사람들이 없다. 스마트폰으로 사진을 찍는 사람도 없다. 당신 앞을 가로막고 선 사람도 물론 없다. 그저 그림과 우리만이, 그리고 그림이 안겨주는 즐거움만이 있을 따름이다.

2장

시각 예술이란 무엇인가?: 몇 가지 기초적인 정의들

2장
시각 예술이란 무엇인가?: 몇 가지 기초적인 정의들

이 질문은 정말 큰 질문이다. 그리고 시작하기에 좋은 질문이기도 하고.

내가 쓴 어린이용 책 『예술적 재능: 어린 화가를 위한 입문서Art Smarts: A Primer for the Young Artist』에서 나는 시각 예술을 아주 간단히 이렇게 정의했다.

> 시각 예술은 사람들이 눈으로 보고 느낌을 즐기는, 화가들이 창조한 예술이다. 음악을 하는 예술가들은 느낌을 소리로 옮겨낸다. 작가는 언어로 자신을 표현하고, 무용가는 움직이는 몸으로 공간을 활용한다. 시각 예술가는 볼 수 있도록 그림을 그리고, 대상을 창조한다.
>
> 시각 예술은 평면적이거나 견고한 것일 수 있다. 시각 예술은 그림, 회화, 조각, 콜라주, 조립(아상블라주assemblage), 부조, 비디오 혹은 심지어 연행演行일 수 있다. 시각 예술은 진흙이나 강철, 청동이나 종이 혹은 캔버스나 진흙, 혹은 심지어 쓰레기 더미 속에 있는 무엇으로 만들 수도 있다.
>
> 미술은 화가가 이 세상에 보내는 메시지다. 이야기를 들려주든, 생각이나 느낌을 드러내든 미술작품의 목적은 표현하고 공유하는 것이다.

이를 어른용으로 바꾸어 말하면 다음과 같다.

> 일반적으로 말해 미술은 고양된 의사소통의 형식이다. 생각이나 느낌을 표현하거나 혹은 그 두 가지 모두를 표현하고자 하는 의도를 가진 화가의 의식으로부터 생성된다. 그/그녀가 표현을 위해 선택하는 방식은 수많은 요소들에 의해 결정된다. 그 요소들은 능력, 개성, 관심, 취향, 문화, 연령, 젠더 그리고 경험 등 독특한 표현 수단을 만들어내기 위해 결합하는 수많은 양상들을 무제한 포함할 수도 있다.
>
> DNA가 한 사람의 외모, 성격, 기질, 강점과 약점을 결정하듯 예술적 DNA 역시 화가가 창조하는 작품을 예측케 한다. DNA를 바탕으로 한 사람의 삶이 펼쳐지듯 영감을 받은 화가와 그것을 볼 수 있을 만큼 충분히 운 좋은 사람들에게 작품이 펼쳐진다.

시각 예술가들은 무언가를 만들기를 좋아한다. 그들이 만드는 것들은 섬세하고 완미한 것이기도 하고, 거칠고 힘찬 것이기도 하고, 그 극과 극 사이의 점진적인 변이나 단층일 수도 있다. 그러나 시각 예술가들은 자신들의 감정을 구체화하고, 볼 수 있게 혹은 만질 수 있게 만들 책임이 있다. 그들은 자신들이 창조한 것이 관람객의 눈에 명확하게 감지되기를 원하며, 만약 이들 작품이 관람객의 모든 감각을 활성화시킨다면 훨씬 더 바람직하게 여길 것이다.

그러나 사람들이 흔히 생각하듯 모든 시각 예술가들이 그림을 그리는 데에 관심을 갖는 것은 아니다. 많은 화가들이 '그림으로' 표현하고자 하나, 그 그림들이 모두 재현적이거나 무언가를 암시하는 것만도 아니다. 실제로 작품들이 아주 이해하기 어렵고 혼란스럽다 해도 미술작품들은 결코 아무렇게나 만들어지지 않는다. 작품들은 '사려 깊은 진화'라 부르는 과정에 의해 만들어진다.

이 말의 의미는 시각 예술이 의도를 갖고 창조되지만, 궁극적인 결과는 예술가조차 알지 못한다는 점이다. 그것은 '진화한다'. 한 번의 붓질이 또 다른 붓질을 이끌어내며, 완성을 향한, 말 그대로…… 여행이다. 최종적인 작품은 화가들에게 예술적 DNA에서 촉발된 '그의 작품', 또는 '그녀의 작품'으로 예술가들에게는 인식되는 듯하다.

화가들은 자신들의 작품 전반에 대해 생각하고 말하기를 좋아한다. 이는 각각의 작품은 책의 한 문장과 마찬가지로 전체 그림의 한 조각일 뿐이기 때문이다. 우리는 하나의 작품으로 모든 것을 말할 수 없음을 이미 알고 있다. 우리는 그저 한 가지 생각만을 말할 수 있을 뿐이며, 필자가 쓴 『창조적 길: 예술 제작에 관한 작업실에서의 시각The Creative Path: A View from the Studio on the Making of Art』에서 논의한 것처럼, 더한층 명확하게 사고가 표현되면 개별 작품은 더한층 좋아진다.

책을 표지만으로 판단할 수 없고, 삶을 하루만으로 판단할 수 없듯 화가의 작품을 한 작품으로 판단할 수는 없다. 그 모든 것을 있는 그대로 파악하기 위해서는 전체를 보아야만 한다. 예술가의 결과물에 관해 충분히 알지 못한 채 개별적인 작품을 보면, 그의 노력에 대해 부정확하고 불충분한 결론을 내릴 수도 있다. 우리는 좋은 날도 나쁜 날도, 우울할 때도 즐거울 때도 있으며, 그럼에도 완전한 전체로 존재한다. 맥락 속에서 볼 수 있는 예술가의 작품 전체에 친숙해진다면, 관람객으로서 개별적인 작품에 대한 우리의 감상은 더욱 고양될 것이다. 이 과정을 함께 진행해 감으로써 우리는 그 속으로 파고들어 갈 것이다.

이 책을 시간을 잘게 쪼개어 수많은 항구와 선착장을 섭렵하며 보내는 정신없는 휴가처럼, 일종의 "견본품"으로 생각하기를 바란다. 어쩌면 거론하는 몇몇 화가나 미술운동 혹은 장르가 당신의 기억 속에 아주 오래 남아 더 많은 것을 알고 싶다는 욕구를 자극할지도 모르겠다. 나아가 이 작품들을 감상자로서 혹은 심지어 작가로서 더한층 깊이 탐구해 보겠다고 결심할 수도 있을 것이다. 나의 목표는 그 문을 열어주는 것이며, 그 결과 새로운 관심, 열정 혹은 방향이 번쩍 생겨나기를 바란다.

서문에서 나는 미술관을 방문하는 것이 "사냥"을 하러 가는 것이라 말했다. 예술가는 자신만의 황금 성배를 찾기 위해 항상 그리고 온전히 매일 사냥을, 탐색을 하는 중이다. 그/그녀가 찾고 있는 황금이나 보상은 무엇일까?

탐색이란 목표를 향한 어려운 여행으로 규정된다. 민담에서 영웅은 그것을 얻기 위해 수많은 장애물과 역경을 극복해야만 하며, 많은 탐색들에는 고된 여행이 뒤따른다. 탐색하는 사람은 종종 초자연적인 것을 찾아다니며, 어떤 탐색의 대상은 가지고 있었으나 빼앗긴 것일 수도 있고, 어떤 식이든 자신을 충족시켜 주리라 믿는 새로운 것일 수도 있다. 탐색의 대상은 찾아내서 집으로 가져와야 할 그 무엇이지만 결국은 그렇게 할 수 없게 될지도 모른다. 그럼에도 영웅은 이미 겪어낸 여행으로 말미암아 변화될 공산이 크다.

작가 조지프 캠벨Joseph Campbell은 그 탐색에 대해 논의하며, 영웅은 평범한 세상에서 모험, 시험, 마법의 보상물이 있는 땅을 향해 떠난다고 주장한다. 탐색의 대상은 단순히 영웅에게 여행을 떠나게 하기 위한 동기일 수도 있다. 이러한 경우 여행은 그 자체가 떠남의 목적이자, 의미이며, 영예다.

이 이야기가 창조적인 작업에 뛰어드는 과정이라고 해서 다르지 않다면 나는 당신과 함께 여행을 시작할 것이다. 화가는 미지의 것을 찾고자 여행을 하고 있다. 그는 진부함을 거부하고, 마법을 향해 행진한다. 여행을 하면서 그는 추구하는 것의 실마리를 찾기 위해 노력한다. 여기에는 형태가, 저기에는 선이, 그가 그/그녀의 것이라 알고 있는 특징들이 있다. 그는 사냥과 실험을 이어가고, 기어오르고 다시 떨어지기를 반복한다. 시간이 흐름에 따라 그는 더한층 강력해진다. 어떤 것이 바람직해 보이고, 좋아 보인다. 화가는 그것을 좋아하게 된다.

관람객과 학생으로서 미술작품에 감탄하거나 그것을 폄하할 때 화가의 탐색에 대해 말한 것을 꼭 기억해 주기를 바란다. 그것은 개별적인 작품이든, 생애에 걸친 전 작품이든 화가의 작업을 보고 이해하는 데에 도움이 될 것이다. 아마 당신이 작품이 생겨난 개인적인 맥락, 역사적인 맥락을 특별한 노력을 기울여 이해한다면 화가를 혹독하게 비판하지는 못할 것이다.

화가들은 기법, 양식, 그리고 자신만의 방법을 발전시키고자 수많은 시간을 들여 노력한다. 화가들은 자신들의 사고와 감정을 가장 잘 표현하는 것이 무엇이며, 그 방법이 무엇인지, 어떻게 하면 제대로 된 효과를 얻을 것인지 다양한 시도를 하면서 수많은 굴절과 선회를 경험한다. 일반적으로 화가의 작품을 판매하고자 하는 상인들은 화가와 같은 입장에 놓여 있지 않다. 그들은 화가가 하는 작업에 꼬리표를 달고 싶어 한다. 꼬리표가 붙은 상품을 파는 것이 훨씬 더 쉽기 때문이다. 그들은 종종 화가가 정해진 방식으로 작업하는 것을 더 선호하며, 디자인과 초점이 비슷한 작품을 생산해 내기를 바란다.

이들 상인은 화가의 탐색과 정반대 방향으로 가고 있는 셈이다. 화가는 탐색의 대상인 성배를 찾을 수만 있다면 뻗어 있는 모든 길과 샛길을 마다하지 않고 가려고 한다. 화가는 짧은 길이 아니라 먼 길을 택하고 싶어 하며, 탐색의 실마리를 발견하기 위해 아주 작은 마을조차 기꺼이 방문하고 싶어 한다.

미술관을 둘러보다 특정한 화가의 익히 알던 작품과 어딘가 달라 보이고 심지어 전혀 비슷하지도 않은 작품을 보게 된다면, 이것을 기억하라. 화가가 자신의 안전지대로부터 벗어났다는 찬탄을 아낌없이 건네고, 이 일탈이 화가에 대해 이미 알고 있는 점과 어떻게 다른지 파악해 보라.

당신이 화가를 알면 알수록 작품에 붙은 작은 꼬리표의 날짜를 확인하는 데 흥미를 가지게 될지도 모른다. 이 작품이 창작된 시기를 알게 되면, 그의 작품 전체와 이 특별한 작품이 어떻게 연결되어 있는지 단서를 얻을 수 있을 것이다. 화가가 새로운 방향을 설정했는가 아니면 이전 시기로 되돌아갔는가? 우리 역시 앞으로 나아가기 전에 종종 뒤로 돌아가지 않았던가.

당신은 이미 화가의 관점에서 생각하고 있다. 당신은 물론 미술사학자는 아니다. 그렇지만 화가의 작품 전체를 한 개인의 여행으로 바라봄으로써 미적 규준을 활용하고 있으며, 그 과정에 참여하고 있는 것이다. 이 또한 개별적인 작품과 모든 작품을 한층 더 흥미롭게 만든다.

나는 이젤을 앞에 두고 오랜 시간 서서 물감과 친구가 되기 위해 씨름하고, 마음속에 떠오르는 것을 표현하고자 노력하는 사람의 관점에서 이 글을 쓰고 있다. 나는 내면에서부터 일어나는 화가의 투쟁을 알고 있다.

잘못된 방향을 택했는데 새로운 것을 발견하게 되고, 우연한 착상이 승리를 가져오고, 당신이 정말 좋다고 생각한 것이 때때로 새로운 날의 빛 속에서는 거짓말이 되기도 한다는 것을 나는 알고 있다. 마음속에 떠올랐던 이들 경험을 간직한 채 다른 예술가의 작품을 바라볼 것이다.

이러한 입장에서 본 나의 생각과 판단은 미술사를 연구하는 사람들의 권위와 모순을 일으킬 수도 있다. 나는 역사가가 아니다. 나는 훈련된 두 눈을 가진 화가이기에 그저 내가 어떻게 그림을 보는가를 말할 수 있을 뿐이다. 화가의 삶을 아주 자세하게 파고드는 미술사 책들은 끔찍할 정도로 많다. 당신이 여기에 관심이 있다면 그런 책들을 찾아보라고 권하고 싶다. 내가 이 책에서 초점을 기울이고 있는 것은 당신이 작품에 깊이 빠져들어 연구하기 전에 내가 관심을 두고 있는 생각들이며, 작품 그 자체이며, 그 작품들이 지닌 고유성과 특수성이다. 나는 이런 식으로 읽는 것이 작품을 훨씬 더 즐길 수 있게 하기를 바란다.

이제 시각 예술가들이 사용하는 다양한 매체에 관해 이야기해 보자. 왜 화가들은 다른 매체보다 특정한 하나의 매체를 사용하는가?

소묘, 회화, 조각. 이는 정태적인 시각 예술의 주요한 세 가지 종류다. 최근 화가들은 새로운 예술 형식들을 고안해 내고 있으며, 이들 가운데에는 동적인 특성을 띠고 있기도 하다. 여기에는 영상, 공연, 움직이

는 조각, 설치 미술, 컴퓨터나 디지털 장치로 만들어진 작품 등이 포함된다. 차차 이들 형식도 다루겠지만 먼저, 기본적인 것부터 살펴보자.

소묘와 회화는 평면에 창조된 미술 형식이며, 높이와 넓이라는 2차원만 있다. 깊이는 없다. 예외는 콜라주와 아상블라주다. 이들 예술 형식은 평면에 다른 재료들을 부착함으로써 일반적으로 아주 얕기는 하지만 깊이감을 얻는다. 아상블라주는 여전히 2차원으로 간주되거나 아니면 그저 릴리프(주렁주렁 매달아 두는 것)라고 볼 수도 있다. 그러나 아상블라주의 경우 표면에 상당한 돌출부가 있기도 하며, 이런 작품은 조각으로 분류될 수도 있다.

이 두 가지를 제외하면 모두 평평한 표면으로 되어 있다. 표면은 수많은 재료, 즉 종이, 캔버스, 나무 등으로 이루어져 있다. 또한 표면은 "바탕"이라 지칭되기도 하며, 바탕을 덮기 위해 사용하는 재료들만큼이나 중요하다. 표면이 달라지면 다른 방식으로 재료들을 수용하며, 독특한 결을 창조해 낸다. 예컨대 파스텔 화가는 파스텔을 매혹적으로 도드라지게 받아들이는, 결이 거친 종이를 더욱 선호하기도 한다. '색채의 밭'으로 잘 알려진 헬렌 프랑켄탈러Helen Frankenthaler는 가공하지 않은 원래의 캔버스와 함께 표면에 날것 그대로의 안료를 남겨둠으로써 재료 속에 물감의 오일이 가라앉게 했다.

모든 화가들은 작품을 창조하는 과정에서 무수한 선택을 하며, 이들 각각의 선택이 완성된 작품의 궁극적인 내용과 외양에 기여한다. 표면을 알아채는 것은 작품을 연구하기 위한 첫 번째 단계이며, 작품이 작동하는 방식을 보고 느낄 수 있게 만드는 이해를 끌어올릴 것이다. 화가가 선택한 바탕은 무엇이며, 왜 그것을 선택했는가? 그 선택은 이미지와 그 처리에 어떤 영향을 미치는가?

당신은 "매체가 곧 메시지다"라는 마셜 맥루한Marshall McLuhan의 말을 들어본 적이 있을 것이다. 아주 간단하게 해석하면 우리의 논의에 적용될 수 있는 이 구절의 의미는 선택된 매체가 말하려고 하는 내용을 결정한다는 것이다. 사실상 매체는 메시지 자체와 분리할 수 없는 양상이다. 매체가 달라지면 메시지도 달라진다.

따라서 이들 선택은 결코 우연적이거나 무의미한 것이 아니다. 시각예술에 관한 완벽한 감상을 위해서는 화가의 성, 국가, 시대, 문화 등과 같은 다른 요소들에 덧붙여 매체와 바탕을 고려해야 한다.

이제 바탕이나 바탕을 덮는 재료로 옮겨가 보자. 이 목록은 2차원적인 미술작품을 창조하기 위해 사용할 수 있는 재료의 종류를 길게 나열한 것이다. 여기에는 잉크, 크레용, 파스텔(부드러운 것과 오일을 기본으로 한 것 모두), 수채, 과슈, 포스터 페인트, 오일 페인트, 아크릴 페인트, 핫 왁스(엔코스트), 연필, 마커, 흑연, 직물, 기타 등등 수많은 재료들이 있다. 이들 재료의 몇몇은 소묘를 위한 재료이며, 또 다른 몇몇은 회화를 위한 재료들이다. 그러나 실제로 화가들은 이들 재료로 그리기도 칠하기도 한다.

바탕에 재료를 바르기 위해 사용하는 다양한 도구들이 있다. 붓은 가장 흔한 것이지만 화가들은 물감이나 다른 재료들을 바탕에 바르기 위해 아주 많은 다른 도구들을 사용한다. 누더기, 스펀지, 손가락, 스텐실, 에어 브러시 등. 화가들은 또한 표면에 물감을 떨어뜨리고, 흘리고, 얼룩지게 하고, 뿌리고, 붓고, 말 그대로 내던지기도 한다.

우리들 중 누군가는 깔끔하고 섬세한 나머지 펜이나 연필처럼 깨끗한 자취를 남기는 매체를 선호하는 경향이 있다. 반면 다른 사람은 이보다 한층 활기찬 양상에서 의미를 찾기도 하며, 바탕을 덮는 직접적인, 때로는 지저분한 방법을 선호하기도 한다. 어떻게 할 것인가 하는 것은 화가의 선택이며, 그리고 앞서 말한 것처럼 그 선택은 우리의 메시지에 내재되어 있다. 참으로 어떤 것이든 미술 속으로 들어올 수 있다. 완성하기 위한 단 하나의 방법이란 존재하지 않는다.

이제 소묘와 회화, 이 둘을 구분해 보자. 소묘는 종종 "연필, 펜이나 크레용 등 (칠을 한다기보다), 특히 단색으로 그려진 그림"으로 정의된다. 회화는 종종 "덧씌우거나 장식하기 위해 그림에 물감을 사용하는 과정

혹은 작품"으로 정의된다.(두 정의 모두 Dictionary.com에서 인용)

이들 정의는 두 예술 형식에 관한 비전문가의 개념이다. 사실상 화가는 한 작품에서 번갈아 가며 그리고, 칠한다. 그들은 점을 찍고 선을 그리며 소묘와/나 붓질을 함으로써 형태를 채운다.

우리는 소묘를 글쓰기에서 시에 비유하여 훨씬 단순한 표현으로 생각한다. 반면 회화는 이야기나 소설처럼 한층 복잡하고 완성된 것으로 생각한다. 그러나 이러한 구분은 전혀 정확하지 않다. 소묘도 아주 복잡하고, 회화도 아주 단순할 수 있다. 소묘에도 채색을 활용할 수 있으며 회화도 단색일 수 있다. 그들은 모두 선과 형태를 가진다. 당신은 물감으로 그릴 수 있고, 크레용과 다른 그리기 재료를 써서 칠할 수 있다.

아마 이것은 차이가 없는 구분일 것이다. 2차원의 미술작품을 만드는 화가들은 자신들의 도구함에 수많은 도구들을 담아두고 있다. 그들은 그리고, 칠하고, 붙이고, 인쇄하고, 자르고, 깁고, 사진으로 담고, 이

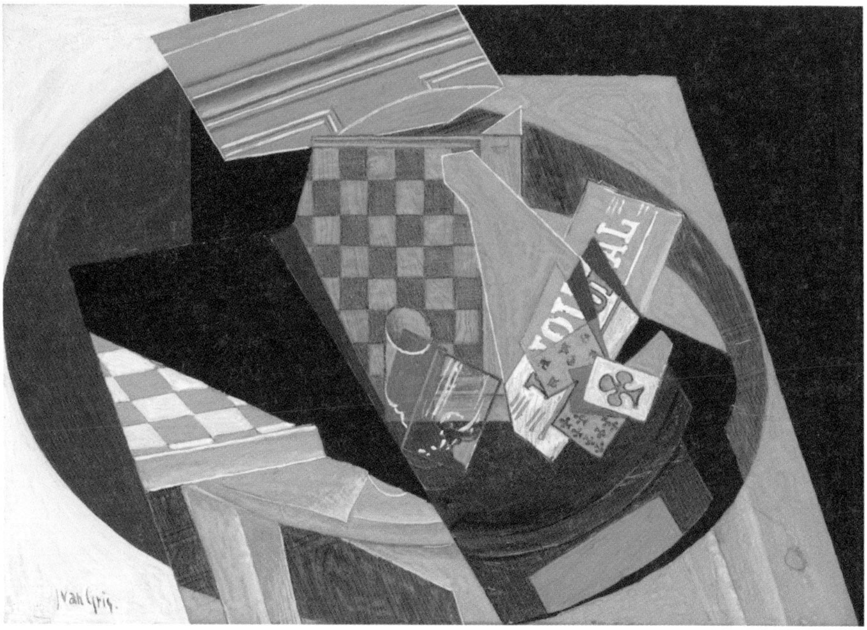

[그림 1] 후안 그리스, 〈체스판과 카드놀이〉

들 방법의 결합을 활용하기도 한다. 때로는 이들 결합이 의도적이기도 하고, 때로는 우연히 얻어지거나 실험적으로 시도되기도 한다.

이들 2차원적인 작품 중 일부는 평면적으로 보인다. 다른 작품들은 깊이에 대한 환영을 창조하기 위해 원근법을 사용한다. 어떤 작품은 평면이 다른 평면 위에 겹쳐 쌓여 있는 것과도 같은 입체파의 작품들처럼 얕으나마 깊이를 암시하기 위해 창작된 것도 있다. 이런 작품으로는 후안 그리스Juan Gris의 그림을 예로 들 수 있다.[그림 1]

그림 속 사물은 다소 평평한 외양을 하고 있다. 마치 카드가 이리저리 덧쌓여 있는 것처럼 놓여 있고, 각각은 조금 비스듬한 모양새다. 때때로 우리는 대상의 단편만을 볼 따름이다. 여기에서는 정물을 아래로 내려다보는 그리스의 시점이 큐비즘 작품들의 특징이라는 점에 주목해 보라.

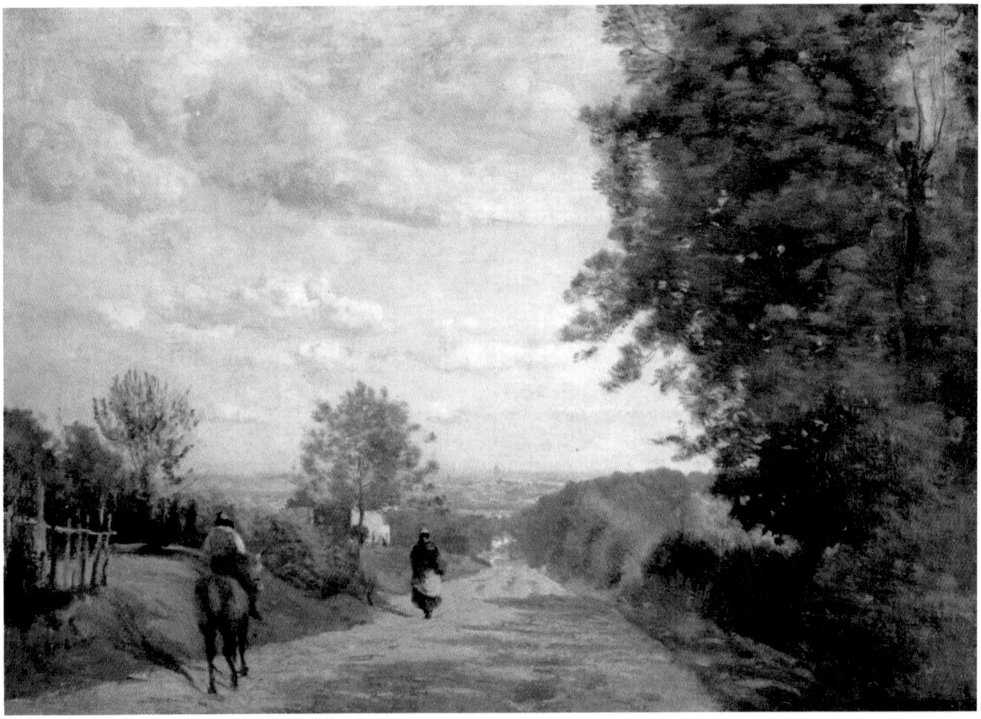

[그림 2] 장 바티스트 카미유 코로Jean Baptiste Camille Corot, 〈세브르의 길, 파리 방면 풍경〉

다른 화가들은 뒤에 멀리 놓여 있는 듯한 풍경처럼 공간의 깊이에 관한 효과를 창조하고자 노력한다. 예시는 왼쪽 페이지에 있는 코로의 작품[그림 2]이다. 우리들의 눈은 가까운 곳에 있는 한층 명확한 곳에서부터 색과 선형이 점차 덜 명료한, 멀리 떨어져 있는 곳으로 이동한다.

이들 환영은 화가들이 본능적으로 연구하거나 사용하는 원근법에 의해 창조된다. 원근법과 동의어는 "시점"이란 용어다. 특정한 시점에서 관찰된 대상의 위치와 상대적인 높이, 폭, 깊이를 평평한 표면에 적합하게 묘사하기 위해 화가들은 원근법을 채택한다. 이 가운데 어떤 원리는 대상이 공간의 뒤에 놓일수록 더욱 작아 보인다는 사실을 포함한다. 붉은색이나 노란색 같은 따뜻한 색은 가깝게 다가오며, 파랑과 초록 같은 차가운 색들은 멀리 떨어져 있는 듯이 보인다.

원근법을 명료하게 이해하고자 할 때 두 가지 용어가 도움이 된다. 선형 원근법과 대기 원근법이 그것이다. **선형 원근법**은 평면적 표면 위에 거리의 환영을 표현하는 방식이다. 사물들은 상상적인 거리를 전달하는 듯이 그려진다.

집으로 가는 길이나 철로를 묘사하는 대각선 두 개를 떠올려 보자. 눈에 가까이 있는 두 선은 멀리 떨어져 있다가 수평선 위의 상상적인 점에 도달하기까지 뒤로 멀리 갈수록 점차 가까워진다. 이를 **소실점**이라 부른다.

아니면 어린 시절 만들었던 상자 그림을 생각해 보자. 어떻게 대각선과 다른 것보다 앞에 놓인 평면적인 형태들이 3차원의 환영을 만들어내는지를 보라.

그림을 그릴 때 3차원의 환영을 창조하기 위해 사용하는 선형 원근법과 함께 화가들은 **대기 원근법**이라 지칭되는 또 다른 종류의 원근법을 사용한다.

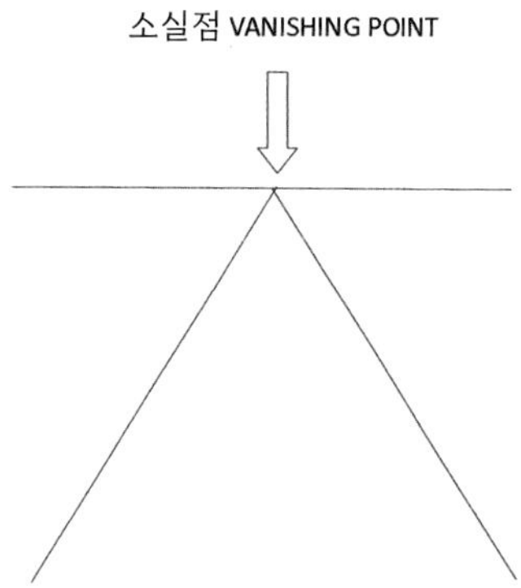

[그림 3] 소실점(일러스트레이션)

한층 강렬한 색으로 눈에 가까이 있는 대상을 재현함으로써, 그리고 흐릿하고 덜 명료한 색으로 멀리 떨어진 대상을 재현함으로써 화가는 사람들이 3차원의 세계를 보고 있다고 믿게끔 눈을 속일 수 있다.

원근법이란 단순한 규칙을 이해했다면, 이제 그림을 볼 때 어떻게 화가들이 선과 색을 활용하여 2차원적인 평면에 3차원적인 깊이에의 환영을 부여하는지 주목해보자. 추상적인 작품을 볼 때조차 선과 색은 특정한 형태들을 전면에, 다른 것들을 후면에 두는 환영을 만드는데 기여한다. 어떻게 이러한 효과를 획득할 수 있는지를 아는 것 또한 미술작품을 보는 당신의 즐거움을 배가시킬 것이다.

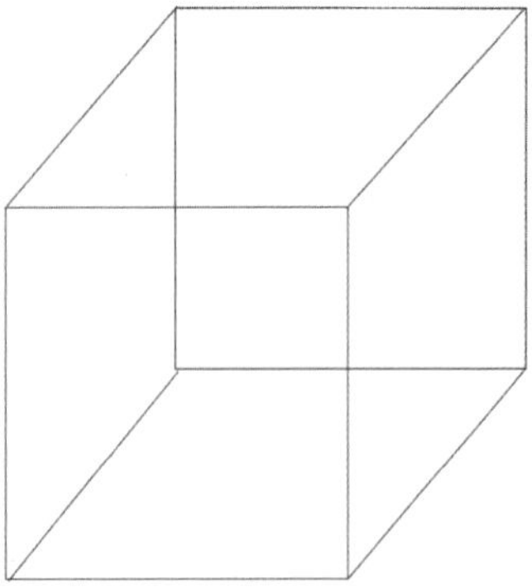

[그림 4] 상자(일러스트레이션)

화가들이 깊이라는 환영을 창조하기 위해 원근법을 사용하듯, 사물에 무게와 부피를 부여하는 다른 방식들도 있다. 이를 형체forms라 부른다. 형체는 미술의 요소들 중 하나이며, 다음 장에서 우리는 화가들이 평면적인 표면을 보는 것이 아니라는 것을 믿게 하기 위해 채택하고 있는 몇몇 사례들을 살펴볼 것이다.

그림을 볼 때 화가가 그림을 어떻게 구성하는가도 주목할 필요가 있다. 심지어 같은 주제를 계속 탐구하는 화가들은 이미지를 전적으로 다른 방식으로 배열하기도 한다. 여기 살펴보아야 할 몇 가지 사실들이 있으며, 길을 따라가며 답해야 할 질문들이 있다.

정면이란 무엇인가 그리고 중심이란 무엇인가? 어디에 초점을 맞출 것인지를 선택하는 것은 화가에게 가장 중요한 것이 무엇인지를 암시한다. 따라서 대상이 가장 크고 가장 생생할수록 중요하다.

그림의 모든 부분은 같은 정도로 상세한가? 예술가는 종종 자신들

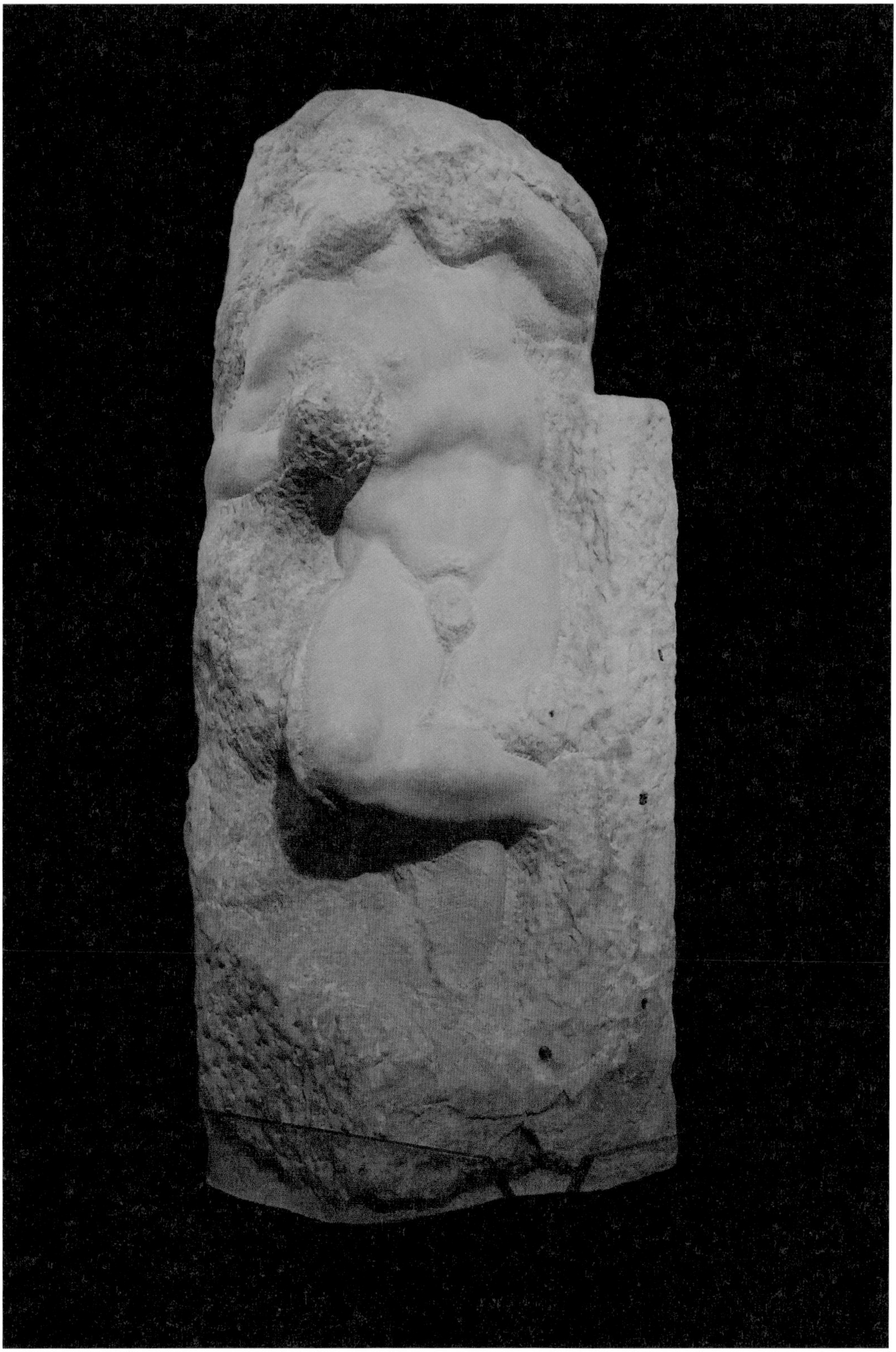

[그림 5] 미켈란젤로, 〈각성하는 노예〉

작품의 일부를 미완성인 채로 남겨두거나 형성 과정 그대로 남겨둔다. 조각가 미켈란젤로Michelangelo는 이러한 상태로 인물의 일부를 남겨둔 것으로 유명해졌다.[그림 5]

미켈란젤로는 단단한 대리석 덩어리로 작업하였고, 형체를 드러내기 위해 돌조각들을 떼어냄으로써 작품을 창작하는, 이른바 뺄셈의 과정으로 작업하였다. 그는 "모든 돌덩어리 속에는 조각상이 있으며, 그것을 찾아내는 것이 조각가의 역할이다"라고 말한 것으로 전해진다.

작업할 때 원래 상태 그대로 덩어리 일부를 남겨둠으로써 예술가는 실제로 바위 자체를 기어오르고 있거나 그 안에서 등장하는 것처럼 형상에 생명력을 불어넣고 있다. 조각이 여전히 형성 중인 상태에 있는 것이다! 얼마나 천재적인가!

2차원적인 작품에서 장면이나 이미지의 일부는 항상 잘려 나간다. 왜냐하면 예술가의 시야 바깥에 존재하기 때문이다. 그러나 상관없다. 보는 이의 눈과 상상력이 어떻게 화가를 대신하여 그림을 완성하는지를 주목하라. 보는 이가 작품의 참여자로 그 이미지를 더욱 거대한 세계의 일부로서 받아들이고, 어떤 의미에서는 예술가를 대신하여 작품을 완성한다. 보는 이는 인물의 발이 그림의 틀 바깥에 있다고 추정해야 하지 인물에게 발이 없다고 생각해서는 안 된다.

색의 밀도에도 주목하자. 고도로 채도가 높은 색은 가까이 있음을 드러내며, 멀리 떨어져 있는 사물은 덜 명확하고 안개에 덮인 듯하다. 이는 특히 풍경을 묘사하는 그림에 적합하고 또 두드러진다. 우리는 대기로 둘러싸인 행성에서 살며, 비록 보이지는 않아도 실제 우리가 보는 모든 것은 색과 밀도를 가지고 있다. 대기를 의식하는 가운데 부드럽게 약화된 색은 확연히 밝은색으로는 전달할 수 없는 현실성을 가진다.

인상주의자들은 그림을 그리기 위해 외부로 나갔고, 그곳에서 대기를 발견했다. 그리고 그것은 일종의 계시였다. 모네Monet는 빛과 대기가 미치는 효과를 탐구하기 위해 하루의 매시간 건초 더미를 채색하느라 온

통 마음을 기울였다. 그 순간의 빛의 상태가 모든 색을 변화시키듯 각각은 전적으로 다른 색의 양상들을 재현한다. 인상주의 화가들은 우리에게 빛이 없는 색이란 존재하지 않음을 상기시키고 있다.

그림을 그리기 위해 바깥으로(야외로) 나가본 적이 있는 화가라면 누구나 빛이 달라지면 색도 변한다는 사실을 인지하고 있다. 이것은 일관된 색감에 도달하기 위한 "시간의 똑딱거림"이란 게임이며, 기껏해야 그 결과로 나온 작업은 어쩔 수 없이 일정 정도 추측이 뒤따르게 된다. 이 점을 생각해 보자: 당신이 보고 있는 것이 항상 변화하고 있다면 그것을 어떻게 그릴 수 있겠는가?

다음은 건초 더미를 그린 두 가지 사례다. 하나는 겨울에 그렸고, 다른 하나는 여름에 그렸다.[그림 6a]와 [그림 6b]

모네는 겨울빛과 여름빛이라 일컫는 색감의 공식들을 고안해 냈기 때문에 어느 정도는 과학자다. 왜 그는 고민했을까? 그는 자신의 그림에 "진정성"을 담으려고 혼합색을 만드는 데 매료되었고, 그 혼합색들이 표현하고 또 말하게 하려고 했다. 이것이 모네라는 화가가 달성하고자 추구한 것이다. 이것이야말로 그의 메시지이자 목적이다.

당신은 물의 색이 어떠한지 생각해 본 적이, 설명하려고 시도해 본 적이 있는가? 만약 화가가 아니라면, 물을 표현하기 위해 색을 섞어야 하지 않는다면 굳이 고민할 거리가 아니다. 당신이 보았던 물의 모든 실체를 생각해 보라. 어떤 때에는 갈색 혹은 초록 혹은 회색 혹은 파랑과 초록의 혼합으로 드러난다. 사실 물은 색이 없다. 물의 색은 색이란 감각을 안겨주는 빛과 땅과 땅을 둘러싸고 있는 대기의 색이다.

모네는 자신이 탐구하는 작품의 대상이 건초 더미가 아니라 건초 더미를 보이게 만드는 빛임을 이해하게 되었다. 그는 빛과 대기의 화가가 되었고, 연못의 수련들은 그가 캔버스에 담아낸 빛과 색의 결합으로 표현되었다. 모네는 빛을 그리고자 지나치게 집착하였고, 그 깨달음 속에서 추상화가가 되었다. (7장에서 "수련들"의 그림을 볼 수 있을 것이다.)

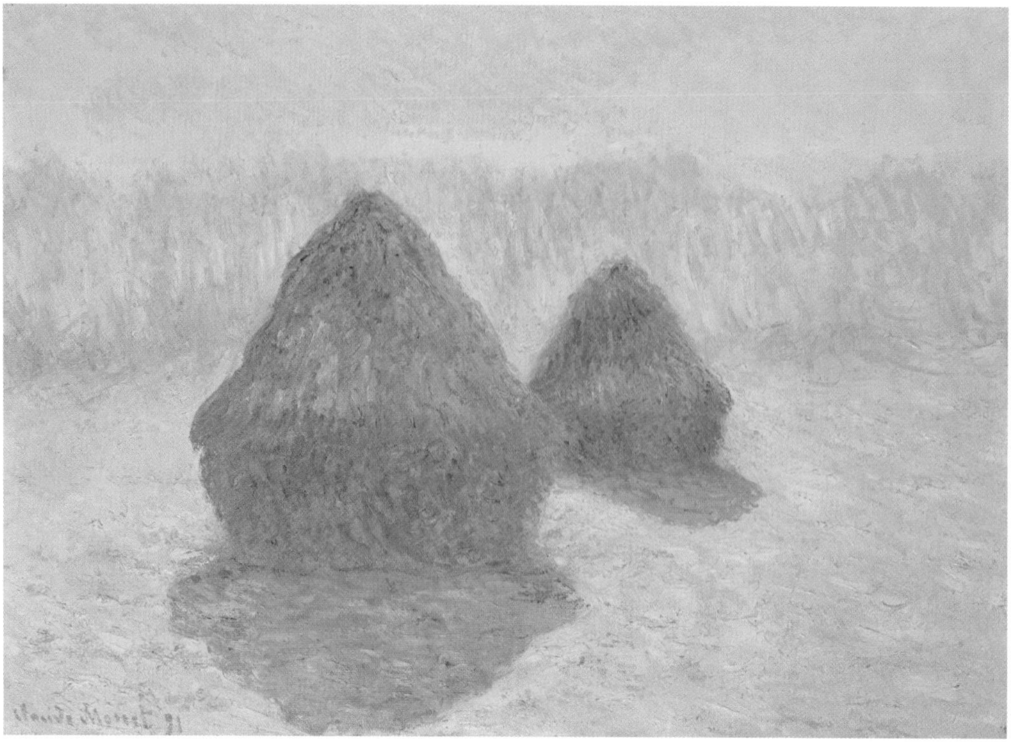
[그림 6a] 모네, 〈건초 더미(눈과 햇빛의 효과)〉

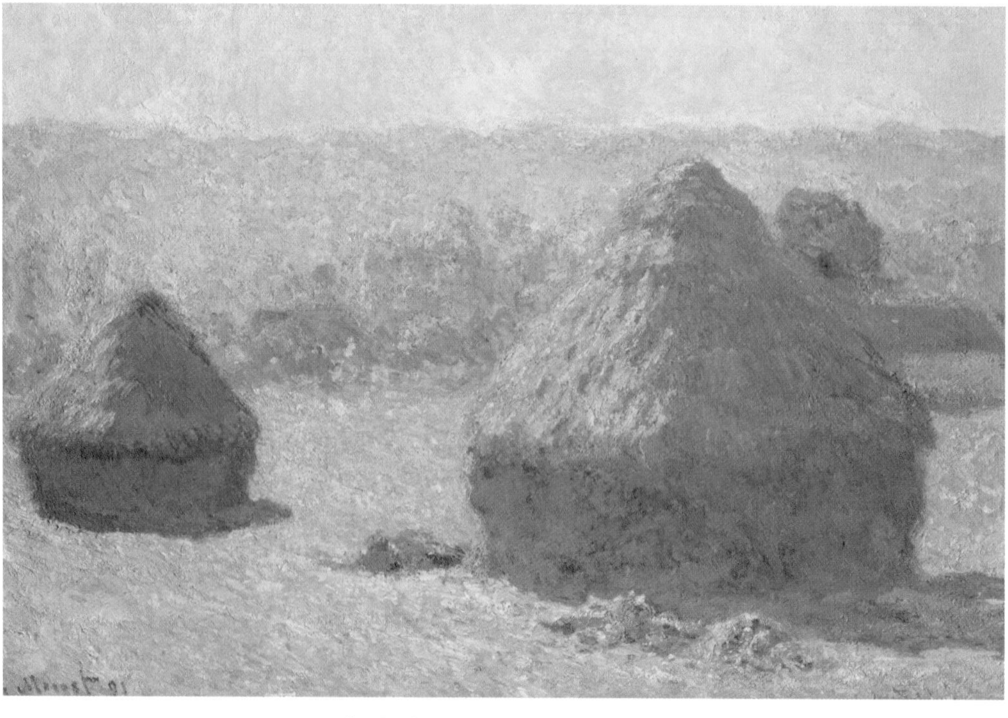
[그림 6b] 모네, 〈건초 더미(여름의 끝)〉

그런데 그 수련에 스며든 빛은 화가로서 모네가 탐구해 낸 완성태였다. 2008년에 유명한 수련이 있는 연못을 그릴 기회가 생겼는데, 나는 너무나 기쁜 나머지 감동의 눈물을 흘릴 지경이었다. 탐구하는 화가 모네의 입장이 되어 그가 느꼈던 것을 느끼고, 그가 보았던 것을 본 감동은 너무나 의미심장하고 강력한 것이었다. 물론 나는 말 그대로 다른 방법으로 그것들을 그렸고, 당연히 그래야만 했다. 모든 화가의 탐색은 전적으로 다르며, 비록 공통된 비전에도 불구하고 각자의 탐색은 결코 반복될 수 없다.

2차원적인 예술은 잠시 밀쳐두고 조각을 정의해 보기로 하자. 조각이란 용어는 3차원—길이, 넓이, 그리고 깊이—으로 창조된 예술을 모두 포함한다. 뒷면이 기본적으로 평평하지만 표면의 세부가 돌출해 있는 릴리프도 조각일 수 있다. 여기에는 바스-릴리프(프랑스어로 낮은 릴리프bas-relief라는 뜻)라고 부르는 얕게 돌출된 작품도 있고, 오트-릴리프(프랑스어로 깊고 높은 릴리프haut-relief라는 뜻)도 있다.

우리들 대부분은 일반적으로 조각을 원형round의 대상으로 생각한다. 그렇기에 실제로 서 있는 입상을 자유롭게 돌아볼 수 있고 모든 방향에서 볼 수가 있다. 그러나 이것이 필수적인 요건은 아니다. 자유롭게 서 있든 아니든 깊이를 가지고 있기만 하다면 조각이다. 모빌처럼 천장에 매달려 있을 수도 있고 땅에 누워 있거나 물속에 잠겨 있을 수도 있다. 만약 예술가가 상상하고 떠올리는 것이 그 무엇이든 깊이를 갖기만 한다면 조각이라 규정한다.

회화와 마찬가지로 조각은 여러 종류의 재료들로 만들 수 있다. 돌, 나무, 금속, 유리, 흙 등이 익숙한 것들이다. 그러나 조각 역시 아주 특별한 재료로 만들 수도 있다. 찾아낸 대상들을 다시 모으거나 부숴버린 것을 재결합한 것일 수도 있다. 생태 조각처럼 살아 있는 식물로 만든 것도 있다. 심지어 풍경 전체가 조각품이 될 수도 있다. 이는 환경 조각 혹은 대지 조각이란 범주로 묶인다.

화가들이 스스로를 표현하기 위해 고안해 낸 다양한 방식들을 모두 논의하려면 익숙해져야만 하는 몇몇 용어들이 있다. 이 책에서도 개별적인 미술작품에 대한 논의를 진척시켜 나가기 위해서는 그 작품들을 논의할 언어가 필요하다. 알아 두면 아주 유용한, 시각 예술에 맞춤한 특정한 용어들이 있는 것이다. 다음 장에서 우리는 이들 여러 용어를 훑어볼 것이다.

미술의 형성은 인류사를 관통하는 수많은 문화들과 집단들 가운데에서도 본질적인 활동이다. 그러나 미술이 항상 동일한 의미와 목적을 가진 것은 아니었다. 따라서 왜 특정한 작품이 주어진 해당 시기에 만들어졌는지를 아는 것은 작품을 이해하고 감상하는 데 중요한 단서가 된다. 왜 원시인들은 자신들이 살던 동굴의 벽면에 대상을 그렸을까? 왜 그리스인들은 이상화된 조각품들을 만들었을까? 왜 네덜란드 화가들은 초상화를 그렸을까? 왜 모든 예전의 회화는 한결같이 어두운가?

약속건대 우리는 이들 수많은 질문을 다루어 나가겠지만 여기에서는 다만 미술을 창작하는 것이 항상 그저 소일거리이거나 오락적인 활동이 아니라는 관점을 염두에 두기를 바란다. 신의 노여움을 풀기 위해서든, 왕의 위엄을 고취시키기 위해서든, 기우제를 지내기 위해서든 미술은 목적이 있었다. 미술 활동은 목적을 가지고 그려낸 것이며, 이 목적이 제작 방식과 드러나는 방식을 조정하였다. 미술 형성에 영향을 미치는 시간과 장소에 따른 규칙, 표준이 있었다는 것이다.

마찬가지로 그 시대의 사람들이 세상에 대해 알고 있었던 것과 이해했던 것에는 제한이 있었다. 예전 화가들은 자신의 시대에 사용할 수 있었던 도구와 매체를 사용했다는 사실을 기억하자. 화가들은 제리의 아르타라마(미국 노스캐롤라이나에 있는 미술 재료를 전문으로 판매하는 도매상—옮긴이 주)에 전화를 걸어 물감을 미리 짜 놓은 완벽한 팔레트와 멋지게 휘감기는 붓을 주문했을 리는 없다. 그들은 자연 그대로의 재료, 부적절한 조명, 창조적인 표현을 그르칠 듯한 다른 많은 것들을 사용해야 했다.

원시 미술가들은 그들 세상의 대상들—동물, 사람, 식물 등—을 재현하고자 노력했다. 그들은 현실적인 것들을 재현하는 현실주의자들이었다. 그들의 예술적 훈련은 제한적이었고, 따라서 아이들이 그린 것처럼 단순화된 방식으로 대상을 재현했다. 그러나 혼동하지 말아야 한다. 비록 아이의 능력이 조잡할지 몰라도 그 의도는 명확하다. 아이는 의심할 것 없이 현실주의자다. 그는 종이에 막대기를 그린 것처럼 보일지라도 엄마를 그리고 있다고 생각한다. 따라서 동굴에 그림을 그린 이들 역시 다르지 않다. 틀림없이 그들은 자신들을 화가라 전혀 생각하지 않았다.

수많은 현대 화가는 이들 단순화된 이미지들로부터 영감을 얻었다. 그 가운데 피카소는 아프리카 미술의 신선함과 자연스러움을 발견하고는 깜짝 놀랐다. 그는 그것을 너무도 좋아한 나머지 모방하고자 했다. 그러나 그는 교육을 받은 전문적인 현대 화가였으며, 재현적인 이미지를 그리는 기법을 배웠던 사람이다. 피카소가 그의 작품을 단순화하여 원시 미술가들의 작품과 유사하게 만들었을지라도, 그는 의도적으로 뚜렷한 인식과 확신을 가지고 그렇게 했다. 그렇다면 그는 현실주의자인가? 전혀 아니다. 그는 반추상 작품을 창조했기 때문이다.

이제 시각 예술에 대한 세 가지 접근인 **현실주의**realism, **반추상**semi-abstraction, **추상**abstraction을 검토해 보자. 이 세 가지를 기차가 멈추는 역으로 생각해 주기를 바란다. 당신은 미술의 세계라는 기차를 타고 가는 중이며 이들 역 가운데 어디든 내릴 수 있다. 그리고 당신은 마음을 먹으면 이들 주요한 역에서 더욱 작은 장르라는 간이역으로 가기 위해 기차를 갈아탈 수도 있을 것이다. 그래도 이 세 가지를 이해하면 모든 다른 것들을 이해하는 데 도움이 될 것이다.

현실주의는 사람, 동물, 풍경 그리고 사물을 형체를 바꾸지 않고, 보이는 그대로 묘사하고자 하는 시도다. 이 책의 뒤에서 훨씬 자세히 논의하겠지만 현실주의자인 화가는 마술사가 아니며, 그는 자신이 보는 것을 평면에 물감으로 옮기기 위해 다양한 기법들을 사용한다. 여기에는 조정이나 번역이 필요하다. 그러나 그 의도는 명확하다. 실재를 재현하려는 것이다.

현실주의의 하위 부문으로 사진-현실주의Photo-Realism가 있다. 화가는 사진이라 믿어도 될 만큼 지극히 정밀하고 정확하게 형체를 제시하는 기법으로 만들어낸다. 사진-현실주의 작품을 볼 때 유의해야 한다. 어떤 경우 이미지가 지닌 극강의 현실성은 너무나 완벽하게 만들어진 무언가로 변형되어 사실 실재하지 않는 듯한 느낌을 안겨준다.

한층 더 화가다운, 덜 정교한 작품도 사진-현실주의 작품보다 더 현실적이라 "느끼게 하는" 정서적 공감을 불러일으킬 수 있다. 그런데 어떤 사진-현실주의자들은 사진의 모든 구석구석을 포착하려고 시도하면서 사진을 표면에 투사시켜 놓고 그리기도 한다. 이 기법은 일종의 속임수이며, 그 의도는 관람객을 바보로 만들고자 하거나 극강의 정확성이란 인상을 주고자 함일 수도 있다. 그러나 칭찬할 만한 미적 선택은 결코 아니다.

화가가 그리고자 하는 대상을 모방하기보다 오히려 그 외양을 변경하고자 할 때 반추상의 영역으로 옮겨간다. 반추상은 실재의 양상을 신중하게 선택하고 그것을 변형시키는 장르다. 결과적으로 만들어진 작품은 복제가 아니라, 이름을 붙일 수 있는 대상의 해석이다. 왜 화가는 자신이 보는 것을 바꾸고 싶어 할까?

대답은 화가가 새로운 방식으로 그것을 보고자 하며, 당신 또한 새로운 방식으로 보기를 원하기 때문이다. 이에 대한 예시로 모딜리아니[그림 7]처럼 어쩌면 그는 대상의 목을 길게 늘어뜨리고 싶을지도 모른다. 어쩌면 그는 피카소가 했듯이 얼굴의 몇몇 다른 측면들을 동시에 보여주고 싶을지도 모른다. 어쩌면 그는 그저 다르게 만들기 위해 납작하게 하고, 왜곡하고, 과장하고, 단순화하기를 원할지도 모른다. 그것은 당대의 문화가 금지시켰기 때문이든 그러한 변형을 고려조차 하지 않았기 때문이든 전임자들은 할 수 없었던, 현대 화가들만이 누리는 특권이다. 아마도 그는 실재와 닮은 것이라면 무엇이든 거부하고 싶었을지도 모른다. 이는 몇 세기 전만 해도 상상조차 할 수 없었던 일이다. 만약 그가 모든 참조 대상들을 팽개쳐버리고 싶어 한다면 그는 그렇게 할 수 있다. 그는 이제 다음 기차역인 추상으로 가게 될 것이다.

추상은 현대인에게는 아주 익숙한 것이지만 시각 예술의 세계에서는 너무나 새로운 것이다. 그렇다면 정확히 추상이란 무엇인가?

추상은 심지어 하늘처럼 견고하지 않은 것은 물론이고, 실재 대상이라는 참조물을 배제하는 과정이다. 만약 회화가 풍경을 암시하지만 묘사하지 않는다면 반추상으로 간주된다. 비록 있는 그대로의 하늘을 볼 수는 없을지라도 추상화가들은 어떤 것에 대한 인상을 전달하는 듯한 형태와 선, 거리와 배경 등의 개념을 암시할 수도 있지만 그것을 무엇이라고 명명하기 어려운 경우가 있다. 화가는 그 작품을 〈비 오는 날〉이라고 할 수도 있지만 이는 묘사적이기보다 한층 은유적이다.

모네와 수련에 관한 설명을 돌이켜 보자. 나는 모네가 그린 것이 수련이 아니라 사실은 빛이었다고 말했다. 빛은 추상이다. 모네는 작품에 붙인 이름처럼 자신이 수련을 그렸다고 말한다. 그러나 우리가 보는 것은 무엇인가? 대상인 수련은 빛 속에서 사라지고 없다. 우리는 색, 색조, 강렬함, 결 등을 본다. 모두가 다 추상적인 것들이다.

모든 미술작품이 추상에서 시작된다는 것을 명심하라. 최초에 그려낸 선과 색은 실재와 유사한 어떤 것과 아직은 닮지 않았다. 처음에 우리는 모두 추상화가들이다. 유일한 차이점은 반추상 화가 혹은 현실주의 화가들은 다음 역으로 떠나려고 노력하는 데 비해 추상화가들은 존재를 명시하는 것을 거부함으로써 최초의 역에서 오래도록 머물겠다고 선택하며 그저 자신의 표식들을 한층 우아하게 의도적으로 정교화해 나갈 뿐이라는 점이다.

작품을 순수 추상, 반추상, 현실주의 등 무엇으로 결정하든 간에 작품 속에는 추상적인 요소들이 있는 법이다. 작품에 나타나는 궁극적인 형식과 상관없이 이들 추상적인 요소들을 찾아보자. 실재에서 추상을 발견하고 추상에서 실재를 발견하라! 아마도 당신은 개별적인 결과보다 보편적인 요소들이 훨씬 더 중요하다는 것을 알게 될 것이다.

순수한 추상은 해방된, 자유로운 예술 형식이다. 추상화는 구체적인 것에서 본질적인 것으로, 직설적인 것에서 은유적인 것으로 우리를 데려간다. 화가들이 추상적으로 그릴 수 있다는 것을 깨달았을 때, 첫 번째 역이 사실상 목적지가 될 수 있음을 깨달았을 때, 이는 믿기 어려울 정도로 놀라운 일이었다. 보이지도 않는 것을 추상으로 그린다는 것은 엄청난 상상력과 용기를 요구한다. 지금 우리는 추상을 전적으로 정당한 예술 형식으로 받아들이고 심지어 더욱 좋아하기도 하지만 처음 시도되었을 때에는 절대적인 신성모독이었다.

오늘날 화가들은 현실주의든 반추상이든 혹은 추상이든 어떻게 그

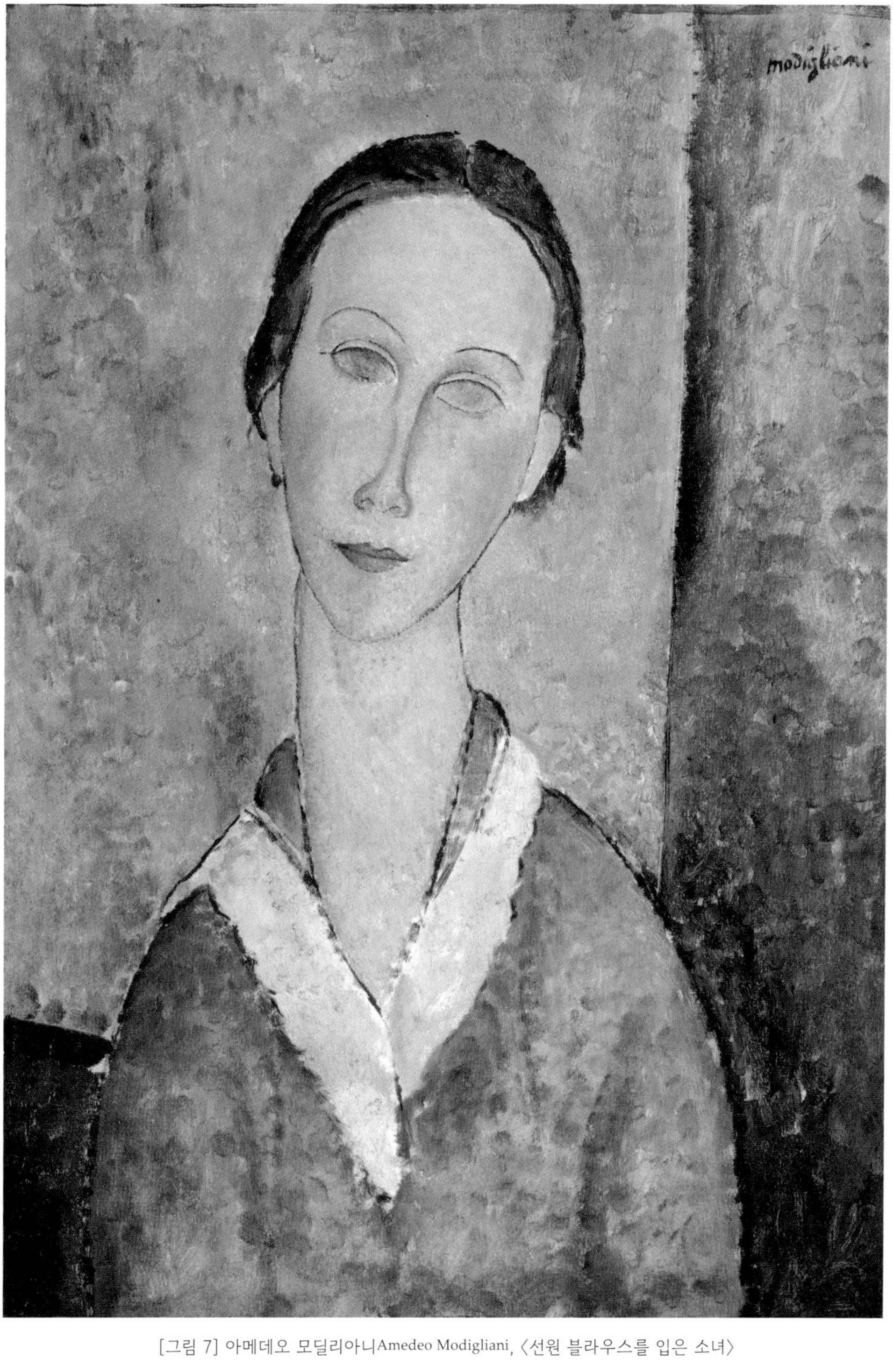

[그림 7] 아메데오 모딜리아니Amedeo Modigliani, 〈선원 블라우스를 입은 소녀〉

릴지 자유롭게 선택할 수 있다. 적어도 서구 사회에서 화가들은 저마다 선호하는 방식과 형식으로 자신들의 작품을 창조할 완전한 자유 의지를 가지고 있다. 다음 장에서 우리는 이 세 가지 주요한 장르들의 하위 범주에 속해 있는 간이역들 모두를 이야기할 것이다. 여러분들이 들어본 적이 있는 이름들—미래파Futurism, 초현실주의Surrealism, 팝 아트Pop Art, 미니멀리즘Mimimalism 등—을 이제 커다란 세 가지 맥락 속에서 이해하게 될 것이다.

여기에서 마지막 한마디만 더 하자면 이 책에서 우리는 미술사의 운동들과 개별적인 미술작품들의 명칭을 거론하며 설명을 제시할 것이다. 그러나 모든 손가락의 지문이 독특하고, 모든 서명이 저마다 다르듯 모든 화가들은 자신의 손으로 자신만의 고유한 지문과 서명을 창조한다. 이를 완벽하게 전제한 바탕 위에서 설명할 것이다. 이는 참으로 말로 다 할 수 없는 것에 이름을 붙이고, 범주화하려는 온갖 노력을 넘어서는 것이며, 초월하는 것이다. 미술이 그렇다!

3장

미술의 어휘:
용어와 사용법

3장

미술의 어휘:
용어와 사용법

옥스퍼드 영어 사전에는 171,476개의 낱말이 수록되어 있다. 다른 언어들은 그보다 훨씬 많은 낱말이 있기도 하다. 예컨대 일본어는 5천만 개의 낱말이 실려 있다고 알려져 있다. 보통의 어른 화자의 영어 어휘는 몇 개쯤 될까? 찾아본 답은 약 2만 개의 낱말이 적극적(실제 화자들이 사용할 수 있는 낱말)으로 사용되며, 소극적(화자가 알고는 있지만 쓰지는 않는 낱말)으로 사용되는 낱말까지 포함시키면 약 4만 개의 어휘라고 한다. 수학 문제를 풀 때 평균적인 사람들은 고작 11%의 낱말만을 자신의 언어로 사용한다.

일반적인 것은 아니지만 전문가들이 자신의 분야에서 사용하는 많은 전문용어들도 있다. 이들 용어는 새로 고안된 낱말도 있고, 다른 언어에서 차용해 온 것들도 있다. 나는 셰익스피어가 약 1,700개의 새로운 낱말을 고안했다는 사실을 읽은 적이 있다.

여기에서는 우리의 목적을 위해 시각 예술을 설명하기 위해 사용하는 몇몇 낱말과 용어들을 논의할 것이다. 많은 용어들에 이미 익숙해 있을 수도 있겠지만 그 가운데에는 사람들의 정의가 너무 일반적인 것도 있다. 우리는 대부분의 화가들이 말하는 것처럼 말해볼 것이며, 이 과정을 거치고 나면 그림을 볼 때 사용할 수 있는 풍부한 어휘를 갖게 될 것이다.

나는 이 장을 어떻게 구성할 것인지 생각하면서, 알파벳 순서에 맞추어 제시하지는 않기로 마음먹었다. 그 순서대로 하면 비록 깔끔할 수는 있겠지만 맥락이 빠지게 된다. 맥락 속에서 용어를 배우지 않고서는 쉽게 적용하기가 쉽지 않은 법이다.

먼저 **그림의 요소들**elements of art에 관해 말해보자. 모든 화가들이 의식하든 하지 않든, 그림을 논의할 때 사용해야만 하는 기초적인 개념들이 존재한다. 그것은 **빛**light(때로는 **명암**value으로 지칭되기도 한다), **색**color, **선**line, **형태**shape, **형체**form, **공간**space 그리고 **질감**texture이다.

화가들은 이 모든 요소들을 사용하지만 종종 하나 혹은 몇몇 요소들을 두드러지게 활용하기도 하며, 그것이 특정 화가의 능력이나 특징으로 알려져 있기도 하다. 설명을 마친 다음에는 탁월한 성취를 이룬 화가를 한 사람 사례로 제시할 것이다. 훨씬 더 많은, 훨씬 더 두드러진 특성을 드러내 보이는 화가들이 당연히 있을 것이다. 그럼에도 이들 요소는 모든 시각 예술 작품에 나타난다고 말하는 것으로 충분하다. 나는 이들 사례를 구분하고 분석하는 데 도움을 주는 한도 안에서 제시할 것이다.

빛

빛이 없다면 어떤 것도 보이지 않을 것이다. 따라서 빛은 화가가 다루는 가장 중요한 요소다. **빛**은 모든 것을 보이게 만드는 자연의 대리자이며, **조명**lighting은 인공적인 빛의 원천을 지칭하는 말이다. 화가들은 두 가지를 모두 활용하며, 종종 가장 선호하는 조건을 선택하거나 설정한다. 바깥에서 작업하며 빛을 그리는 화가들은 사생 화가en plein air painter로 지칭된다. 이는 인상주의 화가들의 전매특허였다.

그림을 볼 때 빛의 원천이 무엇이며 어디에 있는지를 상상해 보라. 현실주의 회화에서는 **그림자**shadows를 연구함으로써 그 원천을 찾을 수 있다. 그림자는 무언가가 빛의 원천이 지나가는 경로를 막고 있을 때 만들어지는 어두운 영역이거나 형태다. 만약 그림자가 대상의 오른쪽에 있다면 빛이 왼쪽에서 나오는 셈이다.

흑백의 필름을 활용함으로써 카메라는 어둠과 빛의 영역들을 복제해 낸다. 이것이 모든 카메라가 하는 작업이다. 사실 카메라가 할 수 있는 유일한 것이기도 하다. 어둠과 빛을 카메라가 정확하게 복제할 때 카메라가 달성하는 것은 무엇인가? 그것은 대상의 외양, **3차원의 형체**를 창조한다.

나는 종종 학생들에게 흑백의 사진을 주고 뒤집어 놓고 모사하는 연습을 시키고는 한다. 그러고 나서 어둠과 빛의 형체와 강렬함을 재현해 보라고 요구한다. 그들은 빛과 어둠이 갖는 사진의 스펙트럼, 가장 밝은 빛에서 흰빛, 가장 어두운 어둠, 검정까지 모방할 것이다. 이러한 빛과 어둠의 범위를 **색 영역**gamut이라 지칭한다.

회화는 긴 색 영역 혹은 짧은 색 영역을 가질 수 있다. **긴 색 영역**a long gamut(가장 밝은 빛에서 가장 어두운 어둠까지)은 한층 극적인 효과를 만들어내며, 반면 짧은 색 영역, 예컨대 아주 근사한 중간 톤의 집합체는 미묘한 효과를 만들어낸다. 여기에서 혼동하지 말아야 한다. 우리는 지금 색을 말하는 것이 아니라 빛의 변주들을 말하는 것이다.

화가는 색조에 흰색을 더함으로써 수많은 색의 음영들을 재현할 수 있다. **색조**hue는 색—푸른색, 붉은색, 보라색 등—이다. 색조의 밝음을 명암의 대비value라 지칭하기도 한다. 자동적으로 명암의 대비를 제시하는 카메라와 달리 화가는 의식적으로 명암의 대비를 부여한다는 것을 기억하라. 화가는 카메라가 무의식적으로 하는 일을 의식적으로 수행하며, 이는 화가로 하여금 사물을 변화시킬 수 있는 더 많은 여지를 안겨준다.

다시 빛으로 돌아가 보자. 학생들이 뒤집어진 사진 이미지를 모사하며 빛과 어둠을 그리고 난 다음 종이를 다시 뒤집었을 때 빛과 어둠의 형태들이 기적처럼 대상을 창조해 냈다는 것을 보고 놀라고는 한다. 이것은 중요한 연습이다. 화가들은 그 어떤 것도 창조해 낼 수가 없다. 그들은 나무를, 얼굴을, 혹은 그 무엇이든 만들어내지 못한다. 화가들은 단지 색조(색)와 명암(어둠과 빛), 형태, 선, 질감 등을 만들어낼 뿐이다. 명암의 대비, 형태, 질감과 선이 대상의 **환영**illusion을 창조한다. 환영은 기만적인 겉모습으로 규정된다. 실제로 거기에 있는 것이 아니다!

지난 세기의 작품을 보기 위해 미술관을 둘러보고 미술사를 보면 그 시대에는 한결같이 그림의 음영이 강조되고 있음을 알아차릴 것이다. 어둠으로 시작되어 점점 밝아지면서 현재에 이르게 된다. 지난날에는 전기를 사용할 수 없었다는 사실로 그 이유를 설명할 수도 있겠지만 실내에서 창조된 스튜디오 그림이기 때문이라고 설명할 수도 있다. 그런데 왜 화가들은 밖으로 나가서 빛을 그리지 않았을까? 해는 항상 존재했고 화가들은 오늘날 우리가 보는 것과 같은 해를 볼 수 있었다. 그럼에도 회화는 결정적으로 한층 어두웠다. 왜?

어떤 의미에서 사람들은 미술사를 어둠에서 빛으로의 행진, 의식의 진화로 보기도 한다. 어둠은 시각적일 뿐만 아니라 인식의 결여를 대변한다. 과학적인 발견들이 인간으로 하여금 자신들이 살고 있는 세상을 한층 더 잘 이해하게 만들었고, 말 그대로 눈이 훨씬 더 열려 “빛을 볼” 수 있게 만들었다.

인상주의 화가들이 빛이 비추는 대상이 아니라 빛 그 자체를 그릴 수 있다는 것을 깨달았을 때, 우리는 진정 현대 미술의 문으로 들어선 것이다. 물론 그 길을 따라가 보면 수많은 단계들이 존재하며, 인상주의의 선구자들—모네, 마네Manet, 르누아르Auguste Renoir, 세잔Cézanne—에 앞선 화가들이 존재했다. 촛불의 마법을 발견했던 카라바조Caravaggio, 대기를 발견했던 터너J.M.W.Turner 등이 있었다.

이제 빛에 관해 간략하게 논의했으니 지난 시대의 화가들이 빛을 내는 대상들과 빛 그 자체를 어떻게 그렸는지를 살펴보는 것이야말로 모든 회화의 분석에서 아주 중요하다는 것을 알게 될 것이다. 빛, 빛, 그것

빛의 거장: 클로드 모네Claude Monet

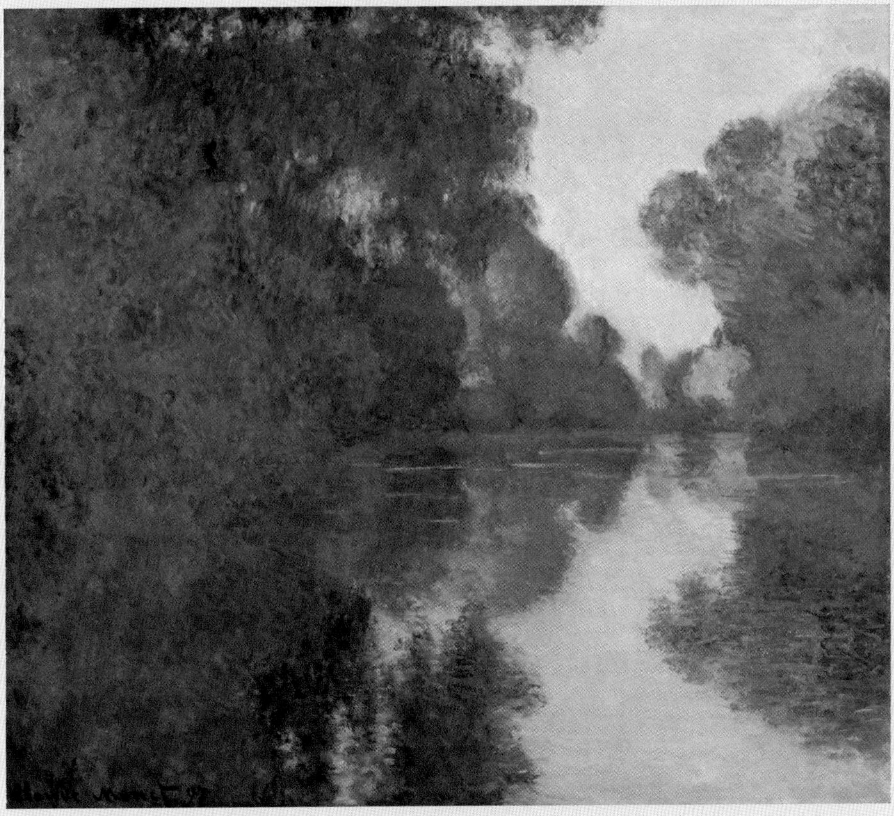

[그림 8] 클로드 모네, 〈지베르니 근처 센강의 아침〉

왜? 모든 화가들이 작품 속에 빛을 표현하지만 특히 모네에게는 빛이 곧 주제였다. 그가 묘사하는 대상들은 단지 빛을 그려내기 위한 소도구일 따름이었다.

그 밖의 빛의 거장들: 터너, 카라바조, 벨라스케스Velázquez, 그리고 모든 인상주의자들이 전부다!

그리고 화가들이 자신의 작품에서 그림자를 묘사하기 위해 발전시켜 왔던 수많은 방식에도 주목해야 한다. 포괄적인 용어로는 **음영**shading이다. 화가들이 음영을 표현하는 방법은 수도 없이 많다. 훨씬 더 어두운 명암 대비의 견고한 영역과 함께 우리는 **선형 질감**linear texture—일종의 표식 만들기—을 활용하는 다양한 응용 방식들이 있다.

몇몇 방법들은 음영이 있는 부분을 묘사하기 위해 교차해서 반복적으로 선을 긋는, 잘 알려진 **크로스 해칭**crosshatching, 인접한 곳에 아주 빽빽하게 점으로 음영을 만드는 **점묘**stippling가 여기에 해당한다. 또 작은 빗금 표시를 사용하는 기법인 **그라피토**graffito도 있다.

이것이 그림을 볼 때 주목해야 할 흥미로운 점이다. 어떻게 음영을 표현하였는가? 어떻게 화가가 빛과 어둠의 대비를 달성하였는가? 빛과 어둠은 질감이란 측면에서 어떻게 다르게 다루어지고 있는가?

색

빛이 무언가에 부딪히면 그것에 반사되어 눈에는 색으로 나타난다. 우리는 유아기 때 색의 이름을 배우지만, 그 이름은 색의 한 가지 특성—그 색조—일 따름이다. 화가는 얼마나 생생한가 하는 색의 강도, 얼마나 밝은가 하는 색의 명암 대비 역시 고려한다. 화가는 색의 이 모든 양상을 알고 작업하며, 여기에 덧붙여 흰색으로는 색조를, 검은색으로는 **음영**shade을 창조한다.

내 그림 선생님은 **색**도 있고 **색들**colors도 있다고 누누이 말씀하시고는 했다. 단수형의 색은 색들의 집합이나 분류 그 이상이다. 색 그 사제의 감각이며, 실제로는 빛의 느낌이다. 색이란 무엇인가? 그것은 다만 특정한 빛의 파장일 따름이다.

물감 가게를 최근 들러본 경험이 있다면 사실상 색들의 음영과 색조가 무수히 많다는 것을 알 것이다. 색상과 음영은 모든 색조의 밝음이나 어두움의 영역을 나타낸다. 빛에 관한 앞의 논의를 떠올려 보면 색의 밝음이나 어두움을 **명암**이라 지칭한다. 화가의 목적에 따라 더욱 밝은 색조나 명암은 흰색을 섞음으로써 만들어지고, 더욱 어두운 음영이나 명암은 흰색을 배제함으로써 만들어진다. 무수한 명암(빛) 속의 일차, 이차, 삼차의 색(색조들)이 무한한 색들의 배열을 만들어낸다.

색의 배합은 화가의 재능이 담긴 상자 속에서 가장 중요한 것이다. 그러나 **색**을 얻기 위해 수많은 색들이 골고루 필요한 것은 아니다. 화가는 조화롭고 흥미진진하며 표현력이 풍부한 배합의 병치를 통해 유쾌하거나 공감을 불러일으키는 색을 얻어낸다. 다양한 색들이 색의 감각을 획득하게 해준다고 단정 짓기는 어렵다. 사실상 더욱 섬세하게 선택된 몇몇 색들만으로 성공할 가능성이 더 높다.

이들 특정한 배합을 만들기 위해 사실상 필요로 하는 모든 것은 원색과 흰색뿐이다. 그것만 있으면 모든 색을 만들어낼 수 있다. 예컨대 검정은 기술적으로 색 자체는 아니지만 다양한 염료들을 다양한 방식으로 결합시켜 섞음으로써 많은 방법으로 만들어낼 수 있다.

색들의 선택을 위한 또 다른 단어는 **팔레트**palette다. 화가들은 보통은 판자로 된 팔레트에서 색들을 혼합한다. 팔레트는 화가가 선택할 수 있는 색의 스키마로 규정되기도 한다. **제한적인 팔레트**limited palette가 존재하며, 여기에서 화가는 작업을 수행하기 위해 스키마 속에서 단지 몇몇 색들을 선택한다. 혹은 **완벽한 팔레트**full palette는 화가가 선택할 수 있도록 전체 색상이 배열된 팔레트를 사용하는 것이다. 그림을 볼 때에는 이 점도 유의해야 한다.

색들의 범위가 넓은가 혹은 화가는 자신의 구성을 실행하기 위해 단지 몇 가지의 색만을 선택했는가? 색들은 밝고 일차적인 색인가 아니면 밝지 않은 이차적인 색인가? 그 색을 묘사하기 위해 어떤 단어를 사용할 것인가? 밝지 않은, 단조로운, 주요한, 달콤한, 네온의, 부드러운, 그리고 차가운 등은 그 가운데 몇 가지다. 다른 단어들도 생각해 보자.

뒤에 나올 해석의 장에서 우리는 색 팔레트의 예시를 볼 것이며, 어떻게 몇몇 화가들이 색을 묘사했는지를 분석해 보일 것이다. 개인적이고 화가의 특색을 입증해 주는 팔레트를 개발하는 것은 많은 화가들의 주된 관심사다.

어디선가 **색상환**color wheel에 관해 들은 적이 있을 것이다. 그 표는 동그랗게 배열된 색조의 원이며, 초등학교에서는 ROYGBIV(빨강red, 오렌지orange, 노랑yellow, 초록green, 파랑blue, 남색indigo, 보라violet)로 배웠던 것을 기억할 것이다. 이 원에서 서로 반대되는 곳에 놓인 색을 **보색**complementary colors이라 하며, 이름에서도 알 수 있듯 서로 강화해 주는 역할을 한다. 서로 인접해 있는 색은 **유사색**analogous colors이라 하며, 한층 미묘한 관계로 결합된다.

원색들primary colors은 빨강, 노랑, 파랑이며, 이들 색을 원색이라 부르는 까닭은 다른 색들을 섞어서 만들어낼 수 없는 색이기 때문이다. 그런데 원색을 서로 섞으면 이차색인 오렌지, 초록, 보라라는 다른 색을 얻는다. 그리고 원색과 이차색을 섞으면 삼차색인 파란 초록, 노란 초록, 붉은 오렌지, 붉은 보라, 파란 보라와 노란 오렌지 등을 만들어낼 수 있다.

나는 색을 선택할 때 색상환을 따르라고 학생들에게 요구하지는 않는다. 대신 자신들이 표현하고 싶어 하는 색을, 표현하고 싶은 것을 가장 잘 표현할 수 있고, 가장 잘 작동하는 자신만의 방식을 색의 스키마 속에서 느껴보라고 권한다. 그러나 만약 관람객이라면 당신은 화가가 선택한 색을 주목할 수 있고, 그 색들이 얼마나 잘 작동하는지를 알 수 있다. "다른 색조나 명암을 선택하는 것이 좋았을 텐데"라고 생각한 적이 있었는가?

색에 관해 한 가지만 더 이야기해 보자. 미술작품에서 색이 주는 느낌은 여러 가지 요인들에 달려 있다. 사용하고 있는 표면의 결, 물감 자체의 수많은 다른 특성들에 따라 달라질 것이다. 여기에는 **채도**chroma(색조

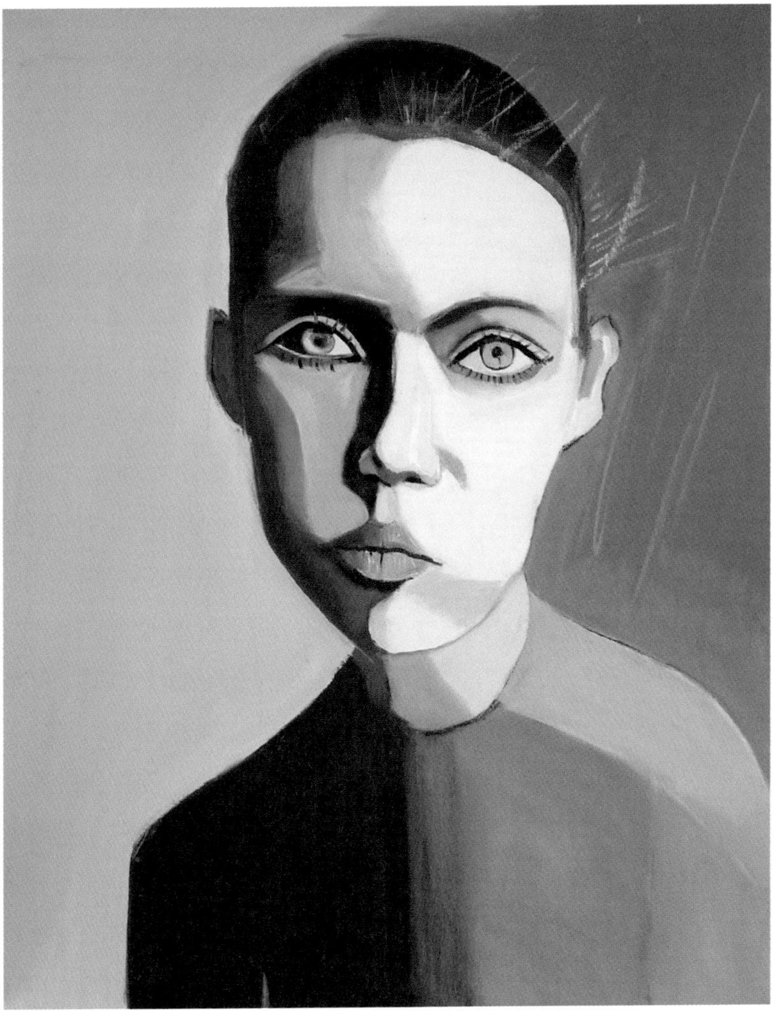

[그림 9] 캐럴린 슐람Carolyn Schlam, 〈초록 눈의 소녀〉

가 얼마나 순수한가), **포화도**saturation(투명한가 불투명한가), **강도**intensity(얼마나 선명한가), 그리고 물론 **명암**(얼마나 밝은가 혹은 어두운가) 등이 포함된다.

이 모든 요인들이 이른바 그림의 **느낌**feeling에 기여하며, 그것은 여러 가지 요인들에 의해 결정된다. 여기에는 색조, 명암, 도포, 바탕 그리고 팔레트나 색의 스키마 등이 포함된다.

물감을 칠할 때 이 점을 고려하라. 붓질은 여러 가지 방식으로 표면을 도포할 수 있다. 투명하게 보이도록 하기 위해서는 오일과 다른 희석액을 섞을 수 있다. 하나의 색은 **덧칠 효과**glaze를 만들기 위해 그 위에 다른 색을 입힐 수 있으며, 두텁게 위를 덮어씌우면 **임파스토**impasto라고 부른다. 두터운 임파스토를 좋아하는 화가는 그림을 그리는 도구로 붓보다는 나이프를 종종 사용한다.

화가가 어떻게 물감을 칠해 나가는가 하는 점은 그의 서명이며, 작품에 개성적인 면모를 부여하고, 관람객으로 하여금 화가가 누구인지 알아볼 수 있도록 만든다. 건조하게 혹은 오일에 섞을 수 있으며, 반짝이거나 둔탁한 느낌을 주기도 하며, 투명하거나 두터운 느낌을 주기도 한다. 이들 방식은 범주의 폭이 넓고, 개별적인 화가들의 터치는 저마다 다르다. 그림을 볼 때 이러한 질감으로 새겨 넣은 화가의 서명에 주목해 보자.

그러면 이제 그림을 볼 때 당신은 어떻게 물감이 칠해졌는지, 다양한 색조와 명암들이 디자인 속에 통합되고 있는지 표면을 보면 알 수 있을 것이다. 디자인이나 이미지를 제시하는 색을 선택할 때에도 화가가 얼마나 세심한지를 평가할 수 있을 것이다. 만약 우리가 지각하는 색들을 아주 근사하게 모방할 때 우리는 그 색을 **고유한 색**local color이라고 부르며 만약 그 색이 우리가 사물에 보통 연상하는 색이 아닐 때 **상상적인 색**imaginative color이라고 부른다.

당신의 눈이 얼마나 대단한 척도인지, 화가가 제시하는 이미지를 어떻게 수용하는지를 살펴보자. 초록 나뭇잎(고유한), 그렇다. 보라색이나 오렌지색 나뭇잎(상상적인), 역시 맞다. 기억하라. 무엇보다 그림은 개인적인 표현이다. 모든 규칙은 깨지기 위해 만들어진 것들이다.

53쪽에서 당신은 얼굴을 표현하기 위해 고유하지 않은nonlocal 다양한 색조들을 사용하여 그린 나의 초상화를 보게 될 것이다.[그림 9] 푸른 코, 초록색 뺨, 갈색의 앞이마. 그럼에도 어느 정도 당신은 여전히 이 초상화를 진짜 얼굴로 받아들인다. 그림을 볼 때 화가의 색 선택에 주목하

색의 거장: 피에르 보나르Pierre Bonnard

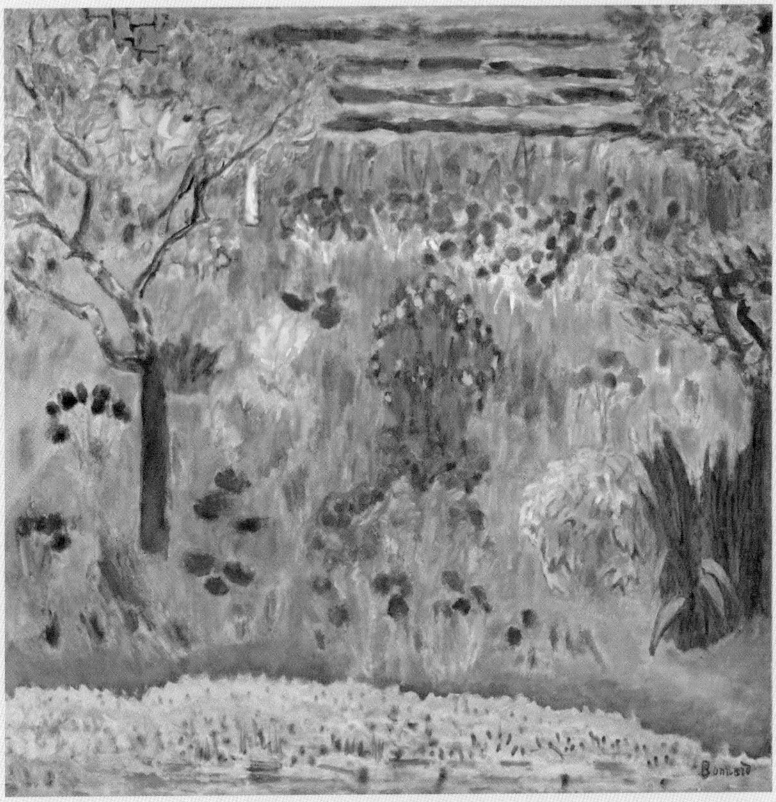

[그림 10] 피에르 보나르, 〈정원〉

왜? 화가 보나르는 유쾌한 팔레트와 사랑스러운 색을 즐겨 썼다. 그의 색은 비할 데 없이 발랄하고 아름답다. 그는 자유롭고 상상력이 풍부한 색채주의자였다. 이 책의 13장 그림의 해석 부분에서 언급된 보나르의 '목욕' 그림을 참조하기를 바란다.

나는 마티스와 같이 탁월한 다른 활달한 색채주의자들의 작품을 보도록 권하고 싶다. 야수파 시기를 포함하여 후기의 컷아웃 활동에 이르는 경력의 전 과정에서 색은 항상 마티스 작품의 가장 중요한 요소였다. 7장에서 그의 눈부신 유화작품 한 점을 보라. 그리고 작품을 더 연구하려면 마티스에 관한 책을 구해 보길 권한다. 많은 유명한 색채주의자—특히 서정적인 추상화가들—가 마티스의 영향을 받았다.

그 밖의 뛰어난 색채주의자: 프라 안젤리코Fra Angelico, 티치아노Titian, 틴토레토Tintoretto, 로스코Rothko

라. 작품의 맥락 속에서 감지되는, 아주 비관습적인 색조차도 기꺼이 수용하고 있음을 깨닫지 못할 수도 있다.

자연 그대로와 아주 많이 다르게 표현된 것임에도 "현실적인" 혹은 "정확한" 등의 설명을 수용한다면 당신은 생각보다 훨씬 더 개방적임을 인지하라. 기억하라. 이것은 그림이다. 살아 있는 존재가 아니다. 이 실현은 우리가 그림을 보는 방식을 변화시킨다. 현실적이든 추상적이든 그림은 상상력이 빚어낸 산물이다.

선

선이란 무엇인가? 선은 움직이는 점이다. 마음의 눈으로 상상해 보라. 일정한 방향으로 움직이는 점이 선을 만들어낸다. 그 선은 두꺼울 수도, 가늘 수도 있으며, 원하는 곳에서 멈춘다. 만약 화가가 소묘에 능숙하다면 상상적인 공간에서 자유롭게 움직이는 선을 느끼며, 그렇게 함으로써 평면에 공간이란 환영을 창조한다.

선은 수많은 재료로 만들어질 수 있으며, 작품 속에서 여러 방식으로 작동할 수 있다. 붓으로 그리는 선을 **스트로크**stroke 또는 **붓 터치**brushstroke라 지칭한다. 선은 두껍거나 대담할 수 있다. 우아하거나 서툴 수도 있다. 예술 작품의 느낌 대부분은 이 선의 자질에 달려 있다.

그림을 그릴 때 선을 사용하는 수많은 방법이 있다. **윤곽선 그리기**contour drawing는 기본적으로 인물이나 형체의 윤곽을 잡아낸다. **연속선 그리기**continuous line drawing는 화가의 선이 멈추지 않고 윤곽을 따라가는 것으로 윤곽선에 변화를 준 것이다. 이때 화가의 눈은 대상에 고정된 채 눈이 옮겨가는 동안 그림을 내려다보시 않는다.

동작선 그리기gesture drawing은 아주 상세하지는 않게 대상의 특성이나 태도를 고정시키고자 빠르게 표현하는 선들을 사용한다. 이는 즉흥적인 연습이며 생각을 배제한 자동화된 반응의 일종이다. 많은 화가들은 본격적으로 그리기에 앞서 준비 과정으로 동작선 그리기를 사용하며,

선의 거장: 툴루즈 로트레크Toulouse-Lautrec

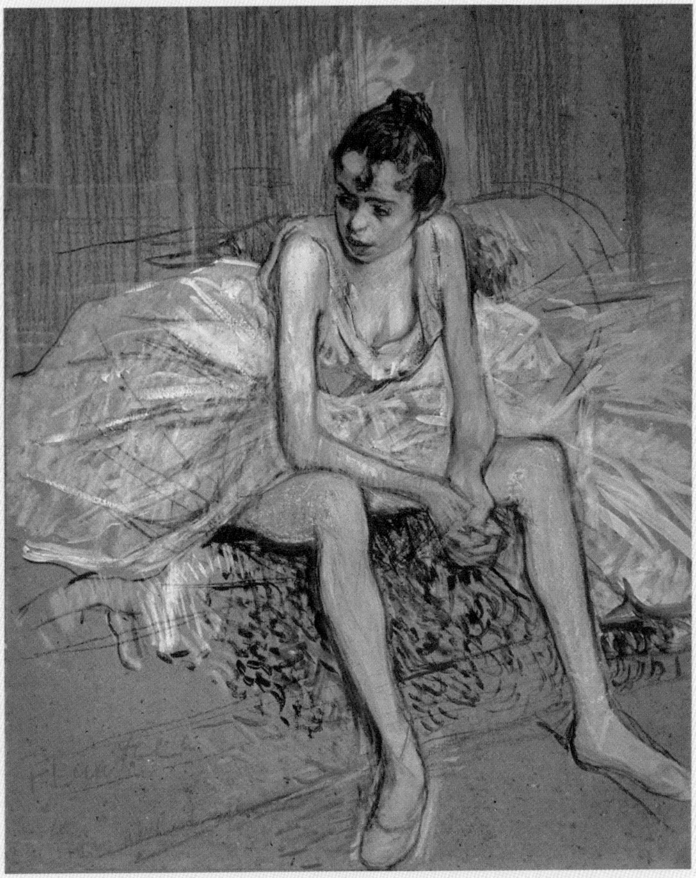

[그림 11] 툴루즈 로트레크, 〈분홍색 스타킹을 신고 앉아 있는 댄서〉

왜? 툴루즈 로트레크는 파리의 술집 여급과 댄서들을 아주 심취해서 그렸다. 그는 강렬하고 자신감 있는 선으로 생생하게 그렸다. 사실 그의 작품들 중 대부분은 색으로 소묘를 한 듯이 느껴지고 색이 강조되고 있지만, 이야기를 하는 것은 선이다. 그는 고도로 그래픽이 뛰어난 화가였다.
아주 놀라운 사실이 있다. 앙리 드 툴루즈 로트레크는 알려진 것에 따르면 737점의 그림, 275점의 수채화, 363점의 인쇄물과 포스터, 5,000점이 넘는 소묘 작품들을 창조했으며, 유리와 도자기에 그린 것들까지 포함한다면 수많은 작품들이 있다.

그 밖의 뛰어난 선의 화가: 레오나르도 다빈치Leonardo da Vinci, 보티첼리Botticelli, 실레Schiele, 피카소Picasso, 루오Rouault, 앵그르Ingres

많은 경우 이토록 빠른 스케치는 진정성이란 측면에서 또 자의식의 결여란 점에서 본격적인 창작의 수많은 과정 중 가장 바람직한 것일 수 있다.

프랑스의 화가 앙리 드 툴루즈 로트레크가 그린 이 작품은 이른바 필자가 채색된 소묘라 부르는 작품[그림 11]이다. 특정 영역만 색으로 채워져 있다는 점을 주목하라. 무희의 구부정한 자세는 선의 길이, 방향, 그리고 특성을 통해 표현된다. 색감은 장식적이며, 마루, 벽, 직물을 나타내는 직선과 곡선, 표식 등 "선형 질감"이라 부르는 것이 적용된 작품이다. 화가가 배제하는 것이 포함시키고 있는 것과 정말 적합하게 연결되어 있음을 기억하라. 이 그림을 볼 때 작품이 "과도하다", "미흡하다" 혹은 "맞춤하다" 등으로 각자 달리 평가할 수 있음에 주목하라.

형태

선이 시작점으로 되돌아오면 닫힌 영역을 창조할 것이다. 이 평평한 닫힌 영역이 형태다. 형태는 사각형이나 원처럼 **기하학적**geometric일 수 있으며, 또한 **유기적**organic이고 자유로운 형체일 수도 있다. 형태는 평평하다는 것을 기억하라. 만약 형태가 3차원을 담고 있다면 우리는 이를 **형체**form라고 부른다.

형태는 상상적이다. 자연 속에는 형태가 없다. 물론 화가들은 자연 속의 형체를 단순화할 수 있으며 무언가를 덜어내어 형태로 표현한다. 우리는 한층 복합적인 형체로부터 형태를 추출한다.

형태는 예술가를 위한 기초적인 구성 요소다. 형태는 무수한 방식으로 배열될 수도 있고 무수한 방식으로 채워질 수도 있다. 형태는 추상회화와 조각에서 주도적인 역할을 수행한다.

화가들은 종종 그들이 보는 것을 형태로 분해함으로써 구성을 시작한다. 그러고 난 다음 음영을 더해 형태를 한층 더 복합적인 형체로 변경한다. 이런 점에서 당신은 복합적인 이미지들을 단순한 형태로 쪼개고, 이들 단순한 형태들을 통해 공간의 해체 혹은 구조화를 더 잘 설명

형태의 위대한 거장: 후안 그리스Juan Gris

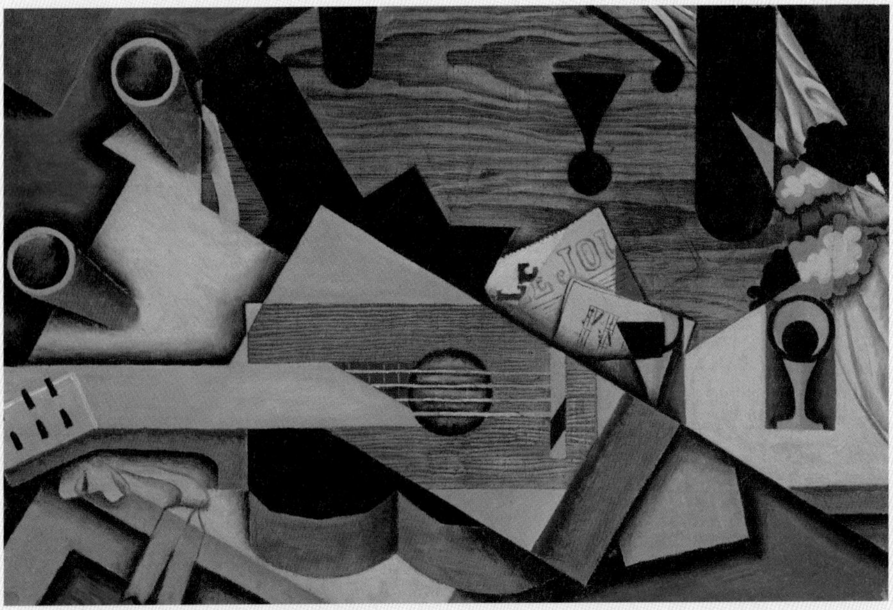

[그림 12] 후안 그리스, 〈기타가 있는 정물화〉

왜? 후안 그리스와 그의 동료 입체파들은 형체를 서로 연결된 형태들로 단순화시켰다. 그들은 대상을 모방적인 방식으로 복제하기보다 디자인과 구성에 더 깊은 흥미를 가졌다. 그리스의 형태는 사실 뚜렷하고 흥미롭다. 피카소와 브라크Braque와 마찬가지로 그리스의 동료 입체파들은 추상 회화와 조각의 중요한 선구자들이었다.

그 밖의 주목할 만한 형태 변환자들: 클레Klee, 피카소, 브라크, 고키Gorky, 칸딘스키Kandinsky

하기 위해 남겨둔 것으로 입체파들의 작품을 고려하는 것이 바람직하다.

형체

형체는 3차원적인 대상이다. 형체는 공간을 차지하며 부피를 갖는다. 형체는 공이나 상자처럼 기하학적일 수도, 조각 작품처럼 유기적일 수도 있다.

형체라는 환영은 다양한 방식으로 화가들에 의해 창조된다. 원근법을 활용함으로써 화가들은 상상적인 공간을 창조한다. 음영과 입체감을 활용함으로써 화가들은 상상적인 형체를 창조한다.

빛이 사물과 맞닿게 될 때 빛은 형체를 비춰 보인다. 화가들이 하는 작업은 어떻게 빛이 사물과 상호작용을 하는지, 곧 가장 강한 곳과 도달하지 못하는 곳 등을 묘사하는 것이다. 빛을 상세하게 묘사함으로써 화가는 사물의 환영을 창조한다. 빛이 직접 닿는 곳에 화가는 가장 밝은 명암을 부여함으로써 **하이라이트**highlight를 창조한다. 빛이 비치기는 하지만 간접적인 곳에 화가는 중간 톤을 사용하며, 사물이 빛을 흐리게 하는 곳에서는 그림자가 생긴다.

사물이 그림자를 드리울 때 화가는 그 그림자의 형태를 자세히 묘사하고, 더 나아가 대상 자체의 형태라는 환영을 규정한다. 만약 인접한 곳에 또 다른 사물들이 있다면 관심의 초점이 사물에 거꾸로 반사될 수 있다. 이를 **반사광**reflected light이라 부른다.

화가가 이 모든 것을 규정하게 되면, 비로소 형체에 관한 환영을 자신의 그림에 새겨 넣는다. 정물화를 볼 때 이 점을 특히 주목해야 한다. 항아리나 사과의 3차원이 이떻게 창소되는가? 둥글게 보이도록 하기 위해 어떻게 화가가 사과나 항아리를 명암의 조각들로 해체해 냈는가?

공간

평평한 표면에 표현된 깊이라는 환영을 공간이라 부른다. 그림의 몇

형체의 거장: 폴 세잔Paul Cézanne

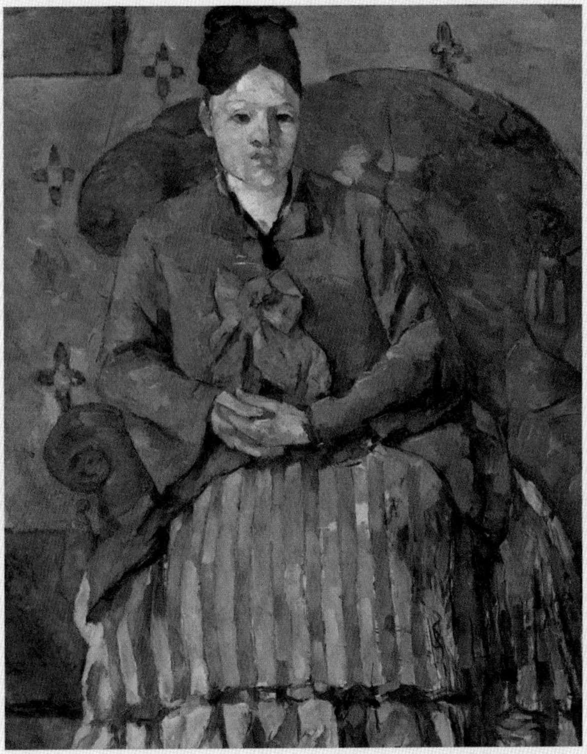

[그림 13] 폴 세잔, 〈붉은 안락의자에 앉은 세잔 부인〉

세잔이 과일에 입체감을 부여한 방식은 잘 알려져 있다. 그는 색으로 표현한 명암의 각 부분들에 따라 사과와 배를 쪼개고, 그 방향과 형태에 따라 3차원의 형체를 창조했다. 여기에서도 우리는 붉은 안락의자에 앉아 있는 자신의 아내를 그린 아름다운 그림 속에서 이 전문적인 양감의 표현을 본다.
다른 색들로 채색된 물감뿐만 아니라 함께 작동하는 물감의 조각들이 형체 자체의 둥글기와 무게를 창조하는 것을 주목해 보라. 이 아름다운 작품에서 미묘하면서도 강력한 물감의 입체감이 지닌 복잡함을 연구해 보라.

왜? 세잔을 연구할 이유는 여러 가지로 차고 넘치지만 적어도 확고한 형체를 창조하기 위해 물감을 다루는 방식만으로도 충분하다. 이러한 점에서 그는 매우 사랑받는 거장에 걸맞은 화가다.

그 밖의 형체의 거장들: 에이킨스Eakins, 헨리 무어Henry Moore, 로댕Rodin, 보테로Botero, 마욜Maillol, 피카소

몇 요소들은 전면에 튀어나오는 듯하다. 우리는 이를 **전경**foreground이라 지칭한다. 가운데 놓여 있는 것들은 **중경**middle ground이다. 그렇게 되면 나머지는 뒤로 물러서게 되고, 이를 **후경**background이라 지칭한다. 기억하라. 이 모든 것은 그저 그렇게 보일 따름이다. 표면은 평평하다.

화가들은 공간이란 환영을 창조하기 위해 다양한 기법들을 사용한다. 화가들은 앞에 혹은 뒤에 있는 듯한 느낌을 주고자 하는, 그림의 특정한 부분들을 드러내기 위해 색과 질감을 변형한다. 빨강과 노랑 같은 따뜻한 색은 차가운 색들과 나란히 있을 때 앞으로 돌출되는 듯하다.

앞선 장에서 언급하였듯이 화가들은 공간의 환영을 만들어내기 위해 **선 원근법**linear perspective과 **대기 원근법**air perspective 등 원근법perspective의 원리들을 활용한다. 원근법은 멀리 떨어진 사물일수록 더 작게, 더 흐릿하게 보이게 함으로써 공간을 재현하는 방식이다. 그리고 어떤 것도 보이지 않는 그 너머, 이른바 소멸하는 지점인 **소실점**까지 물러난다.

미술에서 원근법의 요소를 명명한 화가는 1401년에서 1428년까지 짧은 생을 살다 간 마사초Masaccio였다. 그는 자신의 회화에 선형 원근법을 결합시키고 소실점을 규명한 공로를 인정받고 있다. 그의 기법을 따르는 화가들에 의해 **마사초 원근법**Masaccio Perspective이라 명명된 이 새로운 이해는 2차원의 작품에서 화가들이 성취한 깊이의 환영을 설명해 주었다.

사물은 공간 속에 멀리 떨어져 있을수록 더 작아 보인다. 한 척은 해변 가까이 있고, 한 척은 멀리 떨어져 있는 두 척의 돛단배를 상상해 보자. 우리가 해변가에 서서 보면 가까운 곳에 있는 배는 크게 보이고, 멀리 떨어져 있는 배는 작게 보인다. 크기와 위치가 공간의 환영을 만들어내는 본질적인 요소이다.

이쯤에서 두 가지 개념의 정의를 더 살펴보자. 화가들에게 **적극적인 공간**positive space은 사물이 차지하고 있는 공간이다. **소극적인 공간**nega-

대기 원근법의 거장: 앨버트 비어슈타트Albert Bierstadt

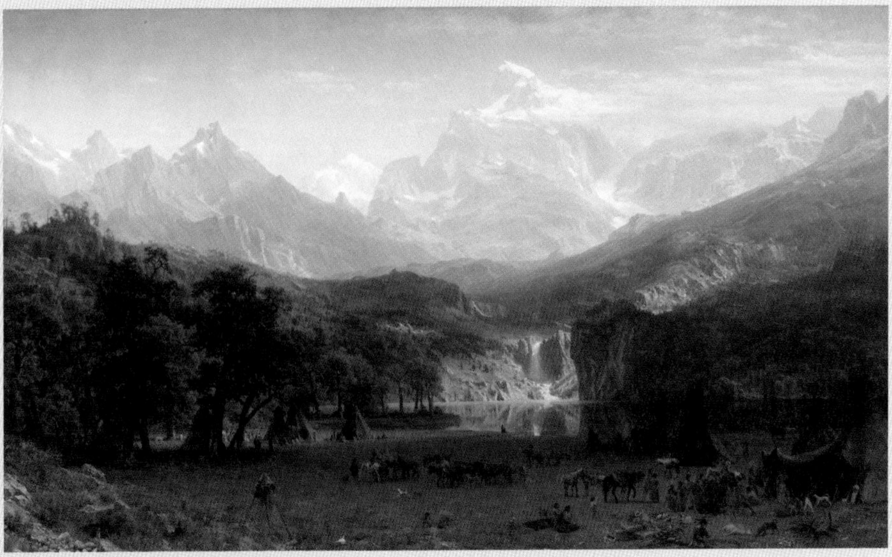

[그림 14] 앨버트 비어슈타트, 〈랜더스 산 정상에서 본 록키산맥〉

왜? 비어슈타트는 미국적인 풍경을 극적으로 표현한 화가다. 그러나 그의 대기 원근법은 정확하다. 깊은 공간감을 묘사함에 따라 색이 어떻게 희미해지는지를 주목해 보라.

그 밖의 탁월한 환영의 창조자와 공간의 거장들: 호머Homer, 터너, 코로, 칸딘스키, 마더웰Motherwell

tive space은 그 주변이나 그 안에 있는 대기로 둘러싸인 공간이다. 엉덩이에 손을 걸치고 있는 사람을 떠올려 보면 몸과 팔 사이에 형성되는 삼각형은 소극적 공간으로 간주된다.

비록 화가들이 소극적인 공간의 의미를 이해하고 인정하기는 하더라도 이 용어가 잘못된 명명임을 화가들은 알고 있다. 사실 화가의 그림에서 소극적인 공간은 어디에도 존재하지 않는다. 사실 형태와 형체 사이의 공간, 대기와 공기로 채워진 공간은 없는 것이 아니다. 그것은 밀도가 높은 사물만큼이나 중요한 것이다.

화가들은 "소극적인 공간"에 대한 인식을 가지고 있으며, 그들은 적극적인 공간만큼이나 그에 깊은 관심을 가지고 있다. 소극적인 공간의 특성을 그려내는 것이 적극적인 공간을 규정한다. 사실 사물은 진공 상태에 존재하지 않으며 화가에게는 모든 것이 서로 연결되어 있다. 그의 앞에 존재하는 장면은 서로 다른 무게, 크기, 특성의 실체들로 짜여진 직물이다.

시각적 영역의 연결성을 감상하는 것은 한층 능동적인 지각의 선언이다. 그림을 공부하는 학생들은 사물을 더 이상 분리된 것으로 보지 않을 때 예술 형식의 자유로운 장악이란 점에서 거대한 도약을 감행하는 것이다. 한층 상세한 내용은 다음 장에서 살펴볼 것이다.

추상화를 볼 때 어떻게 화가들이 사물을 활용하지도 않고 상상적인 공간을 창조하는지 주목해 보자. 비록 화가가 그리고 칠한 선과 형태는 인식 가능한 사물들을 결합하지는 않지만 화가들은 사물의 크기, 위치, 명암과 색 등에 기반한 공간감을 함축한다. 추상화는 선과 색과 함께 주요한 요소로 그림 속에 공간을 창출한다.

질감

질감은 표면이 주는 느낌이다. 거칠거나 부드러운 표면처럼 사실적이거나 실재의 느낌일 수 있다. 그러나 마찬가지로 물감이나 표면을 덮는 다른 것으로 도포하거나 서로 뒤섞여 드러나는 바탕 면의 느낌일 수도 있다.

모든 화가들은 질감을 다룰 때 개인적으로 선호하는 민감함이 있다. 어떤 화가는 표면이 매끄러운 것을 좋아하는 반면, 어떤 화가는 돌멩이가 깔린 듯한 거친 표면을 좋아하기도 한다. 어떤 화가들은 물감을 얇은 헝겊으로 찍어 바르고, 어떤 화가는 방울방울 떨어뜨려 사용하기도 한다. 그림을 볼 때 표면의 질감이나 특성에 주목하고 이름을 붙여보라. 설명하기 위해 사용하는 형용사를 두려워하지 마라. 그 느낌이 가느다란가 건조한가, 물컹거리는가 아니면 긁힌 느낌인가? 설명하는 언어를 더 많이 사용할수록 당신의 미술 감상은 한층 더 정교해질 것이다.

기본적으로 2차원적인 작품에서 질감이 표현되는 방식은 주로 두 가지가 있다. 물감으로 실제의 결을 모방하는 경우 얻어지는 **가상적, 광학적, 혹은 함축적인 질감**virtual, optical, or implied texture과 물감에 다른 물질, 예컨대 소금이나 모래를 첨가하거나 실제로 표면에 다른 질감의 재료를 덧붙여 물감으로 칠하는 과정에서 얻어지는 **실제적 혹은 물리적 질감**actual or physical texture이 있다.

삶을 그리고자 하는 화가들은 사물의 질감을 모방하기 위해 붓을 사용한다. 모방은 또한 **핍진성**verisimilitude이라 지칭되기도 한다. 질감은 함축적이거나 시각적이며, 질감으로서만 드러날 따름이다. 표면은 여전히 평평하다. 그림에서 모방적인 질감—비단옷, 유리 같은 느낌을 주는 사물, 칼날 같은 금속의 느낌 등—의 사례들은 너무나 많다. 많은 예전의 거장들은 이같은 모방적인 질감의 태피스트리를 창조했다. 그 질감에 주목하고, 어떻게 달성하였는지 살펴보라. 붓 터치가 가는지 두터운지, 유사함을 얻기 위해 특정한 색에 섞은 혼합물은 무엇인지, 직물을 암시하는 주름들, 단단한 소재와 그 반대로 부드러운 소재를 묘사하는 그리기의 방법 등에 주목하라.

화가들은 또한 독자적으로 표면에 질감 그 자체를 위해 실제적인 질감들을 창조해 내기도 한다. 이는 붓 터치로 그려내는 방식이 때로는 이야기의 전체가 되는 추상적인 작업에서 특히 두드러진다. 많은 근대적이고 현대적인 화가들이 사실상 천을 덧대거나 다른 콜라주된 요소들을 바로 그림에 붙이기도 한다.

화가들이 같은 작품 속에 다른 매체를 사용할 때 우리는 그 작품을 **혼합매체**mixed media로 정의한다. 혼합할 수 있는 매체의 사례는 유화와 수성 물감, 물감과 함께 콜라주된 요소들, 칠하는 매체로서의 크레용과 파스텔, 유리나 도기, 나무와 금속 등 조각에서 쓰이는 매체를 결합하기도 한다.

여기 반 고흐가 그린 〈구두 한 켤레〉를 보자. 이 작품에서 화가는 가상의 질감과 실제의 질감 모두를 채택하고 있다. 이 구두의 형태와 질감에 관한 화가의 집중은 구두를 실재하는 것인 양 그려냈다. 심지어 우리는 신발을 막 벗은 발을 상상할 수 있을 지경이다.

반 고흐는 자신만의 붓 터치 기법으로 유명하다. 그는 자신의 작품 속 모든 사물들—사이프러스 나무, 밀밭, 하늘, 꽃, 사람—의 떨림을 표현한다. 이는 강력한 정서적 결속력과 놀라운 관찰력에 기인한다. 이와 같은 종류의 장악력을 설명하는 유일한 방법은 가장 눈부신 풍경에서부터 바닥에 놓여 있는 한 켤레의 구두에 이르기까지 그리고자 한, 모든 것에 온 마음을 쏟아내는 것이다.

그림에서 감정과 개념

모든 인간의 활동은 그 과정에 사고와 감정, 개념과 직관 두 요소 모두를 포함한다. 화가들과 조각가들도 역시 무언가를 선택—붓 터치를 할 때마다 그들이 선택하는 주제, 색, 선, 형태, 질감 등—할 때 감정과 사고를 표현한다. 이 가운데 어떤 것은 생각에서 이끌어낸 것으로 사려 깊은 것이며, 어떤 것은 감정에서 이끌어낸 충동적인 것이다.

어떤 화가는 이를 이런 식으로 표현할 수도 있다. "이 그림엔 붉은

질감의 거장: 반 고흐Van Gogh

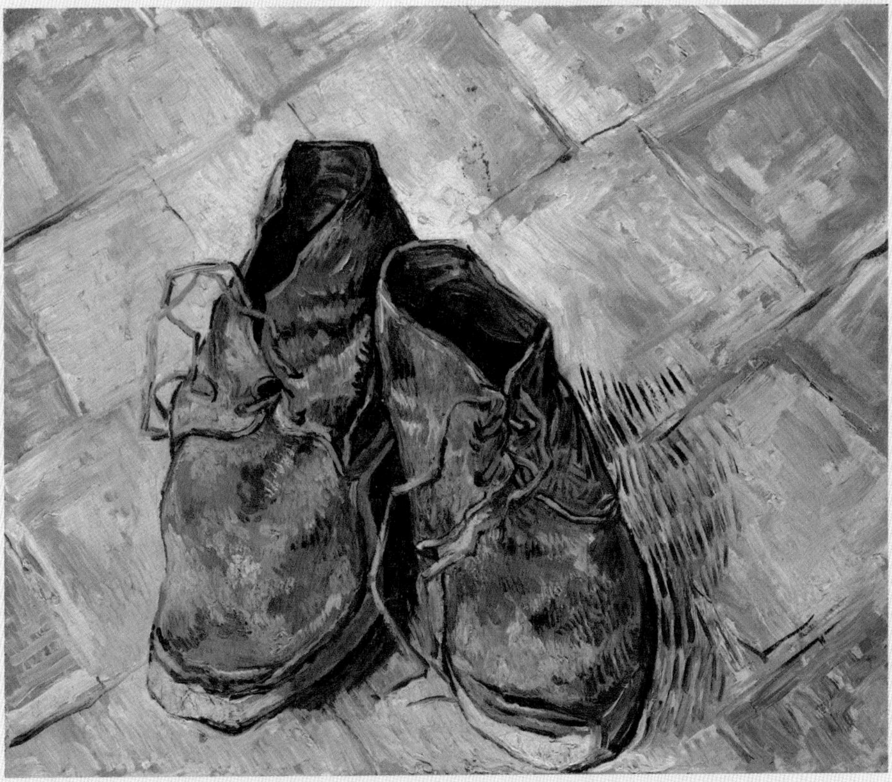

[그림 15] 빈센트 반 고흐, 〈구두 한 켤레〉

왜? 질문이 필요한가? 모두가 반 고흐는 알고 있다. 가슴 아프게도 살아생전에는 그다지 사랑받지 못하고 알려지지도 않았지만 그는 세상에서 가장 사랑받는, 가장 널리 알려진 화가 중 한 사람이다. 반 고흐는 모든 것을 생생하게 살아 있는 것으로 보았다. 그가 캔버스 속에 구현해 놓은, 생생하게 약동하는 질감은 이렇게 우리에게 말하고 있다. 자신의 세계에서 밋밋하고 둔탁한 것은 어디에도 없다고.

그 밖의 질감의 대가: 수틴Soutine, 앵그르, 렘브란트Rembrandt, 라우션버그Rauschenberg

색이 필요했어" "나는 힘을 표현하려고 큰 붓을 썼어" "나는 서사의 우울함을 표현하기 위해 한정된 팔레트가 맞다고 생각했어" 등등.

화가들은 자신들이 "전원을 켜"고, 즉 의도적으로 하게 될 일을 시작하는지 아니면 "그 속으로 들어가", 그저 날것 그대로의 기억에 바탕을 두고 작업하는지 말할 수 있다. 제대로 작업이 진행될 때 그들은 공간을 채우는 선의 움직임을 느낄 수 있고, 물감을 섞으면서 빛을 느낄 수 있으며, 그림 자체를 느낄 수 있다고 말할 것이다.

화가가 그림을 "느낀다"라고 말할 때 그 의미는 무엇일까? 이는 혼란스러울 수도 있다. 내가 **느낌**이란 말을 사용할 때, 이는 복합적인 의미이며 더 명확하게 설명할 필요가 있다.

시각 예술가들에게 느낌은 자신을 표현하기 위해 모든 감각—보고, 듣고, 맛보고, 만지고, 냄새 맡고—을 사용한다는 것을 의미한다. 그는 작품의 의미, 그 개념의 발전을 이끌어내기 위해 그 모든 감각을 함께 사용한다. 내게 그림을 가르친 선생님은 감각의 보완을 위해 **지각**percept이 필요하다고 말했다.

지각이란 작품에 담아내는 화가의 감각들과 정서의 총합이다. 개념은 화가가 소통하고자 하는 것을 구분하고 명명하는 정신적인 몫이다. 작품을 창작하기 위해서는 **지각**과 **개념**concept 모두가 필요하다.

감각에서 파생된 "지각" 예술과 아이디어에서 파생된 "개념" 예술을 구분하기도 한다. 화가들은 그 구분이 절대적인 것은 아니지만 자신들의 의도에 맞게 이러저러한 진영에 기대는 경향이 있다. 이 책의 후반부에서 우리는 주로 현대 미술의 맥락에서 개념 예술을 논의할 것이며, 그때 그 구분이 조금 더 명료해질 것이다.

화가들은 지금까지 논의한 모든 미술의 요소를 활용하며, 자신의 작품을 창작하기 위해 그 요소들을 배치하거나 배열한다. 이 배열은 **구성**composition이라고 한다. 작품이 배열되는 방식은 그 성공의 내재적인 요인이다. 한 곡의 음악과 그 곡이 어떻게 연주될지를 조직하는 편곡자가 제공하는 기능을 생각해 보면 아마도 더 명확해질 것이다. 화가는 표면에 색, 질감, 선 등의 음표들을 "배열"하여 구성을 창조할 때 같은 일을 하는 셈이다.

화가들이 작품을 구성해 나갈 때 추구하고자 하는 수많은 속성들이 존재한다. 우린 이 말들을 알고 있다. 그러나 미술관에 가서 그림을 볼 때 그 용어를 활용할 수 있도록 여기에서 간략히 설명하고자 한다. 어떤 작품이 이 속성들 중 어떤 것을 포함하고 있는지 아닌지는 사실이 아니다. 그것은 평가하는 관람객에 달려 있다. 용어를 알게 되면 그 용어들이 어쩔 수 없이 주관적으로 사용되고 있음을 이해할 것이다.

균형Balance: 디자인의 균형 혹은 안정성. 구성은 나뉜 양쪽이 동일(대칭적 균형symmetrical balance)할 때 균형이 맞다고 한다. 동일하지 않을 때에도 고유의 방식으로 작동(비대칭적 균형asymmetrical balance)은 한다. 혹은 그 부분들이 중심점과 연결(방사상 균형radial balance)되기도 한다. 만다라 꽃의 경우를 생각해 보면 될 것이다.

균형만이 성공적인 구성을 보장하지는 않는다. 화가는 강조하기 위해 균형을 정교하게 무너뜨리기도 한다. 예컨대 그는 화폭의 일부를 칠하지 않은 채 두기도 하고 반대로 특정한 영역을 고도로 세밀하게 그리고 다른 나머지는 단순하거나 평이하게 그릴 수 있다. 아마 이렇게 함으로써 무엇을 중요하게 여기는지 초점을 만들어낼 것이다.

만약 작품이 균형이 맞지 않거나 불협화음을 빚어낸다면 왜 그런지 물어야 한다. 이 불균형을 즐기지 않을 특별한 이유가 있는가? 항상 개방적인 방식으로 이 기준들을 활용하라. 응용할 수 있는 수많은 방법들이 있다.

강조Emphasis: 모든 요소들이 동일한 비중을 갖는 것은 아니다. 어떤 것은 강조하고 다른 것은 약화시킴으로써 작품의 메시지를 전달하며, 화가에게 중요한 것이 무엇인지를 말해준다. 작품에서 관심의 중심이 무엇일까 물어도 좋다. 보통의 경우 작품의 앞에, 중앙에 있는 것이 가장 중요하다. 이것이 구성의 핵심적인 요소이다. 또 달리 고려해야 하는 것은 **대조**contrast다. 어둠과 밝음처럼 서로 대립적이거나 서로 반대되는 다른 요소들을 나란히 두게 되면 강조와 관심을 만들어낸다.

기억하라. 요소들을 조직화하는 방식이야말로 작품의 핵심이다. 작품에서 아주 시끌벅적하거나 번잡한 부분은 고요하거나 침잠된 영역으로 억누를 필요가 있다. 그래야 시끌벅적한 부분도 보일 수 있다. 밝고 어두운 영역들에도 다르지 않다. 어두운 형태는 밝은 형태를 훨씬 더 눈에 띄게 만든다.

화가가 자신의 그림에서 두드러진 무언가를 창조하는 방식을 유심히 살펴보라. 강조를 드러내기 위해 작품을 어떻게 구성하였는가? 그림을 이러한 방식으로 읽는다면 우리는 화가의 영혼에 한층 근접해 갈 것이다.

움직임Movement: 미술작품은 정물화의 경우라 할지라도 움직임을 암시한다. 그 요소들은 표면의 주위를 우리의 눈이 움직이는 방식으로 구성된다. 표면은 형태들, 색들, 질감들, 그리고 선들의 위치에 따라 생기를 띠게 된다.

화가는 작품으로 들어가는 입구를 제공해 줄 수도 있으며, 우리의 눈이 쉴 수 있는 장소—이를 "고요"로 지칭한다—를 제공해 줄 수도 있다. 마찬가지로 눈이 작품에서 나올 수 있는 길도 알려준다. 당신이 특정한 작품을 보면서 이 행로를 시각화할 수 있는지를 알아보라. 이는 작품에 능동적으로 참여하는 또 다른 방식이 된다. 비록 정물적인 이미지일지라도 우리는 그 이미지를 보기 위해 여행을 다닐 수도 있는 것이다.

움직임의 하위 범주로 **리듬**rhythm이 있다. 화가는 자신의 디자인에 따라 작품에 리듬을 만들어낼 수 있다. 리듬은 아주 다양한 방식으로 만들어질 수 있다. 예컨대 선과 형태의 반복이나 색과 선의 강조를 통해 만들어지기도 한다.

많은 화가들이 자신들의 시각적 구성을 녹턴이나 심포니 등 음악 형식으로 명명하기도 한다. 당신이 미술작품을 볼 때 작품이 암시하는 음악 형식을 식별하고 또 명명할 수 있는지 확인해 보라.

패턴Pattern: 선이나 색의 자질들이 반복될 때 패턴이 만들어진다. 패턴은 작품의 **리듬**, **균형**, 그리고 **조화**harmony에 덧붙여질 수 있다.

많은 화가들은 장식적인 패턴을 위해 특정한 형태들에 반복되는 색의 음영이나 선을 자신의 작품 속에 결합한다. 이러한 표식이나 선이 특정한 유형의 천이나 촉감을 만들어내기 위해 사용될 때 "선형적 질감"이라 지칭되기도 한다.

특정한 문화나 시대는 패턴에 특별한 관심을 보이기도 한다. 그리고 이 패턴이 그 문화나 시대의 건축, 복식, 그리고 미술작품의 장식에서 나타난다. 머릿속에 언뜻 떠오르는 것은 무어인들의 패턴과 아라베스크 문양, 아르 누보와 아르 데코 시대, 동유럽에서 온 특정한 민속 문화 디자인들 등등이다. 구스타프 클림트Gustav Klimt는 패턴의 전문가였다. 작품에서 패턴과 장식적인 디자인이 중요한 요소인 다른 화가들을 알고 있는가?

비율proportion: 서로와 관련을 맺고 있는 요소들의 상대적인 크기. 화가들은 비율의 관계들을 정교하게 변형하거나 과장하기도 한다. 왜곡은 취향일 수도 있고 혹은 특정한 의미의 전달일 수도 있다.

특정한 화가들은 효과를 얻기 위해 인물의 특정 부분들을 길게 늘이기도 한다. 이러한 정교한 왜곡은 미술사에서 사례들이 아주 많다. 엘 그레코El Greco와 매너리스트들Mannerists, 그리고 많은 화가들(모딜리아니를 생각해 보라)과 조각가들(자코메티Giacometti를 떠올려 보라) 등이 있다.

역사적으로 보면 화가들은 그들 시대의 경향과 유행을 종종 반영하기도 한다. 이는 특히 구상작품들에서 두드러지며, 유행은 통통하고 볼이 붉은 모델이나 수척하고 연약한 모델의 모습으로 나타나기도 한다. 때로는 특정한 비율에 대한 화가의 취향은 일종의 서명이 되기도 한다.

뚱뚱한 형상의 경우 루벤스Rubens, 보테로, 마욜, 헨리 무어 등이 떠오른다.

작품을 볼 때 비율에 주목하라. 사물의 상대적인 크기라는 점에서 예외적이거나 왜곡된 부분을 알아볼 수 있는가? 화가가 활동했던 시대의 만연했던 취향을 이끌어낼 수 있는가? 과장이 특정한 의미나 정서를 창조하거나 암시하는가?

조화, **통일성**Unity, 그리고 **변형**Variety: 작품의 요소들이 함께 작용할 때 조화와 통일성이 획득된다. 그러나 요소들의 변형이 반드시 부조화를 야기한다는 의미는 아니다. 오히려 작품의 흥미와 복합성을 증대시킬 수도 있다. 통일성이 동일함을 뜻하지는 않는다. 화가는 자신의 작품에서 조화와 흥미를 달성하기 위해 노력한다. 이는 마침내 문제가 해결될 때까지 균형을 맞추는 활동이며, 뒤로 갔다 앞으로 갈 수도 있고, 요소들을 덧붙이고, 빼고, 변화시키기도 한다.

이 모든 속성들과 원리들은 화가에 의해 여러 방식으로 해석될 수 있다. 이 속성과 원리들을 많은 화가들은 심지어 필수적인 것으로 생각하지도 않는다. 내가 여기에서 이것을 열거한 것은 그 용어들이 작품을 설명하고 평가할 때 사용되기 때문이며, 미술을 감상하는 학생들로서 당연히 알아야 하기 때문이다. 당신 자신이나 다른 사람들에게 미술작품을 보고 당신이 지각한 것, 느낀 것, 생각한 것을 설명할 때 이 용어들을 사용해야 할 것이다.

이 모든 기준들은 미학이란 분야의 범위에 놓여 있다. **미학**Aesthetics은 아름다움과 예술적 취향의 원리를 다루는 철학의 한 갈래로 정의된다. 우리가 미술작품을 평가할 때 우리는 이 영역에 들어선 것이며, 이 책의 목적은 미학을 탐구하고 우리의 판단에 내재된 기초를 살펴보고자 함이다.

"미학"이란 말로 다른 맥락을 연상해 낼 수도 있을 것이다. 예를 들어 화가가 "이것이 나의 미학이다"라고 말한다면 그것은 "이것이 나의 감수성, 나의 접근법, 나의 개인적인 비전이다"라는 말이다. 그는 "이것이 내게 그림이 의미하는 것이다"라고 말하고 있는 것이다.

우리는 모두 화가이든 아니든 "미학"을 가지고 있다. 미학은 우리가 하는 모든 일, 우리가 선택한 옷, 집에 들여놓는 가구들 등에서도 표현된다. 또한 미학은 우리가 보는 미술에 대한 인상과 함께 우리가 작품의 가치를 결정하는 방법에도 반영된다.

"미학"이란 말은 말 그대로 "감각에 충실하다"는 뜻이다. 우리는 무엇이 아름다운지 아닌지에 관한 우리의 최종적인 "감각"을 결정하기 위하여 우리의 감각, 모든 감각을 사용한다. 따라서 정당성을 확보하기 위해, 미적 판단을 창조하기 위한 표준을 체계화하기 위해 우리의 정신적인 능력을 시험해 본다.

"아름다움은 보는 사람의 눈에 달려 있다"는 것은 흔한 아포리즘이며, 대부분의 사람들이 즐겨 사용하는 말이다. 이 말의 의미는 어떤 것이 아름다운지 추한지에 관해 결정할 수 있는 결정적인 표준이란 존재하지 않으며, 이 결정들은 본질적으로 주관적이라는 것이다. 내게 아름다운 것이 당신에게는 추한 것일 수 있다. 나는 다른 사람들이 전혀 발견해 내지 못하는 곳에서도 아름다움을 찾아낼 수 있다.

만약 모든 것이 주관적이라면 우리는 아름다움이 무엇인지에 관해 어떻게 동의할 수 있을까? 사실 아름다움이 미술작품에 관한 우리의 논의에 적합하기는 한가?

우리에게는 내가 지닌 복숭아에 관한 취향이 당신의 취향과 같은지를 알 수 있는 방법이 없다. 복숭아가 맛있다고 내가 말할 때 당신이 동의한다면, 그것이 우리가 같은 취향을 가지고 있다고 말할 수 있을까? 불행하게도 알 수 없다.

우리가 할 수 있는 것은 대상을 분석하고, 우리가 왜 그것을 좋아하거나 싫어하는가에 대한 이유를 보고, 느끼고, 구별하는 것을 한층 더 정확하게 파악하는 것이다. 예컨대 비율의 경우처럼 우리가 먼저 규준을 정의하고 왜 주어진 작품의 비율이 우리에게 즐거움을 혹은 불쾌함을 안겨주는지 그 이유를 명료하게 하자는 것이다. 동의하지 않을 수 있지만 용어를 더 정확하게 규정하면 우리는 더 많은 이해에 도달할 수 있다. 그리고 아마도 어느 정도의 동의 혹은 미적 판단에 도달할 수도 있을 것이다.

당신은 마티스의 작품을 좋아할 수도 그렇지 않을 수도 있다. 그러나 좋아하든 아니든 우리는 마티스가 특히 감정을 표현하는 방식으로 색을 사용했다는 사실에는 동의할 수 있을 것이다. 당신이 피카소의 그림을 좋아하든 아니든 그의 작품 모두가 인물이나 표현에 있어 특출하다는 것에는 동의할 수 있을 것이다.

마티스의 작품이 아름답다는 결론에 도달하기 위해서는 더 큰 도약이 필요하다. 왜냐하면 무엇이 아름다운가에 대한 우리의 기준이 다르기 때문이며, 우리는 결코 그 결론에 동의할 수 없을 것이다.

우리는 어떤 미술작품이 아름답다고 결론적으로 주장할 수는 없다. 그저 우리의 전제들, 취향들, 문화적 규범들, 그리고 그와 비슷한 것들에 기반하여 어떤 작품이 우리에게 즐거움을 안겨주는 것일 따름이다. 아름다움과 추함은 조건적인 판단일 뿐, 결코 검증되거나 결론을 내릴 수는 없다. 단정할 만한 절대적인 진실이 존재하지 않기 때문이다.

중요한 것은 우리가 화가의 비전을 이해하고 연결시키고자 시도하는 것이며, 작품과 교감하고자 하며, 작품이 표현하는 것을 해석하고자 시도하는 것이며, 이 모든 것을 다른 사람들과 공유하고자 시도하는 것이다.

우리는 모두 그림을 볼 때 미학자들이다.

질문을 하고 한층 더 멋지게 인식하고자 하는 것은 결코 경박한 연습이 아니다. 이들 미적 질문을 파고들어, 다음 장에서는 이 모든 문제에 대해 조금 더 깊이 탐구해 보자.

4장

바람직한 평가를 위한 스무 가지 질문들, 그리고 덧붙이는 또 하나의 질문

4장

바람직한 평가를 위한 스무 가지 질문들, 그리고 덧붙이는 또 하나의 질문

1. 미술작품은 아름다워야만 하는가?
2. 만약 아름다움이 기준이 아니라면, 무엇이 "미술"을 만드는가?
3. 걸작이란 무엇인가?
4. 실용적인 물건도 미술작품이 될 수 있는가?
5. 공예품과 미술품의 차이는 존재하는가?
6. 왜 우리는 좋아하는 것들이 다른가?
7. 상업 미술 대 순수 미술: 그 차이는 무엇인가?
8. 미술작품은 어떻게 정서를 소통하는가? 그리고 정서가 미술작품에서 하는 역할은 무엇인가?
9. 어린이나 동물도 화가가 될 수 있는가?
10. 복제, 해석, 표현의 차이는 무엇인가?
11. 미술관에 있는 것은 모두 미술작품인가?
12. 특정한 시대, 특정한 배경에서 나온 작품을 평가하기 위해서는 그 문화를 이해해야만 하는가?
13. 문화를 넘어서는 기준이나 미적인 표준은 존재하는가?
14. 왜 어떤 사람들은 미술에 관심을 기울이고, 어떤 사람들은

그렇지 않은가?

15. 미술을 생각하고 분석하는 것이 미술적 체험을 망치는가?
16. 나쁜 미술이란 무엇인가?
17. 미술작품의 창작에 젠더의 차이가 있는가?
18. 우리는 왜 재현적인 예술을 더 익숙하게 느끼는가?
19. 저급한 미술과 고급 미술은 따로 존재하는가? 어느 정도 미술인 작품도 존재할 수 있는가?
20. 좋은 점이 너무 많을 수도 있는가?

그리고 바람직한 평가를 위해 덧붙이는 또 하나의 질문:
왜 우리네 삶에는 미술이 중요한가?

분명 훨씬 더 많은 질문들이 있을 것이다. 그러나 여기 제시된 질문들은 저마다 검토할 필요가 있는 좋은 질문들이다. 그러니 차례대로 한 가지씩 이 질문들에 답해 볼 것이다. 그 전에 필자의 입장부터 명확하게 해두어야겠다.

필자는 철학자나 역사가가 아니라 실제 그림을 그리는 화가다. 물론 나 또한 미적인 문제들에 관심이 있지만 나의 답변은 모두 화가의 관점에서 비롯된 것이다. 그렇기에 다른 관점으로 접근하는 사람들의 견해와 다를 수 있다. 무릇 누군가의 의견이란 경험에 바탕을 두고 있는 법이다. 그러니 제시된 나의 대답들을 있는 그대로 받아들여 주기를 당부드린다. 당신의 대답 역시 타당하며, 따라서 내 생각들이 당신의 관점을 더욱 깊이 파고들고, 그것을 표현하는 데에 도움이 되기를 바란다.

자, 그럼 시작해 보자.

1. 미술작품은 아름다워야만 하는가?

우리는 이 주제를 바로 앞의 장에서 다루었다. 그러나 이 질문이 본질적인 미적 질문이기에 한 번 더 깊이 파고 들어가 보자. 먼저 용어를 정의해 보는 것이 좋을 듯하다.

아름다움은 다음과 같이 정의된다. "미적 감각, 특히 시각을 즐겁게 하는 형태, 색, 형체와 같은 다양한 자질들의 결합." 이 정의는 너무나 일반적인 나머지 거의 무의미하다고 할 수 있다. 어떤 사람에게 즐거운 것이 다른 사람들에게도 즐거운 것이 아님은 분명하다. 따라서 아름다움이 무엇인지에 관한, 누구나 수긍하는 일반적인 동의는 존재하지 않는다.

그러나 우리는 이 개념적인 설명을 완전히 버릴 수가 없다. 왜냐하면 **미술**art이란 말이 수 세기 동안 **아름다움**beauty이란 말과 떼려야 뗄 수 없게 연결되어 있었기 때문이다. 아마도 한층 유용한 것은 아름다움의 개념을 열어두는 것이 아닐까.

더러 화가가 담아내고자 하는 특별한 메시지가 시각적으로 유쾌하지 않은 무언가를 요구할 수는 있을지라도 본질적으로 어떤 화가든 추한 것을 창조하려고 애쓰지는 않는다. 만약 예술이 소통이며, 화가의 메시지를 성공적으로 소통하는 것이 작품의 "아름다움"이라 판단할 수 있다는 전제로부터 시작하면 어떨까? 이 경우 아름다움은 겉모습이 아니라 표현의 가능성에 따라 재규정될 수 있을 것이다.

만약 미술의 아름다움을 표현성으로 규정한다면 이미지나 창조된 작품은 밝을 수도, 어두울 수도, 매력적일 수도, 말 그대로 노골적일 수도 있다. 결국 이들 각각은 화가가 의도하고 있는 감정, 사고, 지각, 메시지를 표현하고 있기는 마찬가지다.

물론 우리가 아름다움의 개념을 매혹적인 것 그 이상으로 개방하고, 그것을 표현성이라 지칭한다고 할지라도 이 또한 주관적이기는 마찬가지다. 우리는 아름다움에 관해 서로 의견이 다르듯이 작품의 표현성에도 의견이 다를 수 있다. 그럼에도 작품의 표현성은 더 많은 사람들의 동의를 이끌어내기는 할 것이다.

특정한 대상—꽃, 석양, 아기의 미소 등—이 아름답다는 데에 사람들은 일반적으로 동의하는 편이다. 그리고 아름답지 않다거나 심지어 추하다—쥐, 뒤틀린 나무, 시신 등—는 것에도 동의할 것이다. 추상적인 것도 마찬가지다. 균형, 밝은색, 그리고 우아한 선은 아름다움을 연상케 하며, 반면에 불균형, 어두운색, 둔중한 선은 덜 그럴 것이다.

이러한 연상이나 결론은 이 세상 속에서 겪은 우리의 특별한 경험과 인간으로서 우리의 본성 때문이다. 석양과 꽃은 위협적이지도 공격적이지도 않다. 그것들은 인간에게 단순한 기쁨을 안겨준다. 어둠과 죽음은 우리를 두렵게 만든다. 여기에는 고통이 담겨 있으며, 우리로 하여금 눈길을 돌리게 만든다.

미술작품을 보고 그 아름다움을 판단할 때 우리의 편견을 떠올려보는 것이 현명한 처사일 것이다. 사람인 우리는 사람의 얼굴을 특정한 방식으로 보는 데에 익숙해 있다. 분명 다른 우주와 생명체에 익숙한 지구 밖 존재는 전혀 다른 아름다움의 표준을 가지고 있을 것이다. 우리 행성에서조차 다른 시대, 다른 문화권의 화가들은 지금 우리가 아름답다고 생각하는 것과 전혀 다른 표준을 가지고 있었다.

루벤스의 누드 혹은 엘 그레코의 가늘고 긴 형상들을 생각해 보라. 그들은 오늘날 우리의 "모범적인" 표준에 비추어 보면 비정상적이다. 그림을 볼 때 이 점을 반드시 염두에 두기를 바란다. 아름다움에 관한 정상적인 것, 익숙한 것, 평범한 것 등에 관한 개념을 될 수 있는 만큼 멀리 내던져버려라.

미술작품을 그 자체가 하나의 세계라 생각하고 접근하라. "이 작품은 아름다운가?"라고 질문하기보다 "이 작품을 통해 화가가 말하고자 하는 바는 무엇인가?"라고 질문하라. 이 누드의 표현 방식이 말하고자 하는 바는 무엇인가? 야윈 형상으로는 담아낼 수 없는 관능성이라도 있는 것인가? 왜 화가는 이런 방식으로 표현하겠다고 선택했을까? 엘 그레코의 가늘고 긴 형상을 볼 때 뚱뚱한 형상으로는 표현할 수 없는 불길한 느낌이 전달되는가?

화가들이 접근하는 방법에는 특정한 메시지를 담고자 하는 목적이 있으며, 우연적이 아닌 의도적인 행위라고 생각한다면 아름다움의 본질에 관한 우리의 견해를 수정할 여지가 있는, 또 다른 접근법을 탐색할 수 있을 것이다.

이는 미술이 어떻게 의식의 발전에 기여하는가 하는 문제이기도 하다. 우리 사회의 그 어떤 사람들보다 관습에 덜 매여 있는 화가들은 종종 새로운 영토를 향해 난 길로 우리를 이끌며, 그가 사는 시대의 사고를 진전시켜 나간다.

자신의 시대에 추하거나 신성모독이라 생각되었던 미술작품들이 후대에 이르러 아름다움의 상징으로 떠받쳐지기도 한다. 그 작품들은 처음 소개되던 당시에 주도적이었던 화가들의 작품들을 전적으로 다른 무언가로 대체하였으며, 급기야 새로운 작품들이 정상적이고 일반적인 것으로 간주하였다.

화가들은 선구자이며 혁명가들이다. 그들은 자신의 경험을 넘어서는 어떤 시대를 가리킨다. 관람객인 우리의 본능은 새로운 것을 애초부터 거부할 수도 있겠지만 꾹 참고 열린 마음으로 바라보자. 단지 "시간"만이 우리에게 말해줄 것이다. 미술작품의 가치를 확실하게 평가할 수 있는 특별한 방법이란 따로 없음을. 분명 아름다움에만 해당되는 말은 아닐 것이다. 어떤 결정적인 것조차 바람이 달리 불면 분명 달라질 것이기 때문이다.

2. 만약 아름다움이 기준이 아니라면, 무엇이 "미술"을 만드는가?

의도로부터 시작해 보자. 내가 전제하고 있듯이 미술이 소통이라면 화가의 입장에서 무언가 말하려고 하는 의도가 있어야 한다. 만약 개코원숭이가 크레용으로 종이에 낙서를 한다면 비록 그 결과가 우리에게 즐거움을 주더라도 이 정의에 따르면 미술작품은 아니다. 개코원숭이는 어떤 말을 하려는 의도가 없으며, 작업의 결과물에 대한 어떠한 해석도 자의적일 따름이다. 개코원숭이는 화가가 아니다. 그저 낙서를 한 것일 뿐이다.

염두에 두고 있는 어떤 생각도 없이 화가들이 작품을 시작하는 경우도 있지 않느냐고 반론을 제기할지도 모르겠다. 화가는 어떻게 되는지 보려고 그저 캔버스에 물감을 아무렇게나 쏟아부어 볼 수도 있다. 그렇다. 화가에게 최초의 의도는 없을 수도 있다. 그러나 작업을 진행해 나가면서 선택을 하게 된다. 여기는 노랗게 칠하고, 저기는 선을 그려 넣는 등 의도를 가지고 선택을 한다. 최종적인 대상을 염두에 두고 '그 무엇'을 만들고자 노력하는 것은 아닐지라도 일종의 본능적인 태도로 그렇게 한다. 이 작품의 여기에는 붉은색, 저기에는 검은색과 원형의 움직임 등이 필요하다는 식이다. 그렇다면 이렇게 하는 것도 의도라고 할 수 있을까?

화가는 아직 명명할 수 없는 무언가를 표현한다. 그 무언가는 사실상 이름이 없을 수도 있다. 결국 화가는 그 무언가를 〈작품 번호 1〉, 혹은 〈세렌디피티Serendipity〉 같은 추상적인 용어로 명명할지도 모른다. 그럼에도 화가는 모든 선택을 조율하는 압도적인 지성을 가지고 있다. 의식적이든 무의식적이든 이것이 바로 의도다.

우리는 우리가 그 무언가를 가지고 어디로 향할지 종종 알지 못한다. 그러나 우리는 이에 대한 지식이 없더라도 지속적으로 행동을 취하고 있다. 우리가 미술작품을 만들 때 우리의 뇌와 손은 서로 연결된다. 연결된 뇌와 손은 우리에게 언제 계속 가야 하고 언제 멈춰야 할지, 그리고 궁극적으로 우리가 그 길의 끝에 도착해서 그 주제에 대해 더 할 말이 없을 때가 언제인지를 알려준다.

대부분의 화가는 그들이 궁극적으로 생각한 것이 정확히 특정한 순간 자신이 원한 것이 아니라는 것을 인식하기도 하고, 거꾸로 작업한 결과물을 보고 놀라기도 한다. 그럼에도 그 작품은 화가가 수행한, 1분 1

초, 매 순간의 모든 선택이 이끌어낸 결과다. 그리고 그것을 화가 자신의 것이라 주장한다.

그래서 의도와 지성이 기준이 된다. 그렇다면 기능은 어떨까? 기술이나 능력은 어떤 것이 미술작품인지 아닌지에 어떻게 영향을 미칠까?

화가가 더 숙련된 기능을 가지면 가질수록 소통이 더욱 쉬우리라는 것은 말할 필요가 없다. 만약 당신이 말을 하지 못하거나 제한된 어휘만 가지고 있다면 메시지를 소통하는 것이 엄청나게 어려울 수도 있을 것이다.

미술 창작은 수 세기 동안 기능과 연관되어 왔으며, 화가들은 그림을 잘 그리고 잘 채색하는 능력, 디자인과 솜씨라는 점에서 아주 특별하게 대상을 빚어내는 능력을 발전시켜 온 사람들로 분류되어 왔다. 전문성은 다른 모든 직업에서 그렇듯이 화가임을 보증하는 징표로 여겨져 왔다.

하지만 기능이 미술작품을 만들기 위한 필수 조건인가? 서툴고, 숙련되지도 않은 사람도 미술작품을 창조할 수는 없는 것일까?

간단한 답을 줄 수 있으면 좋겠지만 모든 복잡한 질문처럼 답에는 조건이 뒤따른다. 첫째로 그렇다. 서툴고, 숙련되지 않은 사람도 미술작품을 창조할 수 있고, 작품이 예술이 되기 위해 반드시 전문가의, 솜씨 좋은, 직업적인 능력이 필요한 것은 아니다. 사실 때로는 서투름 그 자체가 예술성의 기초를 이루기도 한다.

원시 미술이나 소위 아웃사이더 미술을 떠올려 보라. 이들 작품은 훈련받지 않은 화가일지라도 어린아이 같은 방식으로 감정을 그럭저럭 표현한다. 뭉크의 〈절규〉(다음 페이지의 [그림 16] 참조)와 같은 단순화된 작품을 생각해 보라. 이 그림은 정교하지 않은 듯해도 그 직접성으로 우리를 사로잡는다.

뭉크는 1893년에 그린 이 그림으로 큰 기회를 잡았는데, 이는 자기보다 앞선 화가들이 보였던, 기능에 대한 극단적인 의존에서 벗어났기

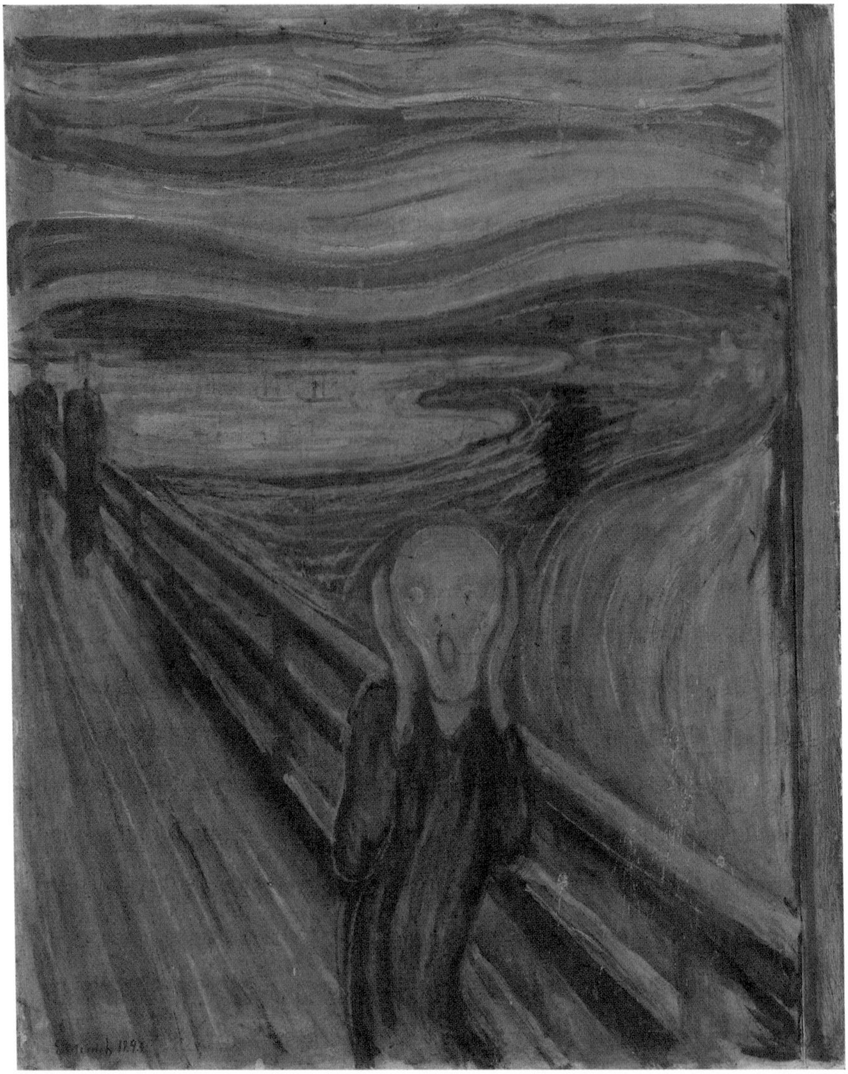

[그림 16] 에드바르 뭉크Edvard Munch, 〈절규〉

때문이었다. 그는 전문가가 그린 초상화처럼 그리기보다 내면의 혼란을 담은 초상화를 창조하기 위해 붓을 사용했다. 이것은 그 당시로서는 혁신적인 출발이었고, 그의 용기는 이후 표현주의와 20세기의 예술운동으로 이어졌다.

그런데 무엇이 뭉크로 하여금 이토록 혁신적인 출발을 하게 추동하였을까? 용기, 열정, 정서, 표현하고자 하는 욕망 등등의 말들이 뭉크를 수식하는 말로 쏟아졌다. 우리는 다시 표현의 가능성으로 되돌아가게 된다.

의사소통이다. 이 그림은 표현력이 뛰어나 우리에게 충격을 준다. 그 그림의 극단적 표현성이 진정 자신의 시대를 초월하여 가장 인정받는 예술 작품 중 하나가 되게 만든 것이다.

우리는 몇몇 예술 작품들을 사랑하고 작품 속의 기능을 높이 평가하는데 어떤 경우는 정말 놀라울 정도다. 페르메이르Vermeer의 정밀함, 벨라스케스의 구성, 브라크의 복합성, 앵그르의 선……. 나는 언제까지고 계속 열거할 수 있다. 그러나 나는 그 기술의 밑바탕에 놓여 있는 그 무언가가 훨씬 더 중요하다고 믿고 있다.

기능의 밑바탕에 놓여 있는 것은 어느 정도의 전문성에 도달할 때까지 계속해서 연구하고 경험하고 그려 나가고자 하는 사랑이자 욕망이다. 그렇다면 왜 그렇게 하는가? 그 이유는 표현하고 또 더 잘 표현하기 위함이다.

화가들은 자신들의 능력이 허락하는 한 충분히 표현하려고 노력하며, 여기에는 자신들의 기능을 끌어올리는 것도 포함된다. 하지만 때로는 기능이 방해가 되어 내용을 무색하게 만들기도 한다. 때때로 우리는 너무 멀리 가고, 너무 복잡하게 만들고, 너무 많은 것을 담으려 하고, 너무 자의식을 강하게 드러내기도 한다. 그러면 우리는 본질로 다시 돌아가기 위해 얽힌 매듭을 풀어야 한다.

시각 예술 작품은 생각이나 감정의 독특한 표현이다. 시각 예술은 언어를 초월한다. 당신은 그 메시지를 설명하려고 노력해 볼 수는 있지만 언어로는 부족하다. 그 메시지는 선, 색, 명암과 빛, 그리고 그 모든 것으로 이루어지는 형태들의 패턴 속에 살아 있다. 그림에는 기능이 포함되지만 기능만으로 미술작품이 되는 것은 아니다. 미술은 시대를 반영하지만 그 시대를 넘어선다.

미술은 번역되고, 정의되고, 단순화되고, 변화될 수 없는 표현이다. 그것은 어떤 말로도 달리 전달할 수 없음을 의미한다. 미술은 그 자체일 뿐 다른 그 무언가가 될 수가 없다. 미술은 시간 속의 결정화된 순간에 생겨나고, 영원히 살아간다. 미술은 그 창조자를 능가하고, 우주에 건네는 선물이 된다.

어떤 미술작품들은 아주 효과적으로 말한 나머지 인간의 조건과 깊은 관련을 맺게 되고, 이때 우리는 그 작품을 걸작이라 여긴다. 이것이 다음 질문에서 탐구할 주제다.

3. 걸작이란 무엇인가?

아주 특별한 작품? 뛰어난 솜씨로 만든 작품? 그렇다, 물론이다. 하지만 여기에 덧붙여 훨씬 더 많은 것이 걸작에는 요구된다.

걸작은 주제를 아주 완벽하게 실현한 나머지 경외감에 숨이 막힐 만큼, 기능과 열정의 미묘한 균형을 침착하게 이루어낸 작품이다. 걸작은 그 당대에, 그 화가에 의해, 그리고 그 방식으로 창조된 작품들 가운데에서 돋보이는 작품이며, 그 시대를, 작품을 창조한 화가를, 그리고 그것을 창조하게 만든 양식을 넘어서는 작품이다.

걸작은 새로운 시대, 새로운 양식의 상징이 되고, 창조적 성취의 절정에 도달한 모든 화가들이 만들어낸 모든 양식들과 모든 시대의 모든 걸작들과 나란히 서게 된다.

걸작은 종종 우리를 새로운 어떤 길로 이끌거나 우리로 하여금 새로운 방식으로 보게 만드는 요소를 확장시킨다. 그것은 상상적인 경험이다. 몇 가지 예는 다음과 같다.

일종의 마술적인 조명인 카라바조의 촛불이 비추는 세계
렘브란트 초상화의 놀라운 열정

미켈란젤로 〈피에타〉의 정교한 구축
반 고흐 하늘의 뜨거운 격정
마티스Matisse 콜라주의 유쾌한 색채
뷔야르Vuillard 실내의 우아한 친근감
헨리 무어 조각의 입체감
벨라스케스 궁정화의 매혹적인 구성
모네 수련의 꿈

미술의 걸작들은 어느 시대의 혹은 미술운동의 가장 훌륭한 예시로 간주된다. 그리고 이 점에 대해서는 항상 의견이 분분하다. 위에 언급된 모든 화가들은 자신만의 독특한 집착을 매우 열정적으로 추구함으로써 미술사 전반에 걸쳐 유명해진 작품을 성취해 냈거나 혹은 미술을 새로운 영역으로 이끌었다.

화가와 작품의 특징을 연결하는 부록 A의 게임을 참조하라. 당신이 계속해서 미술을 탐구하고 미술운동과 양식에 익숙해지면 질수록 그 장르의 가장 훌륭한 예시들을 찾아내고, 당신이 좋아하는 작품이나 화가들 가운데 흥미와 감동을 불러일으키는 바로 그 작품을 발견하게 될 것이다.

무엇이 이들 작품을 특출하게 만드는가? 디자인, 물감의 품질, 소묘, 색의 조화인가? 무엇이 이 작품을 비슷한 다른 작품들 중에서 단연 특출하게 만드는가? 이런 질문을 던지는 가운데 미술에 대한 감수성과 즐거움이 다음 단계로 고양되게 될 것이다. 당신은 그저 단순한 미술 애호가가 아니라 '연구와 관심으로 인해 예술에 대한 높은 감상 능력을 갖춘' **감식가**connoisseur가 될 것이다.

4. 실용적인 물건도 미술작품이 될 수 있는가?

모든 인간 사회는 삶을 유지하기 위해 필요한 물건들을 만든다. 도구들, 살림살이, 이동 수단들. 어떤 것들은 본질적으로 실용적이며, 특정한 과제를 수행하기 위해 만들어졌다. 그러나 제작자는 자신이 수행하는 작업의 디자인에 쉼 없이 의견을 개진하며, 그 과제에 한층 더 도움이 되거나 한층 더 눈길을 끌기 위해 변형을 가한다.

그는 유용한 물건을 만들기로 생각했을 뿐일지 모르지만 크기나 모양을 바꾸는 것만으로도 그것을 보는 방식에 영향을 미친다. 그리고 제작자는 그것을 모를 수가 없기에 기뻐하게 되고, 그렇기에 계속해서 수정을 가한다. 그는 확실히 유용성에 기초하여 선택을 하기도 하지만 유용성과는 전혀 상관없는 색상, 장식 패턴, 동물이나 얼굴, 나무 혹은 그 무엇이든 다른 요소들을 참조함으로써 선택하기도 한다.

그렇게 함으로써 솜씨 좋은 공예가는 화가가 된다. 모든 공예가가 화가는 아니며, 모든 물건이 미술작품인 것도 아니다. 그러나 미술작품이 될 수 있다. 그것은 강조의 문제일 수 있고, 앞에서 논의한 것과 같이 의도의 문제이기도 하다.

그것은 또한 개성의 문제다. 당신은 분명 찬장 안의 접시를 미술작품으로 생각하지는 않을 것이다. 그 접시들은 비록 디자인을 통해 장식될 수 있지만 주로 실용적이다. 하지만 당신은 아름다운 물건이나 미술작품을 만들고자 하는 의도를 가진 사람이 만들어낸 그 디자인 때문에 접시를 고를 수도 있다. 손님을 대접하는 용도로 사용될 수 있다는 사실이 미술작품으로 그 접시가 창조되었다는 사실을 깎아내리지는 않는다.

심지어 무언가를 담는 용기라는 원래의 목적을 가지고 있을 수도 있지만 여전히 진정한 미술작품이기도 하다.

세계의 미술관에는 흉상을 조각한 정교한 지팡이, 예배를 위해 만들어진 소품들, 죽은 사람을 위해 장식된 석관, 그리고 미술작품으로 만들어진 모든 종류의 접시, 그릇, 머리 장식, 도구, 의자 등 훌륭한 예가 무수히 많다.

그러나 잠시 멈춰 생각해 보자. 잘 디자인된 의자는 미술품일까? 꼭 그렇지는 않다. 그것은 그저 잘 디자인된 의자일 뿐이다. 그 디자인이 물건을 미술작품으로 만들지는 않는다. 미술이 되려면 어떤 선을 넘어야 한다.

그것이 넘어야 할 선은 작품이 원래의 기능을 초월하게 만드는 선이다. 그 자질은 디자인과 처치가 기능을 능가하고, 기능이 요구하는 그 이상이 되어야 한다. 이것은 어렵고 끊임없이 변화하는 기준이며, 확실히 논란의 여지가 많다.

우리는 이 문제에 대해 다음에 더 논의하겠지만 한 가지 정리해 보면 다음과 같다. 실용적인 물건이 미술작품이 될 수는 있지만 이 지점에 도달하기 위해서는 잘 만들어진 것, 그 이상이어야 한다.

5. 공예품과 미술품의 차이는 존재하는가?

공예품이란 무엇인가? 무언가를 창조하기 위한 기술을 활용하여 만든 물건과 대체로 관련이 있다. 그림이나 조각도 물건이지만 이것들은 보통 공예품에서 제외된다. 그러나 공예품과 미술작품이 교차하는 지점도 많고, 차이점도 많이 논의되고 있다.

공예품이나 흔히 공예라고 생각되는 활동을 생각해 보자. 목공과 가구 만들기, 유리 제조, 도기와 자기, 금속 세공, 직물과 텍스타일, 바느질, 퀼트 등. 모든 것이 유용한 물건의 창조로 귀결될 수도 있고, 그중 일부는 미술의 수준으로 올라갈 수도 있지만 전부가 그런 것은 아니다.

두 활동 모두 무엇이 필요한지 살펴보자. 기술? 필요하다. 디자인? 그렇다. 지성? 계획? 필요하다. 화가는 반드시 공예를 활용해야만 한다. 그러나 장인은 언제나 미술작품을 만드는 것일까?

몇 가지 본질적인 차이점이 있다. 미술작품을 만드는 것은 감정적이든, 서술적이든, 정치적이든 무언가를 말하려는 의도에서 비롯된다. 공예품을 만드는 것은 보통 또는 반드시 이와 비슷한 의도로부터 시작하지 않는다. 장인은 그저 튼튼한 벤치, 깊게 홈을 파서 만든 쓸모 있는 항아리를 만들고 싶어 할 수도 있다.

이 설명이 그림이나 조각에도 들어맞는 것일 수 있을까? 그림이나 조각도 분명 그저 세속적이거나 장식적일 수 있으며, 내용이 부족할 수도 있다. 그런즉슨 모든 그림과 조각이라고 해서 본질적으로 미술작품인 것은 아니다.

그러므로 목재로 된 것이든 직물로 된 것이든, 그림으로 된 것이든 그 작업의 결과물이 미술작품인지 아닌지를 결정하는 것은 매체가 아니다. 그것을 만들기 위한 과정이나 활동에 있는 것도 아니다.

다시 우리는 익숙한 지점으로 돌아간다. 무언가를 미술작품으로 만드는 것은 인간의 경험에서 비롯되는 그 무엇, 기능성, 효용성, 그리고 유사성 등을 넘어서는 그 무엇을 표현하는 것이다. 미술작품이 반드시 쓸모없는 물건이 되어야 하는 것은 아니다. 그 말이 아니라 작품성은 효용성이 아닌 다른 것에 있어야 한다는 것이다.

현대 미술가 피비 스콧Phoebe Scott이 진흙으로 만든 멋진 예술 작품 [그림 17]을 예로 들어보자.

이 작품은 끈으로 묶인 여성의 몸을 묘사하고 있다. 충격적일 정도로 많은 것을 불러일으키는 이 작품을 본 나의 첫인상은 시각적인 말장난처럼 나이 든 여성을 '낡은 자루'로 표현했다는 것이다. 피비는 자신의 작업 대부분이 이 사회가 나이 든 여성을 대하는 배려의 결여와 관련되어 있다고 내게 말한 적이 있다.

이 작품은 분명히 의도를 가진 채 창조되었으며, 예술적으로 만들어졌으며, 가장 중요하고, 진정성이 잘 표현된 미술작품이다. 선택한 매체는 작품이 전달하는 메시지에 결정석이다. 다른 매체로는 이보다 더 효과적으로 표현할 수가 없었을 것이다.

미술작품과 공예를 나누는 기준은 매체, 공정, 재료 모두 결정적인 관건이 아니다. 공예와 미술작품에 똑같이 요구되는 것은 공예(기능)다. 그리고 공예와 미술작품을 나누는 선은 아주 사소하고 보잘것없는 것일

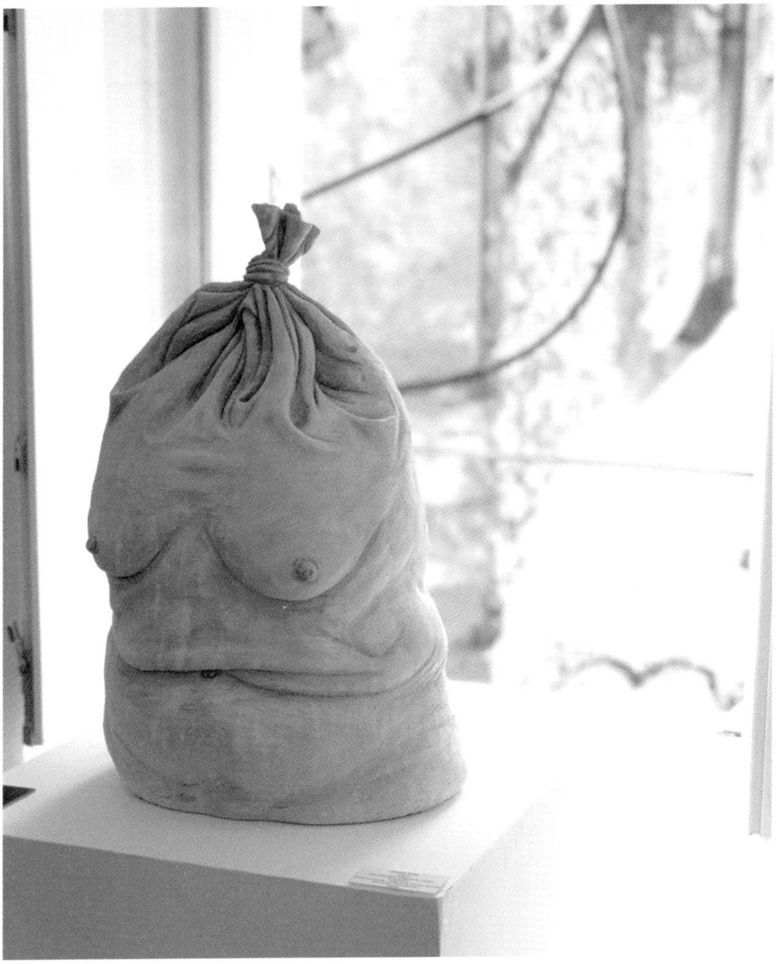

[그림 17] 피비 스콧, 〈짓눌린 토르소〉

수 있다. 그리고 논쟁의 여지도 많다. 미술작품은 공예를 포함할 수 있지만 동시에 그것을 넘어서야만 한다. 미술작품은 공예가 부족해 보일 수도 있지만 여전히 미술작품이다. 사실 메시지의 조악함도 그 자체로 메시지일 수 있다.

위대한 공예는 창조된 물건이 우리에게 말해주는 독특한 아름다움이나 특성을 가질 때 미술작품의 반열에 오를 수 있다. 아니면 그저 멋진 공예품일 수도 있고, 아름답게 만들어진 그 무엇일 수도 있다.

6. 왜 우리는 좋아하는 것들이 다른가?

정말 좋은 질문이다.

우리는 저마다 다르기 때문에 다른 것을 좋아한다. 우리는 서로 다른 경험을 가지고 있고, 다른 문화권에서 왔고, 다른 환경에서 자랐고, 다른 시대를 살고 있다.

음식에 대한 우리의 입맛이 다르듯 우리의 취향도 일반적으로 다르다. 많은 사람들이 피자와 감자튀김과 휘핑크림을 좋아한다고 해서 대중적이거나 보편적인 취향과 같은 무언가가 존재한다고 추측할 수 있을까?

러시아 사람들은 미국 사람들에게 혐오감을 주는 차가운 분홍색 수프인 보르슈트를 좋아하고, 일본 사람들은 생선회를 좋아하는데 많은 사람들은 그것을 좋아하지 않으며, 멸치를 좋아하는 사람은 극히 드물다는 것을 우리는 알고 있다. 하지만 우리는 이 음식들이 특정 지역사회의 사람들에게는 익숙하고 토착화되어 있는 것이며, 사람들은 그것에 맞게 입맛을 "발전시켜 온" 것이라는 사실을 제외하고는 왜 다른지 이유를 알지 못한다.

그렇다.

취향은 발달할 수 있다.

음식처럼, 어떤 친숙한 환경은 그에 친숙한 주민들을 기쁘게 하지만, 멀리 떨어진 곳에 사는 다른 사람들을 매료시키지는 못할 수도 있다. 우리는 익숙한 것에 편안함을 느낀다. 시골 사람에게 건초 더미를 쌓아 올린 풍경은 위안이 되겠지만 도시 사람에게는 거의 어떠한 인상도 남기지 않을 수 있다. 그리고 마찬가지로 마천루처럼 솟아오른 고층 건물에 농부가 혐오감을 느끼는 반면 도시인은 좋아할 수도 있다.

현대를 살아가는 우리 대부분은 여러 환경과 장소에 노출되어 있기 때문에 물리적으로는 아닐지라도 인터넷을 통해 취향이 확장되고 발전될 수도 있을 것이다. 우리가 더 많이 노출될수록 우리의 눈은 더 많이 열리게 되고, 우리의 취향 또한 확장될 수 있음은 틀림없는 사실이다.

그럼에도 우리가 항상 특정한 것, 특정한 속성들을 다른 것들보다 좋아하는 경향이 있음은 분명하다. 예를 들어 대부분의 사람들은 불규칙적인 디자인보다 대칭을 더 선호한다. 많은 사람들은 반복적인 패턴을 좋아하고, 현기증을 불러일으키는 패턴을 싫어할 수도 있다.

색에 관해서라면 사람들은 확실한 취향과 선호도를 가지고 있다. 우리는 모두 하늘을 좋아하고, 물에 매혹되기 때문에 파란색은 누구나 좋아하는 색일 것이다.

태양의 색인 노란색은 우리의 기운을 북돋아준다. 빨간색은 우리를 흥분시킨다. 초록색은 우리가 가장 좋아하는 휴식의 색이다. 우리는 단순함과 보편성 때문에 흰색을 좋아한다. 검은색으로 말하자면 옷이라면 좋아하겠지만(부분적으로는 우리를 날씬하게 보이게 하므로) 벽지의 색으로는 좋아하지 않는다. 항상 예외가 있기는 하지만 이것이 일반적으로 선호하는 것들이다.

그리고 예외는 우리의 개성, 저마다 사람들이 지닌 DNA와 경험의 독특한 조합에 의해 생겨난다. 어떤 것들은 우리에게 어울리고, 우리와 닮아 있으며, 또 어떤 것들은 낯설다. 우리의 취향은 그런 패턴을 따른다.

해마다 페인트 회사들은 특정한 해에 대중적인 인기를 끄는 색의 조합을 출시한다. 이들 선택된 색들은 그 당시 사회나 세상에서 일어나고 있는 일을 반영하는 것이다. 중성적인 색은 스트레스가 많은 시기에 인기가 있다. 밝은색은 예외적인 사건들이 일어난 시기에 인기가 많다. 때로 우리는 과소평가된 색들을 선호하기도 하고, 때로는 대담한 색을 선호하기도 한다.

달리 말하면 취향은 많은 요소들의 함수로서 일부는 알 수 있고, 또 일부는 아예 이유를 모르기도 한다. 그 가운데 친숙함은 기본이고 결정적이다. 분위기도 주요한 요인이다. 문화는 종종 우리가 순응하도록 조율되어 있기 때문에 우리의 호불호에도 영향을 미친다.

미술작품은 매우 다양하고, 그 가운데에는 여러 다른 이유로 많은 사람들에게 어필하는 작품들이 있다. 이는 바람직한 현상이다. 우리가 모두 똑같은 모자를 좋아하지 않듯 같은 작품을 좋아할 수가 없다. 그 가운데 어떤 것은 우리 취향에 맞고, 어떤 것은 잘 맞지 않는다.

여기서 흥미로운 점, 우리가 더한층 탐구해야 할 점은 이 작품보다 저 작품을 더 좋아한다는 것이 아니라 당연하게도 더 좋아하는 이유가 무엇인가 하는 점이다.

대중적으로 파란색을 누구나 선호하는 것과 마찬가지로, 많은 사람들은 알아차릴 수 있는 형체와 장소, 그리고 화가들이 그 대상에 표현하는 부드러운 처리로 말미암아 인상주의 작품들의 사랑스러운 색조가 자신들과 연결되어 있음을 발견한다. 인상주의는 사람들이 접근하기가 아주 쉬우며, 그래서 미술운동 가운데 가장 대중적인 인기를 끌고 있다.

그러나 인상주의의 애호가들도 피카소의 독창성, 로스코의 단순함, 렘브란트의 천재성 등을 아주 다른 이유로 즐길 수 있다. 우리는 아이스크림을 좋아하지만 디저트가 생각날 때마다 아이스크림만 먹고 싶지는 않다.

우리의 독특한 취향을 존중하자. 그리고 화가들이 우리에게 제공하는 수많은 다른 미술 형식들도 마음껏 누리자. 이 책을 읽어가면서 우리는 토론, 연습, 게임 등을 통해 취향을 탐구해 나갈 것이며, 그 결과 당신이 좋아하는 것이 무엇인지를 정확히 알게 될 것이다. 그리고 그것이 곧 당신 취향의 목록을 확장시킬 것이라고 감히 확신한다.

당신이 미술작품에 대해 더 많이 알수록, 어떤 작품을 좋아하는지 그 이유를 알면 알수록, 다른 표현의 형식들에 더한층 개방적일 수 있을 것이다.

7. 상업 미술 대 순수 미술: 그 차이는 무엇인가?

상업적이라는 단어에 답이 들어 있다. 상업 미술은 목적이 있고 판매되는 무엇이라는 이미저리로 연결된다. 보통 광고와 관련이 있고, 대중에게 널리 호감을 유발하고 널리 노출될 수도 있다. 그뿐 아니라 상업 미술에는 만화나 애니메이션과 같은 오락용 일러스트레이션이 포함되기도 한다. 그것은 일러스트레이션처럼 글을 보완할 수도 있고, 종종 묘사적이거나 환상적일 수도 있다. 종종 구매하는 고객이나 극장, 영화 스튜디오 또는 다른 상업적 목적으로 기획된 기업의 요구에 따라 만들어진다.

많은 상업 미술작품들은 종종 작품으로 여겨지는 수준까지 고양될 수 있다. 그런 작품들은 고도로 표현성이 강하고 잠재력 역시 크다. 판매할 목적으로 만들어졌지만 그 목적을 넘어서는 사례가 발견되기도 하는 것이다. 예를 들어 〈바넘 앤 베일리 서커스Barnum & Bailey Circus〉의 포스터들을 생각해 보자. 그것들은 놀랍다. 그렇기에 작품이다.

상업 미술과 순수 미술의 차이점을 생각할 때, 순수 미술은 화가가 그 자체 이외의 것을 홍보할 의도를 갖지 않은 채 순전히 표현 자체를 위해 창조한 작품이다. 결과적으로 나중에 팔릴 수도 있지만 상업적인 기획물로 창조된 것은 아니다. 특정한 목적을 위해 작품이 의뢰되었을 때 상업 미술의 경계를 벗어날 수 있지만 반드시 그런 것만은 아니다. 그 구분은 양식이나 실행이 아니라 의도로부터 비롯된다.

나는 툴루즈 로트레크가 상업 미술로 만든 일러스트레이션 중 일부를 염두에 두고 있지만 그 작품은 아름다움과 보편성으로 말미암아 순수 미술의 수준으로 고양되어 있다.([그림 18] 참조) 노먼 록웰Norman Rockwell은 또 다른 대표적인 예일 것이다. 영화와 극장 산업을 위한 포스터를 만드는 특별한 재능을 갖춘 화가들 중 일부는 툴루즈 로트레크에 필적할 만큼 현대적인 면에서 표현력이 뛰어나다. 뮤지컬 〈위키드Wicked〉의 포스터를 보라. 언젠가 미래에 이들 작품은 상업적인 목적은 퇴색되고, 당당하게 미술작품으로 권리를 선언하게 될지도 모른다.

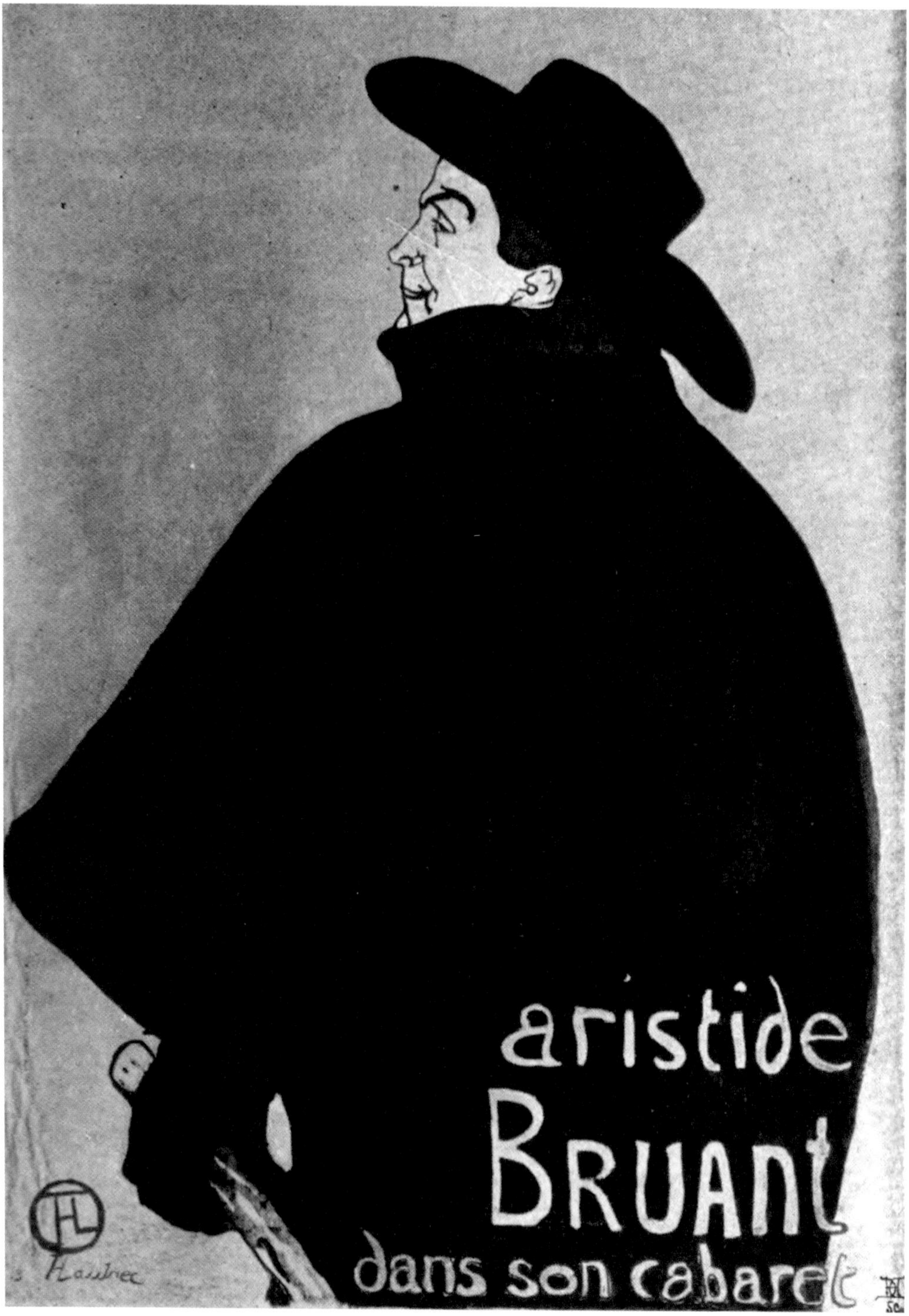

[그림 18] 툴루즈 로트레크, 〈아리스티드 브뤼앙을 위한 포스터〉

8. 미술작품은 어떻게 정서를 소통하는가? 그리고 정서가 미술작품에서 하는 역할은 무엇인가?

우리는 여러 일들로 감동을 받는다. 시각 예술가의 도구 상자에 있는 모든 도구들은 우리의 마음을 출렁거리게 만드는 쓸모를 가지고 있다. 우리는 색, 형태, 크기, 선, 질감 그리고 이미지가 전달할 수 있는 서사 혹은 특성에 따라 정서적으로 반응한다.

화가가 자신의 선호, 호감, 시각적 강박 등을 표현하는 독특한 방식은 관람객에 의해 해석되며, 분위기와 정서적 온도를 전달한다. 우리는 일련의 침울한 색들의 조합을 슬픔으로 해석할 수 있고, 마찬가지로 밝은색들의 생동하는 패턴을 통해 기운을 차릴 수도 있다. 우리는 모네의 부드러운 수련에 감동을 받을 수 있으며, 피카소의 기발한 조각에 즐거움을 느낄 수도 있다. 당신은 프랑켄탈러의 색면color field의 평온함이나 마더웰의 흑백의 드라마를 즐길 수도 있다. 무어 조각의 관능성은 우리를 사로잡을 수도 있으며, 자코메티의 가느다란 남자는 우리의 평형 감각을 방해할 수도 있다.

예술 작품은 인간에 의해 정서가 가득 담긴 가방으로 만들어지며, 그 정서는 작품 속에 스며든다. 같은 인간이기도 한 관람객인 우리는 작품의 정서들을 읽어낼 수 있으며, 그 정서는 그림에 관해 어떻게 느끼는지, 그리고 결과적으로 그 작품을 좋아하는지 아닌지를 결정하는 데 큰 역할을 한다.

거듭 말해왔듯이 미술은 소통이다. 그리고 정서는 우리 삶의 주요한 요소이기 때문에 정서는 미술에서 필수적인 역할을 맡고 있다. 미술art이란 말이 가슴heart이라는 말속에 살아 있음을 기억하라. 사실 마음은 미술 창작과 미술 감상의 중심이다. 작품은 전문적일 수 있지만 정서를 전달하지 않으면 그저 벽지와 다르지 않다. 벽지는 장식물이지 미술작품이 아니다. 미술이 작품이 되기 위해서는 벽을 뒤덮는 것, 그 이상의 무언가를 해야만 한다. 그것은 인간의 정서를 표현하거나, 우리로 하여금 정서를 촉발시키게 만드는 원천을 제공해야만 한다.

9. 어린이나 동물도 화가가 될 수 있는가?

인간만이 화가가 될 수 있다. 왜냐하면 인간만이 발달된 의식을 가지고 있기 때문이다.

아이에 관해서라면 답은 한층 복잡하다. 아이는 솜씨 좋게, 심지어 아름답게 무언가를 만들 수 있다. 그러나 아이는 그 이유를 알지 못한다. 지식과 인식이 충분히 발달되지 않았기 때문이다.

어떤 아이들은 매우 조숙하고, 미술적 감각을 가지고 있고, 더 신중하게 미술적 선택을 한다. 어떤 사람들은 이런 아이들을 화가라고 간주할지도 모른다.

비록 미술적 효과가 종종 우연히 창조되기도 하지만 화가는 그러한 효과가 가치 있고 중요하다는 인식을 지니고 있어야 한다. 아이들은 종종 그 차이를 말할 수가 없다. 따라서 많은 사람들은 동의하지 않으리라 확신하지만 나의 의견은 화가가 된다는 것은 한층 능동적인 태도를 요구하며, 대부분의 아이들은 아직 획득하고 있지 못한 의식이 계발되어야 한다는 것이다. 따라서 나는 그런 아이들을 화가라고 부르지는 않는다. 그럼에도 그 아이들은 커나감에 따라 화가가 될 수 있는 재능을 가진 아이들이다.

10. 복제, 해석, 표현의 차이는 무엇인가?

화가들은 삶에서 직접 경험한 것을 바탕으로 작업하거나 또는 전적으로 상상력만으로 작업하는 것 외에 항상 원래의 자료와 참고자료(사진, 다른 화가들의 작품, 자신의 이전 작품, 드로잉 등)를 사용한다. 화가들이 그 자료들을 복제할 것인지 해석할 것인지 혹은 표현할 것인지는 삶에서 얻은 자신의 작업을 포함하여 그러한 원자료들을 어떻게 다루느냐에 따라 달라진다.

정말 똑같이 복제를 할 수 있는 방법은 없다는 점에서 복제라는 단어를 사용하는 것은 그릇된 것이다. 모든 복제가 사실은 2차원 또는 3차원의 매체로 변형하는 것이란 점에서 번역이란 용어로 대체할 수도 있다. 화가는 자신이 복제하고 있다고 믿겠지만 사실상 거의 불가능하다. 화가는 자신이 보는 것의 겉모습을 모방하거나 재생하고자 시도하겠지만 자신의 매체라는 언어, 곧 다른 언어로 그렇게 하는 것이다.

현실주의 화가가 삶에서 그림을 그리는 의도는 그가 보는 것을 정말 똑같이 복제하려는 것일 수도 있다. 그는 원자료의 상대적인 크기, 모양, 색, 비례, 질감, 가벼움 등을 모방하려고 노력하며, 작업하는 표면에 재현하려고 한다.

만약 직접 재현하는 대신 자신의 의도가 해석이라면 접근 방식이 아주 달라진다. 화가는 이 모든 요소들을 다룰 수 있는 자격을 스스로에게 부여한 다음 자신에게 적합하게 원자료의 겉모습을 변형할 것이다. 그는 단지 몇몇 요소들만을 변형할 수도 있고, 거의 대부분을 변형할 수도 있다. 특정한 측면을 두드러지게 만들고, 여타의 부분들을 축소시키기도 한다.

해석하는 것과 표현하는 것은 의미상으로 아주 가깝고, 다소 다른 음영을 가지고 있을 따름이다. 해석은 무엇인가를 보고 설명하는 방법이며, 표현은 감정을 개입시키는 것이다. 표현은 감정을 드러내는 방법이다.

예술에서 표현은 같은 원자료에 대한 해석보다 훨씬 더 과장되어 있거나 한층 더 개인적일 수 있다. 그러나 두 가지 모두 화가에게는 고유한 것이며, 특정한 방식으로 원래의 자료를 변화시키고자 하는 의도를 재현한다.

오늘날 이들 용어—복제, 번역, 해석, 표현—는 예술을 논의하는 데에 활용되는 어휘의 일부가 되었다.

11. 미술관에 있는 것은 모두 미술작품인가?

화랑이나 미술관에서 우리가 보는 것은 큐레이터나 위원회가 선정한 작품들이다. 전시에서 선정된 예술 작품은 이들 개인의 목적이나 혹은 집단의 독특한 취향들을 충족시키는 것이다.

그런데 전시 큐레이터들은 종종 미술사를 전공한 사람들이지 화가는 아니다. 따라서 미술적인 것보다 역사적인 측면으로 기우는 경향이 있다. 그들의 선택은 어쩔 수 없이 미술에 대해 받은 교육과 자신들의 지향을 반영한다.

전시 큐레이터들은 문학평론가들과 마찬가지로 종종 미술작품들을 연결시켜 읽어낸다. 그런데 솔직히 작업하는 화가의 입장에서 보자면 화가들은 그 연결성을 작품의 창작과정에서 전혀 고려하지 않기에 문제가 있다고 생각한다. 나는 작품이 어떻게 진행되는지를 알고 있으며, 종종 미술관에 있는 작품에 대한 짧은 설명들이 거의 터무니없는 것이 많다는 것을 목도하고는 한다. 물론 그 가운데에는 화가가 한 번도 생각해 보지 못하였으나, 분명히 진실인 무언가를 밝혀내는 경우도 있을 수 있다.

전 세계 미술관에 있는 작품들은 수적으로는 엄청나게 많다. 그러나 훌륭하지만 아직은 알려지지 않은 화가들이 창작한, 존재하는 수많은 미술작품들을 생각하면 그저 한 줌의 수집품들일 따름이다.

미술관 수집가를 포함하여 모든 수집가들은 종종 미술계에서 가장 널리 알려진 이름을 선호하며, 그 결과 덜 알려진 화가들의 수많은 뛰어난 작품들을 보여주는 데에는 실패하고 있다.

미술관은 종종 영리를 목적으로 하지 않는 문화적 기관이지만 개방되어 있어야 하고, 그렇게 운영하기 위해서는 대중들에게 매혹적이어야 한다. 미술계의 저명한 이름들은 대중들을 끌어모으고, 그런 만큼 그 점이 전시 작품의 선정에 영향을 미친다.

따라서 미술관에 전시된 모든 것이 기술적으로는 미술작품일 수 있지만 그 작품이 반드시 가장 뛰어난 미술작품은 아니며, 특정한 화가의 가장 훌륭한 작품인 것도 아니다. 작품에 관한 설명들은 사실일 수 있고 또 일부만 사실일 수도 있지만, 정확하지 않을 수도 있다.

미술관을 방문할 때 이 점을 명심하라. 당신이 이 책을 끝까지 읽는다면 당신은 미술작품에 대한 자신만의 사려 깊은 결론을 도출할 수 있는 도구를 갖게 될 것이다.

12. 특정한 시대, 특정한 배경에서 나온 작품을 평가하기 위해서는 그 문화를 이해해야만 하는가?

분명 문화는 미술작품을 평가하기 위한 맥락을 제공하는 데 도움이 된다. 화가가 살았던 사회와 시대에 작동했던 힘을 이해하면 작품 이해의 유용한 단서를 얻을 수 있다.

미술운동은 지성의 흐름과 화가가 살았던 시대의 주류적인 문화를 반영한다. 하나의 운동은 또 다른 운동을 이끌어낸다. 새로운 작품이 대중의 의식을 파고들게 되면 머지않아 수용 가능한 작품이 된다. 그렇게 되면 통상 화가들은 그 한계를 더한층 밀어붙이고자 할 것이며, 미술 창작의 새로운 방법이 등장하기에 이른다.

원래 화가들은 항상 자신만의 표현을 찾고, 스스로를 구별하기 위해 새로운 방법들을 추구한다. 일단 새로운 미술의 장르가 자리 잡게 되면 그 경계는 확장되기 시작할 것이다. 이것은 미술사 전반에 걸쳐 들어맞는 말이다.

문화는 미술에 영향을 미치며, 미술작품은 주도적인 관습과 표준을 반영하기는 한다. 그러나 미술이 문화를 발전시키는 데 커다란 역할을 수행한다는 것 역시 진실이다. 화가들은 보통 자신의 시대를 가장 앞질러 내다보는 개인들이며, 표현하고자 하는 그들의 욕망은 그들로 하여금 새로운 기법들과 접근 방식들을 시도해 보도록 부추긴다. 그것이 결국 관람객들의 마음을 여는 효과를 불러일으키며, 다시금 문화를 발전시킨다.

몇 가지 주목할 만한 사례는 다음과 같다.

레오나르도 다빈치: 1452년에 태어난 그는 "르네상스 인간"으로 불릴 정도로 르네상스의 전형으로 규정된다. 그는 역사상 가장 위대한 화가들 중 한 사람일 뿐만 아니라 역사상 가장 재능 있는 한 사람으로 간주되기도 한다. 창작자, 발명가, 건축가, 천재.

미켈란젤로 메리시 다 카라바조 Michelangelo Merisi da Caravaggio: 1571년에 태어난 그는 작품 속에 극적인 명암법을 접목함으로써 수많은 위대한 화가들이 자신을 따르게 만들었다. 진정한 빛의 혁명가.

렘브란트 반 레인: 1606년에 태어난 그는 당대뿐 아니라 시대를 통틀어 최고의 화가 중 한 사람으로 여겨졌으며, 특히 그의 초상화는 타의 추종을 불허했다. 그러나 그의 위대한 솜씨뿐만 아니라 그의 작품에는 놀라울 정도의 친밀감과 공감이 존재한다. 감정의 풍부함이란 점에서 누구에게도 뒤지지 않았던 또 다른 화가인 거장 빈센트 반 고흐는 "렘브란트는 너무나 신비로운 나머지 어떤 언어에도 없는 말을 한다"고 말할 정도였다.

프란시스코 고야 Francisco Goya: 1746년에 태어난 그는 현대 미술의 선구자 중 한 사람으로 궁중화가였다. 그는 초상화 제작에 있어서 그 시대의 전통적인 양식으로 작업했지만 정서적이고 낭만적인 다채로움으로 매체를 확장했다.

터너: 1775년에 태어난 그는 풍경화가로, 분무 기법airy washes 을 통해 인상주의를 앞질러 예비했다.

폴 세잔: 1839년에 태어난 그는 색채의 분할로 빛의 평면을 규정함으로써 후기인상주의 화가이자 입체파로 가는 가교 역할을 했다.

클로드 모네 Claude Monet: 1840년에 태어난 그는 빛을 표현함으로써 인상주의의 발판이 되었다. 그는 많은 사람들로부터 인상주의의 창시자로 추앙받고 있다.

파블로 피카소 Pablo Picasso: 1881년에 태어난 그는 현대 미술과 거의 동의어로 지칭되는 위대한 실험가다. 그는 한계를 모른다는 듯이 창의성의 경계를 계속 뛰어넘었다.

잭슨 폴록 Jackson Pollock: 1912년에 태어난 그는 물감을 쏟아 붓고 떨어뜨리기로 한 결정으로 우리로 하여금 전혀 새로운 방식으로 그림을 보게 만들었다.

그리고 많은, 아주 많은 다른 화가들…….

우리가 더 많이 알면 알수록 더욱 바람직하다. 그러니 역사를 이해하는 것은 그림을 이해하는 바탕을 마련해 준다. 역사를 이해하는 것은 작품을 가능케 만든 문화를 다시금 발전시키는 데에 기여한 화가의 작품이 어떻게 우리에게 새로운 안목을 부여했는지를 인식할 수 있게 해준다. 즉 화가들은 자신만의 방식으로 문명을 발전시켰던 것이다.

13. 문화를 넘어서는 기준이나 미적인 표준은 존재하는가?

역사를 통틀어 미술의 모든 시대, 모든 장르, 모든 양식에는 걸작들이 존재한다. 비록 새로운 재료, 통찰, 방법론이 도입됨으로써 미술은 수 세기에 걸쳐 확장되어 왔지만 우리는 현대 미술이 미학적 가치란 측면에서 비교해 볼 때 과거의 예술을 능가했다고 말할 수는 없다. 가치의 측면에서 새로움은 오래된 것을 대신하지 않기 때문이다.

사실 모든 시대, 위대한 화가들의 걸작은 두드러지며, 시간과 공간을 넘어 살아남고 초월하고 이어진다. 비록 그 작품들이 오늘날 우리에게 친숙하기는 해도 여전히 때와 상관없이 매혹적이다. 왜냐하면 걸작의 표현력은 양식이나 기법을 넘어서기 때문이다.

이들 작품이 지속적으로 살아남은 이유는 개성적이며, 창작자들의 특별한 재능에 기인한다. 그들이 채택한 개성적인 양식 혹은 기법은 역사 속에서 수없이 모방되었을지라도 그 아류들에게는 장인의 끈질김과 독창성이 결여되어 있다. 이것이야말로 시대를 넘어 수많은 화가들이 이들의 천재성에 주목하고, 이들을 화가 중의 화가라고 평가하며, 이들이 이룬 성취의 높이를 좇고자 하는 까닭이다.

그러나 나의 견해로, 그리고 분명 잘못된 것이겠지만 누구도 렘브란트의 눈물 젖은 눈을, 터너의 반짝이는 안개, 모네의 강렬한 햇살, 피카소의 활력을 그려낼 수는 없을 것이다. 이들은 누구도 넘볼 수 없는 경지에 도달해 있기 때문이다.

14. 왜 어떤 사람들은 미술에 관심을 기울이고, 어떤 사람들은 그렇지 않은가?

어떤 누구도 똑같은 사람은 없다. 우리의 두뇌는 복잡하고 무수한 방향으로 발달하며, 원래 지능이라고 생각되었던 것도 이제는 다원적인 지능들이라 생각되고 있다. 시각적 지능은 두뇌의 척도 중 단지 하나일 뿐이다.

우리 중 누군가는 더 뛰어난 시각적 지능을 가지고 태어나고, 다른 누군가는 더 강한 시각적 지능을 발달시킨다. 우리들 대부분은 볼 수는 있지만, 그중 몇몇은 다른 사람들보다 더 많은 것을 보고, 보는 것에 더 많은 관심을 기울인다.

화가에게 요구되는 시각적 지능의 종류는 극단적이다. 필자의 저서 『창조적 길』에서 나는 본다는 것을 세 가지 유형으로 설명했다. 형식적인 보기, 주목해서 보기, 참여해서 보기 등이다. 형식적인 시야를 가진 개인들은 눈으로 보는 것을 명명하고 세상을 섭렵하는 실제적인 방식으로 사용한다. 주목해서 보는 시야를 가진 개인들은 한층 미묘한 것들을 알아차리며, 즐거움을 위해 눈을 사용한다. 그들은 색의 음영, 질감, 리듬, 선 등 더 많은 것들을 본다. 그리고 그들의 더 높은 시각적 지능이 미술에 관심을 기울이게 만드는 듯하다. 만약 그들이 실천적인 미술인이 되고자 결심한다면 시각적 지능을 세 번째 단계로 끌어올려야 한다. 그것은 곧 참여해서 보는 것이다. 그렇게 본다면 그들은 시각적 감각을 획득할 것이며, 창조적인 방식으로 볼 수 있게 될 것이다.

나는 시각적 지능이 배울 수 있고, 길러낼 수 있는 것이라고 강력하게 믿는다. 그렇기에 나는 이 책으로 정확히 그 작업을 하고자 시도하는 것이다. 이들 기본적인 원리를 익혀나가고, 미술작품을 보는 데에 적용한다면 당신의 시각적 지능은 확장되고 성장할 것이다.

15. 미술을 생각하고 분석하는 것이 미술적 체험을 망치는가?

복잡한 질문이다. 선입견은 우리가 직접적으로 경험하는 것을 막아버린다. “나는 모네를 사랑하지만 피카소는 싫어”라는 결론을 내렸다면, 마음에 들지 않았던 모네나 사랑했던 피카소를 떠올렸을 때 마음을 이미 닫았던 것인지도 모른다.

그래서 선입견 없이 미술작품을 보는 것이 중요하다. 좋은 것을 찾아내기 위해 완전히 열려 있는 것이야말로 그림이나 실제의 어떤 것을 볼 때 활용할 수 있는 최선의 접근법이다. 결코 부정적인 선입견으로 시작하지 말라.

그러나 그렇다고 해서 미술의 모든 측면을 연구할 필요가 없다는 것은 아니다. 많이 알면 알수록 감상의 영역은 그만큼 더 넓어질 것이다. 공부와는 별도로 미술관에 도착하면 의견을 자유롭게 개진하고, 모든 것을 있는 그대로 받아들이고, 단정하기에 앞서 자세히 보아야 한다.

더 많이 배우고 더 많이 보게 되면 또 다른 선입견이나 의견들을 받아들이게 될지도 모른다.

당신은 미니멀리즘이 사기꾼들 같다고 생각할지도 모르지만 그것이 어떻게 생겨났고, 무엇을 의도하고 있는지를 알게 된다면, 그 속에 깃든 아름다움을 발견할 수도 있을 것이다.

열쇠는 지식을 더 채우는 것이 아니라 열린 마음에 있다.

16. 나쁜 미술이란 무엇인가?

이렇게 생각해 보자. 표현력, 진정성, 독창성을 추구하기 위해 노력하는 미술이 있고, 효과, 모방, 감성, 선정성을 위해 만들어진 미술이 있다. 차이를 구별하는 법을 배우는 것은 세심하고 해박한 보기viewing의 몫이다.

17. 미술작품의 창작에 젠더의 차이가 있는가?

흥미로운 주제다. 지금껏 대부분의 미술이 남성들에 의해 지배되어 왔음은 물론이다. 지금은 다소 덜 하기는 하다. 오늘날의 미술계에는 여성 화가들이 존재하고 있고, 인정받고 있으며, 그들의 작품이 전시되고 또 거론되고 있다.

지금은 미술학교, 연구와 교육의 영역에서 수많은 여성들이 활동하고 있으며, 심지어 한때 그들에게 닫혀 있었던 영역들을 열어주기를 요구하고 있다. 그러니 미술에서 성평등은 나아지고 있는 중이다.

사회가 여성을 1등 시민으로 더 많이 받아들이고, 젠더로 차별하지 않는 존재로 개인을 인식해 감에 따라 이 질문에 대한 답은 더한층 명료해질 것이다. 우리는 여전히 남녀의 역할에 따른, 젠더와 결부된 규범과 견해가 강력한 문화권에서 살고 있다.

존재하는 젠더의 편견과 내면화된 인식은 분명히, 그리고 결정적으로 화가들이 선택하는 주제, 그들이 주제를 묘사하는 방식, 양식과 정향과 관심사 등에 영향을 미친다. 우리가 예술 작품을 볼 때마다 남성과 여성의 작품을 비교하며 논의하는 것은 가치 있는 측면임은 분명하다.

18. 우리는 왜 재현적인 예술을 더 익숙하게 느끼는가?

대부분의 사람들은 익숙하다는 이유로 재현적인 예술을 볼 때 훨씬 더 편안함을 느낀다. 그런데 완전히 재현적이든 반추상이든 주제를 인식하는 것이 출발점을 제공해 준다.

어떤 주제를 맞닥뜨리고 받은 인상을 이미지로 언급할 수 있다. “난 석양을 그린 이 그림이 좋아. 정말 강렬한 느낌이야.” “난 화가가 이 인물의 토르소를 이렇게 길게 늘여놓는 방식이 마음에 안 들어.” “나는 이 어두운 부분을 화가가 파란색으로 표현한 것이 좋아. 정말 아름다워.” 우리에게는 각자의 모자를 걸어두는 곳이 따로 있다.

전적으로 객관적이지 않은 작품을 보면 우리는 길을 잃고는 한다. 우리가 보고 있는 것이 도대체 무엇인가? “구석에 있는 저 빨간 얼룩이 좋은데”처럼 색채를 좋아할 수도 있고, “정말 생생한 느낌을 주네”처럼 붓의 움직임에 주목하기도 한다. “이건 그냥 빈 캔버스잖아”라며 미니멀리스트의 작품을 보고 어떤 말도 찾지 못할 수도 있다.

관람객들은 추상미술을 보고 다섯 살 아이가 집에서 학교로 가져온 그림이 아닌가 의아해할 수도 있다. “우리 아이도 이 정도는 그릴 것 같은데”라고 투덜거리며.

사실 객관적이지 않은 작품은 읽어내기는 훨씬 더 어렵고, 우리가 이들 작품을 향유하고 평가하기 위해서는 미술에 대한 무언가를 더 알 필요가 있다. 우리가 던져봄직한 몇몇 질문들을 들어보자. "이 형태들은 상징적인가?", "이 작품은 어떤 공간을 암시하는가?", "화가가 어떤 색, 질감, 리듬에 가장 많은 흥미를 보이고 있는가?", "이 작품은 어떤 종류의 음악을 떠올리게 하는가?"

마지막 질문은 무척 흥미로운 질문이다. 우리는 음악을 추상적인 것으로 받아들일 수 있다. 우리는 종종 어떤 음악을 설명하기 위해 고전적이라거나 낭만적이라거나 민속적이라는 말을 사용한다. 서정시를 표현한 음악은 예외로 하더라도 주제나 악기로 이루어진 음악은 객관적이지 않다. 그러나 우리는 그것이 수용할 만하다는 것을 알고 있다.

우리는 객관적이지 않은 미술도 다르지 않다고 생각할 수 있다. 우리는 그저 우리가 보는 것을 식별하고, 그것에 이름을 붙이는 습관에 젖어 있을 뿐이다. 추상미술로 한 걸음 더 들어가기 위해서는 조금 더 노력해야 한다. 그럴 때 우리의 확장된 미술 용어들이 분명 도움을 줄 것이다!

19. 저급한 미술과 고급 미술은 따로 존재하는가? 어느 정도 미술인 작품도 존재할 수 있는가?

그렇다. 물론이다. 걸작에는 작품의 모든 요소들이 거대한 조화를 이루며 결합되어 있다. 그러나 모든 미술작품이 걸작인 것은 아니다.

작품은 맡은 바 몫을 성취하지 못할 수도 있다. 그럼에도 여전히 칭찬할 만한 가치가 있는 요소들을 포함하고 있기도 하다.

이 예외적인 요소들을 볼 수 있는 능력은 제시된 화가의 작품을 읽어나감에 따라 이제 당신이 갖추게 될 것들이다.

모든 화가는 자신만의 특성을, 특별하게 잘하는 무언가를 지니고 있다. 프란스 할스Frans Hals 초상화에서 웃고 있는 인물—그는 인물의 생동하는 표정을 붙잡고 있다—을 보라. 놀라운 화가 보나르는 수면의 묘사에 탁월하다. 목욕하는 장면을 그린 그의 그림은 경이롭다. 클레의 경쾌함, 모딜리아니의 우아함, _________의 _________. 보고 있는 모든 화가들의 고유한 특성을 알아가면서 이 빈칸을 채울 수 있게 구성된 퀴즈 항목을 보라.

당신은 뛰어난 화가의 모든 작품이 걸작이 아니라는 것 역시 알아둘 필요가 있다. 우리는 모두, 그리고 위대한 화가들에게도 맑은 날과 궂은 날이 있는 법이다. 그 차이를 말할 수 있는가?

20. 좋은 점이 너무 많을 수도 있는가?

그렇다. 때로는 과도한 익숙함이 불편함을 야기할 수도 있다. 이는 화가에게는 정당하지 못한 일이다. 레오나르도 다빈치가 〈모나리자〉를 그렸을 때, 그는 이 그림이 신용카드 광고로 텔레비전에 등장하리라고는 한 번도 생각해 보지 않았을 것이다. 그런데 어쩌랴. 모나리자는 매일 등장한다. 사람들은 그녀의 코밑에 수염을 그려 넣기도 하고, 이렇게 저렇게 훼손하기도 한다. 그렇다. 누구나 그림을 망칠 수 있다.

예술을 즐기기 위해서는 신선한 눈이 필요하다. 우리의 눈이 조롱하고, 비난하고, 훼손하는 것에 노출되었을 때 우리의 경험 역시 망가진다. 화가가 모든 새로운 작품의 탄생을 음미하듯 우리는 낡고 익숙한 얼굴들을 지나치고, 알려지지 않은, 과소평가된 화가들과 그들의 작품을 눈여겨볼 필요가 있다.

미술관에 줄을 지어 몰려다니며, 너무도 잘 알려진 작품을 보는 대신 당신이 새로운 작품을 처음으로 전시하는 미술관이나 전시장의 조용하고 외진 곳을 즐겨 찾기를 권한다. 당신의 눈은 새로워질 것이고, 다시 활짝 열리게 될 것이다. 그리고 이 경험이 너무 많이 사용되고, 인쇄되는, 불행하게도 너무 익숙한 나머지 더 이상 볼 수도, 감상할 수도 없는 그림계의 슈퍼스타들을 경험할 때에도 도움을 줄 것이다.

그리고 덧붙이는 또 하나의 질문: 왜 우리네 삶에는 미술이 중요한가?

미술, 모든 미술은 우리에게 많은 것을 제공한다. 미술의 실천, 미술의 향유는 모두 인간의 고유한 작업이다. 미술은 우리에게 가장 바람직한 자아가 되기를 요구한다. 똑똑하고, 민감하고, 개방적이고, 영리하고, 공감하고, 상상력이 풍부하며 등등. 더 많은 다른 형용사들이 필요하다.

표현하고, 전유하고, 공유할 필요성은 미술에서 자신의 고향을 발견한다. 우리의 감정과 생각으로 달리 또 무엇을 하겠는가? 어디에 그 생각과 느낌을 담겠는가?

시각 예술은 표현 방법의 하나일 뿐이지만, 인간이 무언가를 만들기 좋아하기 때문에 가장 좋아하는 방법이다. 글쓰기는 훌륭하지만, 많은 사람들에게 충분히 구체적이지는 않다. 연기, 춤, 모든 연행 예술은 표현력이 뛰어나지만 자아를 재료로 사용한다. 음악은 우리를 매료시키는 선물이지만 많은 사람들이 가지고 있는 능력은 아니다. 시각 예술은 제작자의 예술이다. 우리는 구체적이고, 볼 수 있고, 우리가 사라진 다음에도 살아 있는 무언가를 만든다. 이것이야말로 많은 사람들이 하고 싶어하고, 역사를 통해서 그리고 모든 문화 속에서 그렇게 해왔던 것이다.

놀라운 것은 모든 시각 예술 작품들이 독특하고, 모든 예술가들이 그 형식을 다루는 자신만의 방법을 가지고 있으며, 무엇을 만들어낼 수 있을지는 끝이 없다는 것이다. 시각 예술은 그저 만드는 것이 재미있고, 보는 것 역시 재미있다.

미술을 보는 이에게 미술은 모든 색, 질감, 형태, 형체를 음미하고, 게걸스럽게 먹고, 다시 방문하도록 마련된 연회장이다. 우리는 생존하기 위해 미술을 필요로 하지는 않지만, 미술은 우리의 삶을 정말 흥미롭게 만든다. 당신이 화가이든 관람객이든 미술은 우리의 삶을 더 바람직하게 만든다. 그리고 그것이 정말 중요하다. 즐겨라!

5장

그림을 말하다:
유명 화가들의 말

5장

그림을 말하다: 유명 화가들의 말

화가들은 아주 사려 깊은 사람들인 경향이 있고, 다행스럽게도 이들의 생각 중 일부는 "유명한 인용구"로 남아 있다. 인용구들은 그 화가가 겪은 심리적, 철학적, 그리고 실제적인 창작의 과정과 화가의 그림이 그에게, 또 우리에게 무엇을 의미하는지를 들여다볼 수 있는 창을 제공한다.

나는 이 인용문들 중 몇 가지를 골라 왜 그 말들이 왜 나에게 중요한지, 그리고 우리가 일반적으로 그림을 보는 데 어떤 도움을 줄 수 있는지를 약간의 설명과 함께 건네려고 한다. 이는 물론 몇몇 예시일 뿐이며, 책이나 온라인을 검색해 보면 수많은 다른 말들 역시 찾을 수 있을 것이다. 그 말들은 예술에 대한 즐거움을 풍부하게 할 것이며, 그 작업을 여기에서 하고자 하는 것이므로 이 말들을 즐기고 더 많은 것들을 찾아보기를 권한다.

삶과 작업에 관하여:

"자연을 그림으로 그리는 것은 그 대상을 복제하는 것이 아니다. 그것은 대상의 감각을 깨닫는 것이다." _폴 세잔

세잔은 우리에게 화가는 자연에 반응하고, 그 반응을 그린다고 말한다. 그는 본 것에 감동을 받고, 그것이 우리가 화폭에서 보는 것이다. 그의 앞에 존재하는 것에 대한 취향과 애정을 보는 것이다. 화가는 복제하지 않는다. 그들은 읽고, 번역하고, 재창조한다.

의도에 관하여:

> "나는 팔레트 나이프로 캔버스에 색으로 무늬를 새기고 선을 그었다. 그리하여 그 선과 무늬가 최대한 강렬하게 노래하게 만들었다."
>
> _바실리 칸딘스키Wassily Kandinsky

칸딘스키는 색채와 형태가 무엇을 하기를 원하는지를 설명하기 위해 비유적으로 '노래하다'라는 단어를 사용한다. 색이라는 음표로 '노래한다'는 것은 무엇을 의미할까? 물감의 덩어리들이 아주 효과적으로 작동하여 생동감 있게 살아 있을 뿐만 아니라 자신의 메시지를 말할 때 마치 노래가 흘러나오는 것처럼 작동한다는 의미일 것이다.

추상의 의미에 관하여:

> "대상을 더 오래 들여다볼수록 대상은 더욱 추상적이 된다. 그리고 아이러니하게도 더욱 현실적이 된다."
>
> _루치안 프로이트Lucian Freud

프로이트는 여기서 화가가 활용하는, 능동적인 지각에 관해 말하고 있다. 그가 어떤 대상을 연구할 때 대상은 그의 눈앞에서 분해된다. 캔버스에 대상을 재구성하고자 생각할 때 그는 대상을 조각조각 분해해야 하며, 그렇게 할 때 화가는 형태, 선, 색채 그리고 질감의 종합으로 대상을 바라본다. 달리 말하면 추상으로 본다.

화가는 대상을 꾸며내는 것이 아니라 진정으로 어떻게 존재하는지, 무엇으로 이루어져 있는지를 보고자 한다. 이것이야말로 화가에게는 현실이다.

자의식에 관하여:

> "라파엘처럼 그림을 그리는데 4년이 걸렸다. 그러나 어린아이처럼 그림을 그리는 데에는 일생이 걸렸다."
>
> _파블로 피카소

우리 대부분이 라파엘처럼 그림을 그리려면 몇 년이고 걸릴 것이다. 그러나 피카소는 재능 있는 장인이었다. 그가 이 인용에서 의미하는 것은 미술에서 기능은 배울 수 있는 것이지만 순수함으로 말미암아 아이가 가지고 있는 자발성, 신선함, 생생한 기쁨, 그리고 진정성은 단순한 기능보다 성숙한 어른이 성취하기에 훨씬 더 어렵다는 것이다. 우리가 배운 모든 교훈을 완전히 벗어던져야만 제대로 그려내는 어른이 될 수 있고, 그림도 다시 새로워질 수 있다.

예술 속에서 스스로를 발견하는 것에 관하여:

> "예술만이 집을 떠나지 않고도 집으로부터 달아날 수 있는 유일한 길이다."
>
> _트와일라 타프Twyla Tharp

이것은 화가가 된다는 것이 무엇을 성취할 수 있는가에 관한 섬뜩한 인용구다. 동시에 이것은 "영혼의 여행"이거나 "비전의 탐색", "탈출", "도보 여행", "원정", 그리고 그 과정에서 진정한 자아를 발견하는 기회이기도 하다. 마치 "귀향"과 마찬가지로.

화가가 되는 것이 얼마나 어려운가에 관하여:

> "만약 내가 이 경지에 도달하기까지 얼마나 힘들었는지를 사람들이 안다면, 그렇게 감탄할 일이 아닐 텐데."
>
> _미켈란젤로

> "그림은 방법을 모를 때는 쉽다.
> 그러나 알고 나면 아주 어렵다."
>
> _에드가 드가Edgar De Gas

위대한 장인들은 아주 쉽게 해치우는 것 같다. 그러나 그들은 작품을 창작하는 것이 결코 쉽지 않다는 것을 그 누구보다 잘 알고 있다. 시각 예술의 본질은 아주 긴 이야기의 마지막 몇몇 순간들만을 알 수 있을 뿐인 듯하며, 마지막 작품은 마법처럼 삶에서 솟아오른 것처럼 보인다. 그러나 이는 아주 잘못된 이해이며, 사람들에게 작품을 창작하는 것이 쉬운 일이라는 생각을 심어준다. 그런데 그렇지가 않다.

그리는 방법을 배우는 데에는 수많은 시간의 연구와 특히 실천이 필요하다. 대부분의 관람객들에게는 모든 실수, 실패, 놓쳐버린 기회들이 보이지 않는다. 단지 화가만이 그가 이룬 것과 이루지 못한 것을 안다. 마법이 아니라 그저 수많은 힘겨운 작업과 헌신이 있을 뿐이다.

마음의 상태에 관하여 :

> "작품은 영혼의 불꽃으로 이루어져야만 하지만 그 과정은 외과적

냉정함으로 수행되어야 한다."

_호안 미로Joan Miró

여기 위대한 미술작품을 창작하는 데 필요한 것이 무엇인지에 관한 또 다른 탁월한 주장이 있다. 당신에겐 열정이 필요하다. 맞는 말이다. 그러나 그것을 불타오르게 만들 지식과 기능 역시 필요하다. 이것이야말로 예술 창작의 가장 중요한 균형추다. 열정이 너무 많으면 작품은 뒤죽박죽이 되며, 조심스러움이 너무 많으면 활력을 잃게 된다. 달콤한 지점—즐거운 결합—에 이르는 것은 결코 쉬운 일이 아니다.

자발성에 관하여:

"정말 훌륭한 그림은 한 번에 모든 것이 이루어진 듯이 보인다. 그것이 직접적인 이미지다. 나의 경우 그림 속에 노동이 보이거나 과도한 작업이 보일 때……, 나는 보통은 이 작품들을 팽개쳐버린다. 비록 한 폭의 정말 아름다운, 당신의 머리, 당신의 심장과 일치하는 작품을 만들어내려면 여기에 기울인 과도한 노동의 열 배가 더 필요한 것이 아닌가 아주 종종 생각하지만. 그런데 마침내 그런 작품을 만들게 된다면 그것은 마치 순식간에 탄생한 듯이 보인다."

_헬렌 프랑켄탈러

이 인용은 미로가 말한 것과 다르지 않으며, 화가가 종종—수많은 시도를 통해—즉흥성과 완벽한 균형을 이룬 것처럼 보이는 것을 어떻게 달성하는지에 관해 설명하고 있다. 위대한 피날레가 걸작이다. 그러나 그것은 모든 이전의 잘못된 시도들이 있었기에 일어날 수 있는 일이다. 그럴 때에만 그 순간이 온다. 힘겨운 작업은 숨겨지고, 보상만이 전면에 등장한다.

그림이란 무엇인가?:

"그림이란 느끼는 것이라기보다 보이는 시다.
그리고 시는 보이는 것이라기보다 느끼는 그림이다."

_레오나르도 다빈치

보이는 시라니? 그림이 무엇인지를 설명하는 정말 탁월한 방식이 아닌가? 대단하다! 마찬가지로 느끼는 그림이라는 시에 대한 그의 정의는? 천재적이다!

미술의 본질에 관하여:

"그림은 일기를 써 내려가는 그저 또 다른 방식일 따름이다."

_파블로 피카소

오직 피카소 같은 천재만이 사실상 이토록 정확하게 이런 정의를 내릴 수 있다. 일기란 무엇인가? 일기란 한 사람의 생각과 느낌을 그날그날 마음으로 써 내려간 것이다.

화가가 작업실에서 매일 하고 있는 일이 이것이 아닌가?

재능에 관하여:

"모든 사람은 재능을 가지고 있다.
그러나 모든 사람이 누더기를 가진 것은 아니다."

_노먼 레번Norman Raeben

이 인용은 나의 스승이자 멘토인 노먼 레번이 미술 수업 시간에 들려준 말이다. 나는 이 말을 내 책 『창조적 길: 예술 제작에 관한 작업실에서의 시각』의 여는 글로 인용했다. 이 말로 그가 의미하는 것은 화가들이 예술 작품을 창작하기 위해서는 재능 그 이상이 필요하다는 것이다.

그는 재능을 경시했다. 그는 재능을 단지 화가들이 계발해 온 기능으로 인해 얻게 된 그 무엇 혹은 심지어 내재된 능력일 뿐이라고 보았다. 미술에는 그와 같은 실행력들—결정, 비전, 그리고 고집스러움을 갖춘—이 요구된다는 것에 초점을 맞추었다. 이 누더기들은 참호 속으로 뛰어드는 것, 쉼 없는 열정과 노력으로 예술을 창작하는 것을 상징한다. 재능은 낭비될 수 있고, 화가의 자의식이나 무미건조함을 부추길 수 있다. 반면에 혹독한 작업이 정서적인 달콤함과 결합되는 것이야말로 위대함의 공식이었다.

미술은 마법으로 창조되는 것이 아니다. 미술은 사실 가열찬 전문성에서 나온다.

미술을 즐기는 방법에 관하여:

> "모든 사람이 나의 그림을 입에 올리고 이해하는 척한다.
> 마치 이해가 필수적이라는 듯이.
> 그러나 그림에는 사랑이 필요할 뿐이다."
>
> _클로드 모네

그렇다. 사랑에 대한 아주 특별한 능력을 지닌 한 사람에게서 나온 이 현명한 주장을 보라. 그는 빛이 색채에 미치는 작용을 숭배했기에 같은 대상에 관한 수많은 그림을 그릴 만큼 빛을 사랑했다. 그러나 우리들 대부분 재능 없는 관람객들에게는 사랑할 줄 아는 능력이 대단하지 않은 것처럼 보일 것이다. 이해가 이성만을 여는 것이 아님을 기억하자. 이해는 심장을 열어젖힌다. 당신이 더 많이 이해할 때 당신은 더 많이 사랑할 수 있다. 그것이 우리가 여기에서 해야 할 일이다.

미술의 목적에 관하여:

> "미술은 당신이 보는 것이 아니다.
> 당신이 다른 사람들로 하여금 보게 만드는 것이다."
>
> _에드가 드가

> "미술의 대상은 현실을 재생산하는 것이 아니다.
> 동일한 강렬함을 지닌 현실을 창조하는 것이다."
>
> _알베르토 자코메티Alberto Giacometti

> "진정한 화가는 영감을 받은 사람이 아니다.
> 다른 사람에게 영감을 주는 사람이다."
>
> _살바도르 달리Salvador Dalí

이 모든 생각들은 관람객을 교육하고 계몽시키는 미술의 힘을 표현하고 있다.

화가는 우리에게 새로운 현실에 눈을 열고 마음을 열어 다르게 사물을 보는 도구를 제공한다. 화가는 경향을 이끌어내는 사람이며, 이것은 무용가 마사 그레이엄Martha Graham의 말에서 잘 표현된다. "어떠한 예술가도 자신의 시대를 앞지를 수는 없다. 그는 자신의 시대 그 자체이다. 그저 다른 사람들을 시대의 뒤편에 존재하게 만들 뿐이다." 우리는 지적인 관람객이자 미술 감식가가 됨으로써 이들을 따라잡을 수 있을 것이다.

6장

그림 자세히 보기:
일반적인 평가의 기준들

6장

그림 자세히 보기: 일반적인 평가의 기준들

미술의 역사는 길고 복잡하며, 아주 매혹적인 방식으로 진화해 왔다. 화가로서 나는 몇 세기 동안 창조된 미술의 전반적인 영역에 매료되었다. 그러나 어쩌랴. 나는 미술사가가 아니다. 나는 실천하는 사람으로 또 전문적인 관람객으로 미술에 접근한다.

나의 그림 선생님이었던 노먼 레번은 학생들에게 모든 화가는 화가로서 발전해 가는 가운데 주요한 미술운동들을 경험해 나간다고 말했다. 이 말은 맞는 말이다. 우리는 원시 미술로부터 시작하며, 성장하고 연습해 나가는 가운데 정교함을 획득한다.

그런 만큼 화가들은 역사와 함께 성장한다. 미술운동은 특정한 시기에 일어나지만, 거기에서만 끝나지는 않는다. 주요한 양식과 운동의 반향은 현대적인 작품에서도 역시 나타난다. 그러기에 이 장의 목적은 당신이 작품을 볼 때 이들 반향들을 인식할 수 있도록 돕는 것이다.

미술 감상에 관한 대부분의 책들은 미술사에 초점이 맞추어져 있다. 저자는 주요한 운동을 소개하거나 특정한 운동에 초점을 맞추기도 한다. 이를 통해 우리는 작품이 등장한 시대의 문화를 익히거나 화가의 전기, 작품의 무대 등을 배우게 된다.

미술작품을 분석하는 데에는 두 가지 기본적인 방식이 있다. 형식적인 접근은 작품을 그 자체로, 하나의 세계로 개별 작품을 바라본다. 맥락적 접근은 말 그대로 작품이 등장한 장소, 시기, 상황 등의 맥락 속에서 작품을 평가한다. 두 가지 방식은 작품을 연구하기 위해 취한 접근에 따라 결국 나뉘기는 하지만 모두 작품을 평가하기 위한 타당하며 흥미로운 방법들이다.

이 책에서 내가 취하는 접근법은 작품이 창작된 시대와 장소에 다소 무심하거나 아니면 적어도 초점을 맞추지는 않는다. 보편적인 활동의 장에 놓여 있는 것으로 작품을 보고자 한다. 시간은 우리네 세상에서 그리 단순히 존재하지 않는다. 우리가 살펴볼 모든 미술작품들은 많은 부분 공통점들을 가지고 있다. 우리는 이 공통점에 주목하며, 작품들 모두에 관통하는 실마리를 살펴볼 것이다.

배움이 진화한다는 것은 말할 필요도 없는 사실이다. 하나의 발견은 다음 발견을 이끌며, 그 바탕 위에서 세워나간다. 특정한 시기의 미술작품을 볼 때 그것이 등장하는 시대의 세계관을 인식하는 것은 도움이 된다. 그 시대 화가들이 즐겨 사용한 재료들이 무엇인지, 어떤 경제적 조건이 실천에 영향을 미쳤는지, 활동한 시대와 장소의 통념과 문화가 화가로 하여금 무엇을 감행하도록 허락했는지 혹은 가로막았는지를 살펴보는 것은 적합하다. 이것은 모두 흥미롭고 적절한 정보들이다.

문제는 맥락을 알지 못한 채, 화가의 개성, 생활 조건, 가족 관계, 역사, 결혼의 여부, 아이는 두었는지, 어머니와 함께 살았는지 등등을 알지 못한 채 미술작품을 평가할 수 있는가 하는 것이다. 우리에게 주어진 캔버스 그 자체만을, 그 자체를 완결된 세상으로 읽어낼 수 있는가 하는 점이다.

필자의 전제는 화가에 관한 모든 세세한 사실들을 알지 못하더라도 작품을 연구함으로써 아주 많은 것을 파악할 수 있다는 것이다. 화가가 혼자서 독학으로 그림을 익혔다거나 극단적으로 가난했다는 것을 더 많이 알면 알수록 그를 존경할지도 모른다. 어쩌면 그가 아주 넉넉한 삶을 살았다는 것을 안다면 매력을 덜 느낄 수도 있을 것이다. 그가 사용한 색채가 그 당시에는 지극히 구하기 어려운 물감임을 알게 된다면 어쩌면 놀랄지도 모른다. 아마도 그럴 것이다.

만약 우리가 이러한 정보들을 알게 된다면 화가의 방법론이나 열정에 깃든 의외의 이유를 확인하거나 그것을 알게 됨으로써 '아!'라고 경탄할지도 모른다. 그러나 그런 사실들을 알지 못하더라도 일반적인 예술 창작이나 살펴보아야 할 특정한 자질들에 관해 알고 있는 것을 활용함으로써 작품을 읽어낼 수가 있다. 모든 예술 작품은 많건 적건 우리가 논의했던 요소들을 활용하고, 이들 기본적인 요소들을 이해하고 있기에 우리는 이 작업을 해낼 수 있다. 그러니 모든 작품에 적용할 수 있는 기준과 활동할 수 있는 바탕은 가지고 있는 셈이다.

아마도 어디선가 물고기를 잡아주는 대신 물고기를 잡는 방법을 알려주는 것이 더 바람직하다는 말을 들어본 적이 있을 것이다. 그래서 이 책 역시 그렇게 하고자 한다. 그림에 관한 사실과 이야기를 쥐여주는 대신 스스로 작품을 해석할 수 있는 도구를 건네고자 한다. 솔직히 내가 아무리 노력해도 사실적인 정보들이 너무 많은 나머지 그 모든 것을 제공해 줄 수가 없다. 그러나 개념이나 구조는 건넬 수 있으며, 세부적인 것들은 독자들이 채워나갈 수가 있다.

필자는 미술이 소통이라고 말해왔다. 이는 미술이 화가와 관람객의 대화임을 의미한다. 우리는 화가가 작품을 창작하던 당시 염두에 두었던 것을 정확하게 알 수가 없다. 우리는 알려진 다른 사실들에 바탕을 두고 추측을 할 수 있을 따름이며, 그러나 그조차 분명한 것은 아니다. 필자 역시 창작한 작품을 보는 관람객들에게 작품에 대해 언급해 보라고 함으로써 이런 일들을 경험한 적이 있다. 그들은 종종 자신들의 경험에 바탕을 두고 나의 작업을 읽어내곤 했다. 나는 붉은 물감이 떨어져서 푸른 물감을 사용했을 수도 있는데, 그들은 푸른색을 사용한 것이 마치 의도하지도 않았던 의미가 있기라도 한 것처럼 해석하고는 했다.

그렇다면 관람객이 알 수 있는 것은 정확히 무엇이며, 대화란 무엇인가? 화가는 정서와 사고의 총합을 바탕으로 그림을 창조하며, 관람객은 최종적인 결과물을 보고 그것을 추측할 수 있다. 그 추측이 반드시 정확한 것은 아니다. 보는 이는 작품을 평가하고 연결할 때 자신만의 정서와 사고의 틀 안에서 작품을 본다. 보는 이는 화가의 마음속을 들여다볼 수 있을까?

보는 이는 무언가를 볼 수는 있다. 그러나 사실 그가 들여다보는 것은 그 자신의 마음속이다. 비록 작품의 정서와 사고가 화가로부터 나온 것이기는 하지만 이는 보는 이가 경험하는 정서와 사고를 위한 촉매제일 따름이다.

미술작품은 사고를 촉발하고 정서를 자극한다. 이것이 곧 미술이 우리로 하여금 우리 자신을 이해하도록 만드는 방식이다.

이러한 사실들을 염두에 두고, 일반적인 의미에서 미술작품을 보는 방법에 관해 이야기해 보자.

의도

기본적인 미술적 접근과 사고의 유파에 관한 논의에 뛰어들기 전에 먼저 처음으로 돌아가 시작해 보고자 한다.

여러분은 화가가 그리고자 하는 그림의 목적, 거기에 도달하기 위해 거치는 여정을 필자가 화가의 탐색이라 말한 것을 기억할 것이다. 이에 대해 조금 더 이야기해 보자.

모든 미술작품은 의도에 의해 추동된다. 그리고 화가들마다 의도는 다르다. 비록 우리가 모두 미술 창작의 모든 복합적인 양상들을 다룰지라도 우리들 각자는 아주 개인적인 무언가에 특별한 관심을 가지고 있다. 우리는 빛의 속성에 매료될 수도 있고, 감정선을 그리는 것에 집착할 수도 있으며, 형체의 견고함, 사랑스러운 분위기와 우아함을 얻고자 할 수도 있으며, 일련의 복합적인 취향으로 색을 경험하고 싶어 할 수도 있다. 전달하고자 하는 특정한 정서가 있을 수도, 특정한 아이디어를 새겨 넣고자 할 수도, 대상을 본질로 환원하고자 하는 욕망을 가질 수도, 정신적인 해방을 표현할 수도, 시각적인 것을 음악적인 것이나 그 밖의 것으로 표현하고 싶을 수도 있다.

이들 집착은 화가의 활동을 통해 변형되거나 변화될 수 있으며, 일관되게 추구해 나갈 수도 있다. 여하튼 미술 감상자로서 우리에게 중요한 것은 우리가 이 모든 것을 화가의 의도로 인식하는 것이다. 여기에서 의도란 무엇인가?

의도란 작품 이면의 추진력이다. 개별적인 화가가 동일한 주제를 전달할 수도 있고, 전적으로 다른 결과를 얻을 수 있는 근거이기도 하다. 어떤 화가가 누드 상태의 여성을 본다고 하자. 어떤 화가는 미묘한 선의 흐름을 볼 수도 있고, 또 어떤 화가는 여성의 내면적인 삶을 볼 수도 있다. 또 다른 화가는 공간 속에 깃든 형태를, 어떤 화가는 젠더에 관한 정치적인 주장을 볼 수도 있다.

이제 그림을 볼 때 화가의 의도가 무엇인지, 캔버스에서 우리가 보고 있는 것을 화가로 하여금 그리게 한 동력은 무엇인지 스스로에게 묻기 시작하라. 장담컨대 우연히 이루어진 것은 없다. 작품을 읽으며 그 의도를 파악하라.

동료 화가들이 전시회에서 나의 작품을 본 적이 있다. 그녀는 그림 속 인물을 정서적인 존재로 보았고, 내 작품에서 항상 보았던 것이라고 말했다. 그녀는 내 그림을 읽고 있는 것이며, 동시에 나를 읽고 있는 것이기도 하다. 대부분 동료 화가들과 다를 바 없이 나는 선을 그리고 형태에 색칠을 한다. 그러나 나의 탐색은 인간 정서의 진정성에 놓여 있다. 당신은 내가 그린 팔과 다리를 보겠지만 사실 내가 그리는 것은 기쁨과 슬픔이다. 이것이 특정한 방식으로 선과 형태를 만들고자 하는 나의 의도를 형성한다. 그 일부는 의식적인 것이며, 또 일부는 무의식적인 것이다.

그러니 물어라. 무엇이 화가로 하여금 작업의 과정을 설정하고, 손의 방향을 지시하며, 이러저러한 선택들을 하게 만드는 것인가? 어떤 종류의 연료가 그 엔진을 구동시켰는가? 이것은 작품을 통해 알 수 있고, 읽어낼 수 있다. 모든 것이 거기에 있다. 우리는 그저 단서를 쫓아가기만 하면 된다.

사고와 접근 방법의 양극단

특성들은 연속체 위에 존재한다. 극단적으로 대립되는 두 축, 자유로운/보수적인, 오른쪽 뇌/왼쪽 뇌, 고전적/낭만적, 간결함/혼란스러움 등등을 상상해 보자. 이들은 이분법적이며, 모든 미술작품은 한 극단에서부터 다른 극단에 이르는 연속체의 어딘가에 존재한다.

그 예시로 고전적/낭만적이란 이분법을 활용해 보자.

고전주의부터 살펴보자. 옥스퍼드 사전에 따르면 "예술과 문학에서 고대 그리스 혹은 로마의 원리들과 양식을 따르는 것. 일반적으로 조화와 절제와 연결되어 있으며, 특히 르네상스에서 18세기에 이르는 형식과 기법의 잘 알려진 척도들을 고수한다."

고전주의와 결부된 특성들은 균제, 조화, 이상화 등이다.

고전적인 작품들은 고도로 완결되고 완전하며, 단순성, 형식성과 우아함을 추구한다. 감정을 표현하기도 하지만 개별성보다 보편성을 암시하는 냉혹한 방식으로 표현한다.

그렇다면 낭만주의는?

역시 옥스퍼드 사전에 따르면 "18세기 후반에 나타난 문학, 예술운동으로 영감, 비형식성, 주관성, 개성의 존중 등을 강조한다."

낭만주의의 결부된 특성들은 불균형, 특수성, 정서, 감정의 표출, 분열, 과장, 심지어 환상과 연결되어 있다. 수틴의 작품[그림 20]에서 묘사된 것과 같다.

앵그르의 그림[그림 19]은 인물화이며, 수틴의 그림은 풍경화란 차이가 있기는 하지만 이들의 두드러진 특성들을 쉽게 비교할 수 있다. 앵그

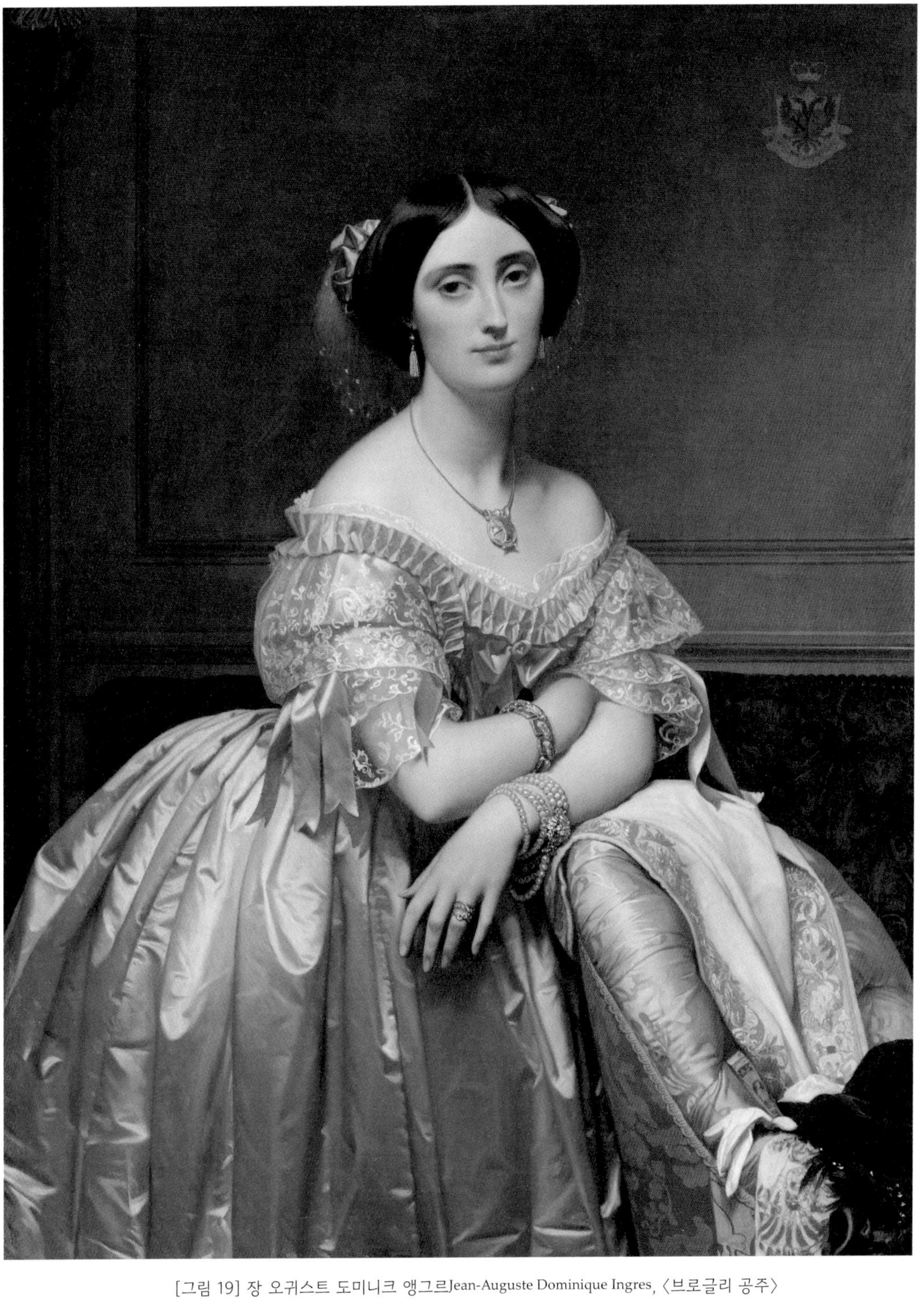

[그림 19] 장 오귀스트 도미니크 앵그르Jean-Auguste Dominique Ingres, 〈브로글리 공주〉

르의 외곽선은 견고한 반면 수틴의 외곽선은 부드럽다. 앵그르는 날카로운 명료함, 명확하게 규정된 색채의 영역, 세부에 대한 관심, 정적인 자질, 겉으로 드러나지 않는 붓 터치 등에서 전형적이다. 반면에 수틴은 움직임을 암시하는 역동적인 표면과 함께 왜곡된 듯한 형태, 붓 터치를 감지할 정도로 흘러내리는 물감 등이 특징이다.

고전주의와 낭만주의라는 이들 두 용어는 미술사의 특정 시기를 표현하는 것으로 규정되지만 사실상 모든 시기에 존재하는 표현상의 양극

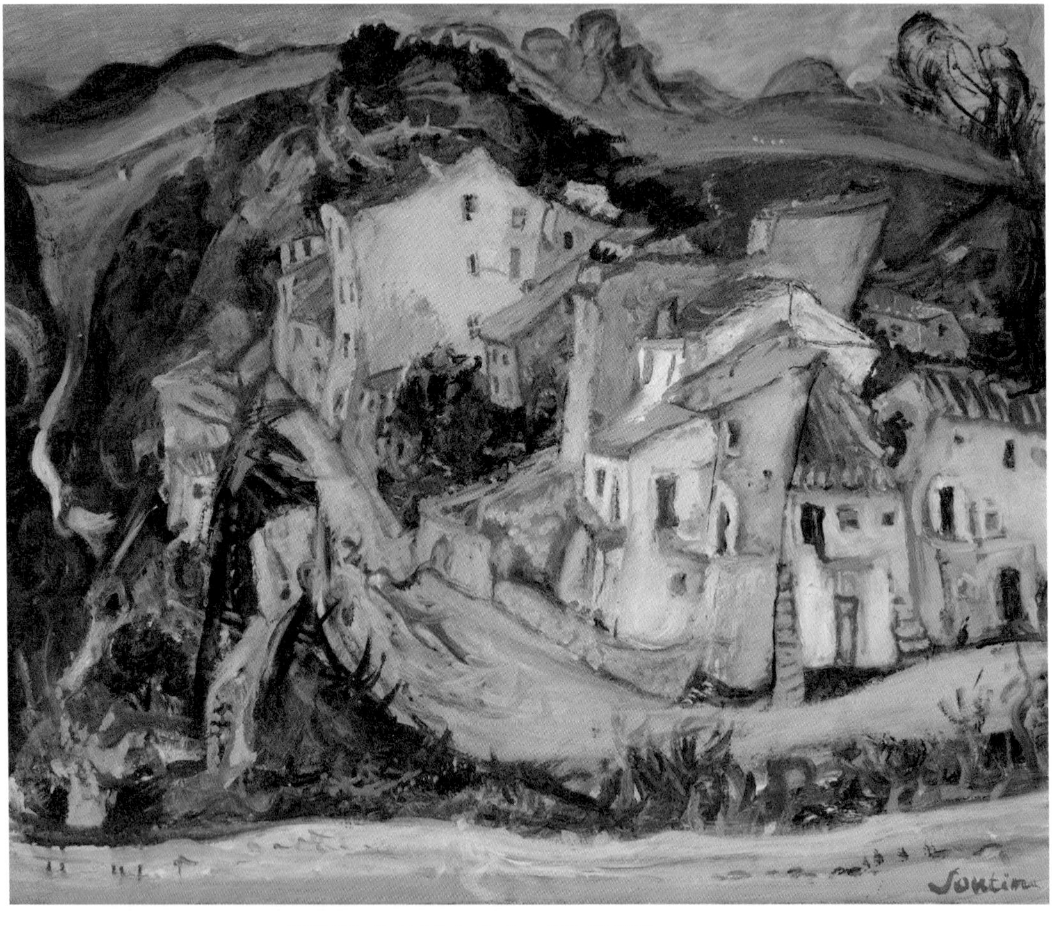

[그림 20] 샘 수틴Chaim Soutine, 〈카뉴의 정경〉

단이다. 정신과 육체, 사고와 감정, 부드러움과 거침 등등. 그들은 미술의 남쪽 끝과 북쪽 끝이며, 모든 화가들은 그중 하나에 한층 가까운 경향으로 존재한다.

이들은 태도와 접근법, 의도 등을 전형적으로 표현한다. 고전적인 것은 정의하고자 하며, 낭만적인 것은 표현하고자 한다. 만약 화가가 단순성, 질서, 그리고 규제 등을 추구한다면 그의 작품은 고전적이라고 명명할 수 있다. 그가 초기 그리스의 고전적인 누드 조각을 깎아내든 20세기의 정물화를 그리든 그것이 중요한 것은 아니다. 접근 방법은 마찬가지로 고전적인 것으로 설명된다. "고전주의"와 "신고전주의"라는 용어들은 고전적인 접근법이 압도적인 상이한 시기들에 적용된다.

만약 어떤 화가가 정서적인 내용, 불균형, 그리고 극적인 것을 추구한다면 그의 작품은 낭만적이라고 지칭할 수 있다. 그가 16세기의 종교화를 그리고, 21세기의 추상적 여성 복식을 그렸다는 것은 중요하지 않다. 접근법에서 낭만적이라고 설명된다. 이들 용어 모두 미술운동의 명칭으로서가 아니라 한층 폭넓은 의미로 사용할 것이며, 사고와 작업의 일반적인 방법들을 지칭할 것이다.

기억하라. 모든 화가는 이들 자질을 뒤섞은 존재들이다. 그들은 20퍼센트의 낭만적인 요소를 가진 80퍼센트의 고전적인 존재일 수 있으며, 그 역도 마찬가지다. 어쩌면 그들의 작품은 두 가지 접근법을 50퍼센트, 50퍼센트 각기 가질 수도 있다. 모든 시기의 그림을 볼 때 고전적인가 낭만적인가는 당신이 제기할 수 있는 질문의 하나다. 화가들이 몇 퍼센트 고전적인지 혹은 낭만적인지를 평가하는 이 책 부록의 게임을 해보라.

고전적/낭만적뿐만 아니라 그림을 설명하기 위해 사용할 수 있는 수많은 자질의 척도들이 있다. 당신은 화가가 좌뇌형인지 우뇌형인지, 초점화가 개념적인지 감각적인지, 기법상으로 고도로 세부적인지 아니면 느슨하고 유동적인지에 따라 구분할 수도 있다. 모든 시대의 모든 화가들은 이 스펙트럼의 어딘가를 점하고 있다. 예술의 시기와 양식들도 그러하다. 만약 미술사를 본다면 우리는 고전적인 접근법이 낭만적인 접근법에 뒤따라 대안적인 물결로 넘쳐나는 것을 발견할 수 있다.

미술에서 특정한 유파는 그들의 대립 항들을 생성하는 듯하다. 미술에서 고전적인 시기 다음에는 낭만적인 접근법이 뒤따른다. 미술운동이 승인됨에 따라 화가들은 그 규칙들을 깨트리고자 하며, 주류의 흐름과 변화의 계기는 스펙트럼의 다른 극단으로 이동해 간다. 이러한 주도적인 접근법의 교체가 지속된다.

나는 이것을 가족 내에서 세대 간의 교체와 비교하고는 한다. 우리는 완고한 부모가 반항적인 아이를 길러내기도 하고, 이러한 반항아들이 자신의 가족을 구성하면 그 과정은 역전되고 그들의 후손들은 훨씬 더 진지하고 절제된 모습이 되는 것을 목도한다.

이러한 미술의 스펙트럼을 분류하는 또 다른 방식은 개념적/지각적이란 용어로 분류하는 것이다. 개념적 접근에서 이미지들은 사고로부터 생겨나며, 지각적인 접근에서 이미지들은 감각으로부터 생겨난다. 스스로에게 물어보라. 이 작품의 목적은 관념을 묘사하거나 주장을 하고 있는 것인가? 정치적 예술, 비판적 예술, 연행적 예술은 이 범주에 속할 것이다.

대신 미적 가치나 정서를 표현하는 것이 목적인가? 많은 시각 예술은 단지 감정을 표현하고자 하는 의도로부터 창작된다. 터너 혹은 윈슬로 호머Winslow Homer의 폭풍우 치는 바다나 노을이 지는 풍경화를 떠올려 보라.

미술작품을 창작하기 위해서는 두뇌와 감정 모두가 필요함을 기억하라. 피카소의 걸작 〈게르니카〉를 떠올려 보자. 이 작품은 개념적인 작품이다. 왜냐하면 그 목적이 전쟁의 공포를 표현하기 때문이다. 그러나 고도로 과장되고 양식화된 윤곽선을 보면 그림 자체는 고도로 정서적이다. 그렇다면 이 작품은 어떤 작품인가?

어떤 사례들은 구분하기가 훨씬 더 쉽다. 모네의 〈수련〉을 생각해 보자. 지각적인 그림이 가장 훌륭하게 표현되고 있다. 그러나 여기에서조차 빛을 진정으로 묘사하고자 하는, 빛이 비치는 대상뿐만 아니라 빛 그 자체를 그리고자 시도하는 의도는 그 시기에 견주어 볼 때 가히 혁명적이며, 정말 엄청난 아이디어였다.

우리가 모두 서로 다르듯이 모든 화가들은 다양한 방식으로 드러나는 독특한 목소리를 지니고 있다. 미술을 즐기는 것은 인식의 기능이며, 각각의 화가들이 공통적인 요소들을 다루는 차이를 아는 것이 그림 이해의 주된 부분이다.

미술에서 이들 마음의 상태가 드러나는 방식에 주목하는 것은 흥미로운 일이다. 예컨대 붓 터치를 떠올려 보자. 어떤 시기든 화가가 붓을 느슨하게 움직이는 경우를 파악할 수 있을 것이다. 반면에 다른 화가들은 붓 터치의 효과를 최대한 배제하고자 하는 경우도 있다.

화가가 자신의 붓 터치를 모호하게 하고자 하는 어떤 시도도 하지 않을 때, 심지어 붓 터치 자체, 페인팅의 느낌 자체를 즐기는 경우 우리는 그런 작품을 **회화적**painterly이라 지칭한다. 회화적이란 페인팅 자체를 강조하며, 회화성은 낭만적 화가들에게 훨씬 더 전형적이다.

반면에 화가가 부드러운 표면의 느낌을 위해, 경계를 명확히 하고자 붓 터치를 감추는 경우 우리는 이러한 접근법을 선조적인 접근이라 부른다. **선조적**linear이란 소묘를 강조하며, 고전적인 화가들에게 훨씬 전형적이다.

좌뇌형 혹은 개념 중심의 화가들은 우뇌형이거나 자유분방한 화가들보다 더 많은 계획을 세우고, 미리 짜여진 탐구를 하는 경향이 있다. 사전 계획 없이 단번에 직접 그리는 그림은 낭만적이거나 지각 중심의 화가들이 가진 또 다른 전유물이다.

형태가 만들어지는 것에도 주목해 보자. 형태가 명확하게 표시되고 확정적인가 아니면 모호하고 자연 그대로처럼 소용돌이치고 있는가? 선을 그리는 것도 다르지 않다. 선은 단정하고 경쾌한가 아니면 출렁이고 흔들리는가? 이 모든 것은 화가의 접근법을 알려주는 표지판이자 지표이다.

문명이 시간을 통해 진전되는 가운데 제한된 시대에서 한층 확장해 가는 시대에 이르기까지 이들 물결치는 움직임들은 결실을 맺고, 자신을 미술운동이라고 주장한다. 화가들은 자신들이 살고 있는 시대에 영향을 받기도 하지만, 종종 그들의 사고와 미술적 양식은 새로운 물결의 선봉이 된다.

미술은 그것이 창조된 시대의 문화적, 정치적, 경제적 쟁점들의 반영일 뿐만 아니라 변화의 주요한 추진력이자 동력이기도 하다. 맥락 속에서 그림을 보는 것은 흥미진진하고 중요한 공부다. 그러나 이 책의 주된 관심사는 아니다. 우리는 종종 주어진 역사적 시기에 한층 널리 퍼져 있는 요소들과 특성들을 언급하기는 할 것이다. 그리고 바라건대 보편적인 예술적 가치에 대한 우리의 논의는 맥락적 접근을 부정하는 것이 아니라 오히려 맥락적 접근을 수행하고 그 가치를 평가하도록 자극할 것이다.

성격과 미술

인간을 고도로 발전한 의식 있는 존재로 탐구하는 심리학자들은 종종 명확한 성격 유형들을 밝혀내고 명명하고자 한다. 성격이란 무엇인가? 옥스퍼드 영어 사전에 따르면 성격은 "개인의 두드러진 인격을 형성하는 특성 혹은 자질의 결합"이라고 한다.

우리가 여기서 하게 될 일은 "미술작품의 개별적인 성격을 형성하는 자질들"을 확인하는 것이기에 나는 인간의 성격 특성과 미술작품의 성격 특성을 비교하는 것이 타당하리라 생각한다. 미술작품이 살아 있는 존재가 아님은 두말할 나위 없지만 그럼에도 작품은 누군가가 창조한 것이며, 그 개개인의 특성을 물려받았을 것이다. 그러므로 우리는 작품을 보고 그 성격을 판단할 수 있지 않을까?

게다가 작품의 성격은 그것을 만든 화가의 성격과 전적으로 일치할까? 비록 인간이 특정한 자질을 가지고 있다고 여겨질지라도 항상 그것을 드러내는 것은 아닐 것이다. 어떤 상황에서는 외향적인 사람도 수줍어할 수 있다. 어떤 상황에는 내향적인 사람도 편안한 영역을 벗어나 갑자기 외향적이 될 수도 있다. 심리학자들은 성격의 유형이 행동의 절대적인 결정 요인이 아니라 포괄적인 일반화라고 말한다.

이 주의 사항을 염두에 두고 한번 시도해 보자. 그저 재미로. 만약 우리가 작품을 성격의 표지로 볼 수 있는지, 실제로 성격을 가지고는 있는지 알아보도록 하자. 앞서 말했듯이 여기에서 우리의 목표는 미술에 대해 생각하는 방법, 읽어내는 방법, 평가하는 방법을 발견하는 것이다. 그 목표에 도달하기 위해 할 수 있다면, 많은 방법들과 기준들을 사용하지 않을 이유가 있을까?

나는 성격을 판별하기 위해 마이어스—브릭스 유형 지표를 살펴보았다. 이 지표는 캐서린 쿡 브릭스와 그녀의 딸 이사벨 브릭스 마이어스가 개발한 체계다. 그들의 작업은 인간이 정보를 수집하고 정리하기 위해 사용하는 네 가지 심리적 기능들을 제시한 칼 융의 후속 작업이다. 이들 네 가지 기능들은 감각, 직관, 감정, 그리고 사고다. 브릭스 마이어스는 이들을 정교화했고, 뚜렷한 성격 유형을 식별하기 위해 16개의 조합으로 정리했다.

각각의 성격 유형은 아주 다른 조합 속에서 각각의 기능들을 활용하며, 이는 어떻게 그들 각자가 정보를 수집하고, 수집한 정보를 활용하며 의사결정과 행동을 하는지를 설명한다. 어떤 자질이 지배적이라 함은 궁극적으로 개인이 자신의 삶을 구조화하기 위해서 선택하는 이들 유형들을 어떻게 펼쳐내는가에 영향을 미친다.

첫 번째 이분법은 내향Introversion 대 외향Extroversion이다. 내향적인 사람은 생각하고 난 다음 행동한다. 외향적인 사람은 그 반대다. 내향적인 사람들은 깊이 배우는 경향이 있고, 외향적인 사람은 넓게 배우는 경향이 있다. 내향적인 사람은 내면을 들여다보고, 외향적인 사람들은 바깥을 본다.

우리는 미술작품이 내향적인지 외향적인지 어떻게 알 수 있을까? 내향적인 작품은 순차적으로 계획되고 실행되었을 수 있다. 외향적인 작품은 계획 없이 단번에 창조된 것이다. 내향적인 작품은 아주 세밀하며 정확하게 표현된 것이다. 외향적인 작품은 활달하고 불규칙적인 소용돌이, 불규칙한 형태, 다채로운 색채, 들쭉날쭉한 선 등으로 이루어진 것이다.

마이어스와 브릭스는 정보를 수집할 때의 자질을 감각Sensing 대 직관Intuition으로 논의한다. 감각이 지배적인 사람들은 자신들이 보고, 듣고, 만질 수 있는 것, 다시 말하면 파악할 수 있는 경험적 정보를 기반으로 정보를 수집한다. 반면 직관이 지배적인 사람들은 반드시 구체적인 사실들을 가지고 있지 않더라도 시각화하고 이론화할 수 있는 상상력에 더한층 의존할 것이다.

어떻게 미술작품이 이들 두 가지 접근을 적용할 수 있을까? 감각적인 작품은 삶에서 이끌어낸 것일 수 있고, 직관적인 작품은 화가의 상상력에서 이끌어낸 것일 수 있다. 감각적인 작품은 문자 그대로이며, 직관적인 작품은 윤곽의 모방보다 기본적인 형태에 의존하는 가운데 한층 추상적일 수 있다. 감각적인 작품은 실제적이거나 고유한 색상을 사용하여 작업하며, 직관적인 작품은 실험적이고, 문자 그대로가 아닌, 상상적인 음영으로 작업을 수행한다.

의사결정을 할 때 마이어스-브릭스 유형은 규칙을 따르고 논리적인 사고Thinking가 주도적인 유형과 공감과 한층 추상석으로 여러 선택항들을 저울질하는 감정Feeling이 주도적인 유형으로 구분한다.

미술에서 사고가 주도적인 작품은 아이디어를 표현하고자 노력하기에 한층 개념적인 맥락을 중시한다. 감정에 초점을 둔 화가들은 자신의 인상에서 더 많은 것을 이끌어내며, 자신의 표현에 더 많은 우선권을 부여한다. 당신은 역사화를 그리는 화가들이 사고의 영역에서 나타나고, 인상주의자들은 명확하게 감정의 측면에서 시작한다는 것을 알 수 있을 것이다.

마지막 기준은 판단Judgement 대 인식Perception이다. 마이어스와 브릭스는 판단을 더 선호하는 개인들은 결론을 내리고자 하며, 결론에 도달할 가능성이 더 많다고 보았다. 반면 인식 지향적인 사람들은 문제를 한층 개방적이고 유연하게 펼쳐두길 좋아한다. 이 구분은 미술작품에서 어떻게 드러날까?

예컨대 모든 추상 미술은 인식적인 측면으로 분류할 수 있고, 모든 현실주의적인 작품들은 판단의 끝 지점에 존재한다고 말할 수 있을까? 지나치게 단순한 것은 아닌가? 추상적인 작품 역시 판단을 강조하는 작품일 수 있고, 현실주의적인 작품 역시 인식으로 이루어진 작품은 아닌가?

대답은 그렇다는 것이다. 우리는 작품의 주제에 따른 장르 속에서 작품을 한층 깊이 살펴볼 필요가 있으며, 그것의 결핍이 여러 가지 방식으로 다루어질 수 있다. 만약 당신이 고전주의와 낭만주의로 논의했던 것과 이들 분석의 방법 사이에 유사성을 발견한다면 제대로 잘 본 것이다. 마이어스-브릭스의 분류는 분류일 따름이며, 변인 역시 다양하다. 모든 것은 정도의 문제인 것이다.

미술은 이러저러한 방향으로 향하는 경향이 있다. 그러나 인간이 여러 특징들의 독특한 결합체인 것과 마찬가지로 모든 작품 역시 여러 자질들의 독특한 결합이다. 이것으로 재미 삼아 마이어스-브릭스의 16가지 성격 유형을 미술작품에 대입해 보자. 염두에 두어야 할 것은 내가 화가와 심리적 특징을 짝을 짓는 것이 아니라 미술작품과 짝을 짓는 것이라는 점이다.

INTP: 사색가
(내향-직관-사고-인식)

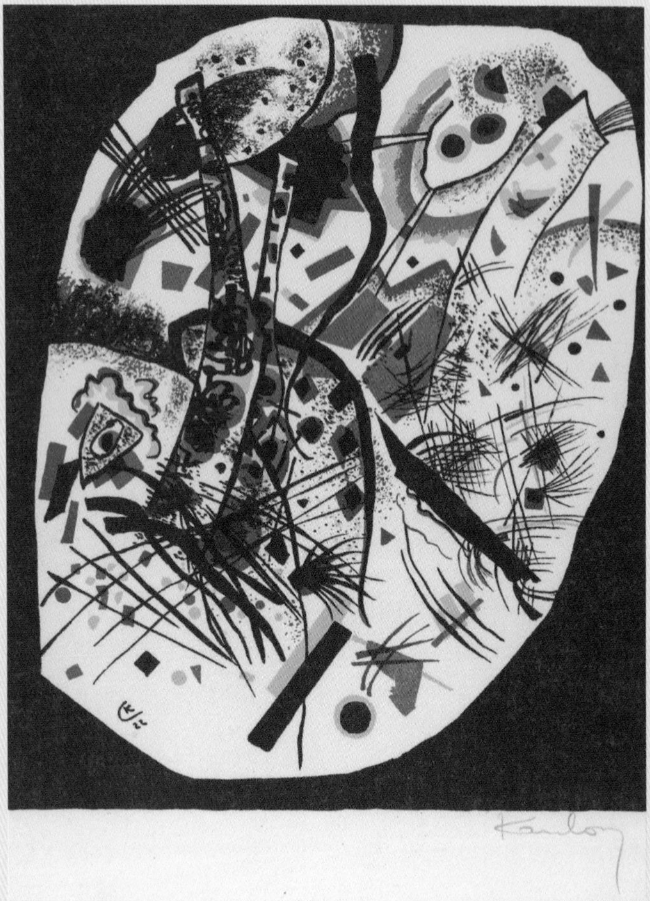

[그림 21] 바실리 칸딘스키, 〈작은 세계들 III〉

이 직품은 원색의 형태들로 구성되어 있으며, 명료한 형태와 선형적인 요소들을 갖추고 있으며, 정돈된 사고가 표출되어 있고, 전문적인 작업이 돋보인다. 결과적으로 이 작품은 흥미로운 작품이며, 딱딱하거나 침울하지 않고, 심지어 환상적이고 분석적이기도 하다.

이러한 성격 유형의 특징은 분석적이고, 억제되어 있으며, 적응력이 빠르다는 것이다.

ISFP: 작곡가
(내향-감각-감정-인식)

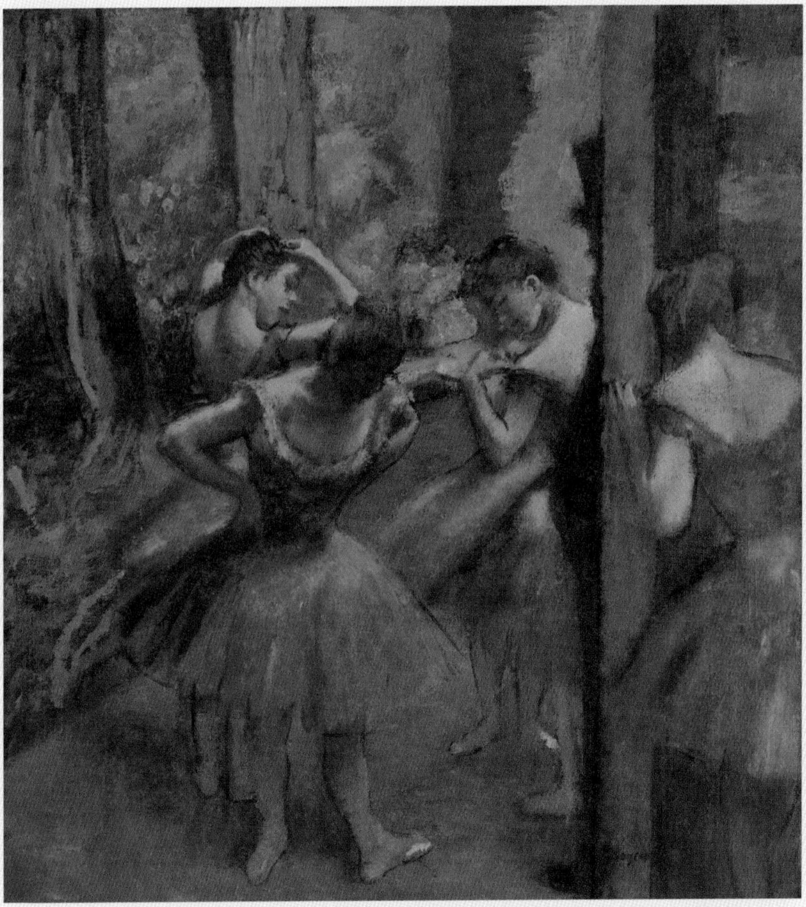

[그림 22] 에드가 드가, 〈분홍과 초록의 무희들〉

드가와 무희는 동의어다. 드가가 가장 좋아하는 주제였으며, 이전이나 이후 그 누구도 드가처럼 잘 그려낼 수는 없을 것이다. 그는 휴식 시간에, 리허설 시간에 발레리나를 탐구했으며, 굉장한 아름다움과 정성으로 그들을 표현했다. 이 단순하고도 완벽한 파스텔화에서도 그의 손은 부드럽고, 모든 붓 터치마다 그들의 아름다움에 대한 그의 찬탄은 자명해 보인다. 외적인 것은 아무것도 없으며, 감정에 푹 젖어 있다.

이 성격 유형의 특징은 섬세함과 다정함이다.

INFJ: 상담가
(내향-직관-감정-판단)

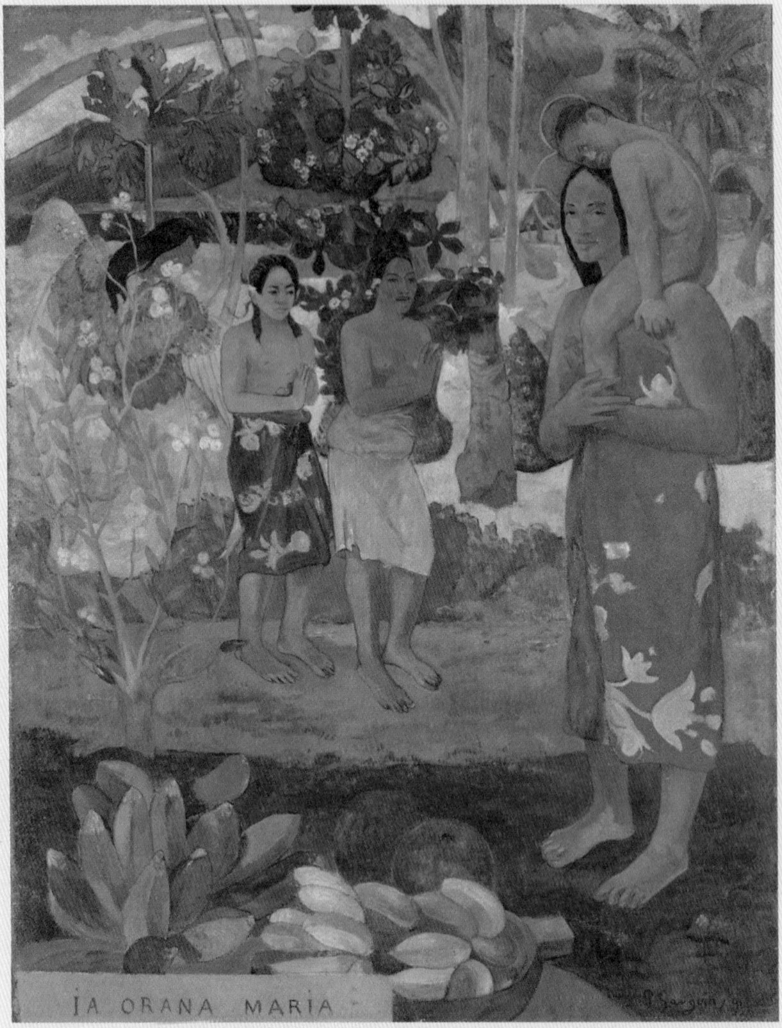

[그림 23] 폴 고갱Paul Gauguin, 〈이아 오라나 마리아〉

폴 고갱의 작품들은 심오하리만큼 상징적이며 정서적이다. 그리고 사실 그는 상징주의 화가로 간주된다. 상징주의의 특징은 종교적 또는 다른 철학적 이념을 재현하기 위해 개인적인 이미저리를 사용한다는 것이다. 이 작품에서 고갱은 폴리네시아식 옷차림으로 위장하고 있는 예수와 마리아를 묘사한다. 이 성격의 특징은 사물이나 관계에서 의미를 추구한다는 것이다.

ENFP: 챔피언
(외향-직관-감정-인식)

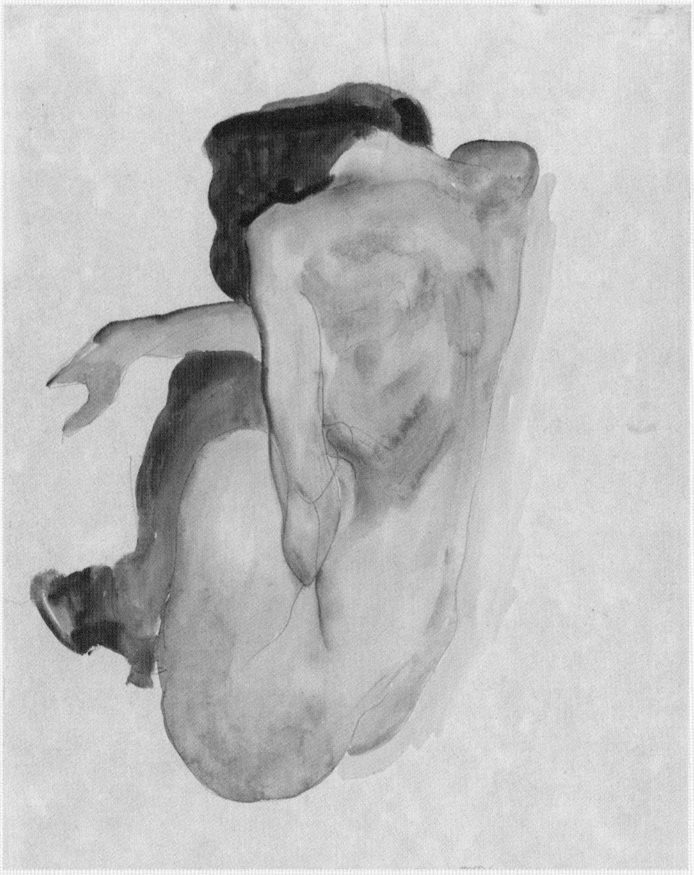

[그림 24] 에곤 실레Egon Schiele, 〈신발과 붉은 스타킹을 신은 웅크린 누드, 뒷모습〉

에곤 실레의 표현주의적인 이 수채화는 여성의 형체에 대한 실레의 정서와 열정으로만 창조될 수 있는 작품이다. 그의 작품은 특이한 관능미가 있으며, 그것을 에로틱한 것으로 변화시키고 있다. 흐릿한 색들은 이 상상적인 여성의 등을 어루만지며, 여성성을 강조함으로써 강렬한 욕망을 암시하기도 한다. 통상의 표현주의적인 작품들이 그러하듯 모델의 자세는 과장되어 있으며, 이 모델을 그리는 과정에서 화가는 마음껏 자신을 풀어헤쳐 보이고 있다. 그의 그림은 감정이 풍부하다.

이 성격 유형의 특징은 모든 것들이 저절로 발전하고 즉흥적으로 작동하게 만들고자 하는 욕망이 두드러진다는 점이다.

ENTJ: 지휘관
(외향-직관-사고-판단)

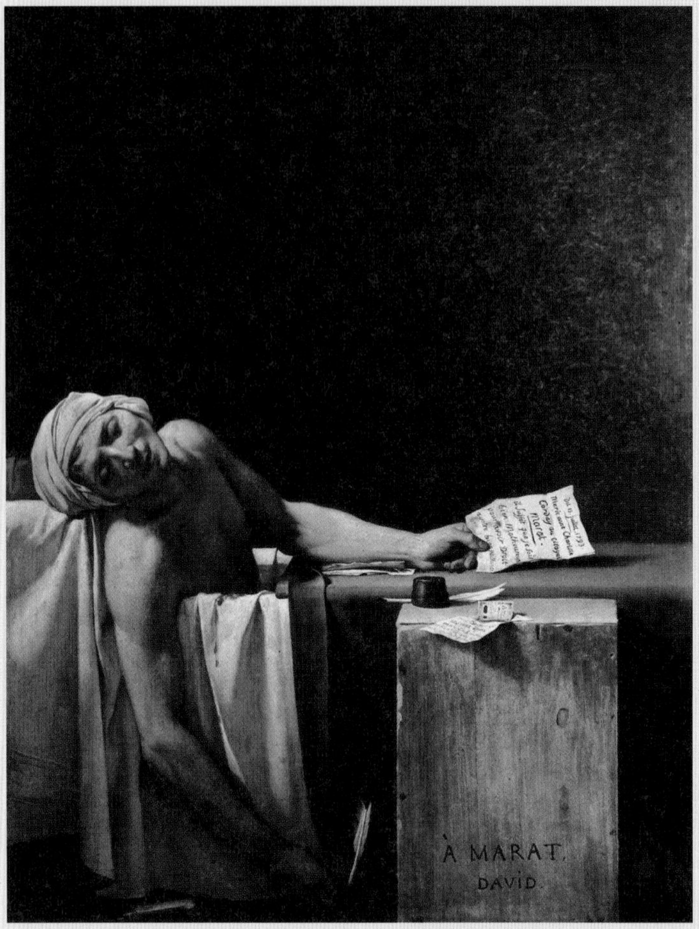

[그림 25] 자크 루이 다비드Jacques Louis David, 〈마라의 죽음〉

신고전주의자 디비드는 마라가 암살된 지 몇 달 후 살해된 마라를 이 그림에 담았다. 그는 저널리스트인 마라의 지지자였기에 이 그림은 정치적인 그림으로 간주될 수 있다. 이런 맥락에서 눈에 띄는 것은 주제가 아니라, 이 주제를 아주 결정적이고 신중한 방식으로 그렸다는 점이다. 그림은 그 상황 속에서 가장 우호적인 빛을 통해 주제를 묘사하고 있다. 그림의 고전적 양식은 목적이나, 선의 명료함, 보여주고자 하는 사명감 등이 아주 분명하다. 다비드는 이 점에서 주목할 만하다.

이러한 성격 유형은 결단력과 강력함이 특징이다.

ISTJ: 검사관
(내향-감각-사고-판단)

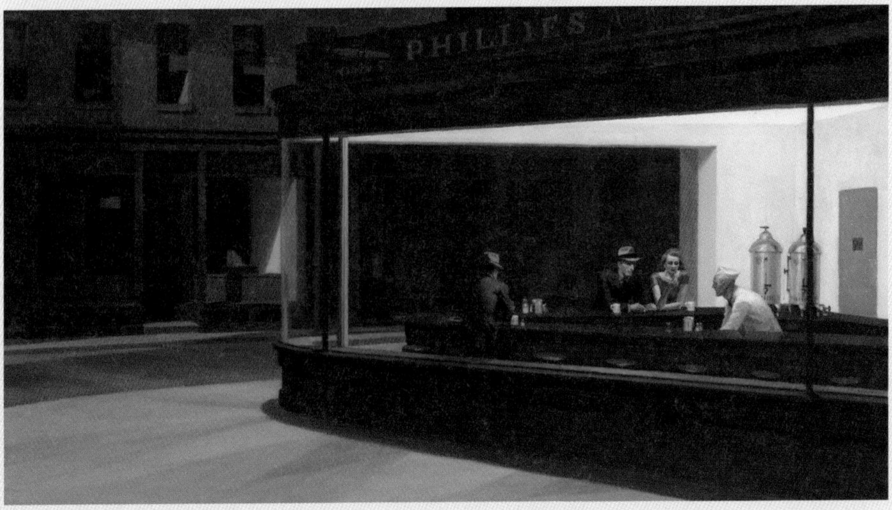

[그림 26] 에드워드 호퍼Edward Hopper, 〈밤을 지새우는 사람들〉

호퍼의 스타일에는 사실상 아주 중요한 무언가가 있다. 헝클어짐도 없고, 호들갑도 없고, 그림은 평면적이며, 색채는 지역적이지만, 분위기는 거부할 수가 없다. 호퍼는 기자이고, 우리에게 이야기를 들려준다. 그는 우리에게 이 인물들을 꾸밈없이 있는 그대로를 지켜보라고 요구한다. 사실들, 그렇다. 단지 사실들만 있다. 사실 이 사실성으로 말미암아 작품은 설득력을 갖는다.
이 성격 유형은 신뢰성, 조직성, 그리고 실용성이 특징이다.

ESFP: 연주자
(외향-감각-감정-인식)

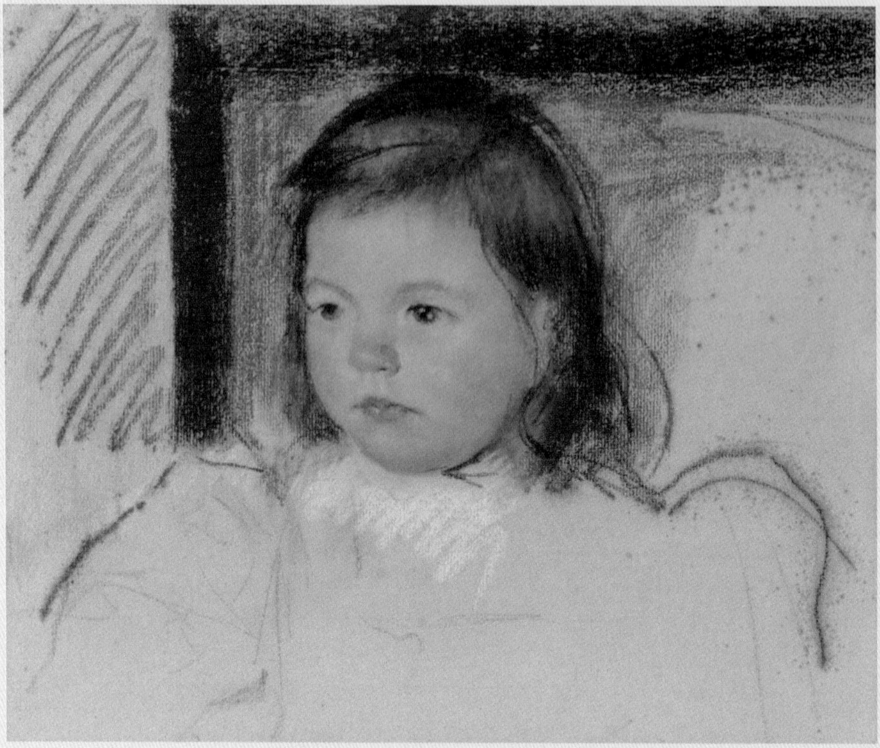

[그림 27] 메리 카사트Mary Cassatt, 〈엘렌 메리 카사트〉

미국의 화가 메리 카사트가 그린 이 사랑스러운 작은 파스텔화는 한 세기 전에 그린 것임에도 이제 막 그려낸 것처럼 신선하다. 카사트는 이 성격이 구현하는 부드러움과 개방성으로 여성과 아이들을 주로 그렸다. 여기 아이의 세부적인 묘사와 부드러운 얼굴은 파스텔의 끄적임과 몇몇 표현력이 강한 선들만으로 완성되었다. 그러나 사실상 이 그림을 더 낫게 하기 위해 무엇을 덧붙일 수 있으랴.

이 성격 유형은 활달함, 즉흥성, 그리고 접근성이 특징이다.

ENTP: 창안자
(외향-직관-사고-인식)

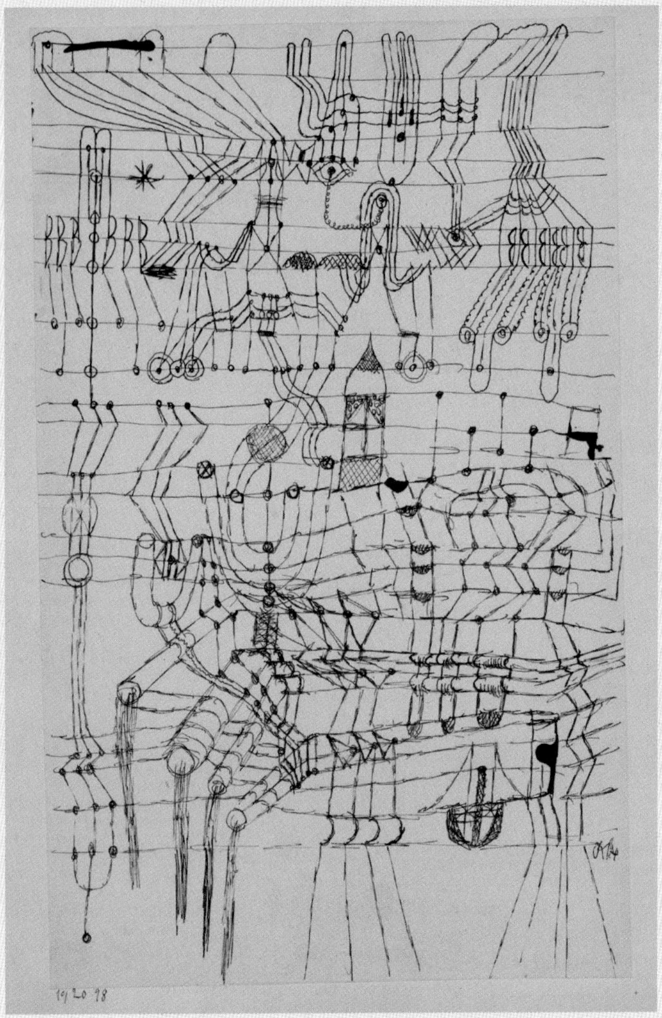

[그림 28] 파울 클레, 〈그물처럼 짜여진 소묘〉

이 작품은 제목만으로도 화가의 창발성과 창조성을 엿볼 수 있다. 클레는 환상적인 화가였지만 거칠지 않고 뒤죽박죽이지 않다. 그의 혼합물과 구조물은 생각을 아주 잘 표현하고 있다. 그의 작품에는 놀이가 포함되어 있고, 그는 자유분방한 사상가이기도 했다. 선은 역시 섬세하지만 약하지 않고, 잘 짜여진 계획을 실행에 옮기듯 주도면밀함을 갖추고 있다.

이러한 성격 유형은 솔직함, 개념적인 독창성, 그리고 순진함이 특징이다.

이 실험을 마치기 전에 MBTI 성격 유형 분류에 따라 이 여덟 작품을 내가 어떻게 분류했는지를 알려주고 싶다. 나는 먼저 작품을 선택한 다음 이 작품이 기원에 있어 내향적인지 외향적인지, 그 바탕은 감각인지 직관인지, 사고와 감정 중 어느 것이 우위에 서 있는지, 결정적인지 개방적인지 스스로에게 물었다. 나는 네 개의 문자를 선택했고, 그런 다음 성격 유형을 살펴보았다.

놀랍게도 나는 작품의 성격이 성격 유형에 대한 설명과 너무나 잘 맞아떨어진다는 것을 발견했다. 아주 흥미로운 것이지만 분명 마찬가지로 작동할 수 있는 다른 기준들도 사용할 수 있음이 확실하다. 아마 당신은 훨씬 더 명료한 무언가를 생각할 수도 있을 것이다. 목표는 그림에 대한 생각을 자극하는 것이다.

모더니티

구체적인 논의로 옮겨가기 전에 한 가지 더 폭넓은 지점을 살펴보도록 하자. 나는 독자들이 역사를 통해 미술의 특정한 경향을 인식하기를 원한다. 이는 자연 세계에 대한 지식의 발전, 더욱 거대해진 기술적 가능성, 사회에 대한 개인의 우위 등과 관련되어 있다. 현대화가 진척될수록 특정한 경향들이 미술 창작에 영향을 미친다. 그 경향들은 다음과 같다.

빛을 향한 행진. 그림들은 역사의 변화에 따라 일반적으로 빛을 더욱 의식하게 된다. 어두운 배경은 한층 더 밝아진다. 명암이 대비되는 부분은 더욱 줄어든다.

형체의 단순화. 복제에서 놓여난 화가들은 그들이 그리고, 채색하고, 조각하는 것을 실제로 보기 시작한다. 화가들은 자신들이 보는 것을 능동적으로 분석하게 되었고, 그것을 표현하거나 묘사하기 위한 방법을 선택하게 되었다. 그들은 형체를 묘사된 부분들로 해체하기 시작한다.

그러다 궁극적으로 그들은 형체들을 모두 배제해야겠다는 생각을 하게 된다.

색을 강조하는 채색. 색은 빛의 이해와 함께 야외에서의 삶을 그리는 사생화의 발전에 힘입어 자신만의 고유한 영역을 확보한다. 화가는 더 풍부한 표현 방식으로 다채로운 색조를 사용하게 된다. 명암의 대비도 중간 톤의 색을 더 많이 씀으로써 줄어든다.

작품이 점점 커져간다. 기술이 이를 가능케 한다. 그러나 더 커져버린 의식 역시 더 많은 자유를 요구한다. "안 될 게 없잖아?"라는 생각이 더한층 자리 잡게 된다.

매체가 곧 메시지가 된다. 화가들은 사용하는 매체의 가능성을 한층 깊이 탐구하기 시작한다. 매체가 이야기를 위한 준비물이 아니라, 이야기 자체가 되게 만든다.

그림은 점점 더 움직이게 된다. 미술의 정적인 속성은 움직임을 통해 작품을 생동하게 만들고자 하는 화가들의 도전을 받고 있다. 우리는 움직임, 움직이는 형체의 출현을 보고 있으며, 영화, 비디오, 모바일, 설치 등과 함께 물, 빛, 열, 소리 등과 같은 자연의 요소들을 미술과 결합한 것의 출현을 보고 있다.

개인이 가장 중요하다. 화가는 의뢰인과 사회적 규범의 요구로부터 자유롭다. 그들은 스튜디오에서 자신이 하고 싶은 일을 할 수 있음을 깨달았다. 그들의 작품은 의도적으로 개별적인 것이 된다. 독특한 예술적 DNA의 미덕으로 항상 개인적이었지만 그러나 지금은 의식적으로 개인적인 것으로 만들어낼 수 있다. 점점 더 빠르게 규범은 흩어지며, 독창성이 지배한다. 비슷한 일이 조각에서도 드러나며, 그림과 다른 형태의 시각 예술도 다르지 않다.

당신은 어느 시기의 미술에 가장 흥미를 가지고 있는지 생각해 보라. 당신 자신이 수 세기에 걸쳐 창조된 미술의 방이 있는 메트로폴리탄 미술관을 걷고 있다고 상상해 보라. 당신은 고전 고대, 그리스와 로마 시대를 지나고, 16세기, 17세기, 18세기를 종교화, 수없이 많은 역사화, 그리고 어두운 초상화 등을 보며 지나고, 프랑스, 네덜란드, 스페인, 영국, 마침내 미국 전시실에까지 도착한다. 모든 것이 더 빛나고, 더 경쾌하며, 색은 점점 더 밝아졌다. 형체들은 커졌고, 화려하지 않으며, 훨씬 더 가벼워지고, 더 개별화되었으며, 심지어 완전히 사라지기도…….

당신은 어디에서 멈추었는가? 그리고 왜? 당신은 계속해서 큰 초상화, 팝아트, 미니멀리즘 작품이 있는 전시실로 가고 있는가? 계속 갈 것인가?

이 모든 것을 파악하는 것이 첫걸음이다. 어떻게 이러저러한 방법이 생겨났으며, 왜 생겨났는가? 읽고 마침내 마지막 장에 도달했을 때, 우리는 훨씬 더 현명해진 눈으로 다시 여행을 떠나고 싶다고 희망하게 될 것이다.

7장

그림 한층 자세히 살펴보기:
특수한 평가의 기준들

7장

그림 한층 자세히 살펴보기: 특수한 평가의 기준들

앞의 장에서 주요한 대립축들을 중심으로 미술작품에 접근하는 방법을 살펴보았으며, 성격 유형에 따라 몇몇 예시들을 연결시켜 보았다. 이제 시각 예술을 검토할 때 고려할 수 있는 질문과 살펴보아야 할 다른 몇 가지 사실들을 고려해 보자.

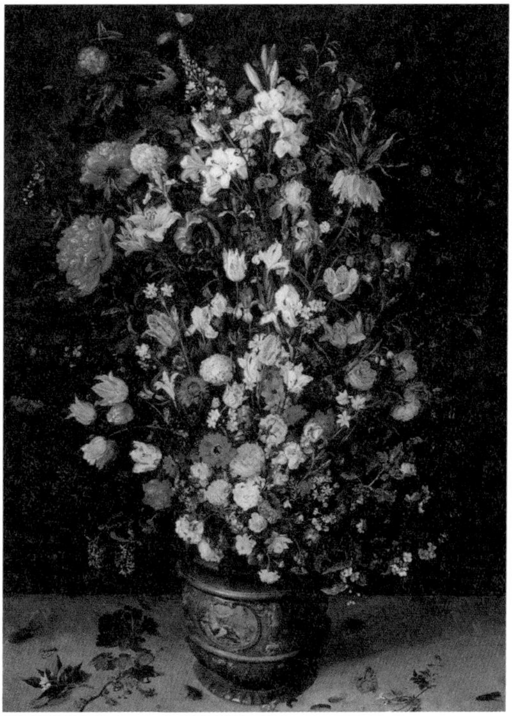

[그림 29] 얀 브뤼헐Jan Brueghel the Elder, 〈꽃다발〉

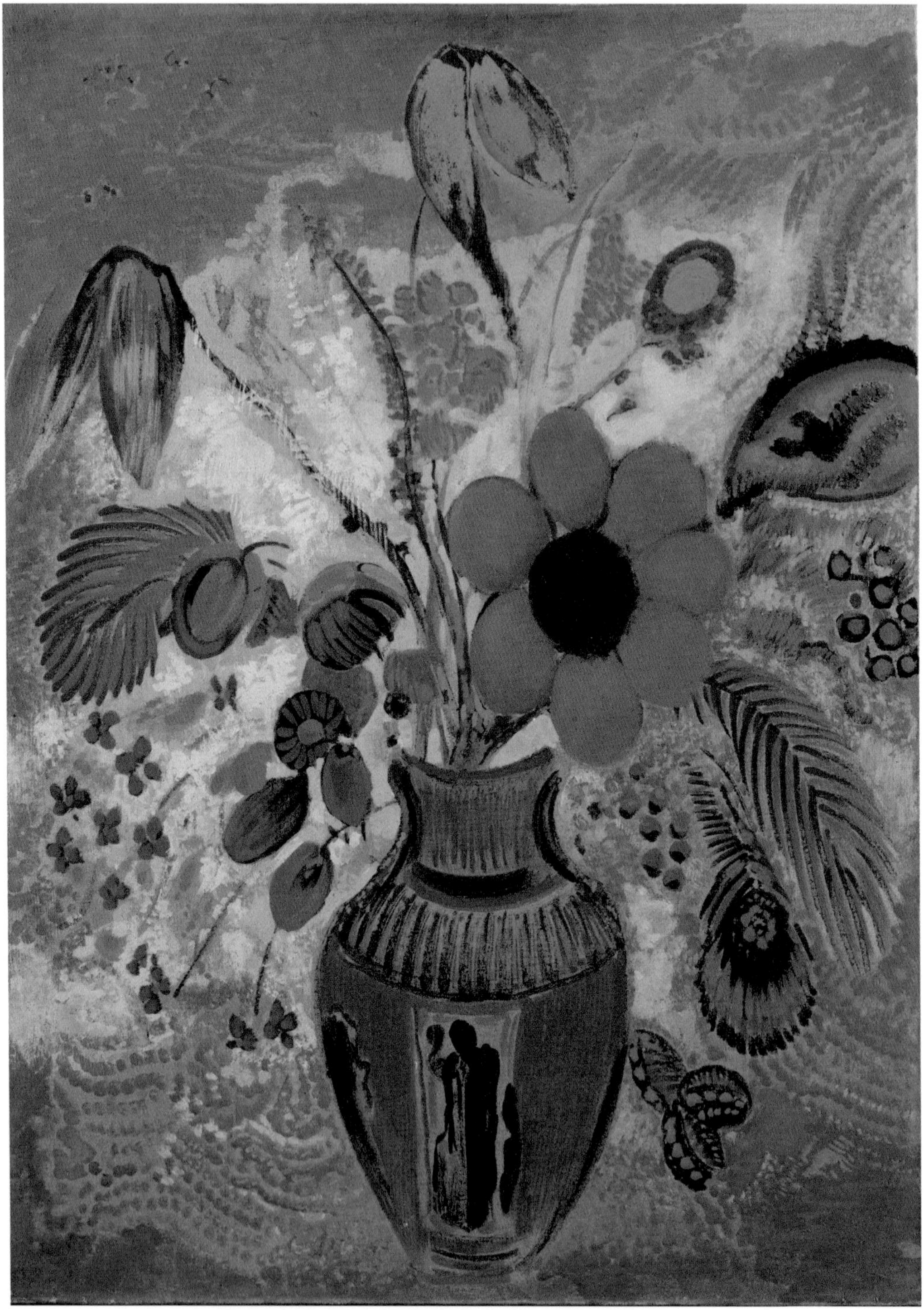

[그림 30] 오딜롱 르동Odilon Redon, 〈에트루리아 화병과 꽃〉

주제를 표현하는 화가의 의도는 현실주의적/양식적/추상적인가?

사람들은 대상이 명확하게 인식 가능하고, 색이 재현적인 방식으로 제시되어 있으며, 상대적인 크기와 비율이 과장됨 없이 삶의 모습에 근사하다면 **현실주의적**realistic이라고 말하고는 한다.

비록 이미지를 인식할 수 있다 하더라도 비율이 과장되어 있고, 색이 고유한 색이라기보다 상상적인 색이라면 **양식적**stylistic이라고 말할 것이다. 단순화되어 있으며, 일반적으로 세부 묘사가 덜 하며, 그림은 묘사적이기보다 한층 도상적이다. 르동은 덜 사실적이며, 더 양식화되어 있는 작품[그림 30]으로 간주된다.

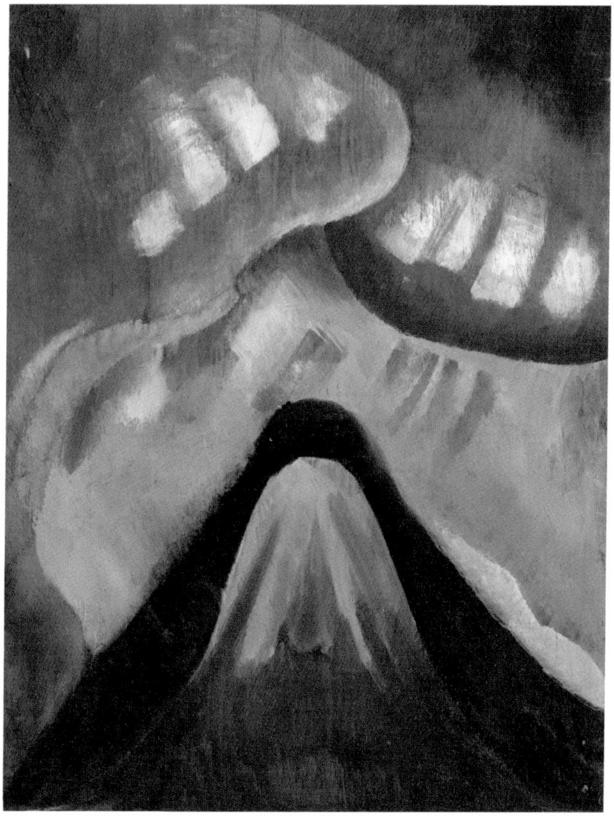

[그림 31] 아서 도브Arthur Dove, 〈산과 하늘〉

묘사하기보다 패턴이나 디자인을 더욱 강조하고, 대상을 아주 모호하게만 인식할 수 있다면 **반추상**이라고 말한다. 그리고 제목을 제외하고는 대상을 인식할 수도 없고, 명명할 수도 없다면 **추상**이라고 지칭한다.

반추상화 도브의 작품[그림 31]을 보고 사람들은 이 그림이 풍경일 듯하고, 제목을 보고 산과 하늘을 그린 것이라고 파악할 수 있다. 반면 몬드리안의 추상화[그림 32]에서는 그와 같은 참조할 만한 것들이 전혀 없다. 후자는 전위적인 신즉물주의적 구성이며, 이에 대해서는 뒤에서 한층 자세히 논의할 것이다.

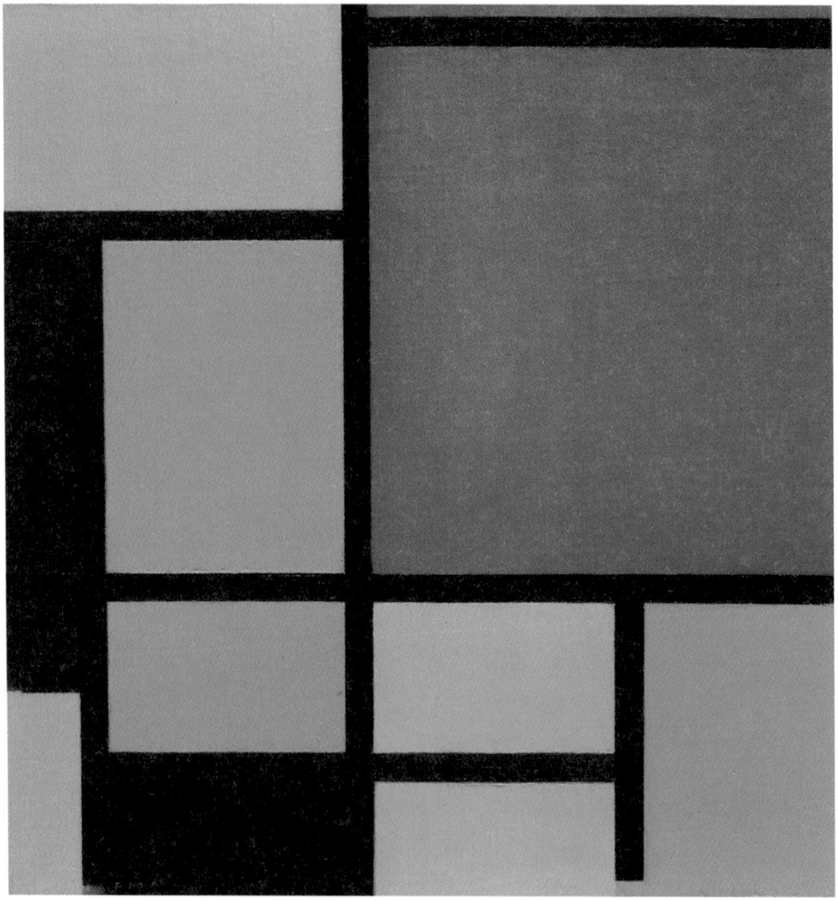

[그림 32] 피에트 몬드리안Piet Mondrian, 〈구성〉

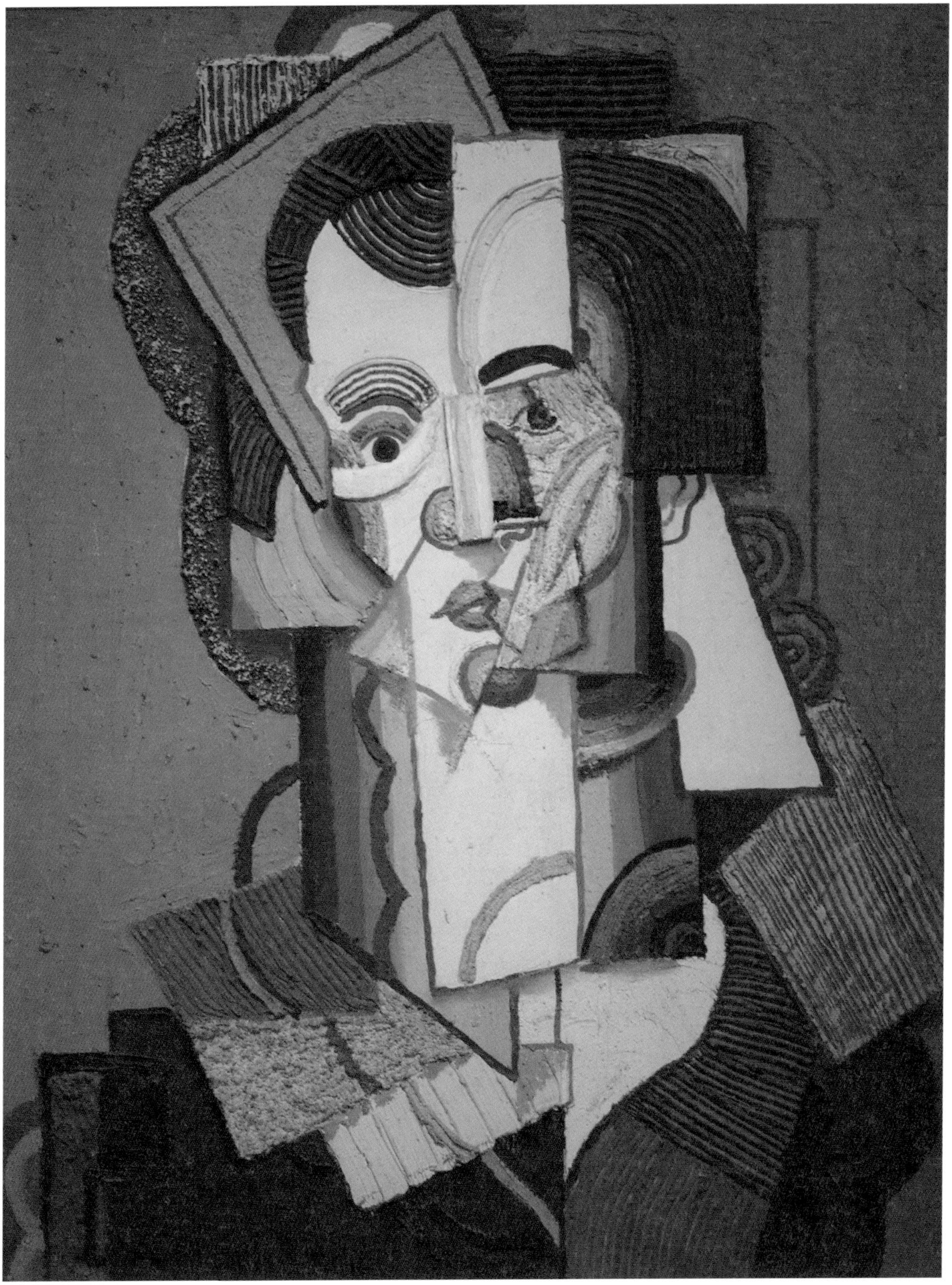

[그림 33] 안토닌 프로하스카Antonín Procházka, 〈스웨터를 입은 부인〉

그림의 형태는 어떻게 설명되고 정교화되는가?

만약 그림이 공간을 암시한다면, 곧 당신이 먼 곳을 보고 있다는 **환영**에 사로잡힌다면 이는 어떻게 해서 달성된 것일까? 사물들의 상대적인 크기, 색채의 밀도들, 먼 곳에 있는 사물들의 흐릿함 등으로 표현된 것인가?

만약 공간감이 없다면 모든 것은 표면에 펼쳐진 듯할 것이다. 왜 화가는 이러한 방법을 선택했을까? 그리고 이는 효과적인가 아니면 단순한 실수인가?

만약 공간이 존재하기는 하는데 깊지 않다면 화가는 어떤 생각으로 그렇게 그렸을까? 이는 마치 종이 한 장 위에 다른 종이를 한 장 올린 것처럼 공간을 평평하게 만든 입체파에 대한 대중적인 설명이다. 깊은 공간감이란 한층 사실적인 "환영"에 비할 때 입체파의 공간 표현은 공간을 묘사하는 전혀 다른 방법이다.

앞의 그림은 체코의 화가가 작업한 것으로 인간의 얼굴을 여러 평면들로 나눈 입체파 기법의 좋은 예시다.[그림 33] 이 그림은 묘사적이기보다 장식적이다.

추상화에서 공간은 정면과 중앙이다. 사물이 제거되어 있거나 암시조차 되어 있지 않은 상태에서 화가가 창조한 상상적인 공간이야말로 그림의 주인공이다. 방해물도 없고 그저 공간, 공기, 빛과 색뿐이다.

이것이 일반적으로 추상화를 볼 때 주목해야 할 바람직한 지점이다. 왜냐하면 대상들은 정교하게 묘사되지 않으며, 질감, 색채 그리고 공간이 설명되는 방식 자체가 종종 작품의 주제이기 때문이다. 그리고 많은 경우 이들 요소는 강조된다. 그리고 우리는 현실주의적인 작품을 볼 때 간과하곤 했던, 존재하는 그 자체를 볼 수 있다.

시점

화가의 시점이란 무엇인가, 그리고 화가는 왜 시점을 선택하는가?

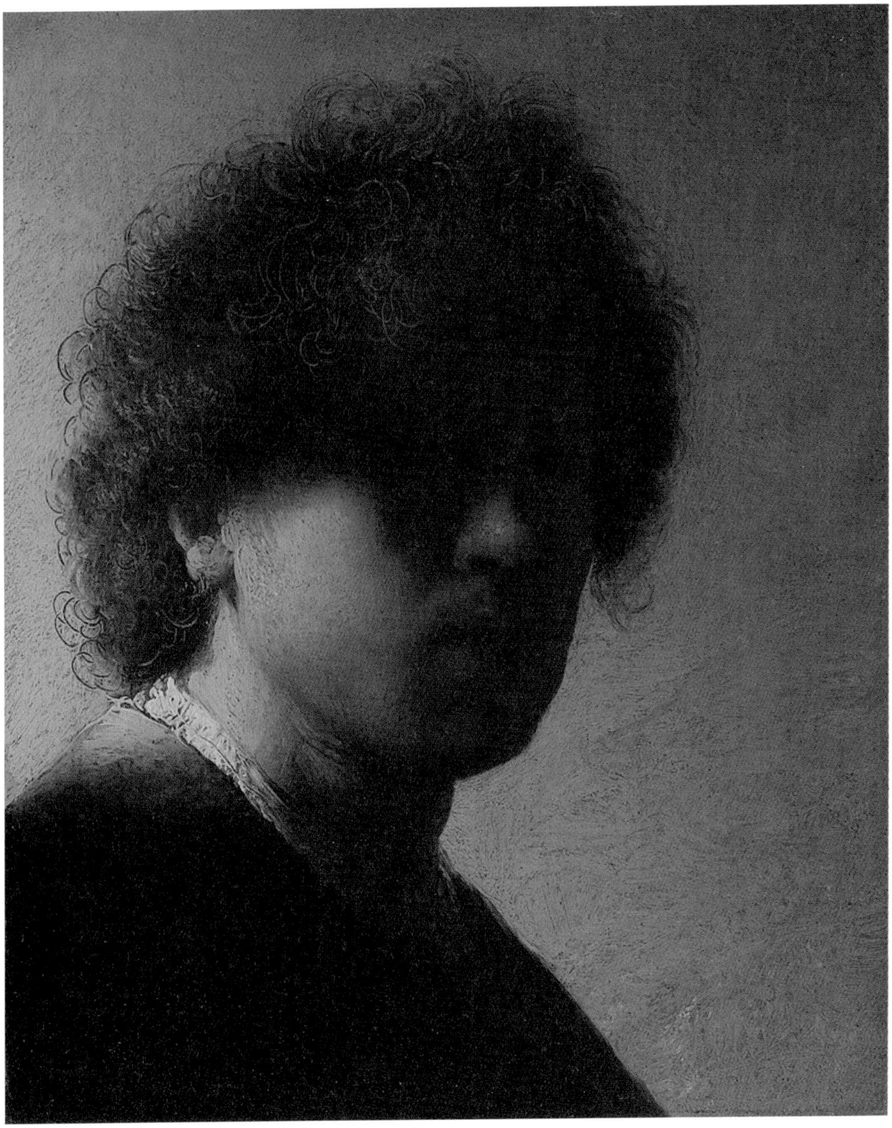

[그림 34] 렘브란트, 〈자화상〉

시대를 통틀어 모든 화가는 시점을 확립해 왔다. 스튜디오에서 동일한 모델을 그리더라도 화가들은 저마다 다른 시점을 가지고 있다. 화가는 자신에게 가장 흥미진진한 시점을 선택한다.

예컨대 대부분 초상화의 시점은 정면을 향하고 있다. 특히 초상화가 의뢰받은 것일 때 그림의 시점을 기본적으로 알기 쉽게 보여주어야 한다는 것은 납득할 만하다. 그러나 항상 그런 것만은 아니다. 화가가 대상의 위치를 어떻게 잡는가 하는 점은 작품의 내용에 관한 화가의 첫 번째 중요한 진술이다.

예컨대 앞의 페이지에 있는 렘브란트의 초상화[그림 34]를 보라. 물론 화가는 자신 이외에는 그 누구의 마음에 들 필요가 없기에 자화상에 관한 한 더 많은 재량권을 가지고 있다.

이 작품에서 렘브란트는 자신의 얼굴 대부분을 가린 채 사실상 어둠 속에 있는 자신을 그린다. 빛은 왼쪽에서 들어와 어깨와 오른쪽 뺨, 코끝을 스친다. 그림은 분위기 있고 매력적이다. 우리는 그림자 속에서 얼굴을 찾으려 든다. 그리고 뺨에 비친 빛을 만질 수 있을 듯하다. 이 그림은 인물이나 정서를 보여주고자 하는 것이 아니라 빛에 대한 그림이다. 단색 팔레트를 사용했지만 아주 아름답고, 시대에 뒤떨어지지도 않는다.

옆 페이지의 이 유명한 그림[그림 35]에서 화가 페르메이르는 흥미로운 시점을 택하고 있다. 그가 활용하고 있는 시점은 문밖이다. 우리는 문을 통해 사람들을 본다. 왜 그는 문으로 거추장스럽게 가리도록 그렸으며, 문을 그대로 둔 채 실내를 묘사했을까?

이유는 단순하다. 관람객인 우리는 옆방에서 일어나는 이 장면을 몰래 훔쳐보는 효과를 얻는다. 제목은 여자가 손에 들고 있는 종이가 연애편지임을 말해준다. 시선을 문의 안쪽으로 끌어당김으로써 페르메이르는 우리를 엿보는 사람으로 만들며, 이미지의 효과를 극대화한다.

그림을 볼 때 시점에 주목하고, 화가가 자신의 위치를 왜 이렇게 선택했는지를 생각해 보자. 그 결정은 결코 우연이 아니며, 작품이 담아내고자 하는 메시지를 고려하여 면밀히 결정된 것이다.

파블로 피카소와 그의 동료 입체파 화가들이 같은 초상화를 동시에 다양한 시점으로 그려내지 못할 이유가 없겠다고 생각한 것은 얼마나 혁

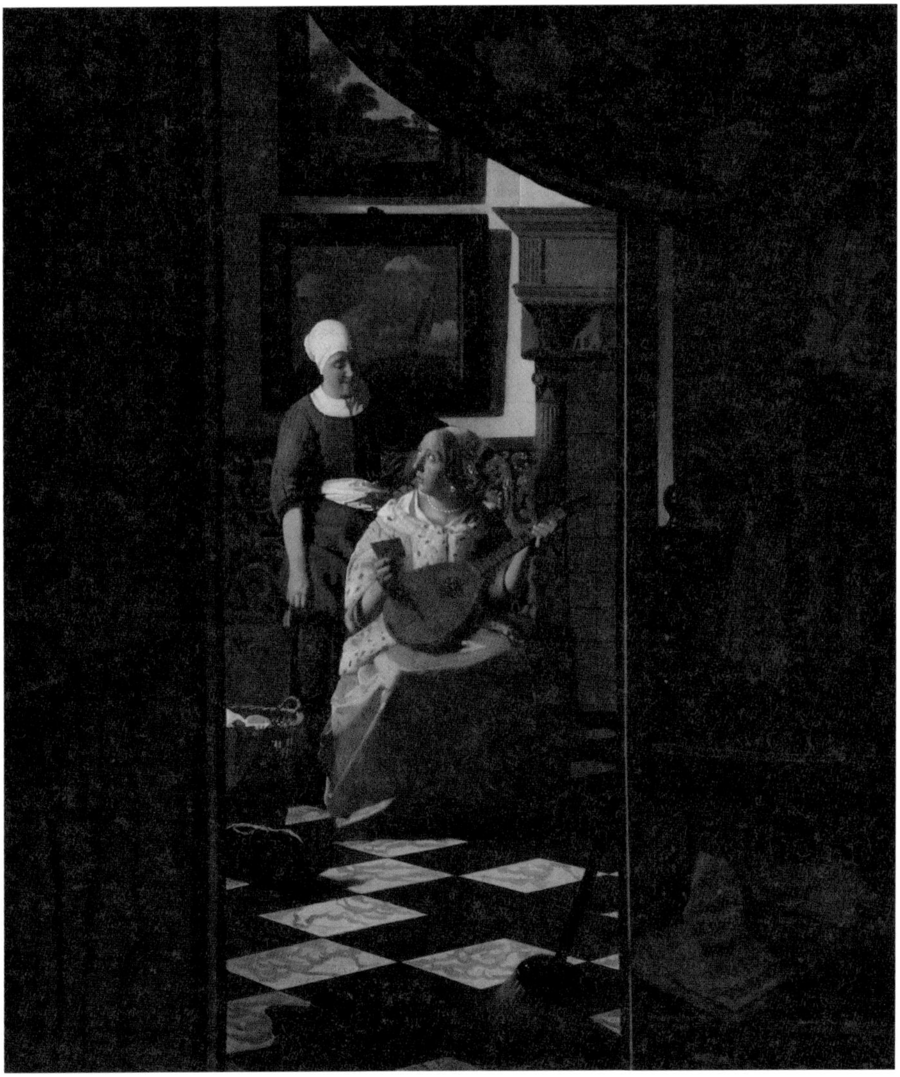

[그림 35] 요하네스 페르메이르, 〈연애편지〉

신적인가. 피카소는 시각적 아이디어의 돌풍이었고, 이 작품은 그 가운데 한 작품이다. 그는 어떤 식으로든 제한을 받고 싶지 않았는데, 초상화의 측면을 간과하기 힘든 지점에 자신이 서 있음을 발견하였다. 그런데 같은 작품 속에 정면과 측면을 동시에 그리면 안 될 이유는 없지 않은가?

여기 후안 그리스가 피카소를 그린 입체파 양식의 초상화[그림 36]가 있다. 그리스는 자신의 양식을 활용하여 화가의 초상화를 그리는 것이 어울린다고 생각했을 것이다.

이 작품은 단지 몇몇 색만을 사용했지만 아주 신중하게 구성된, 매우 계산적이며 잘 짜여진 결정적인 작품이다. 나는 특히 물감 덩어리가 담긴, 손에 들고 있는 팔레트를 포함시켰다는 사실을 좋아한다. 각각의 부서진 조각들에 음영을 부여함으로써 영역을 할당하고, 동시에 그것을 망가뜨리며 형체를 암시하는 것에 주목하라.

피카소가 제안한 것처럼 놀라운 무언가를 해내고, 그것이 인정받기까지는 수백 년이 걸릴지도 모른다. 그러나 자유는 혁신을 낳는다. 일단 본질적으로 현대적인 화가가 그 문을 열기만 한다면 인물이 무수히 많은 방법으로 해체되지 않을 이유는 없어 보인다. 마르셀 뒤샹Marcel Duchamp의 우화적인 〈계단을 내려오는 누드〉, 빌럼 더코닝Willem de Kooning의 흘러내리는 누드, 자코메티의 아주 가느다란 남자들 등 이 모든 놀랍고 유쾌한 표현들을 보라. 화가들은 심지어 같은 작품 안에서도 어떤 망설임도 없이 대상을 위에서, 아래에서, 안에서, 바깥에서 바라볼 수 있게 되었으며, 모든 가능한 시점들을 즐길 수 있도록 해방되었다.

지금은 잘 알려진 마르셀 뒤샹의 그림에서 그는 우리에게 계단을 내려가는 동일한 인물을 다른 위치에 중첩함으로써 시간이 미끄러지고 있는 듯한 느낌의 작품을 선보이고 있다. 이것은 정물의 형태를 취한 동영상이다. 움직임을 전달하고자 하는 욕망은 얼어붙은 순간을 담을 수밖에 없는 그림에서는 중요한 요소이다. 뒤샹은 화폭을 살아 움직이게 만들고자 하는 욕망을 시험하는 흥미로운 방법을 찾아낸 것이다.

시점: 그림을 볼 때 주목해서 살펴보아야 할 그 무엇

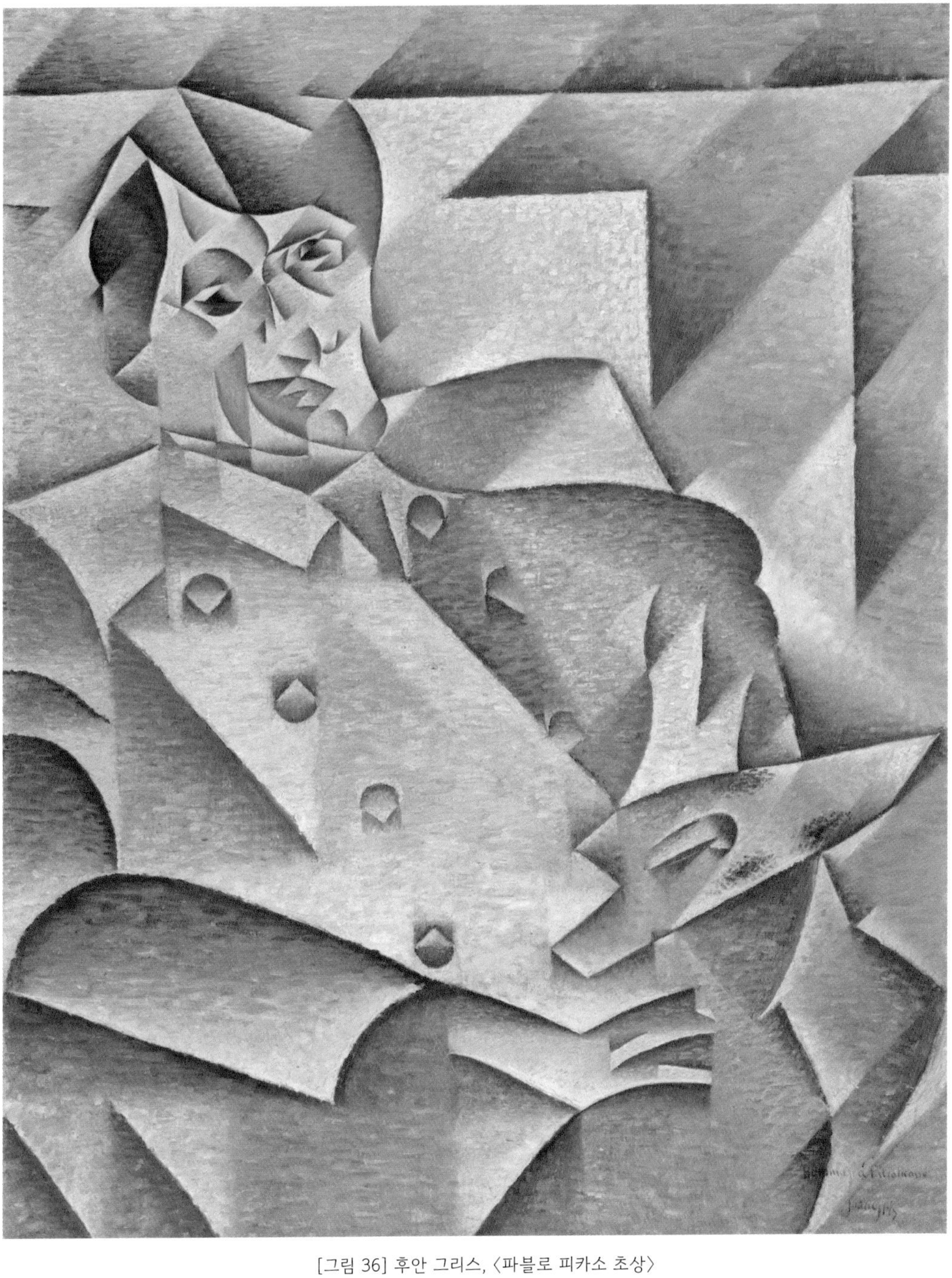

[그림 36] 후안 그리스, 〈파블로 피카소 초상〉

빛

빛. 어떻게 설명해야 할까?

공간과 빛은 미술의 초석이다. 빛은 모든 시야를 가능케 한다. 그렇다면 화가들은 작품 속에서 빛을 어떻게 설명할까?

많은 사람들은 문명이 어둠에서, 무지에 빛을 비춤으로써 나타났다고 생각한다. 시대를 거쳐 미술작품을 보면 이 과정이 살아나는 것을 볼 수 있다. 세기를 가로지르는 작품들을 보게 되는 미술관을 걸으면, 현대로 접어들면서 빛이 드러나고 있다는 인상을 일반적으로 받게 된다. 미래로 걸어 들어갈수록 그림에서 빛은 점점 더 밝아진다. 바울이 예수 그리스도의 혼령spirit을 알아차린 다음 황홀경으로 말에서 떨어지는 카라바조의 걸작[그림 37]을 보라. 여기에는 달빛이 비치는 것보다 훨씬 밝은, 상상적인 방식으로 빛이 비치고 있다. 마치 거대한 빛의 물줄기가 위에서부터 내려와 장면을 비추는 것처럼 표현되어 있다.

회화에서 이처럼 극적인 방식으로 빛을 표현하는 사례는 수도 없이 많다. 시각의 드라마는 빛에서 어둠에 이르는 넓은 영역과 날카로운 대조의 결합을 통해 창조된다.

그다음 페이지의 그림은 극적인 빛을 활용한 또 다른 사례로 1893년에 그려진 작품이다.[그림 38] 후드를 걸친 얼굴이 어둠 속에 놓여 있기에 특히 효과적이며, 섬뜩한 느낌을 주기까지 한다. 화가는 빛과 어둠을 극적으로 대비시킴으로써 정서적인 충격을 전달한다.

빛에 대한 또 다른 접근은 빛 자체가 바로 주제이자, 빛이 스며드는 대기를 그린 그림의 장인들에게서 찾을 수 있다. 그 가운데 한 사람인 감각적인 화가 터너는 빛에 매혹된 나머지 빛의 효과가 가장 확연하게 드러나는 주제를 추구하였다. 터너는 물, 폭우, 안개 등 대기의 혼란 속에 잠긴 세상을 사랑해마지 않았다. 석양, 화산, 폭발 등 그의 캔버스는 자연의 혼란을 기념하고 있다.

165페이지에서 우리는 비를 맞으며 난장판 속을 뚫고 가는 기차를

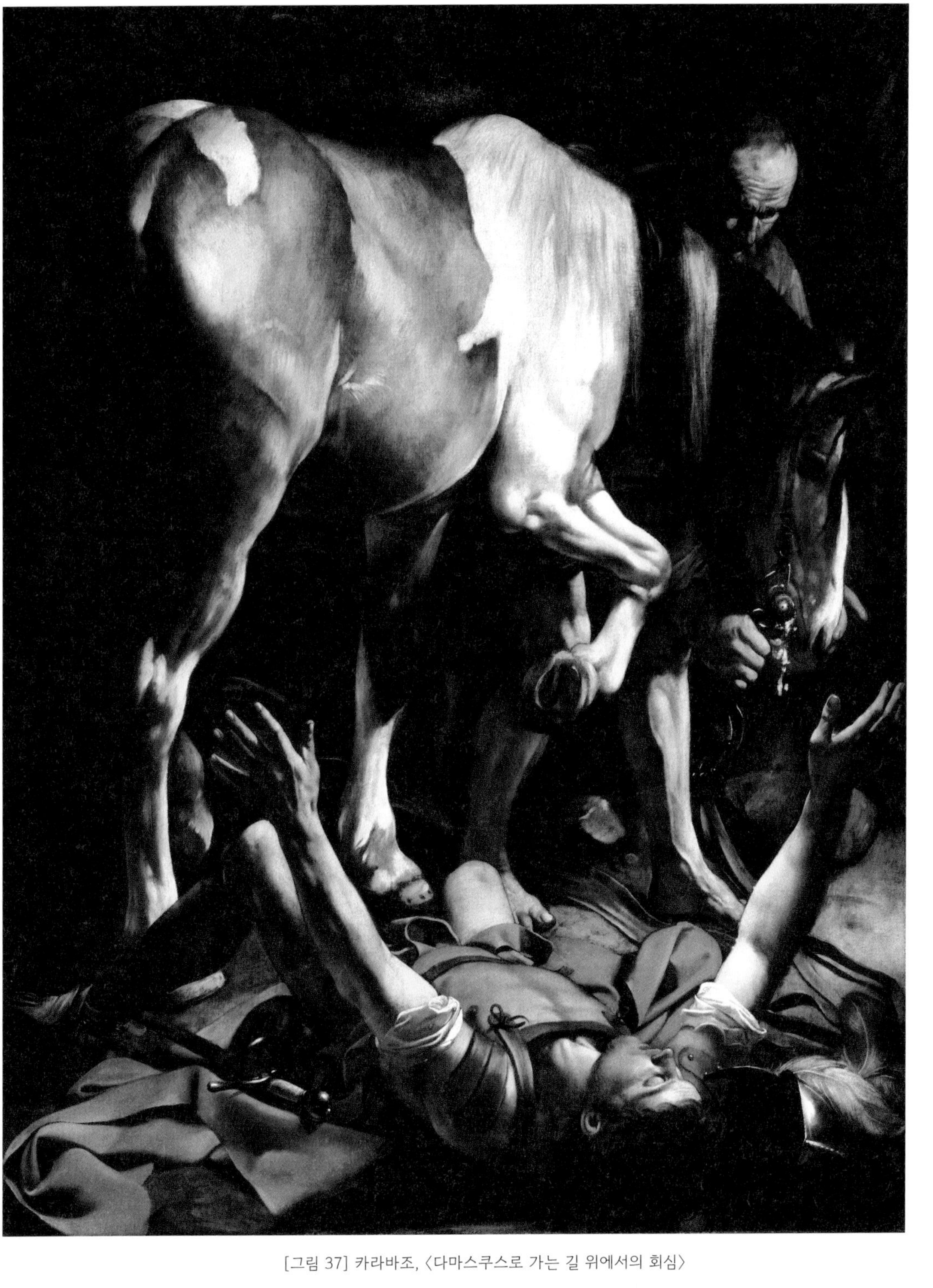

[그림 37] 카라바조, 〈다마스쿠스로 가는 길 위에서의 회심〉

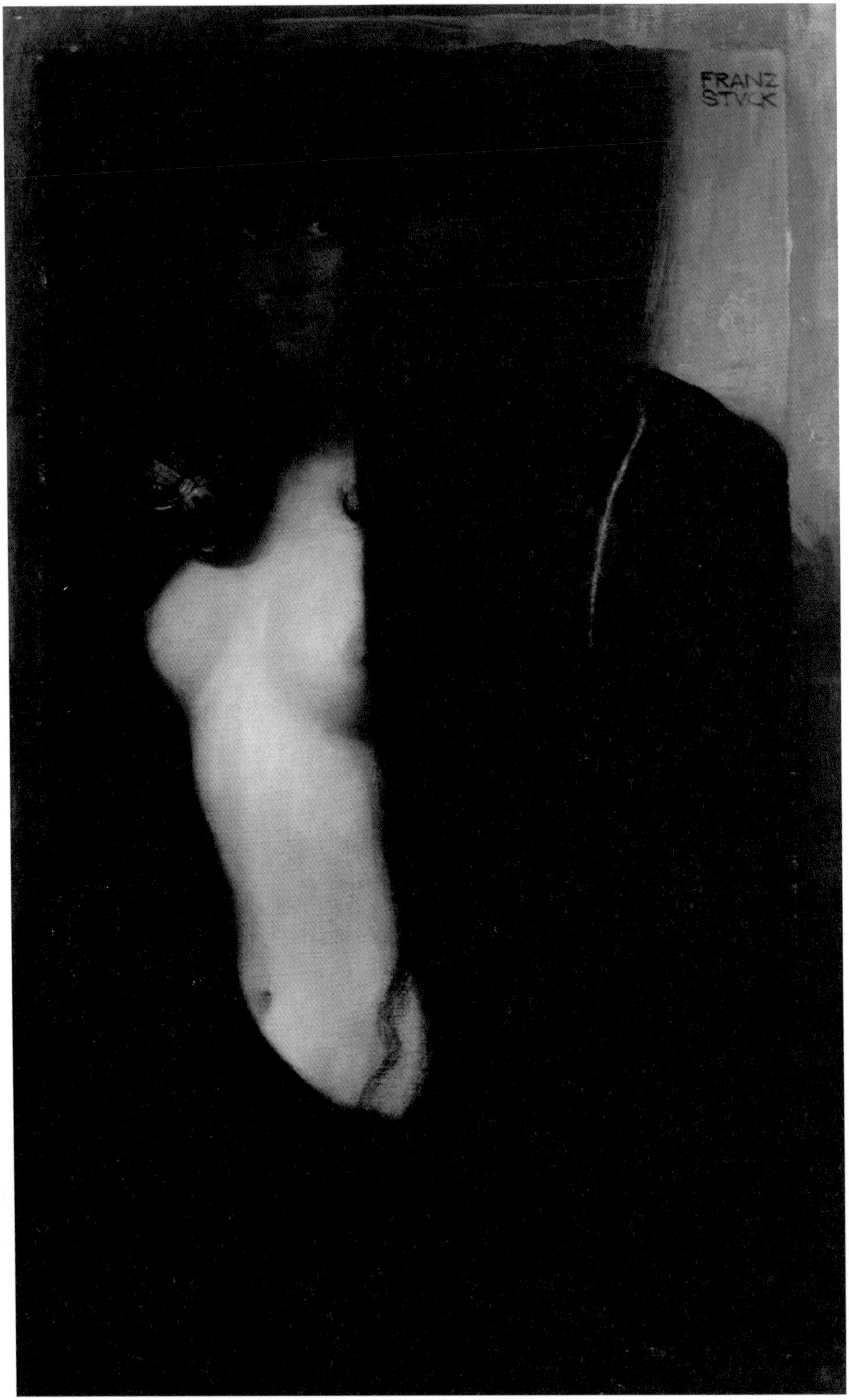

[그림 38] 프란츠 폰 슈투크Franz von Stuck, 〈죄악〉

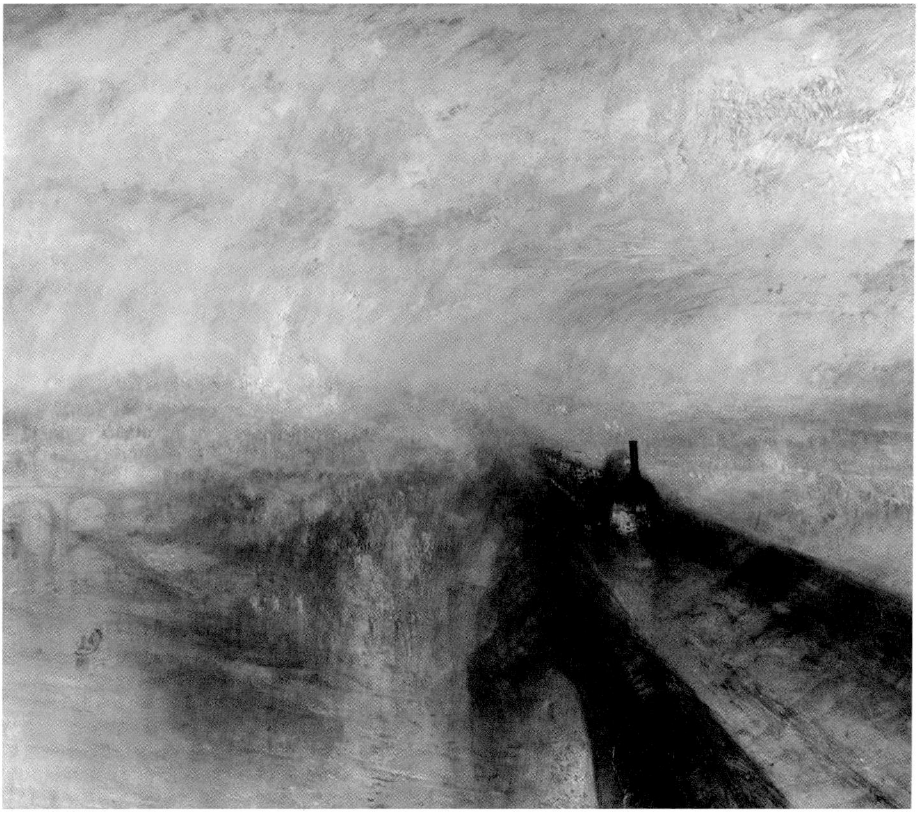

[그림 39] 터너, 〈비, 증기, 그리고 속도 - 대 서부 철도〉

그린 그의 작품을 볼 수 있다.[그림 39] 터너는 자연의 불협화음을 그리기 위해 이와 같은 주제를 선택했다. 이것은 그에게 스릴이 넘치고 도전적인 과제였으며, 그의 특징이자 목표가 되었다.

빛을 그린 위대한 화가들은 인상주의자들이다. 그들은 빛에 집착했다. 그들이 촉발시킨 운동인 인상주의는 혁명이 되었고, 아주 의미 있는 방식으로 화가의 팔레트를 탈바꿈시켰다.

"눈the eye"으로 알려진 화가 모네는 빛이 그림의 색조와 명암에 어떻게 영향을 미치는지를 입증하기 위해 하루 중 다른 시간대의 같은 장면을 여러 번 그릴 정도로 빛에 탐닉했다. 그는 모든 것을 보이게 만드는

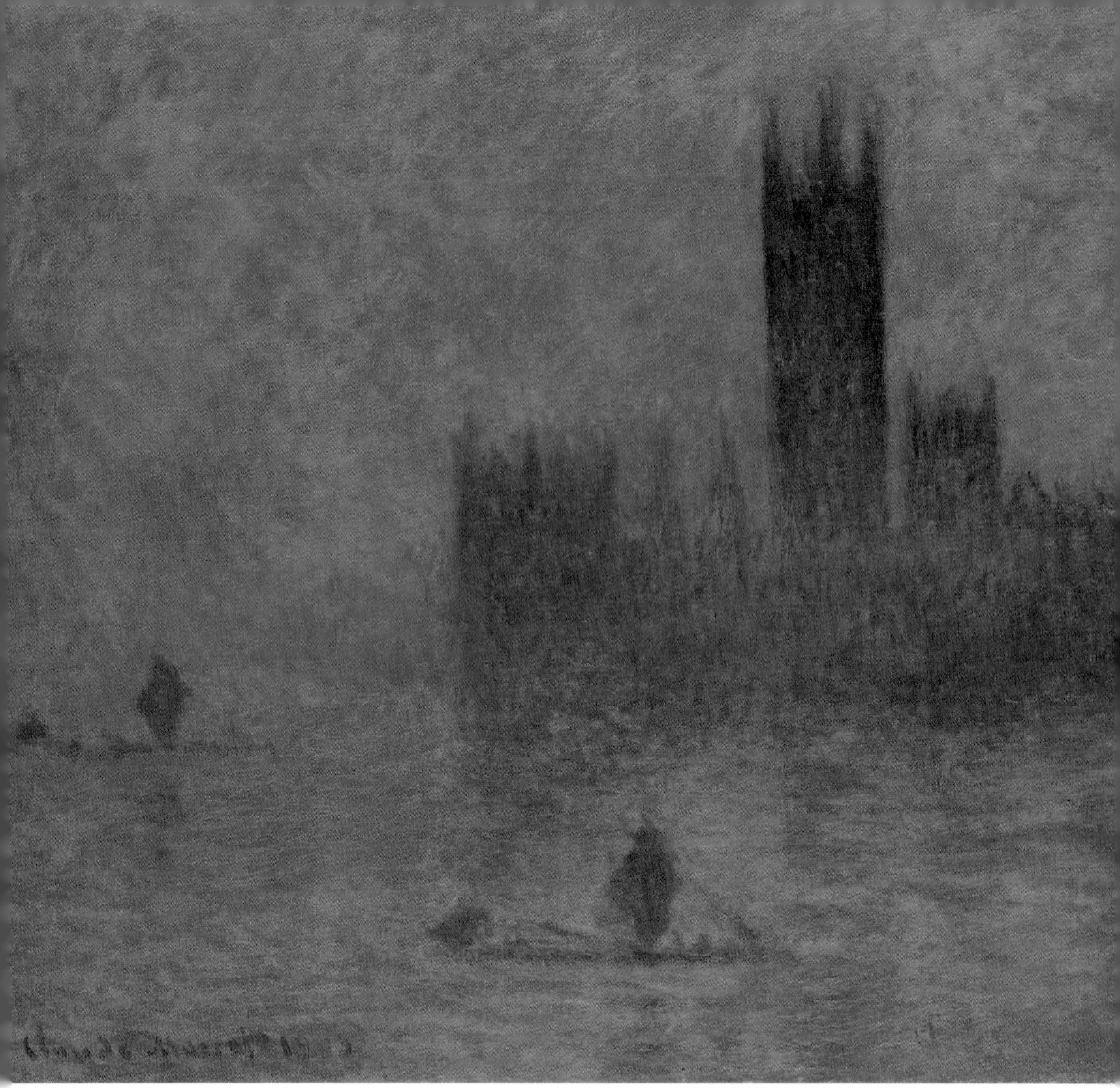

[그림 40] 클로드 모네, 〈국회의사당(안개의 효과)〉

것이 빛임을 이해했으며, 그래서 빛을 자신의 유일한 주제로 삼았다. 빛, 빛, 오로지 빛.

예컨대 모네는 국회의사당과 함께 템스강의 풍경을 100번도 넘게 그렸고, 위의 페이지의 예시에서처럼 강 건너편 성토머스병원의 창가에서 이 작업을 했다.[그림 40] 그는 이 모든 것을 빛의 상태에 따라 색조가 달라지는 하나의 파노라마로, 하나의 작품으로 간주했다. 여기에서 우리는 안개에 쌓인 풍경을 본다. 그의 개인적인 집착이자 그가 즐겨 그렸던 풍경의 한 예시다.

인상주의는 빛을 들여왔고, 빛으로 말미암아 색채는 빛 속에서만 존재할 수 있게 되었다. 과거의 어두운 색조가 아니라 분홍과 노랑, 그리고 베이비블루가 빛 속에서 살아 꿈틀거린다. 색이 탄생한 것이다. 주제는 색과 빛의 풍미를 만끽하기 위한 구실일 따름이다.

인상주의는 "파스텔"로 그린 듯한 부드럽고 섬세한 색조를 그림의 전면에 가져왔다. 이 색채들이 빛을 표현한다. 인상주의 작품들을 볼 때에는 이 같은 파스텔 색채들이 두드러진 것에 주목하고, 그 작품들을 "빛으로 가득 찼다"기보다 "조명"으로 채워진 예전의 작품들과 비교해 보자.

대상에 조명이 비칠 때 빛의 원천은 사물이 빛을 차단할 때 형성되는 그림자를 통해 구분된다. 그러나 인상주의의 빛은 모든 곳에 스며들지만 완벽하게 사라지지는 않는다. 그래서 생생한 색조 속에 한층 풍부해진 명암으로 표현된다.

인상주의 화가들은 저마다 빛을 표현하는 자신만의 고유한 방식이 있었다. 그들의 많은 작품은 부드러운 색조들의 아름다운 결합을 통해 일종의 꿈을 꾸는 듯한 세계를 만들어낸다. 인상주의가 주류가 되자 초기 인상주의 화가들을 따르던 화가들, 곧 후기 인상주의자들은 훨씬 더 깊고 강렬한 색조를 실험했다.

잘 알려지지는 않았지만 빛의 화가 중 한 사람인 미국인 프레더릭 칼 프리스크Frederick Carl Frieseke(1874~1939)는 대부분의 생애를 프랑스에서 살았지만 종종 르누아르와 비교된다. 그는 후기 인상주의로 평가되는데 그의 작품은 "장식적 인상주의"를 특징으로 한다. 인상주의와 마찬가지로 태양 광선의 효과를 탐구함과 동시에 장식적인 패턴과 디자인을 채택하고 있기 때문이다. [그림 41]의 예시를 살펴보자.

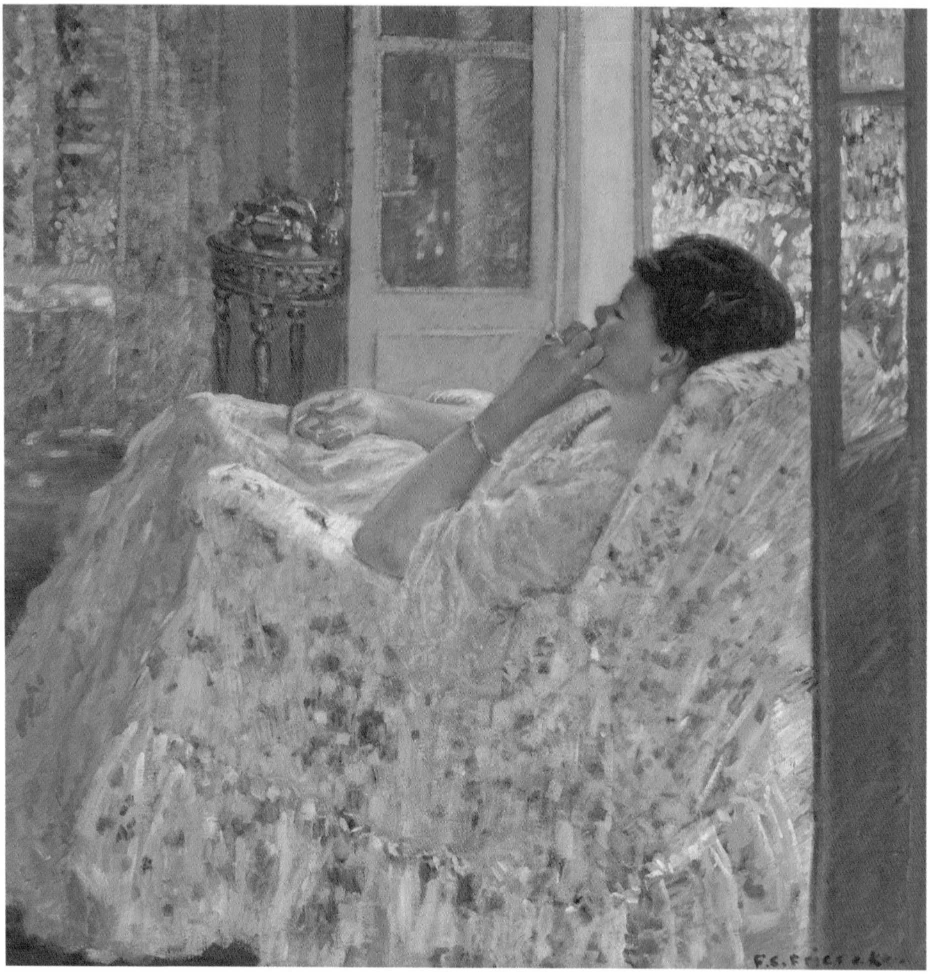

[그림 41] 프레더릭 칼 프리스크, 〈오후 - 노란 방〉

우리는 이 사랑스러운 작품에서 열린 창으로 불어오는 산들바람과 함께 모든 것이 혼합된 가운데 스며드는 오후의 빛을 느낄 수 있다. 프리스크는 빛과 사랑에 빠졌으며, 그의 헌신은 그림에 시간과 장소의 감각을 부여하였다. 그의 붓 터치는 사랑스럽고 애틋하다.

다음 장에서 대기와 색채에 대해 살펴볼 때 우리는 색채를 통한 빛의 표현을 한층 더 깊이 살펴볼 것이다. 그림을 보면서 어떻게 화가들이 빛을 활용하였으며, 작품에 따라 조명처럼 보이는지, 빛으로 뒤섞여 있는지를, 그리고 빛의 처리가 어떻게 색채의 혼합에 영향을 미치는지를 마음속으로 저울질해 보기를 권한다. 색채는 그 자체가 목적이지 결코 자의적이지 않음을 기억하라.

대기

공기 혹은 우리가 대기라고 부르는 것. 어떻게 설명할까?

지구상의 모든 생명을 살아가게 만드는 것은 공기다. 대기는 우리로 하여금 숨 쉬게 해주고 따라서 살아가게 해준다. 예술가, 화가는 이 대기를 어떻게 설명하는가?

그림에서 보듯 창조된 상상적 세계가 대기를 담고 있는지 살펴보라. 만약 그렇다고 대답할 수 있다면 아마도 공기로 가득 찬 배경을 암시하기 위해 색을 부드럽게 처리했기 때문일 것이다. 만약 색이 너무 거칠다면 대기에는 공기가 없는 듯이 보이며, 그림은 인공적이라 느껴질 것이다.

다른 화가들로부터 존경을 받는 후기 인상주의자 세잔의 이 작품을 보자.[그림 42] 이 풍경화의 부드럽고 자연스러운 색을 주목해 보라. 그는 이 풍경화에서 부드럽고 중립적인 톤으로 작업을 하고 있으며, 풍경을 묘사하기 위해 빛으로 가득 찬 파스텔 색조를 의도적으로 덧붙이고 있다. 그가 어떤 색을 구사하더라도 빛이 스며들어 어두운 것은 없으며, 대기에 의해 부드러워져 있다. 그는 말 그대로 공기를 시각화하였다. 미국의 윈슬로 호머의 1868년 그림을 보자.[그림 43]

나는 여러 가지 이유로 이 그림을 좋아한다. 여기에서도 부드럽고 자연스러운 색을 주목해 보자. 그리고 배경에 놓인 산의 부드러운 푸른색이 어떻게 거리감을 표현하는지를 살펴보자. 맑고 쾌청한 날 강렬한 빛이 말의 잔등과 말을 탄 사람의 어깨에 내려앉아 있고, 모자에 가려진 얼굴은 그림자가 져 있다. 그림자는 검은색이 아니다. 색으로 가득 차 있으며 마찬가지로 빛이 닿아 있다. 우리는 이를 반사광이라 부른다.

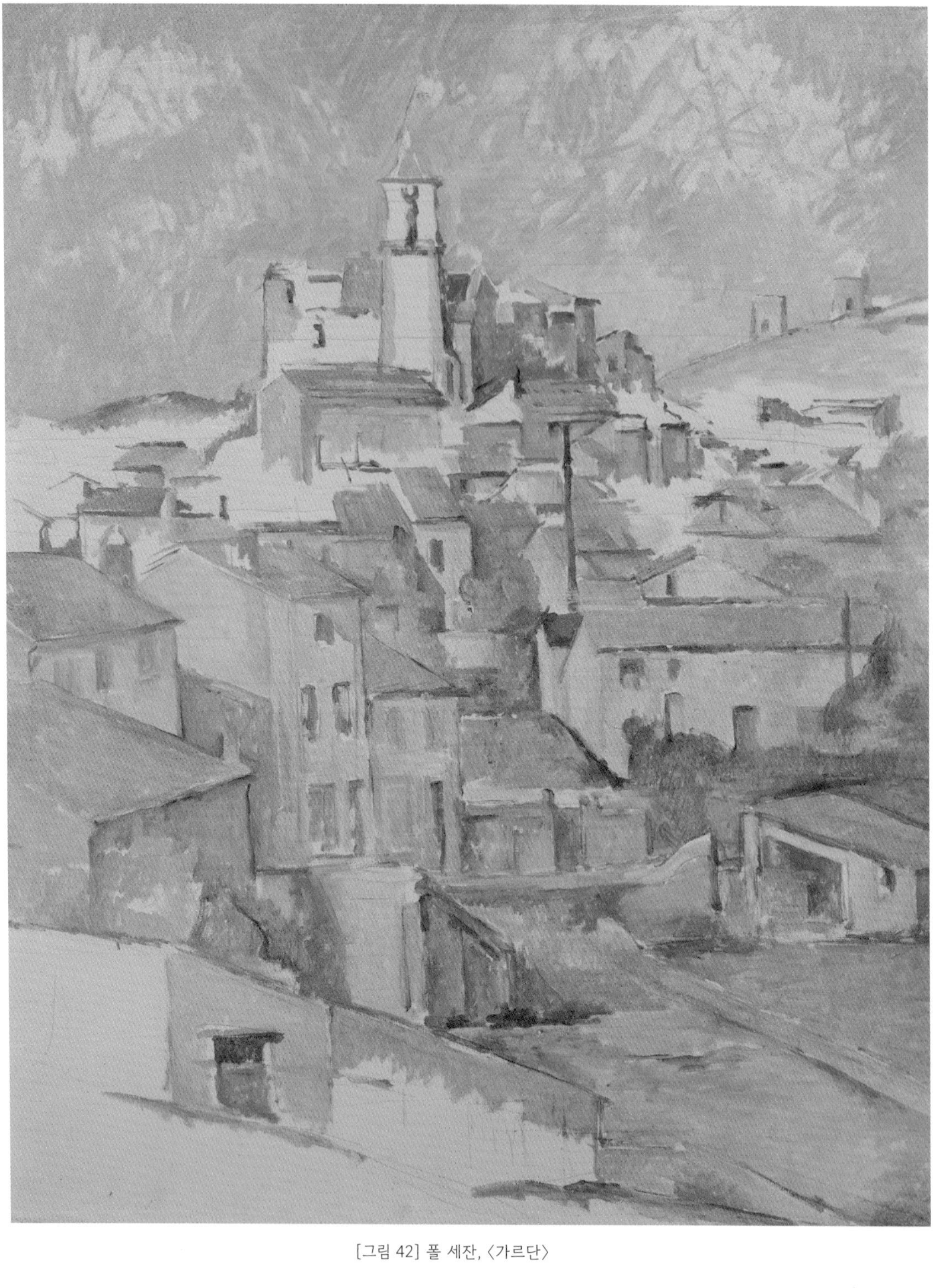

[그림 42] 폴 세잔, 〈가르단〉

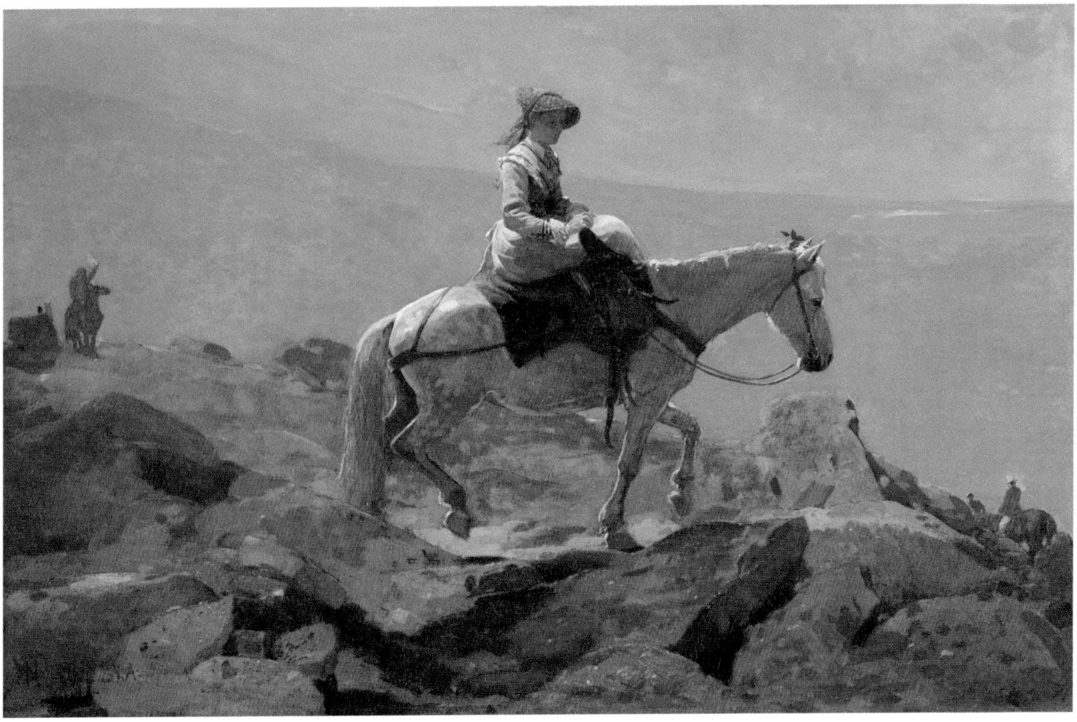

[그림 43] 윈슬로 호머, 〈시집가는 길, 흰 산〉

대상이 우리에게서 멀어져 있을 때 우리는 그 대상을 선명하게 볼 수 없음을 기억하라. 그래서 화가들이 윤곽을 흐리게 그린다는 것은 거리가 있음을 말하는 것이며, 윤곽을 선명하게 그릴 때에는 가깝다는 것을 의미한다. 명암, 색조, 이미지의 명료성으로 화가들이 3차원의 환영을 창조하는 방식이다. 여기에서 우리는 태양의 따스함과 서늘한 바람을 느낄 수 있을 정도로 대기를 의식하게 된다.

대기에 관심을 가지게 되면 일반적으로 그림을 보는 즐거움이 강화된다. 특히 풍경화에서 가장 분명하게 나타난다. 공기와 빛을 말해주고 있는 색조와 색의 팔레트에 힘입어, 묘사된 장소가 대기 속에 존재하는 지상의 장소라는 자연스러운 느낌을 화가가 어떻게 획득하는지, 그가 구성한 방식과 그림의 요소들이 어우러지는 방식들을 주목해 보자.

색

색에 관해 말해보자.

우리는 모두 색을 좋아한다. 만약 우리가 색을 볼 수 없다면, 그리하여 흑백의 세상 속에서 살아가야만 한다면 우리는 우리 자신에게 미안해해야 할지도 모른다. 그렇지 않을까?

무수한 색조가 존재하며, 색의 혼합은 화가가 가장 즐거워하는 작업의 하나다. 색은 표현 도구이며, 그 가운데에서 아마도 가장 접근하기 쉬운 도구다. 공간을 설정하는 작업 혹은 소묘는 채색보다 훨씬 더 어렵고, 잘 해내려면 훨씬 더 많은 시간이 요구된다. 어려운 두뇌 작업이다. 그러나 색, 색은 우리의 정서를 담고 있는 달콤한 사탕 상자다.

우리는 일상생활에서 옷을 입거나 집을 장식할 때 상상적인 방식으로 색을 그려본다. 우리는 색의 조합에 대한 감각이 있다. 우리는 색들을 "조합"하고, 그 조합이 어떨지에 대한 감각을 가지고 있다.

화가는 색을 장식이나 즐거운 조합을 만들어내기 위해 사용할 뿐만 아니라, 정서, 공간의 역동성, 분위기, 그리고 작품의 극적 효과를 표현하기 위해 사용한다. 화가는 "어울리지" 않는 색을 의도적으로 사용할 수도 있으며, 눈을 즐겁게 만들지 않는 색을 사용할 수도 있다. 색은 관람객에게 예쁘게 보이거나 만족을 주려는 것이라기보다 작품의 더 큰 목적을 위해 존재한다. 색은 의미 있는 메시지를 전달한다.

그러니 색의 메시지를 이해하고 감상하기 위해서는 색 자체의 매혹을 넘어서서 볼 줄 알아야만 하며, 선택된 색이 어떤 분위기를 전달하며, 어떻게 공간을 표현하며, 어떤 특정한 메시지를 전달하는지를 되물어야 한다. 메시지로서 색과 형태를 읽어내야 하는 것이다.

이제 우리는 색을 해석해 볼 것이다. 자문해 보자. 이 색은 가벼운가 무거운가? 따뜻한가 차가운가? 전반적인 톤은 어떠한가? 이 색들은 빛을 받고 있는가 아니면 그늘 속에 잠겨 있는가? 색들은 정확하며, 실제처럼 느껴지는가? 딱딱한가 혹은 부드러운가? 색은 화가가 전달하고자 하는 메시지에 관해 우리에게 무엇을 말하고 있는가?

위대한 색채주의자들의 몇 작품을 살펴보며 눈을 즐겁게 해주자.

칸딘스키는 소용돌이치는 이 구성을 통해 우리에게 색의 교향곡을 들려준다.[그림 44] 그는 이 떠다니는 색의 형태들로부터 전반적인 차원을 만들어낸다. 마치 달콤하고 짭짤할 색들이 함께 어우러져 있는 맛있는 잔칫상과도 같다. 색을 눈으로 맛볼 수 있는 것이라 생각해 보라.

색채주의자인 마티스의 잘 알려진 주제는 열린 창이 있는 방이었다. 이것은 화가로 하여금 밝은 외부와 서늘한 내부를 동시에 한 작품 속에 묘사할 수 있게 해준다. 색과 빛의 장인에겐 그만큼 맞춤한 주제가 없을 것이다. 당신은 이 책의 9장에서 마티스가 그린 창문들 중 한 작품을 보게 될 것이다.

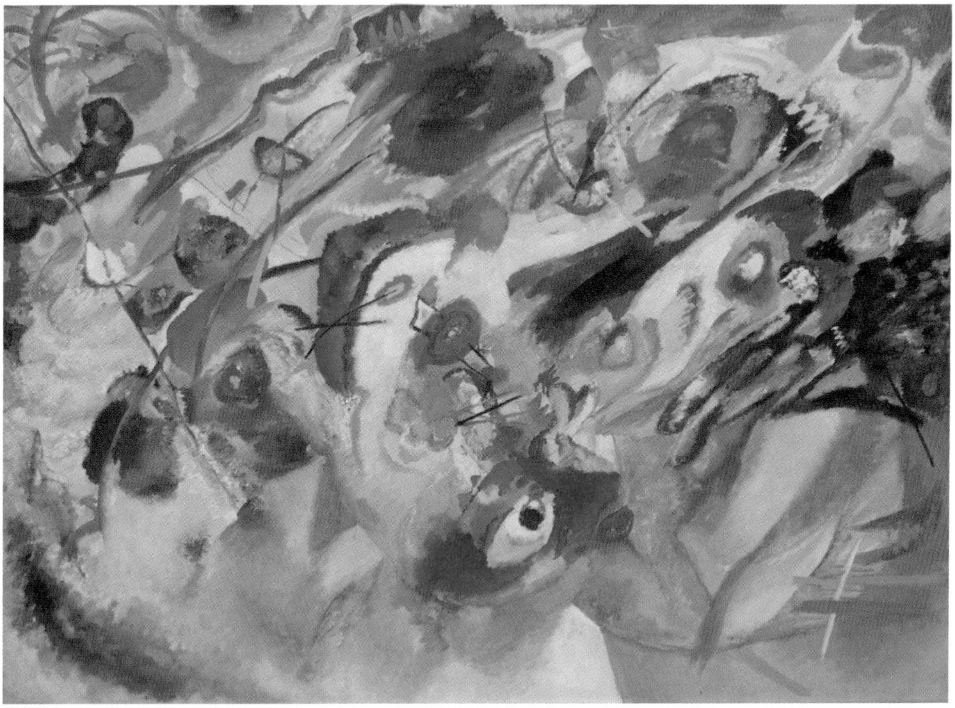

[그림 44] 바실리 칸딘스키, 〈구성 7을 위한 스케치 2〉

세대를 망라해서 창문과 문은 화가들에게 인기 있는 주제임을 기억하라. 창문과 문은 거울이나 다른 광학적 장치들과 마찬가지로 화가들에게 특히 감흥을 불러일으키는 주제다. 화가들은 시각적 장치와 그 비슷한 것들에 이끌린다.

회화는 화가가 상상적인 공간으로 당신을 이끄는 여행이다. 창문과 문을 통과하는 것은 특히 흥미로운 시각적 이동 수단을 만들어낸다. 어떤 의미에서 화가는 당신의 눈길이 그림의 세계를 따라 이동하게 만드는 지도를 제공한다. 구성에 대해 논의할 때 이 문제를 더욱 상세히 알아볼 것이다.

나는 특히 색을 아름다운 방식으로 활용한 두 사람, 피에르 보나르와 에두아르 뷔야르로 대표되는 나비파Nabis(인상주의자들을 뒤따르는 일군의 화가들)의 엄청난 팬이다. 참으로 우아하게 구성된 보나르의 작품에서 우리는 빛이 비치는 창문을 볼 수 있다.[그림 45] 이 작품은 아주 아름답고 정교하게 구성된 작품이다. 실내의 공간이 분할되는 방식과 두 인물의 상대적인 크기를 주목해 보라. 그림이 어떻게 당신의 시선을 창문 밖으로 이끄는지 그리고 다시 방 안으로 불러들이는지를 주목하라. 어떻게 전면 인물에 비치는 오렌지 빛이 다른 세부적인 부분들—벽, 마루, 후면의 인물—과 관계를 맺고 있는지 보라.

여기에서 보나르의 팔레트는 아주 선택적이며, 그래서 청색과 황금색의 음영으로 제한되었고, 종이의 흰색을 통해 두 색이 이어진다. 쓱쓱 밀어나간 듯한 커다란 무늬와 색의 블록이 그림의 디자인을 만들어낸다. 테이블에 앉아 있는 두 남자의 환영을 보고 있다는 사실을 잠시나마 잊어라. 그리고 이 그림을 푸른색과 황금색의 구성으로 보라. 얼마나 사랑스러운가?

나비파의 화가들인 보나르와 뷔야르는 일종의 연속적인 패턴들을 작품 속에 넣었고 그런 만큼 그 작품들은 빛과 색의 태피스트리와 흡사하다. 색은 여전히 분위기가 있지만 더욱 풍부하다. 이런 이유로 그들은

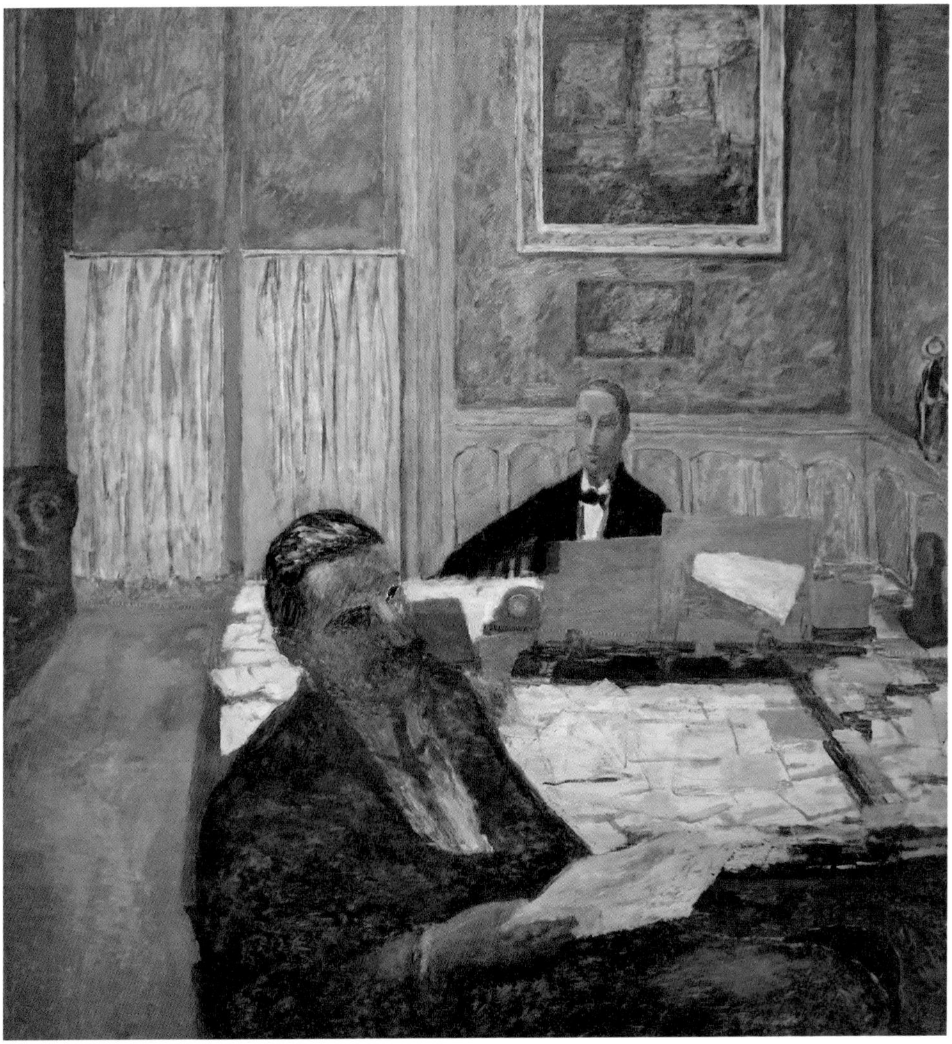

[그림 45] 피에르 보나르, 〈헤른하임, 존느 형제〉

후기 인상주의자들로 지칭되며, 그들은 우리를 한층 더 상상적으로 색을 사용하는 화가들, 보라색 하늘을 그린 고갱이나 야수파들에게로 이끈다.

야수파는 더 순수하고 더 깊이 있는, 덜 파스텔 같은 색조를 사용했고, 그래서 "야수"를 의미하는 별칭을 얻었다. 그들의 색은 야생적인 것으로 간주되었고, 한동안 드랭Derain, 블라맹크Vlaminck, 마티스의 작품들

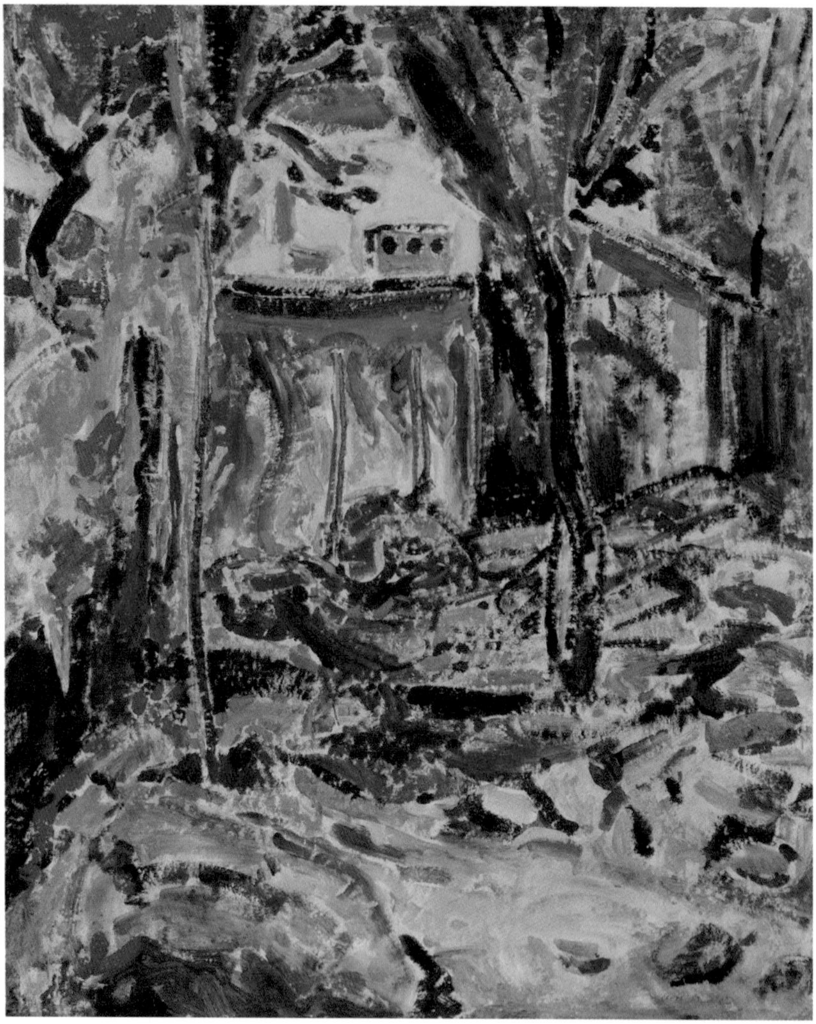

[그림 46] 알프레드 헨리 마우러Alfred Henry Maurer, 〈집이 있는 풍경〉

을 대표적으로, 여기에 또 다른 실천가들의 작품을 들 수 있다.

여기 미국 화가가 그린 야수파 양식의 예시가 있다. 그는 그 시기의 다른 동료들이 그러했듯 그림을 그리기 위해 파리로 갔으며, "야생의 것들 중 하나"를 그리고자 했다.[그림 46] 이 그림에 검은색이 부족한 것에 주목하라. 풍부하게 채색된 세계에서 검은색은 들어설 자리가 없다. 야

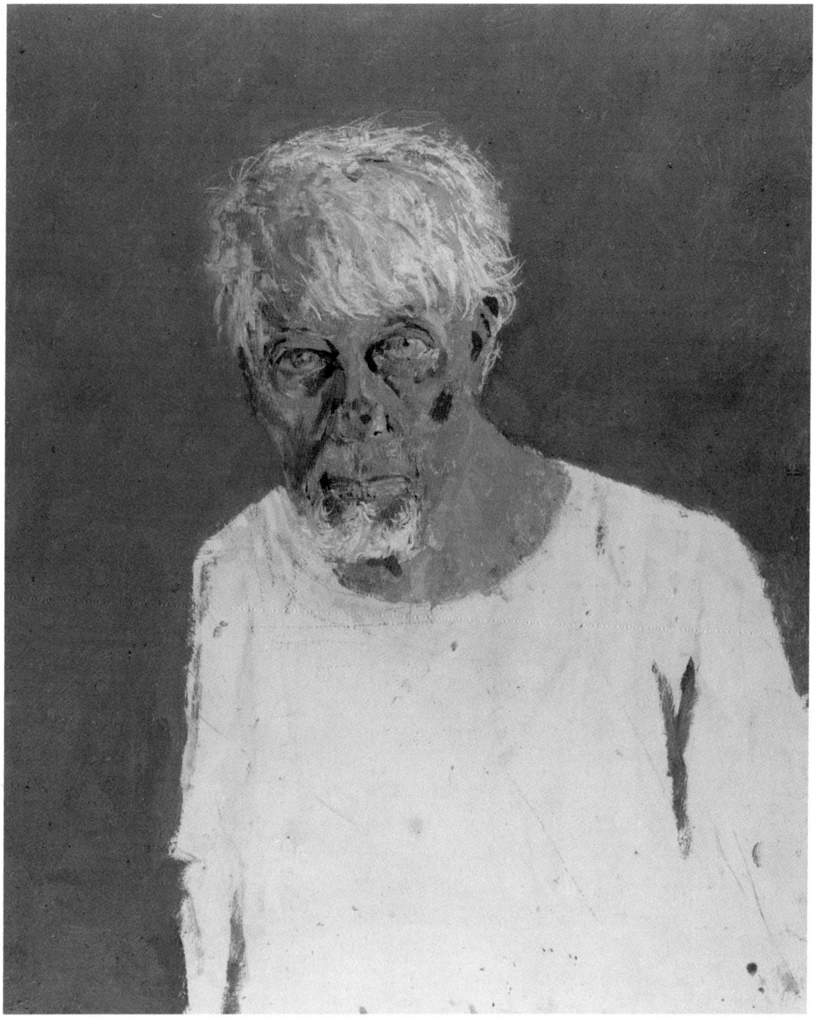

[그림 47] 제임스 피턴, 〈자화상〉

수파 운동은 후기 인상주의에 뒤이어 시작되었지만 풍부하게 채색된 그림이 이 시대를 거친 다음 회화에서 사라져 버렸음을 의미하는 것은 아니다. 현대적인 화가들을 포함하여 동시대의 화가들은 지속적으로 야수파를 떠올리게 하는 순수하고, 밝고, 심지어는 형광색들까지 지속적으로 사용했다. 여기 다소 덜 알려진 영국 화가 제임스 피턴James Fitton의 작품[그림 47]이 있다. 화가가 죽기 1년 전에 그린 이 자화상을 보고 나는 충격을 받았다. 음영을 암시하기 위하여 야수파의 색을 사용한 것이나, 멋진 보라색 배경 등 아주 특별한 색의 선택은 대단히 효과적이다.

미술운동의 이름들이 특정 유형의 미술작품이 지닌 특성을 이해하는 데에는 도움이 될 수 있지만 특정한 시기나 장소에 국한되지 않을 수도 있음을 기억하라. 미술계에서는 수많은 혼종들이 존재한다. 지난 시대의 작품이 초현대적인 경우도 있으며, 화가 오드 너드럼Odd Nerdrum처럼 '학문적인 현실주의academic realism'가 전문인 현대 화가들 역시 존재한다.

다시 말하지만 작품은 작품 자체가 가장 잘 말해준다. 형식주의를 위한 초점!

나는 색에 열광했던 추상화가들을 찾아보기를 권한다. 자신의 독보적인 초점으로 캔버스를 단순히 분할한 로스코를 보라. 각각의 작품은 색의 혼합과 물감이 칠해지는 방식에 따라 다양한 울림을 지니고 있다. 미묘한 색의 번짐을 주도한 프랑켄탈러를 보라. 기하학적인 분할로 잘 알려진 디벤콘Diebenkorn, 한스 호프먼Hans Hoffman과 그 밖의 다른 화가들을 보라.

색은 추상화에서 주도적인 역할을 한다. 어떤 작품을 볼 때마다 색을 탐구하라. 특히 추상적인 작품을 볼 때 색에 특별한 주의를 기울여라. 음악의 멜로디를 즐기듯 색을 즐겨라. 이 색은 장조인가 단조인가?

색은 우리가 모두 공감할 수 있는 미술의 한 요소다. 미술작품의 채색에 관해 우리가 좋아하는 것, 싫어하는 것에 관해 한층 구체적으로 설명하려고 노력하라. 그리고 왜 화가가 이런 색을 선택했는지를 생각해보라. 색이 적용되는 방식, 색이 투명한지 불투명한지, 색이 만들어내는 패턴이 무엇인지를 파악하고 주목하라.

당신이 보는 색을 설명할 수 있는 형용사를 찾아보는 것도 도움이 될 것이다. 여기 몇몇 사례가 있다. 톡 쏘는, 매콤한, 섬세한, 뜨거운, 달콤한, 날것 그대로의, 소녀 같은, 묽은, 향기로운, 냄새나는, 꽃무늬의, 햇볕을 받은 등등.

어떠한가? 보고 느끼는 것을 설명하기 위해 언어를 구사하는 것은 창조적인 활동이며, 화가 자신처럼 그림을 이해하는 한 방식이라는 것을. 시도해 보고 이 말이 진실임을 확인해 보라.

구성

구성. 구성을 연구하라.

화가가 자신의 캔버스, 소묘, 혹은 한 작품을 구성하는 방식은 작품의 성공을 위해 필수적이다. 그림을 볼 때 화가의 초점이 무엇인지를 파악해 보려고 노력하라. 초점은 작품을 볼 때 당신의 눈이 이끌리는 지점이다. 초점은 화가에게 가장 중요한 것이 무엇인지를 가리키며, 화가의 구성은 당신이 그 초점에 집중하도록 이끈다.

작품이 추상, 반추상 혹은 현실주의적이든 관계없이 작품은 당신에게 세상의 한 조각만을 제공할 따름이다. 당신의 눈은 작품이 어디에서 끝나며, 옆에 있는 것이 무엇인지 상상할 수 있다. 미술을 공부하는 학생으로서 우리는 항상 작품 주변의 대상을 잘라낼 때 기묘하게 보이지 않도록 조심한다. 어떻게 화가가 작품 속 대상의 크기를 재단하고 어디에서 자르겠다고 선택했는지를 주목해 보라. 배치와 크기는 구성에서 아주 중요한 과제다.

디자인은 대칭적인가 아니면 탈중심적인가? 사각형이나 삼각형으로 주도적인 형태를 이루고 있는가? 대상의 크기와 형태에 주목하라. 대상은 실물 크기인가? 비율은 어떠한가? 과장된 곳이 있는가?

수 세기에 걸쳐 화가들은 바람직한 구성을 만드는 것이 무엇인지를 이론화해 왔다. 풍경화의 경우 르네상스 화가 존 토머스 스미스John Thomas Smith는 3등분의 법칙rule of thirds이라 부르는 명제를 이끌어냈다. 캔버스를 가로세로 3으로 분할하고, 중심부에 초점을 두기보다 이들 교차점에 핵심적인 초점을 설정하는 것이 훨씬 더 효과적인 구성을 만들어 낸다고 이론화했다. 예컨대 수평선은 땅이나 하늘로 균형을 잡고 있는 상태에서 3분의 1 아래 혹은 위에 자리 잡아야 한다는 것이다. 특히 풍경화를 볼 때 이 점을 주목해 보라.

구성을 살펴볼 때 또 다른 주목할 점은 시끌벅적한 공간과 고요한 공간이 어떻게 짜여져 있는가 하는 것이다. 우리가 어두운 공간이라 지칭하는 대상 주변의 공기는 대상을 드러내고 그것을 흥미롭게 만드는 데에 본질적이다. 따뜻한 색조와 차가운 색조, 활기찬 톤과 차분한 톤 역시 구성의 효율성을 확립한다.

구성은 정적인가 동적인가? 인물을 재현할 때 특히 회화는 멈춰 있는 순간을 표현한다. 예컨대 웃거나 춤을 추고 있는, 움직이는 인물의 상태를 재현할 때 특히 주목해 보아야 한다. 화가는 자연스럽게 그리는데 성공했는가 아니면 억지스러운 점은 없는가? 보기에 불편하지는 않은가를 보아야 한다.

화가는 왜 그림을 이와 같은 방식으로 구성했을까? 이유를 생각할 수 있는가? 그것이 작동하고 있는가? 그렇다면 왜 그러한가?

구성으로 이야기를 들려주고 있는 두 화가의 사례가 있다.([그림 48]과 [그림 49]) 페르메이르는 17세기, 뷔야르는 20세기의 화가로 두 화가 모두 익숙한 실내를 그린 화가들이다. 페르메이르의 구성은 델프트에 있는 자신의 집 한 공간을 묘사하고 있으며, 장식이나 인물의 선정은 반복된다. 그러나 이 구성은 아주 견고하게 잘 표현된 나머지 우리가 마치 페르메이르가 작업하고 있는 것을 직접 보고 있는 것처럼 아주 설득력 있게 그들의 세계로 우리를 초대하고 있다.

이로부터 3세기 뒤에 뷔야르는 60세가 될 때까지 함께 살았던 어머니를 만나게 하려고 트뤼포 거리에 있는 자신의 집으로 우리를 초대한다. 그녀는 코르셋을 재단하는 일을 하며, 여기에서는 바느질을 하고 있다. 자신의 집에 대한 그의 애정은 물건들과 패턴들의 태피스트리로 묘

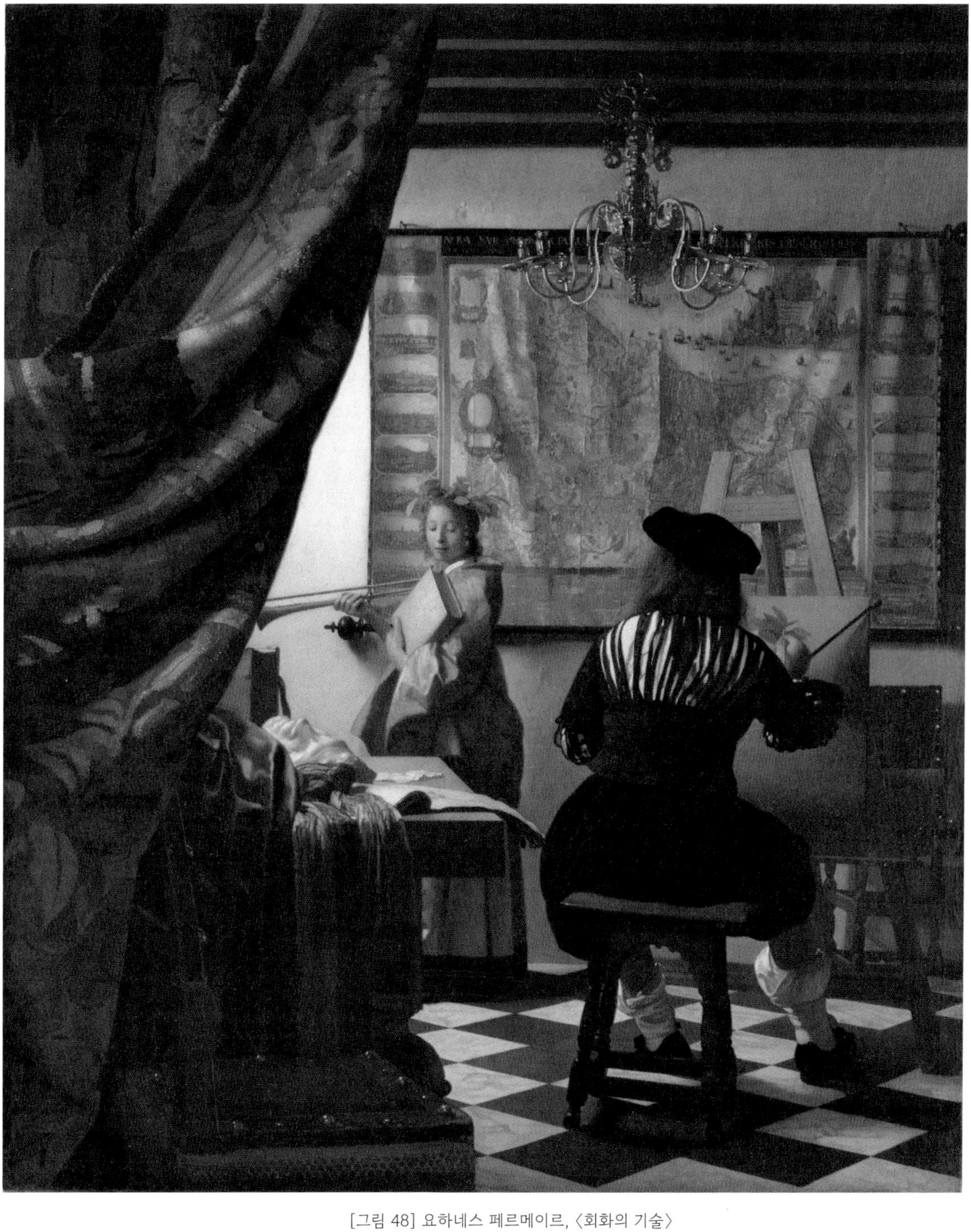

[그림 48] 요하네스 페르메이르, 〈회화의 기술〉

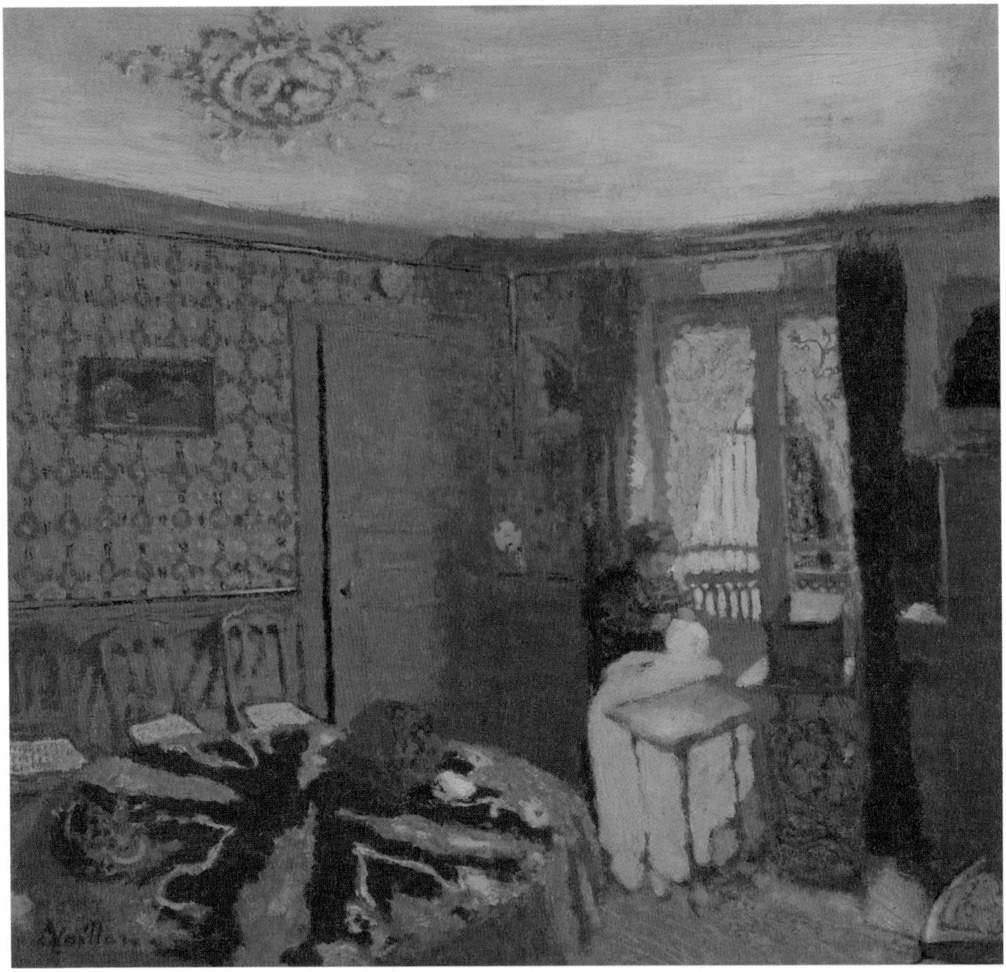

[그림 49] 에두아르 뷔야르, 〈트뤼포 거리의 집 창가에서 바느질하는 뷔야르 부인〉

사되고 있다.

실내를 쭉 둘러보면 우리의 눈길은 화가가 자신의 집에서 분명 느꼈음직한 따스함, 고요함, 편안함 속에 흠뻑 젖어 있는 천 조각, 빛이 쏟아지는 창밖의 격자, 질감이 잘 살아나는 탁자, 빛바랜 벽지 등에 고즈넉이 머문다. 그리고 이 모든 것들 가운데 그의 어머니가, 그의 우주의 중심이 있다. 예술적 선택을 통해 화가는 자신의 집뿐만 아니라 자신의 영혼을 함께 드러낸다. 내면의 풍경이 외부의 풍경을 형성한다.

참고: 뷔야르는 인상주의의 아이였으며, 나비파란 단체의 창립 멤버였다. 그림에서 그의 형인 피에르 보나르는 그들이 함께 살았던 방과 정원의 빛과 색을 시각적 태피스티리로 만들었다. 그들은 모두 "앵티미스트intimists"(미술이나 문학의 토대로 직접적인 개인적 경험, 심리적 경험을 기록하는 예술운동—옮긴이 주)라고 불리는데, 이는 자신들의 이상적인 작업의 주제로 실내 장식과 가족 구성원들을 선택하였기 때문이다.

물감 칠하기

화가들에게는 저마다 물감을 칠하는 자신만의 방식과 가장 잘 칠할 수 있는 자신만의 명확한 선호 방식이 있다. 이렇게 물감을 칠하는 방식은 화가들에게는 일종의 서명이 되며, 많은 경우 물감이 칠해진 것만 보고도 화가의 작품을 알아볼 수도 있다.

화가들은 사용하는 물감의 종류, 브랜드, 선택하는 색상의 팔레트 등에 관한 자신만의 취향이 있다. 물감은 염료와 그것을 흘러내리게 만드는 액체, 그리고 그 구성 성분들을 모두 하나로 묶어주는 결합체 등으로 이루어져 있다. 물감의 기초적인 두 유형은 수성과 유성이다. 수성으로 된 물감으로는 수채, 구아슈, 템페라, 아크릴 물감 등이 있으며, 각각은 저마다의 특성과 점도를 가지고 있다. 물은 급속히 스며들기 때문에 수성 물감들은 빨리 마르고, 수정하고 조작하기가 어렵다.

기름으로 만들어진 유성에 바탕을 둔 물감은 천천히 마르며, 그 자체가 가장 유연성이 뛰어나서 화가들에게 작업할 수 있는 가장 많은 어휘들을 제공해 준다. 유성 물감은 솎아내고, 층을 만들고, 긁고, 사포질을 하고, 묽게 만들어 광택제로 사용할 수도 있다. 붓이나 팔레트 나이프로 임파스토 효과를 내기 위해 두텁게 칠할 수 있고, 투명하거나 반투명하게 만들 수도 있다.

그림을 볼 때 물감의 자질에 관심을 기울여 볼 것을 권한다. 미술관에 가면 그림의 옆에 붙은 작은 카드는 재료를 항상 밝히고 있다. 그러나 조만간 그 카드가 필요 없게 될지도 모른다. 겉으로 보는 것만으로 재료를 파악할 수 있게 될 것이기 때문이다. 건조하거나 기름진 느낌을 가지고 있는가? 밋밋한가 혹은 질감이 살아 있는가?

화가가 붓을 사용했는지 다른 도구를 사용했는지도 추측할 수 있다. 팔레트 나이프? 해진 천?

그림에서 표현된 패턴은 있는가? 색채들이 서로서로 겹쳐져 있는가? 만약 그렇다면 화가는 첫 번째 층이 마르고 난 다음 두 번째 층을 덧붙였는가? 전반적인 칠의 형태가 그림에 어떤 효과를 안겨주고 있는가? 그렇게 함으로써 어떻게 주제를 표현하고 있는가?

물감 칠은 부드러운가, 거친가, 파편적인가, 스타카토인가? 이를 설명하기 위해 어떤 말을 사용할 수 있는가?

그림의 표면에도 역시 주목하라. 만약 캔버스라면 짜임새가 팽팽한가 느슨한가? 나무처럼 단단하고 견고한 표면이라면 더 부드러운 직물 표면과 비교해 보자. 표면이 다르면 물감을 다른 방식으로 받아들이며, 많은 부분 작품의 외양을 결정한다는 것을 기억하라. 캔버스와 마찬가지로 종이의 경우라면 수많은 다른 종류와 무게가 있으며, 보통 재료와 짝을 맞춰 사용한다. 매끄러운 표면은 잉크로 작업하며, 거친 표면의 종이는 목탄으로 사포질을 했거나 질감이 잘 살아나는 종이는 파스텔로 작업한다는 식이다.

그러나 염두에 둘 것은 화가는 항상 다양한 이유로 자신의 작업을 위해 최적화된 이상적인 표면이나 물감을 선택하지 않는다는 것이다. 그 시대나 장소에 따라 사용하지 못했을 수도 있다.

첫 번째 선택은 너무 비싼 나머지 화가는 구하기 쉽거나 더 값싼 재료를 찾았을 수도 있다. 때로는 부적절한 재료를 사용함으로써 우연하게도 새로운 작업 방식을 발견할 수도 있다.

그러므로 표면과 함께 물감 혹은 다른 재료의 활용을 보면서 그것이 생각이나 정서를 표현하기에 얼마나 효과적인가에 주목하라. 그리고 아름다운 석양을 즐기듯이 그 자체로 그림을 즐겨라. 재료들은 화가가 표현하기 위해 사용하는 질료일 따름이다. 화가가 이 재료들로 이루어낸 것이야말로 진짜 이야기다. 그러나 선택된 재료가 어떻게 화가로 하여금 자신의 개성과 취향을 표현하는 데 기여하는가 역시 주목할 가치가 있다.

조각 작품 보기

지금까지 회화에 관해 많은 말을 했다. 그러니 이제는 조각으로 눈을 돌려보자. 그림에서 화가는 2차원의 평평한 표면에 작업을 하며, 최대한 깊이라는 환영을 창조하고자 한다. 반면 조각은 실물을 가지고 작업한다. 결과적으로 조각은 입체적으로 만들어지며, 조각가는 모든 각도에서 자신의 작품을 상상해야만 한다. 당신은 작품 주위를 빙글빙글 돌면서 조각품을 감상하거나, 작품이 작은 크기라면 움직이는 탁자나 장치 위에 올려두고 돌려가며 볼 것이다. 그 과정은 이리저리 옮겨 다니는 여행에 비견할 수 있다.

부드럽건 딱딱하건 수많은 재료들이 조각의 재료로 활용될 수 있다. 땅에서 얻은 찰흙은 놀랍기도 하고 여러모로 쓸모 있는 재료다. 찰흙은 쉽게 붙일 수도 끊어낼 수도 있다. 저기에서 떼어낸 것을 여기에 붙일 수도 있다. 아마도 미술에 가장 최적화된 재료일 것이다.

물론 찰흙에도 어려움은 있다. 단단하고 강하게 만들기 위해서는 불에 노출되어야 한다. 가마의 힘을 이겨내기 위해 큰 덩어리들은 속을 파내야 하며, 표면에 결을 만들고 색을 칠하기 위해 사용되는 유약은 종종 예측하기 어렵다. 또 깨지기도 쉽다.

또 다른 경이로운 재료는 유리다. 찰흙과 마찬가지로 성형의 과정에 열이 필요하다. 유리를 녹이거나 융합하거나 주조하기 위해서는 가마가 있어야 하거나 작업을 할 수 있도록 조각들을 불로 녹이는 토치와 함께 뜨겁게 녹은 유리를 불어 형태를 잡는 대롱도 있어야 한다. 이는 고도의 기술을 요구하며, 예술가는 유리 조각들을 가열하고 냉각시키는 복잡한 공식들을 암기해야만 한다. 사고가 발생할 수도 있으며, 몇 주, 몇 달이 걸려 작업한 작품이 잘못된 계산, 서로 섞이지 않는 유리의 사용, 혹은 부적절하거나 불충분한 냉각 시간 때문에 순식간에 부서져 버릴 수도 있다. 어느 정도는 유리를 재가열하고 다시 작업할 수도 있지만 그렇다고 어려움이 없지는 않다. 과열은 유리를 결정으로 불투명하게 만들거나 광택이 나지 않게 할 수도 있다.

또 다른 재료들은 거의 견고한 재질들이다. 대리석, 목재, 그리고 금속 등이며, 이들은 저마다 나름의 어려움을 지니고 있다. 대리석은 깎아내는 재료다. 조각가는 깎아내며, 대부분은 깎인 부분을 다시 붙일 수가 없다. 목재는 접착, 적재, 조립 등으로 덧붙이는 것이 가능하지만 까다로운 측면도 역시 있다. 유기체로서 목재는 고려해야만 하는 취약한 부분, 옹이나 결함들이 있으며, 이것들이 작업의 과정 중간에 나타나는 경우도 있다.

일반적인 규칙상 조각가는 재료의 특성을 존중해야만 하며, 재료가 주도하고 톤을 결정할 수 있도록 작업해야 한다. 때로는 재료가 그렇게 할 때가 있고, 그렇지 않을 때도 물론 있다. 필자 또한 언젠가 나무로 작은 불상을 조각한 적이 있었는데, 눈이 있어야 할 자리에 딱 커다란 옹이가 있다는 것을 발견했다. 이처럼 예기치 않은 안 좋은 사태가 자주 일어날 수 있다.

조각가들은 재료들을 조합함으로써 종종 큰 효과를 발휘하기도 하고, 그렇게 할 수도 있다. 그리고 재활용된 재료들, 우연히 주운 물건들, 그리고 이러저러한 온갖 기기들과 상품들로 구성해 낸 조각품들도 있다. 미술적 역량의 특징 중 하나는 쓰레기처럼 버려진 것을 재구성함으로써 새로운 생명을 불어넣는다는 것이다. 우리네 삶 속에서 버려진 것, 낡은 것, 쓸모없는 폐기물에 담긴 아름다움을 보고, 미술작품으로 되살리는 것이야말로 많은 화가들의 마음을 사로잡는 일이다.

조각품을 볼 때 입체적인 것을 명확히 의식하고, 모든 각도에서 작품을 살펴야 한다. 그것이 미술 형식이 주는 즐거움이다. 작품은 어떻게 작동하는가? 그것은 모든 각도에서도 흥미로운가? 조각가가 사용한 재료에 주목하고, 왜 그 재료가 이 특별한 작품을 위해 사용되었는지를 고려하라. 덧붙이는 과정으로 창조되었는지 덜어내는 과정으로 창조되었는지 생각해 보라.

이미 내가 말했고 다른 예술가들도 동의하듯이, 나무나 대리석처럼 덜어내는 양상으로 이루어지는 경우 덜어내는 것이 그 무엇이든 그 속에 이미 존재하는 조각 작품이 있다는 느낌을 준다. 예술가의 역할은 그것을 꺼내 드러내는 것이다.

화가와 재료

화가들은 자신이 선호하는 재료들을 어떻게 선택하는가?

화가들이 작업의 재료들을 어떻게 선택하는가를 생각해 보면 흥미롭다. 그리고 왜 어떤 시각 예술가는 화가가 되기로 했고, 또 다른 예술가는 조각가가 되기로 했을까? 각각의 재료는 자신의 고유한 표현 가능성을 지니고 있으며, 그것들을 사용하는 예술가의 관심, 재능, 능력과 조화를 이룬다.

화가들은 환영과 이미지를 창조한다. 그 작업의 과정에 축조의 과정은 거의 없거나 전혀 없다. 조각을 만드는 것은 공학적인 문제를 포함하고 있다. 작품은 무게의 배분, 중력, 부피, 구조 등의 문제를 창작의 과정에서 고려해야 한다.

회화와 조각은 순차적인 과정이다. 회화에서 물감이 아직 마르지 않고 완성되어 가는 과정에서는 알 프리모al primo 혹은 알라 프리마alla prima(밑그림 그리기나 밑칠도 하지 않고, 그림 물감을 덧칠하지도 않고 한번 칠하기로 끝마무리하는 그림 기법—옮긴이 주)로 알려진 방법이 존재한다. 이 유형의 작업은 단일하게 이어지는 과정 혹은 몇몇 과정으로 완성될 수 있다. 중요한 것은 그 과정이 예비적 단계가 없는, 이어지는 과정이란 사실이다. 이러한 순식간의 접근은 조각에서 달성하기 어렵다. 전통적으로 조각은 훨씬 더 많은 계획과 준비를 필요로 한다.

그래서 즉흥적인 유형은 회화를 선택하고, 절차적으로 생각하는 데 더 익숙한 사람은 조각을 선호하는 경향이 있다. 재료의 특정한 선택에 관해서는 부분적으로 사용 가능성, 접근성에 기인하며, 주어진 재료에 노출되는 빈도 때문이기도 하다. 예술가들은 종종 여러 매체를 시도해 보거나, 자신들이 선택한 주제나 소재, 매만지는 방식이나 접근법에 한층 더 적합한 재료를 찾기도 한다.

나는 제빵사 출신의 유리 예술가를 알고 있었는데, 유리 틀을 창조하는 과정이 빵을 굽거나 반죽을 하는 일과 아주 흡사하다는 것을 발견한 적이 있다고 했다. 도예가는 어린 시절 찰흙을 가지고 놀곤 했다. 복잡한 나무를 그리는 그래픽 예술가는 연필과 목탄보다 더 나은 재료가 없다고 생각하는 식이다.

예술가들 또한 본질적으로 규모와 비율이란 측면에서 특정한 선호를 가지고 있다. 창조를 위해 전체적인 풍경을 필요로 하는 크리스토 Christo 같은 작가를 보라. 아니면 수많은 여러 환경 예술가들은 대지를 자신의 캔버스로 생각하기도 한다. 모든 예술가에게는 자신이 다룰 수 있는 특정한 크기의 세계가 있다. 보석 예술가에게 그 세계는 아주 작을 수 있고, 환경 조각가에게 세계는 거대할 수 있다. 매체가 메시지를 결정할 뿐만 아니다. 매체가 곧 메시지이기도 하다.

다른 영향들

다른 영향들, 비예술적 영향들로 화가의 선택이 설명되기도 한다. 예컨대 재정 문제를 들 수 있다. 거대한 작업을 수행하기 위해서는 비용

이 많이 든다. 화가는 더 넓은 공간이나 아주 상당한 양의 값비싼 재료들을 필요로 한다. 든든한 은행 계좌나 후원자가 없을 수도 있기에 대규모의 작업을 원하는 화가는 스튜디오 작품으로 대신하기도 한다.

때로는 건강이나 신체적 능력이 결정적일 경우도 있다. 화가들도 나이가 들고 어쩌면 더 이상 작업을 하기 위해 서 있지 못하는 경우도 있다. 마티스는 삶의 후반기에 암 진단을 받고 앉은 채로만 작업을 해야 하는 상황이었다. 그래서 회화에서 종이를 오리거나 잘라 붙이는 콜라주로 변신을 시도했다. 그의 조수가 이미 색칠이 된 종이를 준비하면 마티스가 그것을 자르고 붙였다. 역경을 딛고 놀라운 새로운 예술이 탄생했던 것이다!

미술에서의 성공은 수많은 선택을 가능하게 하지만 일생 동안 성공하지 못함으로써 이루어진 선택 역시 아주 놀라울 수 있다. 단지 36년을 산 인생이었고 활발하게 작업했지만 안타깝게도 대부분의 작품을 잃어버렸거나 폐기되고 버려야 했던 모딜리아니를 떠올리게 된다. 그는 스물여섯 살에 자신의 스튜디오가 있던 건물의 소유주였던 러시아 시인과 사랑에 빠졌다. 그녀는 키가 컸고, 창백했으며, 회색빛 초록 눈을 가지고 있었으며, 모딜리아니의 뮤즈가 되었다. 이 연애 사건은 짧았지만 우리는 목이 길고 청록색의 눈을 가진 여성을 그린, 그의 남아있는 그림에서 이 화가에게 욕망을 불러일으킨 아름다운 대상을 영원히 간직할 수 있기에 이르렀다.

그리고 이 자리에서 우리는 위대한 화가 빈센트 반 고흐를 언급하지 않을 수가 없다. 생애 동안 그는 단 한 점의 그림만을 팔 수 있었을 뿐이지만 사후 그의 작품은 미술사에서 가장 유명해졌고, 모두가 찾는 작품이 되었다. 우리는 물어야만 한다. 만약 그의 삶이 평탄했다면, 살아생전에 성공이 찾아왔더라면 저 별이 빛나는 하늘을 우리가 볼 수 있기나 했을까?

다른 기술과 능력도 화가의 선택에 한몫을 한다. 그리고 이것이 화가의 이야기를 알아야 하는 것과 관련이 있으며, 당신이 그/그녀의 작품을 보는 방식에 색을 입힐 수 있는 까닭이기도 하다. 다른 사례들을 살펴보자.

레오나르도 다빈치: 15세기의 인물이며, 화가이자 조각가로 알려져 있다. 그는 또한 발명가이며, 과학, 음악, 수학, 공학, 문학, 해부학, 지리학, 천문학, 식물학, 글쓰기, 역사 그리고 지도 제작에 탁월한 능력을 보였다. 그는 진정으로 지금껏 살았던 가장 뛰어난 인간들 중 한 사람이었으며, 르네상스의 전범이 되는 인간이었다.

조르주 브라크 Geoges Braque: 화가가 되기 전 건물 외벽을 칠하는 페인트공이자 인테리어 장식가였다. 그의 장식적인 패턴 기법이 어떻게 입체파 작품의 토대를 마련했는지를 보라.

앙리 드 툴루즈 로트레크: 귀족 가문에서 태어났으나 쇠약한 나머지 고통을 겪었으며, 결국 작은 키에 알코올 중독과 따돌림으로 괴로워했다. 그는 거듭, 나중에 모델이 된 매춘부에게로 돌아갔으며, 36세의 나이에 짧은 생을 마쳤다. 그의 서커스 캐릭터들과 그림의 세계를 채웠던 사람들은 로트레크의 작품을 활기차고 혁신적이며 무장 해제된 작품으로 만들어주었다.

폴 고갱: 영업사원과 주식 중개인으로 일했으며, 아내와 다섯 명의 자녀라는 대가족이 있었음에도 불구하고 방황하던 끝에 프랑스를 떠나 마르티니크, 타히티, 마르케사스 제도에서 살았다. 우리에게 열대 지방의 색채와 함께 이 섬에서 살아가는 사람들에게 생동하는 개성을 부여했다.

다른 주목할 만한 직업을 가진 화가들: 마크 로스코Mark Rothko는 초등학교 선생님이었고, 잭슨 폴록은 베이비시터, 키스 해링Keith Haring은 버스 안내원이었다. 재스퍼 존스Jasper Johns는 티파니 보석 가게의 진열창을 디자인했고, 리처드 세라Richard Serra는 이삿짐 회사를 운영했다. 그리고 위대한 앤디 워홀Andy Warhol은 축하 카드를 디자인하고 있었다.

이 책을 위해 조금 더 예를 들어보자. 화가인 줄리언 슈나벨Julian Schnabel은 한때 식기를 닦았고, 간편식 조리사로 일했다. 화가로서 그의 대표적인 실험은 무엇이었을까? 다름 아닌 깨진 도자기 접시들에 그림을 그려 넣는 "접시 그림"이었다. 이것이야말로 자신과 자신의 삶의 경험을 미술 속에 담아낸 것이었다.

요약하자면 여러 이유로 또 근거로 화가들의 선택은 이루어진다. 의식적이기도 하고 무의식적이기도 하다. 화가가 살았던 환경을 알게 되면, 이를 바탕으로 화가의 작품에 대해 추론하고 결론을 이끌어내는 경향이 있다. 물론 이러한 추론이나 결론은 정확할 수도, 정확하지 않을 수도 있다.

우리는 아주 유명한 에드바르 뭉크의 그림 〈절규〉를 언급한 적이 있다.

뭉크와 사랑하는 가족은 육체적으로 또 정신적으로 고통을 겪었고, 화가 자신은 쇠약했고 불안증에 시달렸다. 그로 하여금 그림을 그리게 만드는 영감은 석양이 깔리는 어느 저물녘 두 친구와 함께 길을 따라 걷고 있는 동안에 찾아왔다고 이야기된다. 그에게 불안증이 엄습했고, 그는 자신의 경험을 "자연의 절규"라고 언급했다. 그 당시 집 가까이에 도살장과 그의 누이를 수용했던 정신병원이 모두 있었다는 것을 안다고 해서 이 그림에 대한 즐거움이 더해지겠는가?

사실 많은 관람객들은 화가를 추동케 만든 이 상황을 알지 못하더라도 이 작품에서 묘사된 정서를 감지하고 알 수 있을 것이다. 여기에 드러난 뭉크의 경험과 모든 화가들의 경험은 직접적으로 그리고 간접적으로 자신들의 미술작품에 고스란히 담겨 있다. 우리는 그 원인을 알지 못하더라도 정서를 읽어낼 수 있다.

우리는 이 장의 논의를 형식주의와 맥락주의를 언급함으로써 시작하였다. 우리는 계속해서 이어지는 장들에서 작품과 화가들을 살펴볼 것이며, 우리의 초점은 실체로서 작품을 보는, 작품 자체의 세계를 탐구하는 형식주의적인 양상에 초점을 기울여 화가의 심리 상태나 상황을 가능한 한 언급하지 않은 채 감상하고 향유할 것이다. 작품이 창작된 맥락을 아는 것 역시 아주 중요한 정보임은 분명하나 그것을 모른다고 해도 우리가 여전히 미적 기준과 작품을 감상하는 우리 자신의 감각을 활용할 수 있음은 명확하다.

8장

주제와 거장 1:
인물화

8장

주제와 거장 1:
인물화

그림은 누구도 모방할 수 없는 고유한 방식으로 이야기를 들려준다. 만약 생각이나 아이디어가 말로써 완전히 이해될 수 있다면 그림이 필요 없을지도 모른다. 그러나 사실 우리는 많은 정보를 수집하고 우리가 살아가는 세상을 향유하기 위해서는 우리의 눈에 의존한다. 그리고 화가들은 우리를 위해 상상한다.

오늘날 우리는 시각적인 것들을 충족하기 위해 스틸 사진과 움직이는 이미지들(즉 영화)에 더 많이 의존하고 있다. 그 결과 우리가 실제로 보는 것을 묘사하기 위해 소묘나 회화에 대한 의존이 더 이상 불필요할 수도 있지만 수 세기 동안 그림은 그 기능을 수행했다. 특히 초상화는 사람들이 실제로 어떻게 보이는지에 관한 기록을 제공했으며, 이는 가치 있는 일임과 동시에 그 본질적인 역할이기도 했다.

이제 우리는 미술의 주요한 장르에 관한 논의를 시작하려고 한다. 인물화, 풍경화, 정물화, 그리고 추상미술과 조각의 순서가 될 것이다. 각각의 장르에는 무수히 많은 예술가들이 존재하나 필자는 각 장르의 주요한 인물들 몇 사람만을 언급하게 될 것이다. 나의 바람은 독자들이 이 책에서 얻은 일반적인 지식을 바탕으로 여기에서 언급하지 않은 화가들의 작품을 찾아보는 것이다. 비록 포괄적이지는 않겠지만 나는 시각 예술을 검토하기 위한 주요한 경향들과 방식들을 정리해 보일 것이다.

사람들을 그린 그림, 즉 인물화는 화가들에게는 매혹적인 주제였으며, 지금도 다르지 않다. 인간으로서 우리는 다른 사람이 어떻게 보이는지, 어떻게 묘사되는지, 어떤 정서적인 특성을 표현하고 또 관람객들에게 환기시키는지에 지속적으로 흥미를 느껴 왔다. 물론 "유사성"을 창조하는 작업의 개념과 중요성은 사진의 발전과 함께 점점 줄어들었다.

초기의 인물화는 모두 "역사화"로 지칭될 수 있을 정도였다. 보통은 장면의 세부적인 사항들을 성서나 역사적 사건 그리고 종종 많은 사람과 동물 등으로 등장시키기도 했다. 이러한 그림들은 중요한 순간에 포착된 사람들을 묘사한 일종의 "장면들"이다.

역사화는 "서사화narrative art"란 이름 아래 묶여 있다. 단순화하면 이야기를 들려주는 그림이다. 사냥하는 모습을 보여주는 동굴 벽화는 서사화의 한 사례이며, 바이외 태피스트리Bayeux Tapestry는 1066년 노르만족의 영국 침공을 떠올리게 해준다.

오늘날의 예시는 프레임들로 이야기를 들려주는 만화나 그래픽 노블을 들 수 있다.

한 인물의 초상화는 비록 연속적인 이야기를 말해주지는 않지만 서사적인 내용을 가질 수도 있다. 인물을 그려낼 때의 자세, 태도, 위치, 크기, 배경 등에 따라 우리는 묘사되는 인물의 성격, 마음의 상태, 몸가짐, 생활 등에 관한 특정한 결론을 끌어낼 수 있다.

차별화를 위해 서사화는 보통 적극적인 상황 속에 놓인 인물을 묘사하며, 초상화는 유사함을 지향하며 서 있거나 가만히 앉아 있는 인물을 묘사한다.

우리는 초상화의 인물이나 주제에 관해 그림이 우리에게 제시하는 것이 정말 사실인지는 확신할 수 없다. 화가는 자신의 취향에 따라 또 주제에 관해 말하고 싶은 것에 따라 개인을 묘사하기로 선택한 것이다. 만약 미술 수업에 참관하여 화가들이 같은 모델을 앞에 두고 데생이나 그린 그림을 보면 저마다 달리 보일 것이다. 이는 화가들이 각자 다른 관점에서 주제를 선택하기 때문이며, 화가들은 모델이 누구이며, 모델에게서 흥미를 느끼는 점이 무엇인가를 바탕으로 미술적 선택을 하기 때문이다.

인물화 화가들은 사실상 자기 자신의 초상화를 그리는 것이며, 앉아 있는 사람은 단지 전제일 뿐이라고 믿는 사람들도 많다. 사실 이 주장에는 확실한 진실이 존재하며, 만약 당신이 한 화가의 수많은 초상화들을 연구한다면, 주제의 유사성을 발견하게 될 것이다. 때로는 당신은 화가의 사진을 보는 행운을 얻게 될 수도 있을 것이다. 만약 그렇다면 화가의 얼굴 구조를 그가 그린 초상화와 연결시켜 보게 될 것이다.

초상화나 인물화는 순간적으로 얼어붙은 사람(들)을 묘사한 것처럼 보인다. 이러한 사실에는 특정한 인공성이 존재하며 화가는 그것을 인식하고 있다. 화가는 시간이 흘러가는 가운데 거듭 같은 작품에 몰두하는데, 이미지는 고정되어 있다. 나는 이것이 초상화에 등장하는 사람들이 대부분 웃고 있지 않은 이유가 아닐까 생각한다. 분명 계속해서 웃고 있다는 것은 기묘한 것이며, 분명 모든 것이 영원히 지속될 리는 없기 때문이다. 사진작가들은 앉아 있는 사람에게 웃으라고 요구할 수 있지만 화가들은 그렇게 할 수가 없다. 이는 기묘한 사실이다. 어떻게 생각하는가?

인물화를 공부할 때에는 다음의 것들을 고려하라. 묘사가 자연주의적인가? 양식화되어 있는가? 추상적인가? 특히 피부의 색조를 주목해 보라. 컬러 사진에서 당신이 기대했던 색조가 보이는가? 아니면 상상했던 색들처럼 기묘하고 다양한가? 색조가 음영 속에 존재하는가?

그리는 대상의 자세나 위치를 통해 화가가 당신에게 말하고자 하는 것이 무엇일까? 화가의 목적은 대상을 호의적인 빛 속에서 보여주고자 하는 것인가? 대상을 아름답게 보이게 하려는가? 작품 속에 담긴 메시지가 있는가? 만약 그렇다면 그 메시지는 정치적인가 심리적인가?

왜 화가는 이 특정한 주제를 묘사하려고 선택했는가? 그저 주제를 묘사하려는 것인가? 주제를 유머러스한 방식으로 묘사하고 있는가 아니면 주제를 희화화하고 있는가? 아니면 주제를 예찬하고 있는가? 화가가 대상을 묘사하는 방식으로 화가의 의도를 추측할 수 있는가?

그림은 분위기가 있는가? 당신을 그것을 어떻게 설명할 것인가? 묘사된 사람은 생각에 잠겨 있는가? 불편해하고, 괴로워하는가? 아니면 흥분된 상태인가?

초상화는 수많은 양상들을 띠고 있다. 묘사적일 수도 있고, 유사성을 추구하기도 한다. 많은 전통적인 초상화는 이러한 의도를 가지고 있다. 주제의 내면적인 삶에 관해 무언가를 말하고자 함으로써 어떤 식으로든 불안정하거나 미스터리할 수도 있다. 아니면 그림은 개별적인 것을 넘어서서 인물을 도상적으로 묘사함으로써 우화적인 언급을 하고 있을 수도 있다. 초상화를 보면서 이러한 구분을 해보면 인물화에서 유사함이란 이 예술 형식의 그저 작은 구성요소일 뿐임을 깨닫는 데에 도움을 줄 것이다. 수 세기에 걸친 몇몇 인물화 장인들의 작품들을 통해 이 작품들을 역사에 남게 만든 특성이 무엇인지를 중심으로 살펴보기로 하자.

레오나르도 다빈치(1452~1519)

지금껏 역사적으로 가장 탁월한 사람들 중 한 사람은 단연 화가이자 과학자이며 "르네상스적인 인간"인 다빈치다. 그는 세상에서 가장 유명한 인물화 작품인 〈모나리자〉와 〈최후의 만찬〉을 창조한 사람이다. 그의 그림은 고작해야 15점이 현존하고 있지만, 그의 이름은 천재와 동의어로 알려져 있다.

왜 〈모나리자〉는 이다지도 유명한가? 모델이 작품의 대부분을 차지하고 있으며, 색채는 칙칙하기 그지없고, 뒤의 배경은 무대 세트와 비슷하지만 그림만큼은 매혹적이다.

그림은 두드러진 붓 터치 없이 그저 평면적이다. 그녀는 신비로울 만큼 입꼬리를 올리고 있으며, 보일 듯 말 듯한 미소를 머금고 있다. 자기

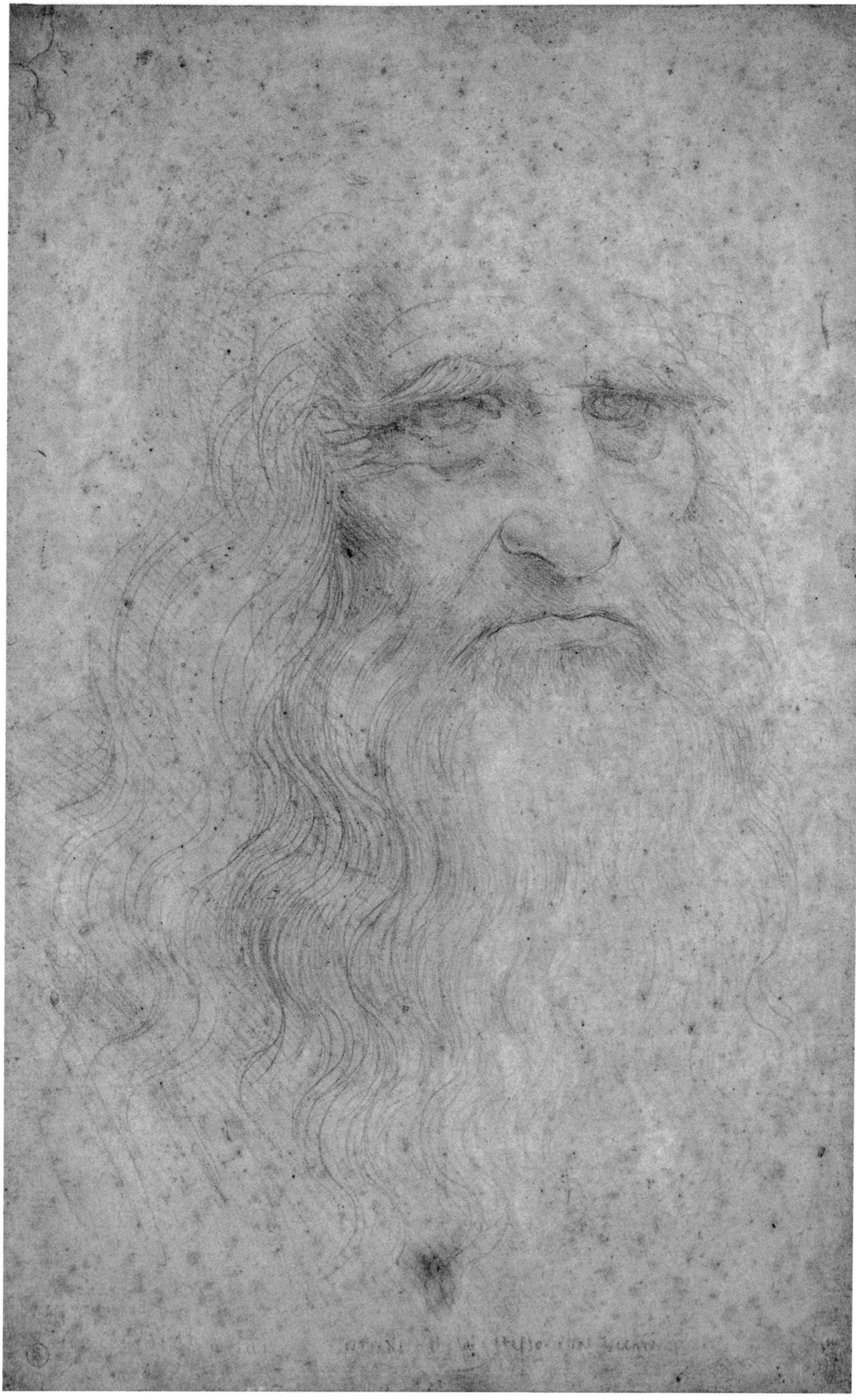

[그림 50] 레오나르도 다빈치, 〈자화상〉

만족감을 암시하거나 겉으로 드러나지 않는 즐거운 생각에 잠겨 있는 듯하다. 이 표정이 이 그림을 이다지도 흥미진진하게 또 생생하게 만드는 것이다. 그림은 질문을 던진다. 지아콘다Giaconda는 무엇 때문에 미소 짓고 있는가? 무엇을 염려하며, 무엇을 생각하고 있는가? 이 질문은 5백 년 넘게 명쾌하게 답하지 못하였으며, 여전히 경이로움을 안겨준다.

때때로 이 그림은 너무나 잘 알려진 나머지 우스갯감으로 전락하거나 원래의 의도를 깎아내리는 다른 상업적인 목적으로 사용되기도 한다. 이런 일이 일어날 때마다 작품은 너무나 소구되어 진정한 의미가 가려지는 듯하다. 우리는 작품이 남용되어 왔던 만큼 저속한 목적을 보지 않을래야 않을 수가 없게 되었다.

이는 물론 〈모나리자〉에 해당되는 경우이기에 레오나르도의 다소 덜 알려진 작품을 살펴보자. 1512년에 그린, 붉은색이 감도는 분필로만 그린 이 자화상[그림 50]을 보라. 이 그림은 8x13인치의 복사용지만한 크기일 따름이다. 그럼에도 마치 오늘날 그려진 것이기나 하다는 듯 거의 현대적으로 보이는 작품이란 점에서 놀랍다. 그림은 그의 천재성이 지닌 힘이 시대를 초월하고 있음을 입증한다. 예술의 위력은 살아 있다. 레오나르도 다빈치가 5백 년 전의 사람임을 기억하라. 그럼에도 우리는 여전히 그의 작품을 감상하고 있다.

핵심: 르네상스의 천재

미켈란젤로 디 로도비코 부오나로티 시모니Michelangelo Di Lodovico Buonarroti Simoni(1475~1564)

미켈란젤로란 이름으로만 알려진 또 다른 르네상스 시대의 화가는 예술적 기량이 너무나 뛰어난 나머지 다른 이름을 붙일 필요가 없을 정도로 완벽한 화가였다. 그는 인생의 즐거움에 무심할 정도로 작업에만 몰두한 것으로 알려져 있다.

그 결과 그는 우리에게 지금껏 만들어진 작품 중 가장 기억에 남을

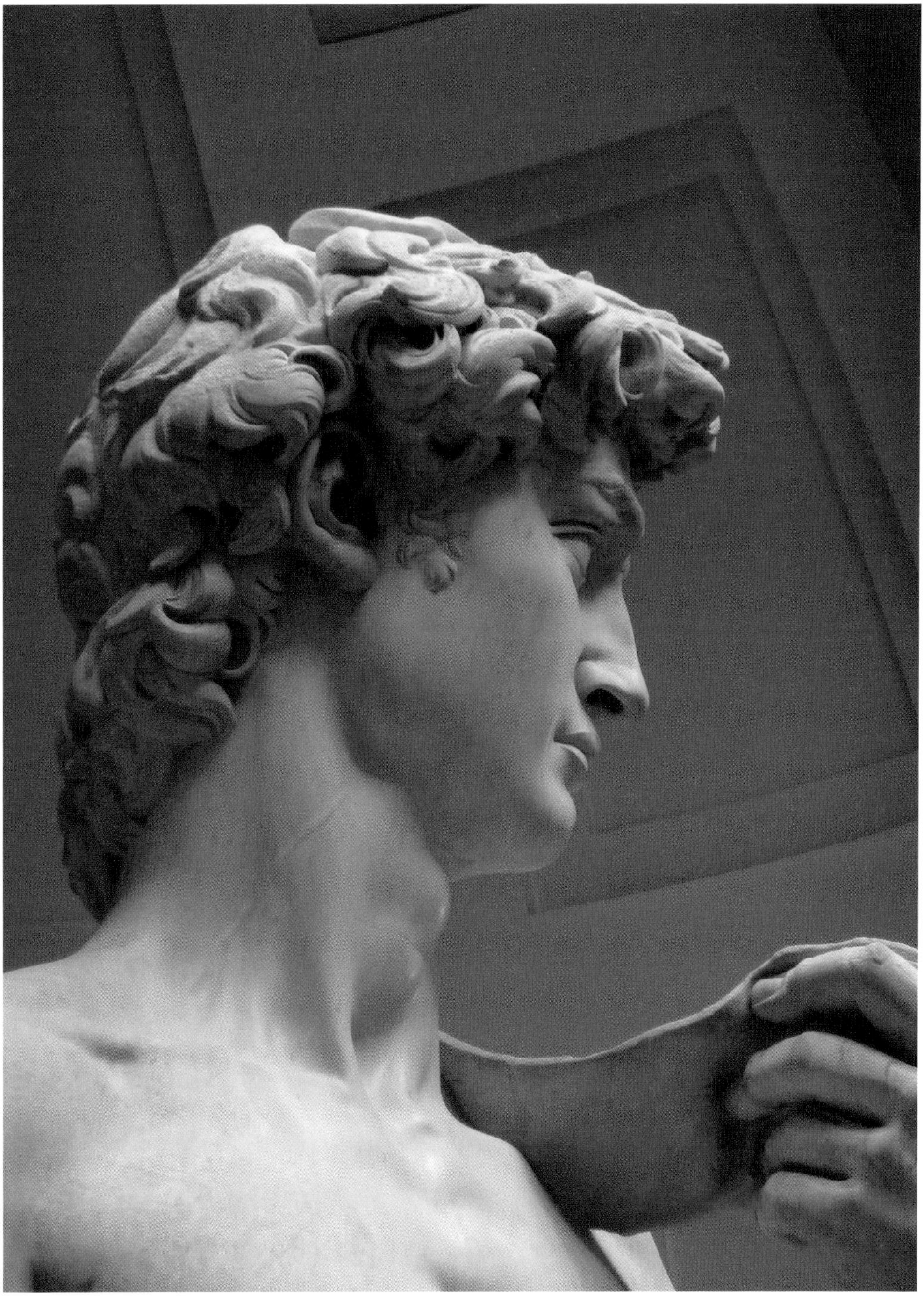

[그림 51] 미켈란젤로, 〈다비드 상〉(부분)

만한 조각품들과 그림들을 남겨주었다. 인체의 해부와 비율에 대한 완벽한 이해를 바탕으로 만들어진 그의 작품들은 이상적인 작품들이다. 고전적이지만 그 어떤 낭만적인 화가조차 상상할 수 없을 정도로 절묘하게 아름답다.

세상에서 가장 유명한 조각상인 그의 〈다비드 상〉은 아주 단순하면서도 완벽하다. 물론 이러한 설명이 미술을 설명하기에 사용되는 말은 아니지만 나는 달리 어떤 표현이 가능할지 생각할 수가 없다.

무엇이 이 작품을 이다지도 “완벽하게” 만드는가? 우리는 질문해야만 한다. 조르조 바사리Giorgio Vasari는 또 다른 미켈란젤로의 걸작 〈피에타〉에 관해 이렇게 말했다. “형체가 없는 돌덩어리일 따름인데 자연으로서는 결코 만들어낼 수 없는 완벽함에 도달한 것은 기적이라고밖에 말할 수가 없다.”

해부학에 대한 이해? 능동적인 관찰? 눈과 손의 정밀함? 그 어떤 것도 그의 예술성을 한 마디로 설명할 수가 없다. 미켈란젤로는 인간의 형체를 이상화하였으며, 순수한 미의 대상으로 만들어냈다. 초인간적인 재능과 사랑이 함께 이 놀라운 작품을 창조하였으며, 인간 성취의 절정에 도달하게 만들었을 것이다.

핵심: 이상화된 형체

티치아노 베첼리오Tiziano Vecellio(Titian)(1488~1576)

티치아노는 아주 이른 시기에 이미 색채에 대한 생생한 감각과 자연스러운 붓 터치로 널리 이름을 알렸고 기억되었다. 그는 베네치아인이었고, 그의 그림은 놀랍도록 아름다운 지구의 이 귀퉁이와 조화를 이루는 아름다움과 생동감을 갖추고 있다. 그는 가장 위대한 초상화가의 한 사람으로 평가받고 있다.

미술관에서 티치아노의 작품을 발견한다면 그의 색채의 풍부함에 주목해 보라. 더욱이 그의 당대에 염료가 아주 제한적이었음도 기억하

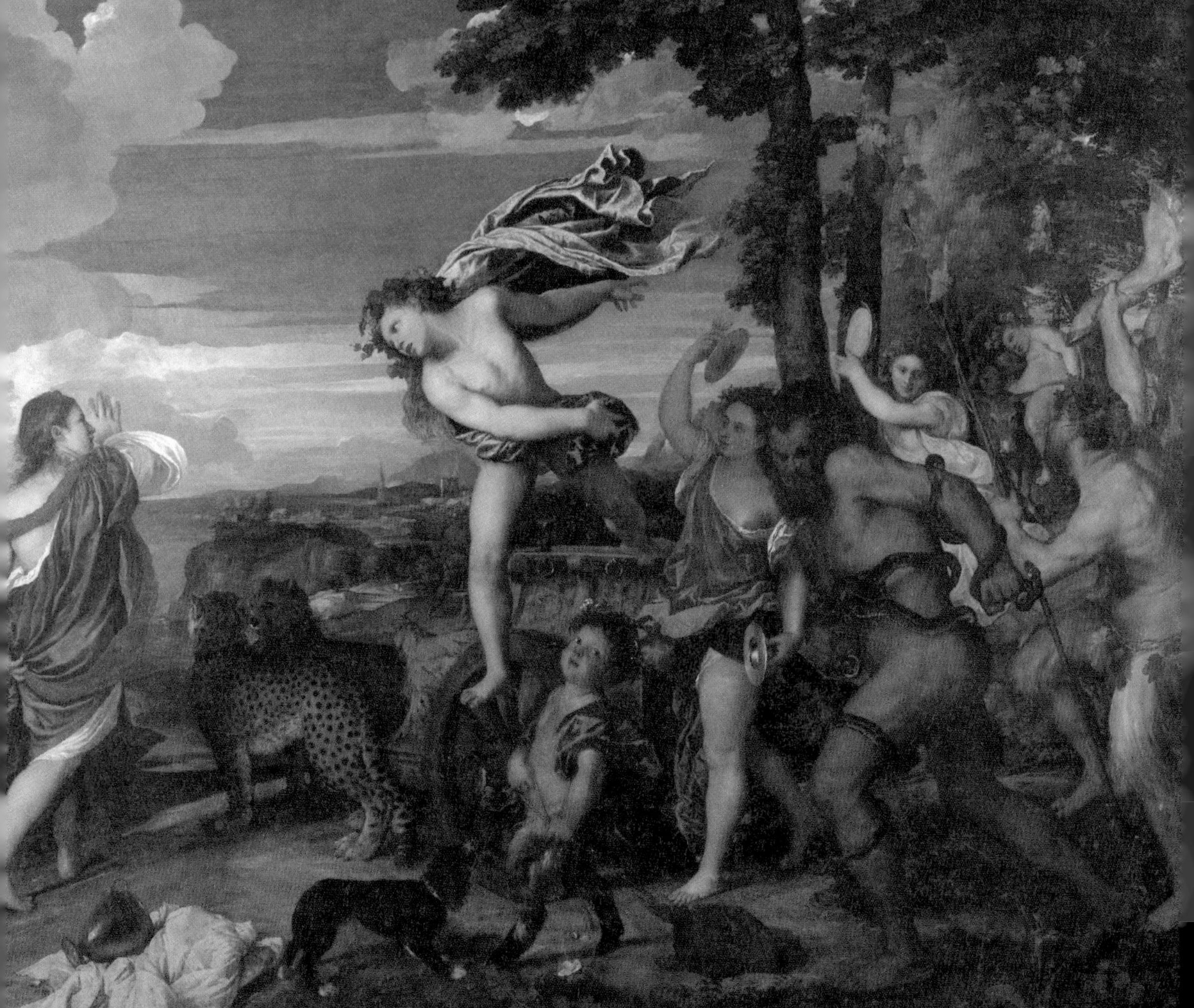

[그림 52] 티치아노 베첼리오, 〈바커스와 아리아드네〉

라. 이 한계를 알게 되면 그의 색채의 강렬함에 훨씬 더 깊은 인상을 받을 것이다.

핵심: 초기 색채파

엘 그레코(**도메니코스 테오토코풀로스**Doménikos Theotokópoulos) (1541~1613)

엘 그레코는 화가였으며, 그의 작품은 사용한 원색이나 비율만 보아도 즉각 그의 작품임을 알아볼 수 있다. 그는 시대를 앞선 개인주의자였으며, 그가 활동했던 당대보다 오늘날 더 높이 평가받고 있다. 그는 "엘 그레코"가 그린 모습임을 믿어 의심치 않을 만큼 형체를 사려 깊게 늘려 표현하였으며, 이것만 보면 심지어 표현주의자로 지칭될 수도 있다. 실제로 그는 키가 큰 사람이었는지 아니며 크게 보이고 싶어 했던 작은 사람인지 궁금하다.

고전적 접근 대 낭만적 접근이란 우리의 앞선 논의를 기억하기 바란다. 엘 그레코는 그의 시대에 사용된 말은 아니었지만 결정적으로 낭만적인 범주에 속해 있었다. 그는 엄격하고 물리적인 종류의 붓 터치와 넓은 색면을 좋아했다.

엘 그레코는 매너리스트로 알려졌으며, 미켈란젤로로 대표되는 고전주의의 이상화에 반발함으로써 당대의 우상파괴자로 여겨졌다. 조화와 이상적인 아름다움 대신 엘 그레코로 대표되는 매너리스트는 극적 효과를 위해 불균형을 과장하였다.

엘 그레코가 그린 초상화와 다른 주제를 살펴보면서 그가 얼마나 현대적인 화가였는지, 얼마나 독창적이었는지를 생각해 보라. 이와 같은 종류의 상상력, 열정, 그리고 독창성을 갖춘 다른 낭만적 화가들을 발견하기 위해서는 19세기나 20세기로 훌쩍 뛰어넘어야만 할 것이다.

핵심: 개인주의자

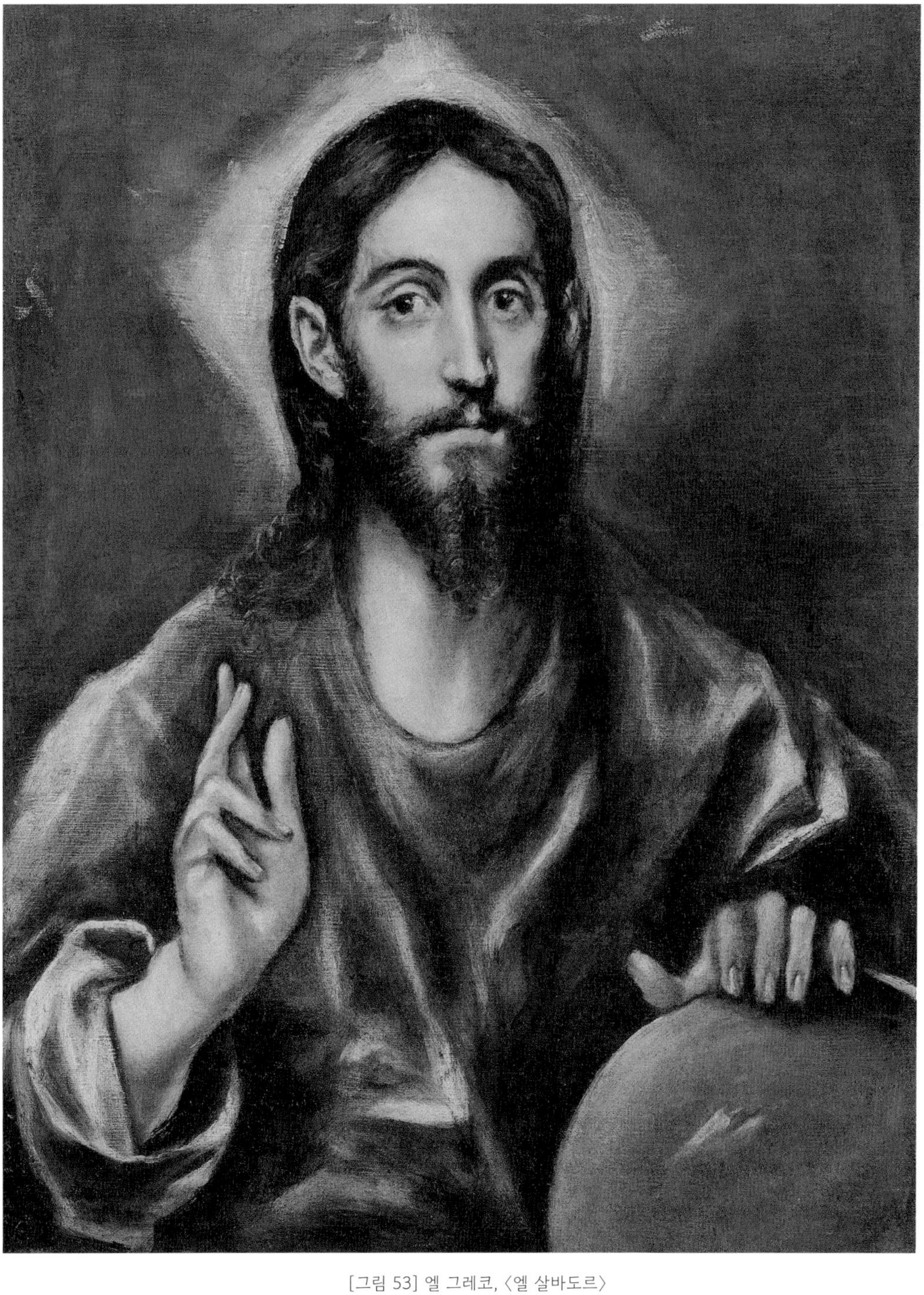

[그림 53] 엘 그레코, 〈엘 살바도르〉

미켈란젤로 메리시 다 카라바조 Michelangelo Merisi Da Caravaggio(1571~1610)

카라바조는 그렇다. 명암의 장인이다. 그는 가장 의미 있는 방식으로 그림에 빛을 투사했다. 그는 극단적으로 긴 빛의 영역을 명암의 대비 속에 설정함으로써 극적으로 작용하는 빛의 양식인 테네브리즘Tenebrism(서양 17세기의 화파로서, 카라바조 작품의 영향을 받아 격렬한 명암 대조에 의한 극적인 표현, 특히 야경을 특색으로 한다. 이탈리아어의 어둠인 테네브라tenebra를 어원으로 한다.—옮긴이 주)을 창안한 것으로 인정받고 있다. 아주 밝게 비추는 빛의 조명을 생각해 보라. 심지어 그는 촛불이 빛의 전부였던 시절에 이러한 양식을 창조했다는 점에서 훨씬 더 혁신적으로 평가받는다.

카라바조는 바로크 화가로 간주되는데, 그의 유파는 매너리즘에까지 계승되었고, 카라바조는 그를 추종하는 화가들에게 깊은 영향을 미쳤다. 극적인 특성, 직접성과 함께 카라바조는 곧바로 캔버스에 작업을 하는 알라 프리마 화가였다.

생명력과 열정으로 가득 찬 그의 초상화와 역사화를 보면 그가 얼마나 열광적으로 작업에 임했는지를 상상할 수 있다. 많은 화가들이 오늘날까지 그에게서 영감을 받았으며, 그는 회화 자체의 열정을 대변하고 있다. 그의 숭배자들은 "카라바조이스트"라 불리며, 나 또한 어쩌면 정신적으로 그들 중 한 사람이라 감히 말하고 싶을 지경이다.

그는 36년의 짧은 세월을 살았지만 그의 유산은 길게 이어지고 있다. 확연한 빛으로 튀어오르는 그의 비범하고 역동적이며 극적인 그림은 그의 발자취를 따르는 화가들을 떠올리게 만든다. 페르메이르, 판탱라투르Fantin-Latour, 렘브란트, 들라크루아Delacroix, 그리고 오늘날 그의 계승자인 에두아르 마네Édouard Manet 등이 그들이다. 카라바조의 작품은 웅장했고, 그의 영향력은 기념비적이었다.

핵심: 명암의 대비

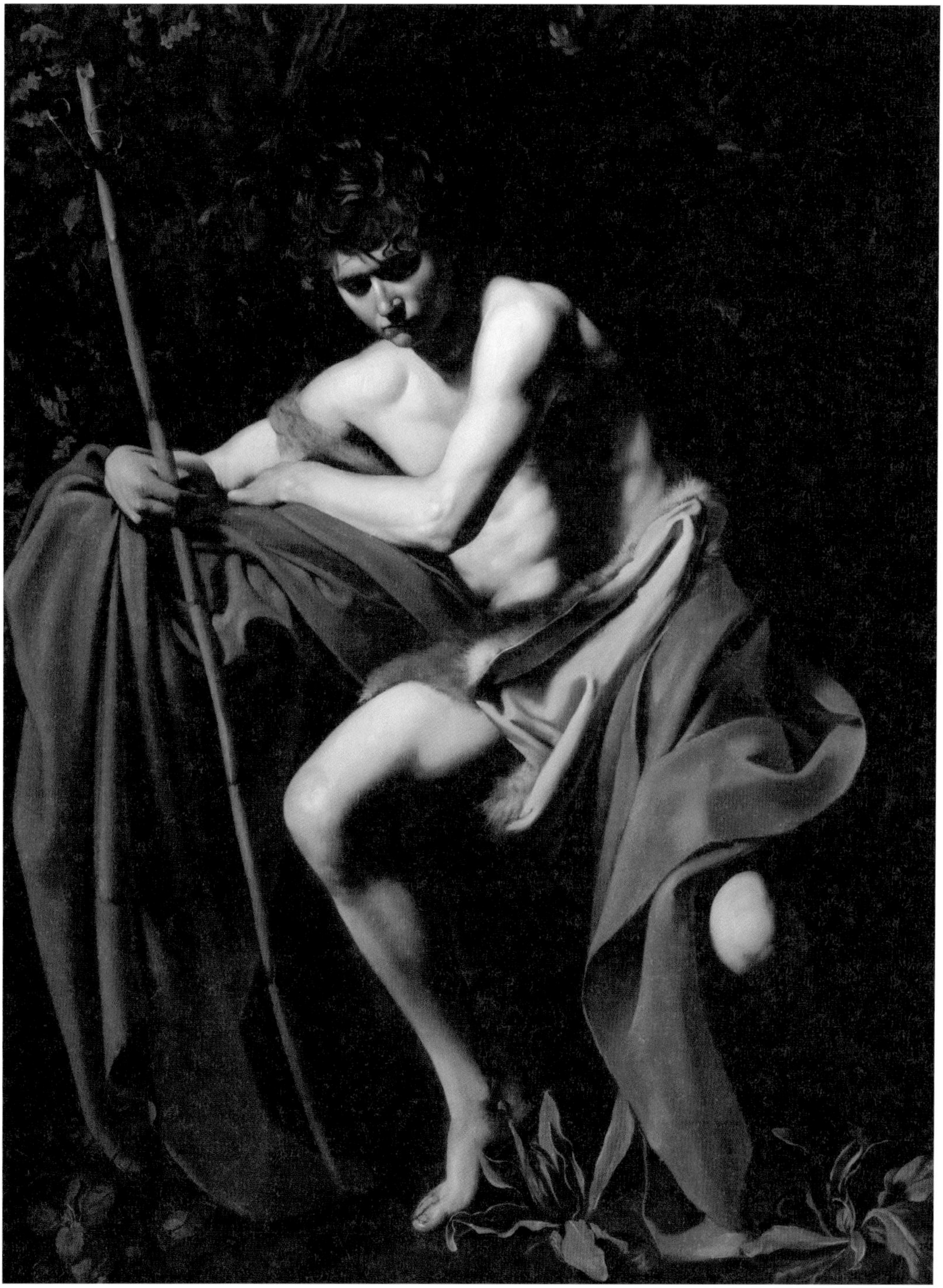

[그림 54] 미켈란젤로 메리시 다 카라바조, 〈광야에서 성 요한의 세례〉

요하네스 페르메이르Johannes Vermeer(1632~1675)

네덜란드의 구상 화가인 페르메이르의 세계는 작고 아주 정교하다. 그림의 배경은 델프트에 있던 자신의 집 두 개의 방이며, 놀라울 만큼 탁월한 작품의 창작에서 그가 활용했음직한 광학적 장치에 관해 많은 사람들이 추론을 일삼았다.

세심한 그림에 덧붙여 그는 아름다운 붓 터치로도 유명하다. 그는 17세기에서는 보기 드물게 울트라마린 블루를 포함하여 다채롭고 값비싼 염료 팔레트를 사용했다. 그는 인접한 색조들로부터 반사된 톤을 지닌 색채를 만들었다.

아주 잘 알려진 〈진주 귀고리를 한 소녀〉는 이러한 독보적인 섬세함, 부드러운 색채, 충만한 표현력 등의 특성을 잘 보여주는 예시다. 인상주의 화가들이라면 누구도 검은색 배경을 사용하지는 않겠지만 그의 그림은 그녀의 얼굴과 의상에 달콤한 빛을 뿜어내게 만들었다.

페르메이르의 그림들 중 아주 일부만이 알려져 있지만 세부적인 것에 대한 그의 관심은 전세계적으로 평가받고 있다. 그는 초상화의 영역에서 독특한 목소리를 내뿜었으며, 이는 아마도 누구도 넘어서지 못할 것이다.

핵심: 정교한 디테일

렘브란트 하르먼손 반 레인Rembrandt Harmenszoon van Rijn(1606~1669)

의심할 여지없이 렘브란트는 역사상 가장 위대한 화가 중 한 명이며, 전형적인 초상화가다. 그의 작품은 폭넓은 주제와 매체를 활용하였으며 다작이었다. 정말 말 그대로 그가 시도했던 모든 작품은 경이였고 걸작이었다.

우리는 이 책의 뒷부분에서 렘브란트의 수많은 후기 자화상 중 한 작품을 보게 될 것이다. 그런데 여기 제시되는 작품은 그의 아내 사스키

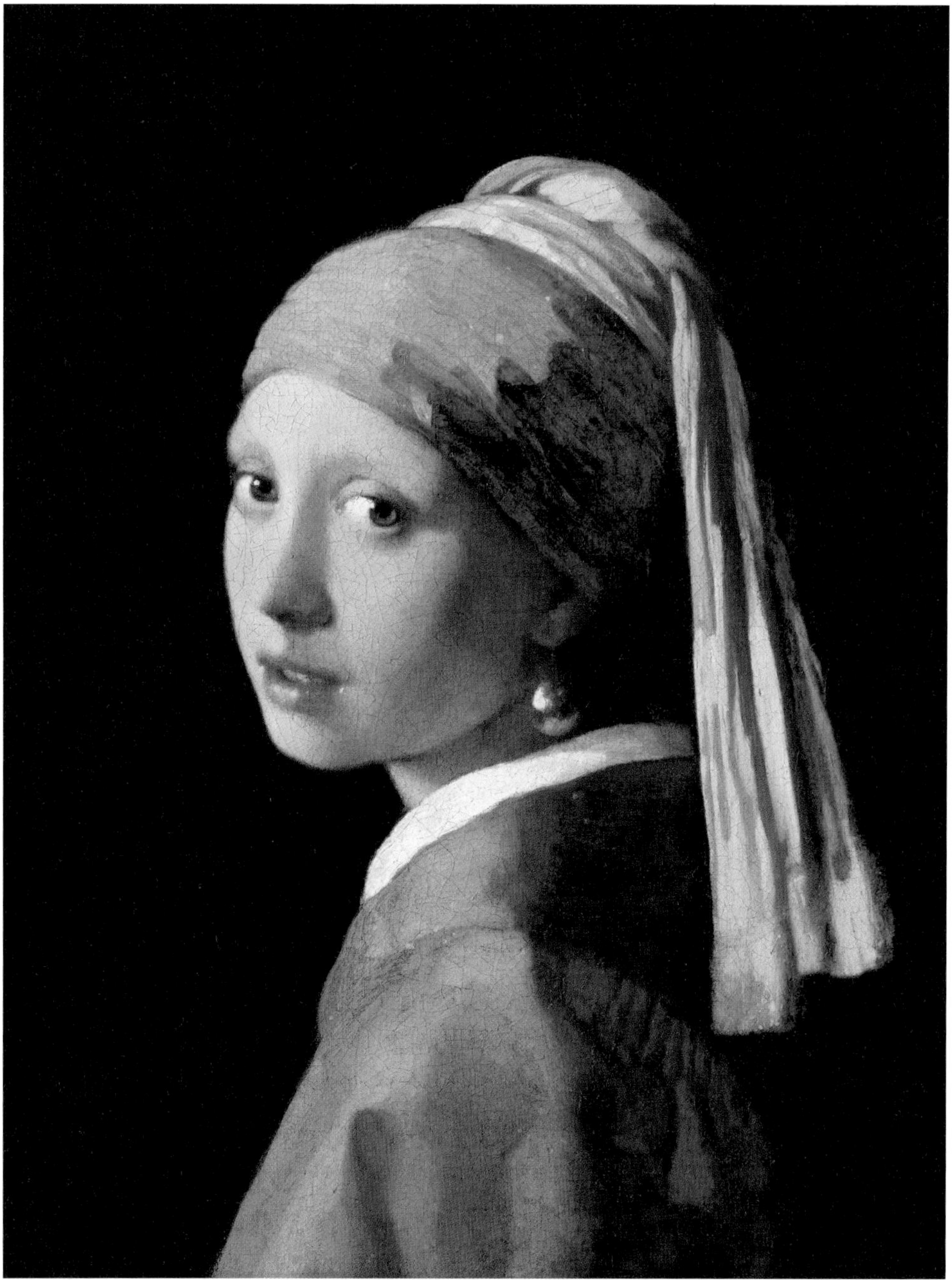

[그림 55] 요하네스 페르메이르, 〈진주 귀고리를 한 소녀〉

아를 그린 그림이다. 화가로서의 그의 솜씨는 잘 알려져 있지만, 그를 장인으로 차별화시키는 것은 그의 인간성과 공감력이다. 금속과 실크의 질감을 묘사한 렘브란트의 믿을 수 없는 전문성이 여기에서 잘 드러나고 있을 뿐만 아니라 이 초상화에는 더 많은 것이 포착되어 있다. 이상화되어 있지도 않고, 어느 정도 인간 정서의 복합성을 암시한다.

그는 진정으로 자신이 그려내는 주제의 영혼을 들여다보고, 갈등하는 개인의 면모를 우리에게 제시하고 있다. 그의 엄청난 솜씨 때문이기도 하겠지만 그는 다른 화가들보다 더한층 깊이 파고들어 인물의 내면적인 삶을 묘사할 수 있었다.

렘브란트는 분명 빛과 그림자를 극적으로 사용한 카라바조에게 영향을 받았지만 렘브란트의 사랑이 담긴 손끝을 거쳐 그의 극적인 성격은 극적인 것에 그치지 않고 주제인 인간성을 "최상의 빛" 속에서 제시하는 수단으로 작용한다. 특권층에 대한 격식이나 미화는 사라졌고, 그 자리에 모든 주제에 바탕을 둔 진실과 존중이 담겨 있다.

렘브란트의 놀라운 그림은 그 신선함, 역동성, 명료함이란 점에서 아시아의 화가들에게까지 울림을 준 것으로 묘사된다. 나는 자신의 예술 형식에 관해 통달한 거장만이 만들어낼 수 있는 확신에 기인하는 것이라 항상 생각해 왔으며, 이 작품은 그 예시일 것이다.

렘브란트 작품의 복합성, 권위 그리고 아름다움을 연구해 보라. 자신의 주제에 수많은 정서를 어떻게 밀어 넣으며 보는 이를 사로잡는지를 찾아보라. 그렇기에 오늘날까지 우리는 그의 작품 앞에서 경이로 꼼짝도 할 수 없게 되는 것이다.

핵심: 공감을 수반하는 표현주의

디에고 벨라스케스Diego Velázquez(1599~1660)

바로크 시대의 또 다른 거장, 벨라스케스는 주로 그의 걸작 〈시녀들〉로 알려진, 대단한 성취를 이룬 궁중 초상화가였다. 많은 사람들이

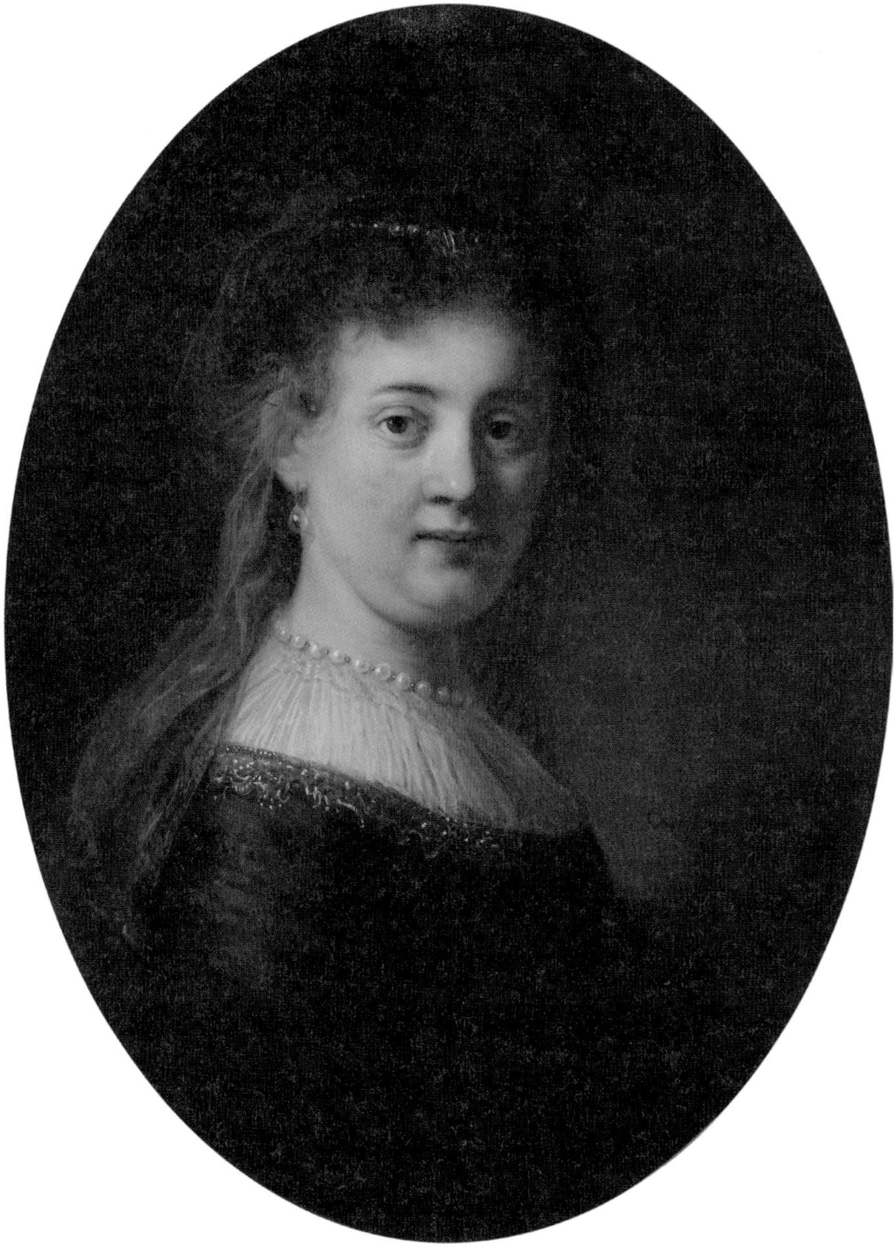

[그림 56] 렘브란트 반 레인, 〈사스키아 반 우일렌버그의 초상〉

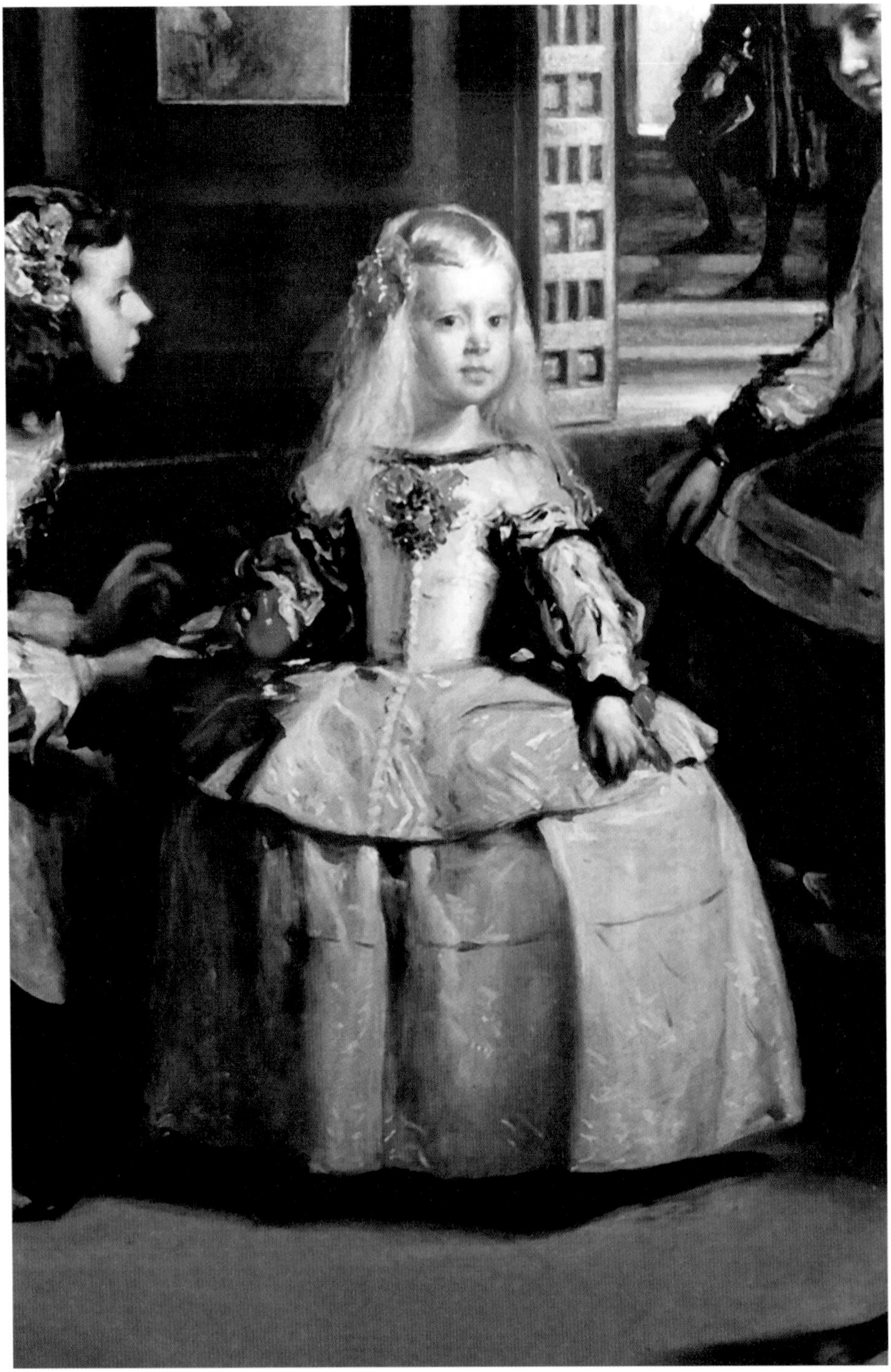

[그림 57] 디에고 벨라스케스, 〈시녀들〉(부분)

이 그림의 구성과 시점, 천재성에 대해 글을 썼다.

벨라스케스는 극적 효과를 위해 카라바조가 도입한 넓은 색의 범위를 사용했으며, 훨씬 후대의 에두아르 마네의 작품에까지 영향을 미쳤다. 그의 작품은 재해석할 가치가 있는 구성을 발견한 19세기와 20세기의 화가들에게 지대한 관심을 불러일으켰다. 이 작품의 무엇이 그토록 매력적일까? 이 질문에 답하기 위해 우리는 다음 장에서 한층 면밀하게 살펴볼 것이다.

핵심: 구도

존 싱어 사전트John Singer Sargent(1856~1925)

우리는 이제 호평을 받고 있는 미국의 화가 존 싱어 사전트가 활동한 19세기로 성큼 건너뛴다. 사전트는 다작을 한 초상화의 장인이다. 역시 벨라스케스의 열렬한 추종자인 사전트의 실물 크기의 입상 초상화는 스페인 거장의 작품을 상기시킨다. 그러나 그는 인상주의의 빛을 경험한 또 다른 세기의 화가이기에 이 점이 사전트의 작품 대부분에 새겨져 있다.

그는 야외에서 그림을 그리기를 좋아했으며, 무수한 수채화 스케치를 그렸다. 이 스케치들은 한층 둔중한 초상화에서는 찾아보기 힘든 신선함을 담고 있지만 때로는 그 가벼움이 특히 야외를 배경으로 한 구상 작품 속에도 스며들어 있다.

사전트는 매우 숙련된 회화의 거장이었으며 극도로 섬세하다. 이 때문에 그는 작품이 명민하지만 진지한 주제가 부족하거나 효과적인 대신 조금은 경박하고 피상적이라는 부정적인 평가를 받기도 했다. 그럼에도 사전트의 명성은 점점 높아졌고, 많은 사람들이 작품의 우아함을 높이 평가하기도 한다. 그는 분명 우리를 빛 속으로 이끄는, 과도기적인 인물이다.

핵심: 편안함

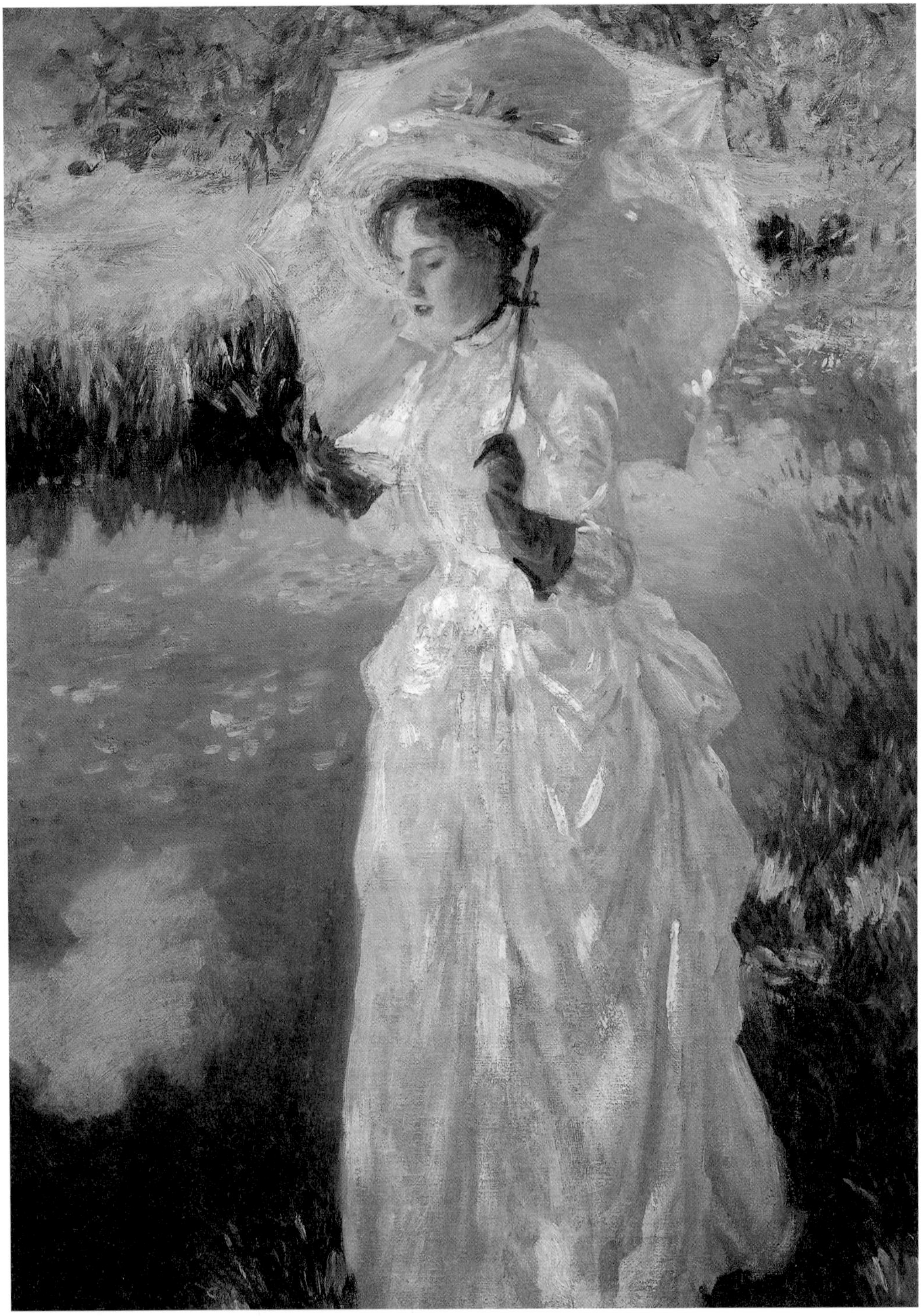

[그림 58] 존 싱어 사전트, 〈아침 산책〉

에두아르 마네(1832~1883)

프랑스의 화가 마네는 회화 예술에 현대성을 도입한 것으로 평가받고 있다. 그의 〈폴리 베르제르의 술집〉에서 넓은 색 영역—나는 마네를 생각할 때마다 항상 흑백의 그림을 떠올린다. 그만큼 그의 검은색은 강렬하며 빛을 발한다—은 카라바조와 바로크의 전통을 이어받고 있지만, 더욱 깨끗하며 더욱 현대적이기에 인상주의로부터 한발 벗어나 있는 듯이 보인다.

재료나 어두운 톤을 활용하여 어둠에서 빛에 이르기까지 구태의연한 방식으로 작업하기보다 그는 밝은 바탕에 거친 물감을 직접 칠했다. 이 알라 프리마 기법은 미완성인 효과를 빚어낸다. 마네의 그림과 그의 앞선 세대의 그림을 비교해 보면 특히 검은색 부분이 다소 불완전하게 그려졌으며 물감도 평면적이다. 이는 물감의 물성을 더욱 두드러지게 만

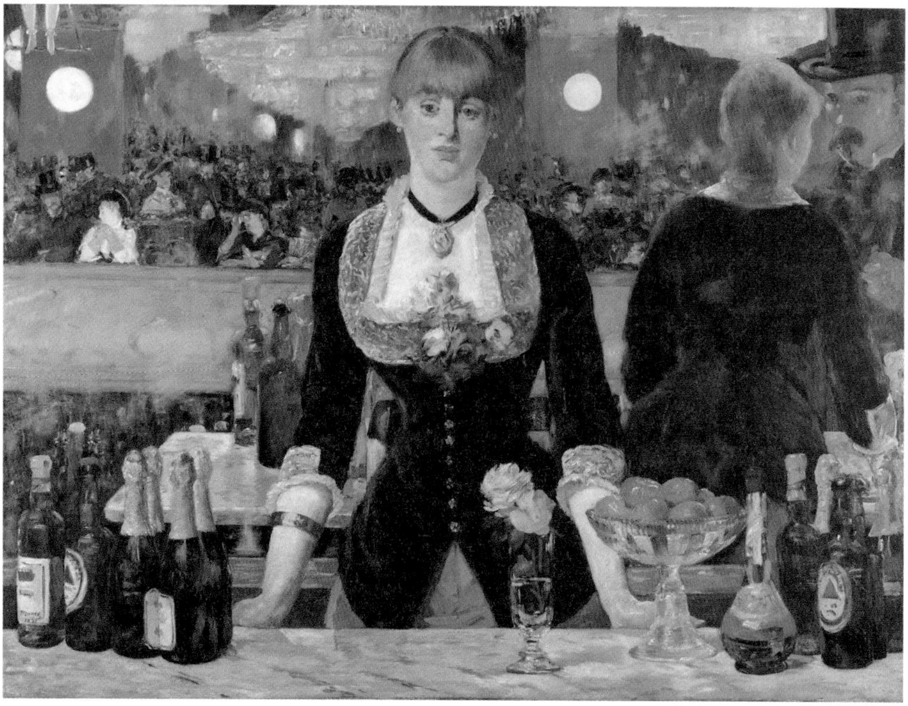

[그림 59] 에두아르 마네, 〈폴리 베르제르의 술집〉

들었으며, 마네가 회화를 현대적인 세계의 표현성으로 옮겨냈음을 의미한다. 정말 흥미롭지 않은가!

핵심: 흑과 백

제임스 애벗 맥닐 휘슬러James Abbott McNeill Whistler (1834~1903)

사전트보다 한 세대 앞선 휘슬러는 해외에서 주로 활동하고 살았던 또 다른 미국 화가이며, 초상화로 잘 알려져 있다. 그는 작품마다 아주 오래, 아주 세심하게 작업한 것으로 유명하며, 이는 그림에 잘 계산되고 차분한 면모를 갖게 만들었다.

사전트보다 더욱 지적인 휘슬러의 그림은 수많은 그의 작품을 "정돈", "조화", "야상곡" 등으로 명명하였으며, 이들 음악적인 용어들이 그의 접근법에 단서를 부여하고 있다. 이들 용어의 사용은 휘슬러의 의도가 그림을 서술적이거나 설명적으로 제시하기보다 추상적인 악곡과 한층 더 유사하게 제시하고자 한다는 것을 알 수 있게 한다.

그의 방법론은 회색과 갈색에서 서서히 톤을 강화해감으로써 진지하고 고심에 찬 듯이 보이게 만든다. 그러나 그의 회색과 중성적인 색조는 대단히 엄숙하고 아름답다.

이는 어떻게 화가의 개성이 선택에 투영되며, 어떻게 이들 선택이 작품의 개성이 되는지를 탁월하게 입증하는 사례이다.

핵심: 음악적 중립성

구스타프 클림트(1862~1918)

이 장에서 나는 오스트리아의 화가 클림트가 휘슬러 다음 세대를 살았고 활동했기에 바로 이어서 휘슬러의 뒤에 배치하였다. 이러한 병치는 흥미롭다. 왜냐하면 두 화가들보다 기질이 서로 다른 두 사람을 찾아보기 어렵기 때문이다.

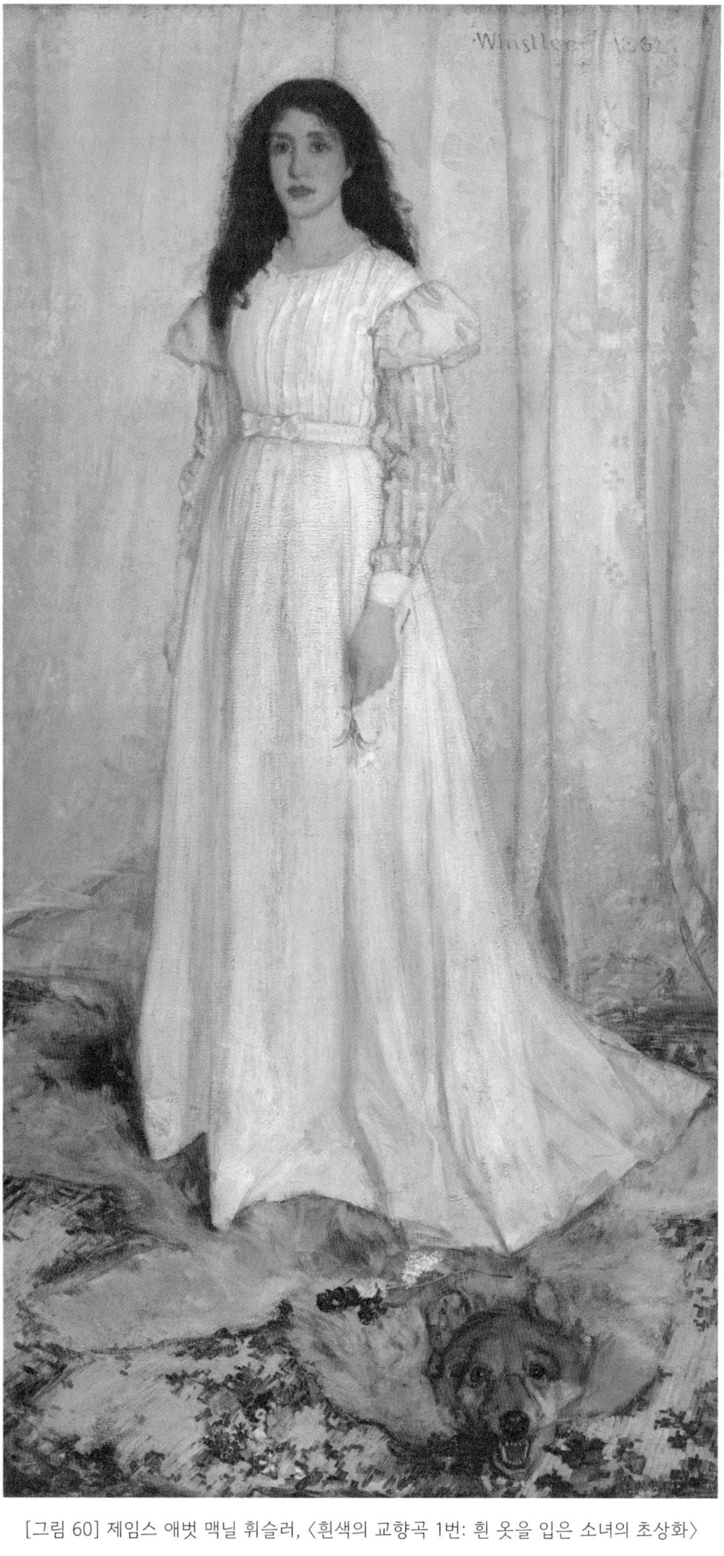

[그림 60] 제임스 애벗 맥닐 휘슬러, 〈흰색의 교향곡 1번: 흰 옷을 입은 소녀의 초상화〉

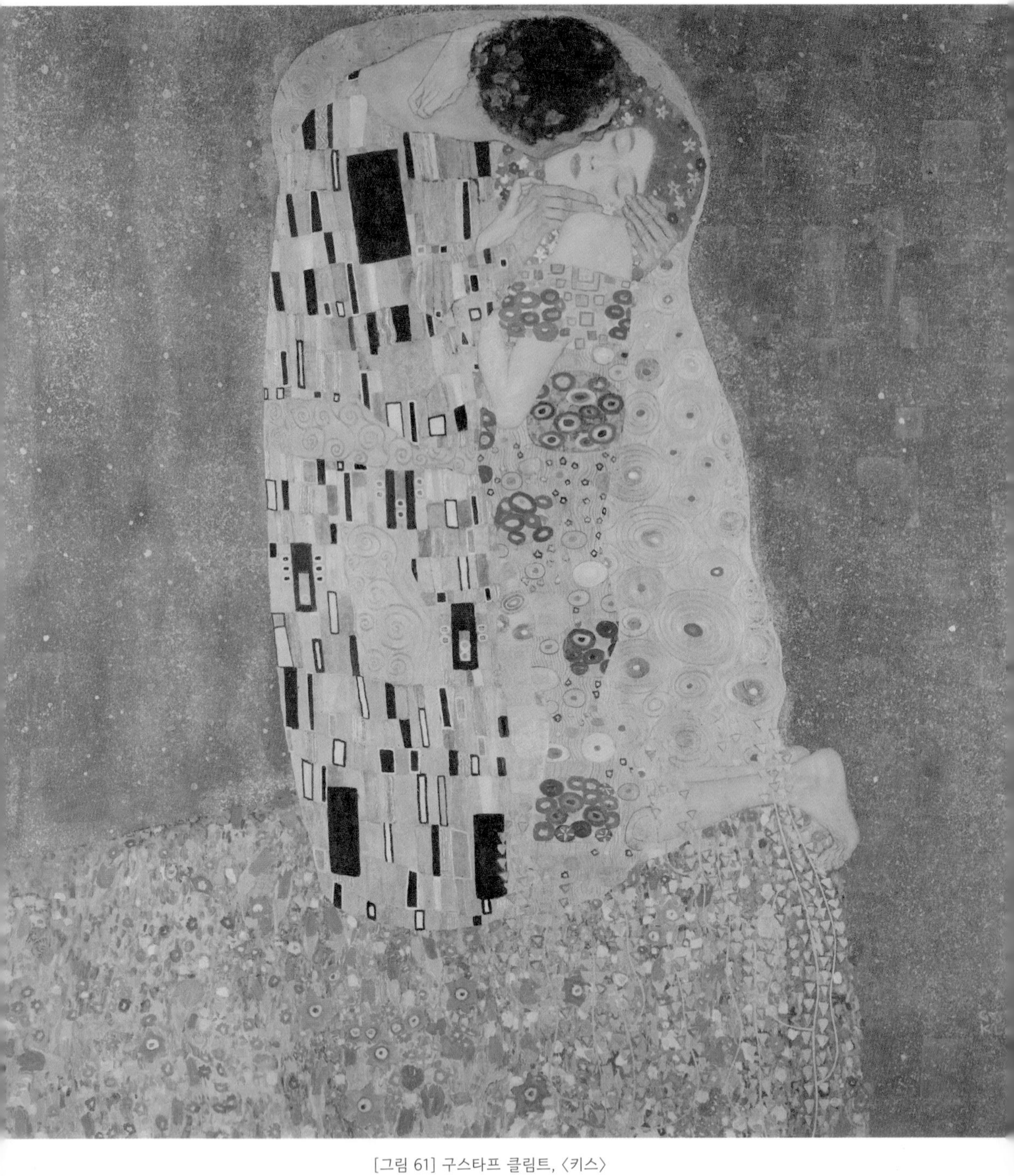

[그림 61] 구스타프 클림트, 〈키스〉

나는 클림트가 속옷도 입지 않은 채 잠옷과 샌들만 신고 있기를 좋아한다는 것을 읽은 적이 있다. 아마도 그는 정교하거나 침착함에 묶이지 않음으로써 거칠고 아름다운 패턴이 반복되는 구도를 창조해 낸 듯하다. 그 패턴들은 멋지고 정서적이며 심지어 열정적인 생동감이 넘쳐 에로틱하기까지 하다.

클림트는 예술적인 가정(그의 아버지는 금세공의 장인이었다)에서 태어났으며 그의 기법은 장식적인 작품에서 두드러졌다. 그는 벽과 천장에 그림을 그렸으며, 의상을 디자인했다. 이는 인물들이 거의 항상 의상과 정교한 배경에 둘러싸인 채 세련되게 고안된 그림에서 잘 드러난다. 이 사랑스러운 그림 〈키스〉는 집중력을 잘 보여주는 그림이다.

클림트의 작품은 정말 요염할 정도로 감각적이며, 화려한 나머지 터질 듯한 아름다움을 빚어낸다. 자유로운 감정의 표현은 아주 낭만적인 클림트의 신조이기도 했다.

핵심: 화려한 패턴

앙리 마티스Henri Matisse(1868~1954)

마티스는 가장 독보적인 현대화가 중 한 사람이며, 프랑스 미술의 거장이다. 야수파 운동의 핵심적인 인물인 그는 화사한 색채로 잘 알려져 있으며, 문과 창문을 통해 보이는 자연의 면모를 살짝 엿볼 수 있는 화려한 실내, 그리고 후기에 들어 완성해 낸 잘라내기/오려 붙이기 기법도 놀랍다. 완벽한 예술가, 마티스의 인물화, 정물화, 풍경화 모두 그 중심에는 자유분방한 색채에 힘입은 유쾌한 단순성이 담겨 있다. 그는 최상급의 구도를 선보이며, 그를 따르는 수많은 화가들이 사랑하고 모방하고 싶어 하는 "화가 중의 화가"다.

여기에 제시된 작품 〈초록 줄무늬 의자에 팔을 올리고 앉아 있는 오달리스크〉 역시 모로코를 방문한 다음 창작한 수많은 작품들 가운데 한 편이다. 패턴과 색채를 사랑해마지 않던 마티스가 무어 문화의 장식적인

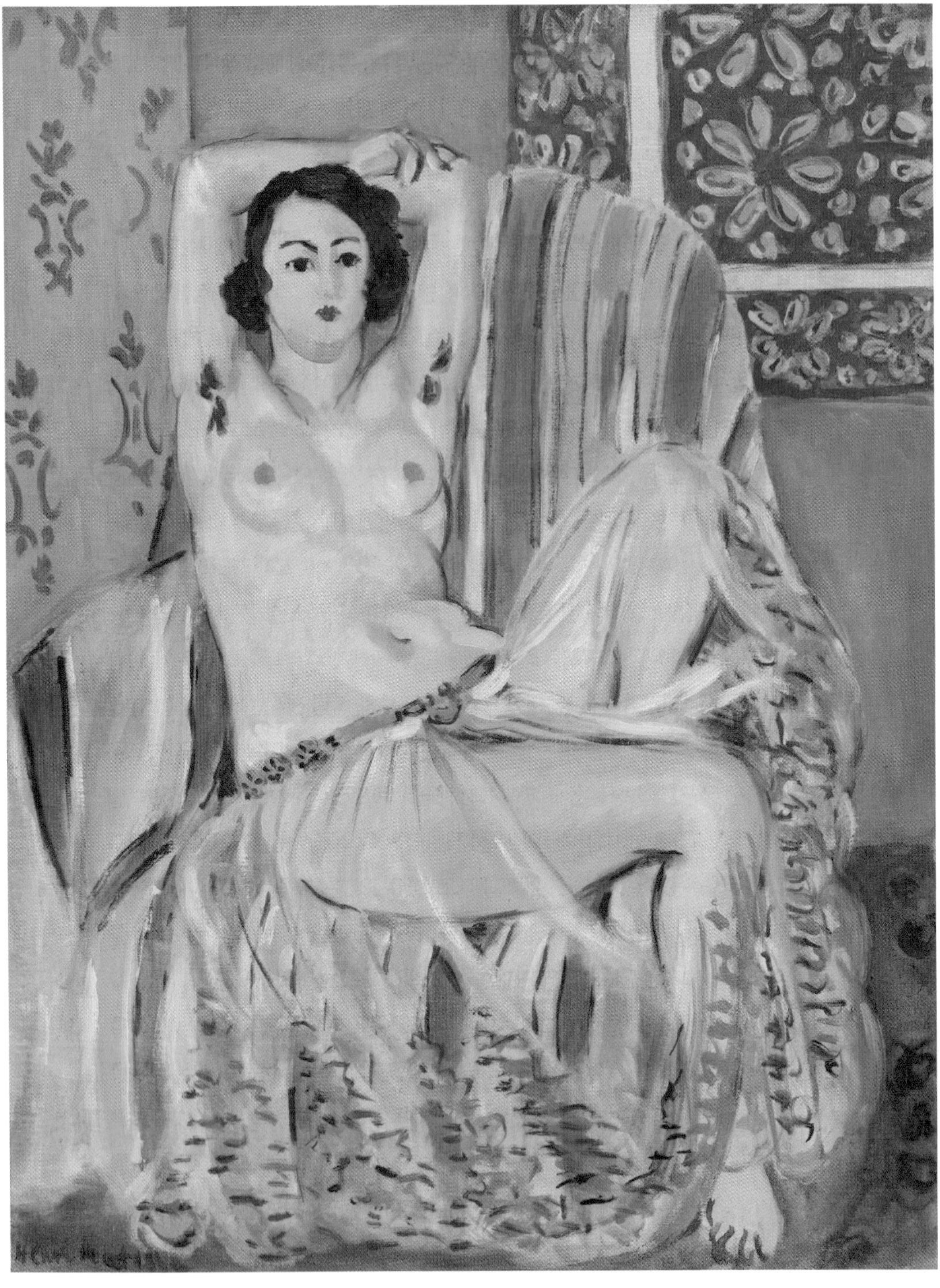

[그림 62] 앙리 마티스, 〈초록 줄무늬 의자에 팔을 올리고 앉아 있는 오달리스크〉

디자인 특성인 아라베스크라는 모르코적인 것에 애착을 보인 것이 놀라운 일은 아니다. 그의 수많은 그림들은 태피스트리, 벽에 걸린 걸개, 영감에 가득 찬 여행에서 수집한 물건들을 묘사한다. 심지어 “오달리스크 odalisque”란 말조차 하녀나 궁정 노예를 지칭하는 튀르키예어의 오달릭 odalik에서 따온 것이며, 마티스가 자신의 작품 중 일부에서 창조한, 고도로 장식적인 이 그림의 환상적인 특성을 강화하고 있다. 이들 작품 속 유쾌함과 감각적인 것이 이 화가의 표상이다.

만년에 들어 마티스는 병으로 인해 서 있거나 그림을 그리는 작업조차 어려워지자 모양을 오려내고 붙여내는 디자인을 통해 콜라주 기법을 시도했다. 창조를 위해 지속된 그의 회복력과 결단력은 종이를 잘라 붙인 우아하고 유려한 형태, 고도로 장식적이나 고도로 정서를 환기하는 구성이라는 두드러진 유산을 우리에게 남겨주고 있다. 마티스의 색채와 구성을 탐구해 보라.

핵심: 유쾌한 색채

파블로 피카소(1881~1973)

피카소란 이름은 “시각 예술가”와 동의어다. 피카소는 스페인 출신이지만 대부부의 시간을 프랑스에서 보내며 수많은 매체로 작업하였고, 몇몇 미술의 “장르”와 “시대”를 창조하기도 했다. 그는 지칠 줄 모르는 창조의 원천이었으며, 아주 단순하게는 한 사람의 천재였다.

그가 창조한 “시대”에는 “청색 시대”도 포함되어 있으며, 이 시기의 인물화는 고도로 청색이 강조되었으며, 애조를 특징으로 하고 있다. 그의 취향이 장미와 분홍으로 전환되었을 시기인 “장미 시대”에는 서커스의 인물들과 체조선수들이 등장한다. 원시 예술과 아프리카 예술에 심취한 그는 이들 작품을 모방하여 한층 양식화된—그림에도 대단히 정교한—접근법을 채택하기도 했다. 그의 〈아비뇽의 처녀들〉은 이 시대를 지배했고, 동시대인들, 특히 마티스조차 깜짝 놀라게 만들었다.

그림을 향한 피카소의 열정은 슬픈 청색과 매혹적인 장미빛에서처럼 단순한 감정 표현을 넘어 아프리카적인 것, 급기야 입체파로까지 나아갔다.

그는 위대한 혁신가였으며, 그의 상상은 대상의 평면과 형태를 파괴하도록 이끌었으며 놀랍게도 동시에 동일한 하나의 시점을 넘어서서 그릴 수 있다는 가능성을 고려하기에 이르렀다. 이는 절대적으로 혁명적이었으며, 지속적으로 그렇게 인식되고 있다.

피카소는 입체파의 극단에서 물러나 "신고전주의"로 일컬어지는 양식을 지속적으로 탐구한다. 그러나 그의 천재성은 경계 안에 머무르기를 거부하였으며, 그를 이러저러한 범주에 묶어 넣거나 한정하기 불가능하게 만들었다. 그는 믿을 수 없을 정도로 다작하였으며, 절대적인 미술 공장이었다. 그는 회화, 조각, 도자, 소묘, 태피스트리 등을 포함하여 거의 5만 점에 이르는 작품들을 만들어낸 것으로 알려져 있다.

피카소와 같은 고도의 기교와 시각적 어휘를 가진 화가는 찾기 어렵다. 대부분의 화가들이 극히 어려워하는 것인데 그는 기억만으로 쉽게 그림을 그리고 채색할 수 있었으며, 창조성의 한계라는 것을 몰랐다. 그는 가장 원시적인 양식으로 작업하는 것을 금기시하거나 두려워하지 않았다. 고전적인 것뿐만 아니라 기발한 작품을 만들었으며, 마음속에 떠오르는 그 무엇이든 거침없이 작업해 냈다. 그는 현실—항아리나 모조품, 기타, 꽃—등으로부터 영감을 끌어냈으며, 전적으로 모방적이지 않은 방식으로 그것들을 그렸다. 많은 사람들이 주장하듯 피카소는 아마도 지금까지 살았던 가장 재능 있는 화가일 것이다.

저작권의 제약으로 이 책에서 피카소의 작품들을 싣기가 쉽지 않았지만 아주 운 좋게도 〈당나귀를 탄 파울로〉가 이 책을 집필하는 동안 공개적인 사용이 가능해졌고, 그래서 함께 공유할 수 있게 되었다. 피카소가 지닌 놀라운 재능을 이 작품이 얼마나 유감없이 입증하는지를 살펴보자.

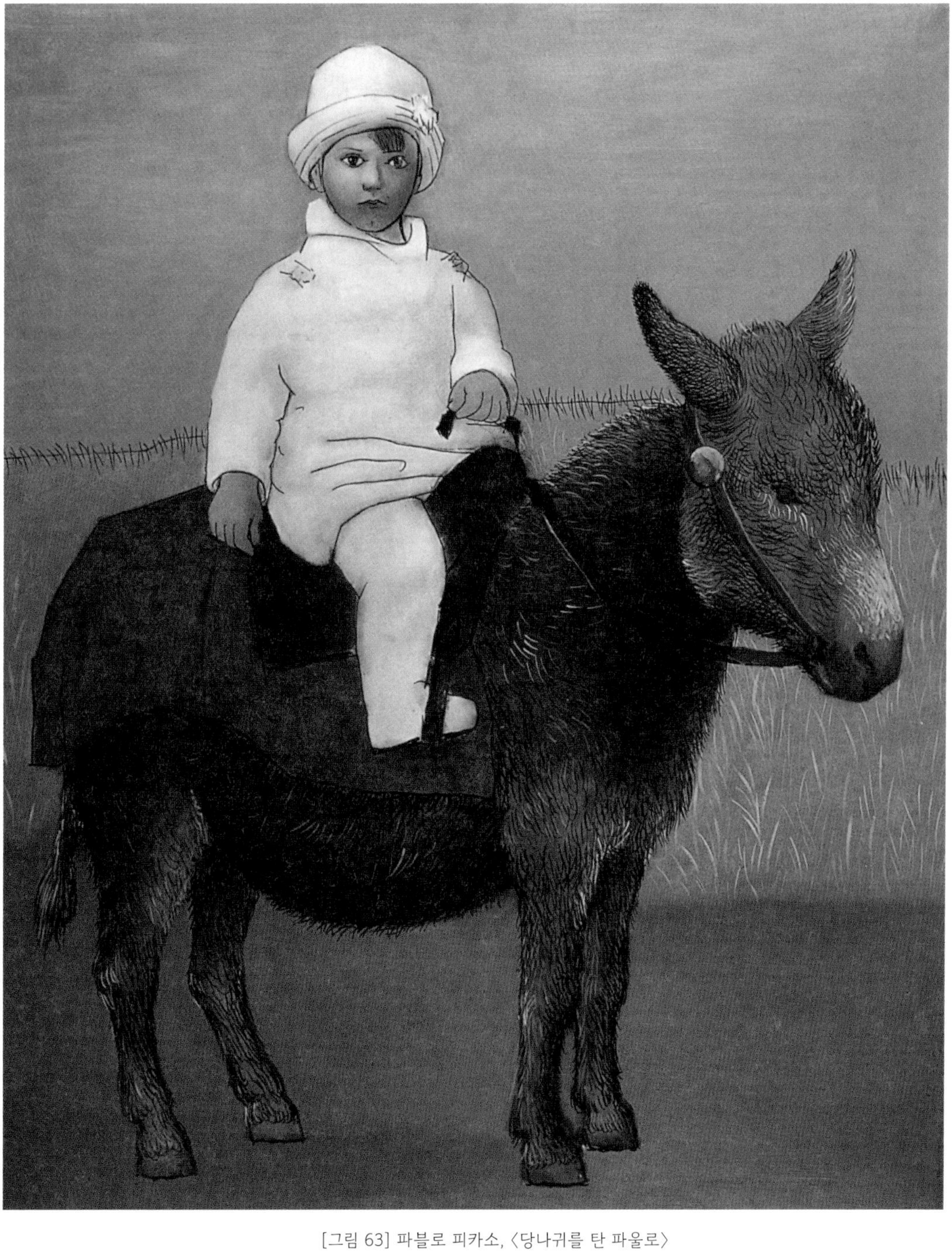

[그림 63] 파블로 피카소, 〈당나귀를 탄 파울로〉

놀라운 활동의 전 과정에서 피카소는 거의 모든 매체로 작업했으며, 많은 매체를 능숙하게 다루었다. 그의 상상력은 한계를 넘어섰다. 그러나 여기에서 우리는 이 모든 것을 가능케 만든 기본적인 요소들을 볼 수 있다. 그것은 비범한 표현력과 짝을 이루는 특별한 소묘의 힘이다. 비록 이 작품에 피카소의 후기 작품하면 연상하게 되는 유별남, 혁신, 대범함 등이 결여되어 있지만, 이 작품에서도 피카소의 독보적인 면모를 감상할 수 있다. 단순하고 명료한 선으로 그는 우리로 하여금 어린이와 당나귀에 부여하는 무게감, 견고함, 중력의 힘 등을 느낄 수 있게 만든다.

피카소의 예술적 선택들은 아주 맞춤하다. 흰 의상으로 아이를 둘러싸고 피카소는 아이의 얼굴에서 미묘하고 아름답게 채색된 눈에 초점을 두게 만든다. 아이가 당나귀에 비해 과도하게 크다는 것에 주목하라. 그러나 우리는 이 불협화음을 자연스럽게 받아들인다. 화가의 초점이 아이이며, 당나귀는 말 그대로 혹은 비유적으로 부차적일 따름이다. 피카소의 구도와 선은 정확함 그 이상을 담아낸다. 그것이 우리로 하여금 대상에 애정을 느끼도록 만든다. 아주 특별한 기법과 상상력만이 이런 작품을 창조해 낼 수 있다.

주의사항 하나. 분명 피카소는 놀라운 화가이지만 그의 장점은 소묘에 있다. 색과 아름다운 표면은 부차적이다. 나는 피카소에 관한 책을 통해 피카소가 지닌 놀라운 재능들을 탐구하고 음미해 보라고 권유하고 싶다. 일러스트레이션이거나 현실적인 작품이거나 할 것 없이 작품에 표현된 무게, 견고함, 비중, 차원, 형체의 미묘함 등을 포착하는 소묘의 재능과 함께 한층 추상적인 작품에 담긴 표현의 왜곡, 유머, 쾌활함과 의미에 주목해 보라.

핵심: 혁신가, 선지자

리처드 디벤콘Richard Diebenkorn(1922~1993)

추상적인 작업으로 가장 잘 알려진 캘리포니아의 화가 디벤콘은 수

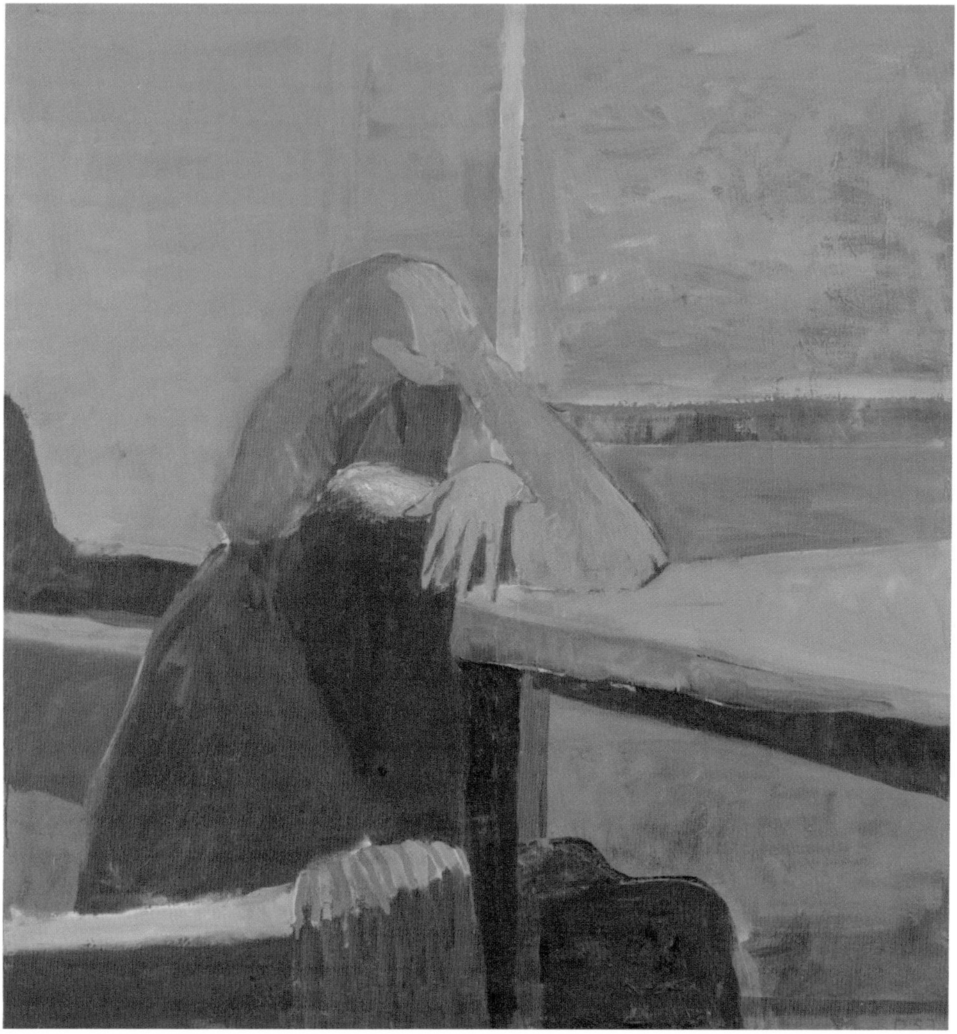

[그림 64] 리처드 디벤콘, 〈창문 앞에 앉은 여인〉, 1957. 캔버스에 유채,
59 x 56인치(149.9 x 142.2센티미터), Catalogue raisonne no.2185 Ⓒ 리처드 디벤콘 재단

많은 구상 작품들도 작업했다. 대부분의 경우 인물은 구성의 일부였지 그 자체만을 위한 것은 아니었다. 그는 종종 인물의 개성이 작품을 지배하지 않도록 후면이나 측면에 배치하였다. 그는 화가들 가운데 베이 지역 구상화 그룹의 일원으로 여겨졌다.

디벤콘은 마티스의 아이이며, 그의 작품에서도 마티스의 영향을 엿볼 수 있다. 단순한 형태 속 색의 분할과 빛으로 충만한 색채의 커다란 무늬로 이루어진 구도를 보라. 정말 놀라운 화가다. 우리는 다음 장, 풍경화에서 마티스와 디벤콘을 다시 만날 것이다.

핵심: 구상적인 추상

노먼 록웰(1894~1978)

여기에 소개하는 노먼 록웰이 아주 다작을 그렸다는 것을 알고 놀랄지도 모르겠다. 그는 일러스트레이터로 널리 알려졌으며, 40권도 넘는 책, 수많은 잡지의 표지, 달력, 광고, 포스터, 우표, 카드 등에 이름을 올렸다. 그의 작품은 사람들에게 감상적이라거나 "미국적"이란 도장이 찍힌 것이라는 평가를 받았다.

나는 독자들이 누가 어떠하다거나 어떤 화가는 "진지하고" 어떤 화가는 그렇지 않다거나 어떤 화가는 "가치가 있다"는 식의 분류를 넘어서서 보기를 권고하기 때문에 여기에 그를 포함시켰다. 이 모든 것들은 중시할 필요가 없다. 여기 있는 그림을 보면 아주 정교하게 그려내는 화가가 있으며, 그의 인물들은 지면에서 튀어나올 법하다. 그는 시각적인 이야기꾼이다.

우리는 저마다 취향을 가지고 있다. 그렇다. 우리는 자신만의 기능, 관심, 감각, 상상력, 그 밖의 많은 능력을 갖춘 화가들을 존경한다. 그러니 시각 예술을 위해 매진하는 모두를 신뢰하는 열린 마음을 견지하자. 왜냐하면 그들의 기여는 독특하며 시각적 예술의 연속체 속 가치 있는 일부로 존재하기 때문이다.

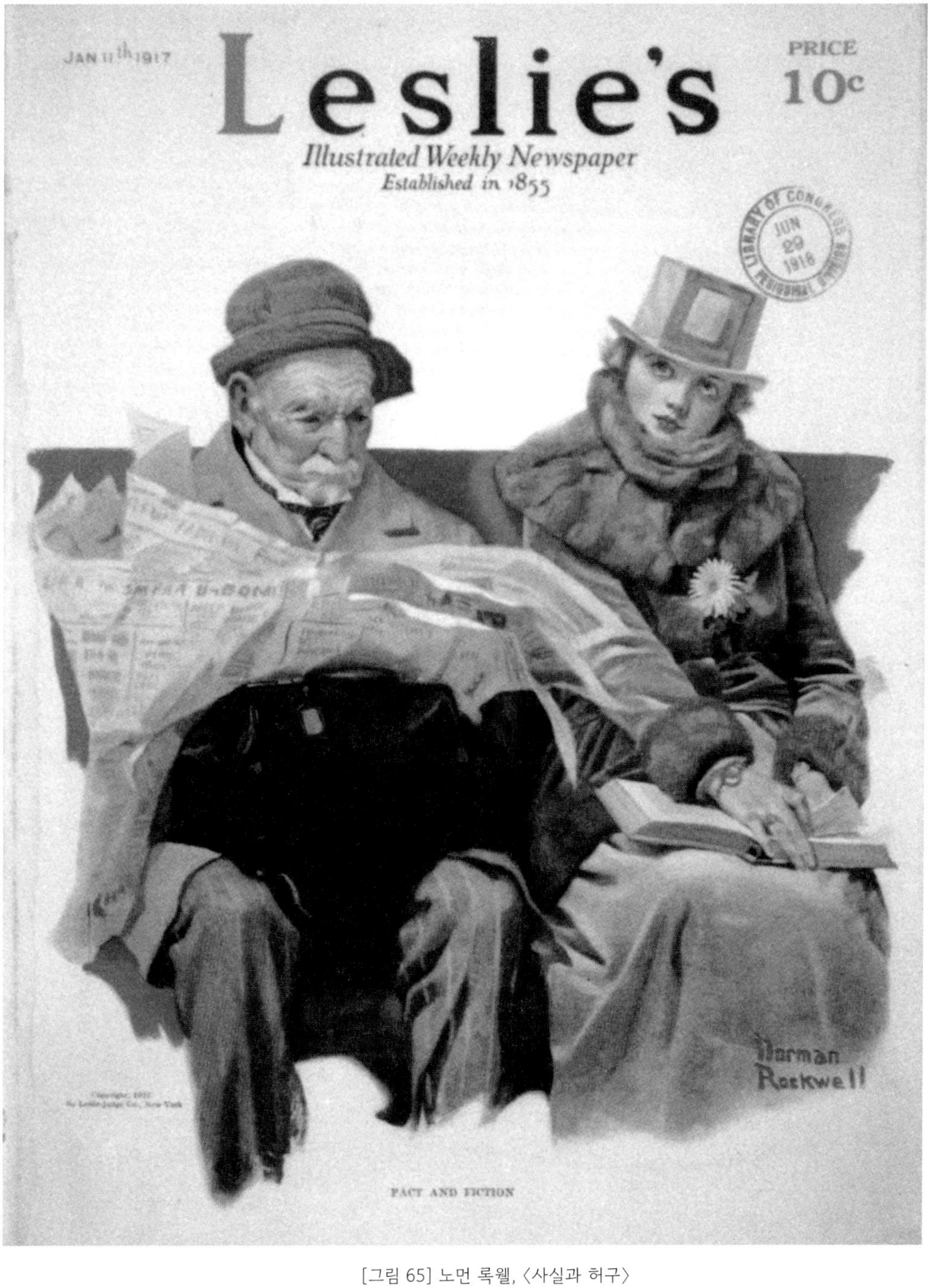

[그림 65] 노먼 록웰, 〈사실과 허구〉

핵심: 인물 소묘

빌럼 더코닝(1904~1997)

나는 인물화에 관한 이 장을 더코닝으로 마무리 짓고자 한다. 왜냐하면 그가 당연하게도 가장 최근의 인물화가여서가 아니라 인물, 특히 여성 인물이 그의 작품 속에 두드러진 위상을 차지하고 있기 때문이다. 또한 미술의 형식을 바라보는 전적으로 새로운 방식 혹은 그와 같은 방식의 결여를 기리기 위해서다.

더코닝은 추상 표현주의로도 지칭되는 "뉴욕화파"로 알려진 작가그룹의 일원이었다. 이들 그룹에는 잭슨 폴록, 프란츠 클라인Franz Kline, 마크 로스코, 로버트 마더웰Robert Motherwell, 클리포드 스틸Clyfford Still, 필립 거스턴Philip Guston 등이 있다.

우리가 더코닝을 생각할 때 그의 여성에 관한 환상을 떠올리고는 한다. 더코닝은 피카소를 한 발짝 넘어 말 그대로 여성들을 분절시키고 해체하여 표현한다. 형체는 증발해 버리고, 그 자리에 형체도 아닌 화려하게 뒤틀린, 부분적으로 여성이기도 부분적으로 괴물이기도 한 형체가 자리 잡고 있다. 대상은 전부는 아닐지라도 거의 완벽하게, 분해되어 있다. 붓 터치보다는 물감 자체가, 칠하기보다 낙서에 가깝지만 그럼에도 감동을 불러일으킨다. 이것은 인물의 중요한 반복으로 나타난다.

그의 "여성" 연작을 보라. 이 그림들은 당신을 끌어당기는가? 당신은 이 작품들을 진지하게 여기는가? 아니라면 그 까닭은 무엇인가?

핵심: 해체

인물화란 장르를 마무리하고 다음 장인 풍경화로 넘어가기 전에 인물화가임을 자처하는 나는 당신이 이토록 매혹적인 주제의 현대적인 예

시들을 더한층 깊이 탐구해 보기를 권한다. 인물화는 고도로 이상화된 작품에서부터 몇몇 두드러진 화가들의 투박하고 생생한 붓 터치의 양식에 이르기까지 폭넓은 영역을 차지하고 있다.

이런 화가들로 세 사람의 여성 앨리스 닐Alice Neel, 마를렌 뒤마Marlene Dumas, 마고 버그먼Margot Bergman 등을 들 수 있다. 이들 작품의 인물들은 얼굴과 신체가 굳이 예쁘지 않으며, 심지어는 뒤틀려 있거나 짓눌려 있는 등 자연스럽지 않은 자세를 하고 있으며, 존중받지 못하고 사랑스럽지도 않은 인간을 제시하고 있다.

연구해 볼 만하고 "이건 어떻게 보이는가"라고 말하고 있는 또 다른 놀라운 화가는 비교할 바 없이 루치안 프로이트이다. 그의 초상은 심리적인 영역을 깊이 파고든다. 아주 강렬한 것은 그의 모델들을 해체하는 것이다. 그는 지그문드 프로이드의 손자이며, 아마도 이러한 경향을 심층 분석에서 가져온 것이리라. 그는 자신의 모델들에게 충분한 관심을 기울일 수 있을 만큼 오랫동안 앉아 있도록 했다고 보고되고 있다. 예컨대 내가 읽은 바에 따르면, 그는 2007년에 발표한 누드 작품은 완성하는데 16개월이 걸렸고, 그 기간 동안 모델을 약 2,400시간 동안 앉아 있도록 했다고 한다. 그리고 붓 터치를 할 때마다 조금이나마 달라보일 수 있도록 붓을 새롭게 씻을 정도였다. 이는 몇몇 화가들에게서 보이는 것으로 거의 강박에 가까울 정도로 디테일에 관한 집중을 보여준다. 그럼에도 불구하고 그의 작품은 놀랍다.

나는 이들 "진실에 매진하는 화가들"을 존경해 왔다. 그들에 비하면 놀랍고 영광스러운 아름다움과 공감을 모색해 온 나의 작품은 다른 반대편 진영에 존재한다. 물론 나는 이 계열 속에서 혼자는 아니다. 나는 당신을 케힌데 와일리Kehinde Wiley와 최근 오바마 대통령의 초상을 완성한 에이미 셰럴드Amy Sherald 같은, 다른 더 많은 고전적인 화가들을 찾아보았으면 싶다. 이 중요한 주제, 사람의 얼굴과 몸에 관해 할 말이 아주 많은, 수많은 목소리는 어디에나 있다.

9장

주제와 거장 2:
풍경화

9장

주제와 거장 2: 풍경화

풍경화 혹은 산, 계곡, 전망, 나무, 숲 등 자연 경관을 묘사한 그림은 초기에는 인물이나 이야기의 배경으로 등장했다. 그러다 마침내 자신만의 고유한 주제로 자리 잡기에 이르렀다. 지금은 바다, 도시, 강, 밤하늘 등과 같은 하위 범주와 함께 풍경화는 대중적으로 인기를 끌고 있으며 수집의 대상이 되기도 한다.

풍경화는 세부를 상세히 묘사하는 현실주의적인 것에서부터 미묘하고 추상적인 것에 이르기까지, 실제적이거나 상상적인 장소를 묘사하는 등 그 범위가 아주 넓다. 어떤 작품은 기후의 표현에 집중하며, 이런 경우 장소보다 대기가 한층 더 실질적인 주제가 된다. 풍경은 수많은 매체를 통해 창조될 수 있고, 창조되어 왔다. 먹으로 그리는 동양의 풍경화나 수채 물감, 파스텔, 유채 등으로 그린 수많은 서구의 화가들을 떠올려 보라.

풍경이 배경에서 중앙 무대로 진출하기까지는 꽤나 오랜 시간이 걸렸다. 그리고 화가들이 야외로 직접 나가 자신들이 본 것을 그리는 사생화plein air painting를 발견한 것도 최근의 일이다.

네덜란드 화가들은 17세기에 풍경화를 진지하게 생각하기 시작했으며, 이 그림들은 자신의 영지 풍경을 조망하고자 하는 토지 소유자들로 말미암아 18세기에는 더욱 인기를 누렸다. 19세기에 들어 터너와 컨스터블Constable 같은 영국의 풍경 화가들은 자신의 모든 열정을 풍경화에 기울였으며, 바르비종 화파Barbizons(19세기 중엽 프랑스에서 활동한 풍경화가의 집단. 명칭은 1830년경부터 그들이 살던 파리 교외의 퐁텐블로 숲 어귀에 있는 작은 마을, 바르비종에서 유래되었다.—옮긴이 주)의 화가들은 실제로 그림을 그리기 위해 야외로 나갔다. 이들 선구자에 고무된 인상파 화가들은 풍경화를 한낮의 찬란한 빛 속으로 끌어왔다. 동시에 수많은 미국과 캐나다의 화가들이 그림으로 자신들 대륙의 광휘를 표현했다.

이제부터 풍경화의 대가들 작품을 살펴볼 것이다. 나는 여기에서는 서구의 화가들만을 논의할 것이다. 물론 아시아 화가들의 풍경화에 대한 기여는 지대하며 훌륭하다는 것을 밝혀두어야겠다. 일반적으로 아시아의 풍경화는 섬세하고 고상하며, 주목할 만한 가치가 충분하다. 그 복합성으로 말미암아 이들 작품을 탐구하고 또 존중해야 할 것이다. 그러나 여기에서는 내게 익숙하다는 이유만으로 서구 화가들의 작품을 검토할 수밖에 없음을 양해해 주길 바란다.

피터르 브뤼헐 더 아우더Pieter Bruegel The Elder(1524~1569)

유명한 화가 가족의 일원인 피터르 브뤼헐은 농촌 삶의 성실한 기록자였다. 그의 그림은 농민들의 일상적 삶을 다채롭게 표현하였으며, 그 중 대부분은 야외에서의 생활이었다. 따라서 풍경이 이들 작품에서는 많은 비중을 차지하고 있었다. 그는 또한 풍경을 배경으로 삼아 특정한 개인을 묘사하기도 했다. 브뤼헐은 또한 "세상 풍경world landsacpe"이라는 새로운 유형의 풍경화를 창조하기도 했다. 이는 파노라마로 펼쳐진 배경 속에 아주 작은 인물을 그려 넣은 작품들이다.

브뤼헐의 대부분 작품에는 풍경이 인물의 움직임 뒤편에 자리 잡고 있다. 풍경은 크기에도 불구하고 인물과 같은 중요성을 갖지는 못하였다. 풍경의 장관에 포함되어 있는 작은 인물을 생각해 보라. 그 반대는

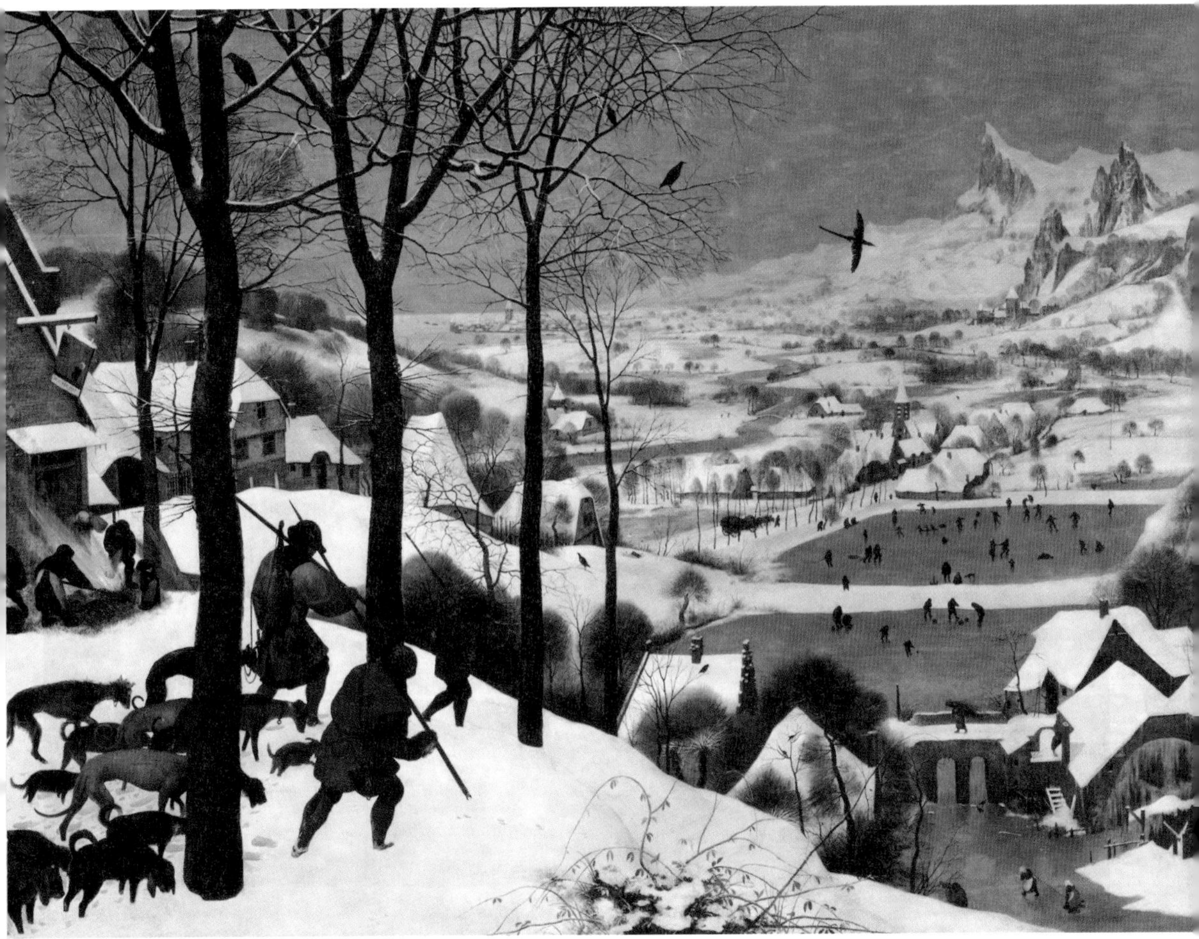

[그림 66] 피터르 브뤼헐 더 아우더, 〈눈 속의 사냥꾼〉

또 어떠할까? 그의 작품을 이해하는 핵심으로 화가가 가장 흥미롭게 생각하는 것은 무엇이었을지 스스로 질문해 보라.

핵심: 풍경 속의 인물

클로드 로랭 Claude Lorrain(1600~1682)

당대에 인기를 누린 프랑스 화가 로랭은 이전에는 누구도 그려 넣지 않았던 해를 그림에 포함시키는 것이 특징이었다. 로랭은 일생에 걸쳐 그림을 그렸다.

반 로이스달의 기법은 앞선 사람들에 비해 한층 더 활기가 넘쳤다. 그가 사용한 두터운 물감은 캔버스에 활력을 불어넣었고, 그는 신중하게 이 주제를 탐구했다. 그가 그린 나무는 이전의 화가들에 비해 덜 일반적이었으며, 어떤 나무인지 과학자들이 알아볼 정도였다. 인물의 부재 또한 두드러졌으며, 더욱 풍부하고 진전된 하늘의 묘사도 돋보였다.

풍경화가들에게 끼친 그의 영향력은 상당했다. 터너는 컨스터블이 그러했듯이 로이스달의 작품을 모사하면서 극찬을 아끼지 않았다. 반 고흐 역시 로이스달의 작품을 "장엄하다"고 할 만큼 열렬한 팬이었다. 클로드 모네 역시 또 다른 신봉자였다.

우리는 반 로이스달의 풍경화에서 생동감 있는 풍경화의 출발을 볼 수 있다. 더 이상 무대의 배경이 아니라 그는 커다란 하늘과 견고한 자연의 형체를 통해 풍경화에 현실성과 역동성을 부여하는 대기를 보여준다.

핵심: 역동적인 풍경화

카스파르 다비드 프리드리히Caspar David Friedrich (1774~1840)

독일로 눈을 돌리면 프리드리히를 만날 수 있다. 그는 풍경화란 장르를 정당화하는 데에 중요한 독일의 화가였다. 우울증을 앓았던 것으로 알려진 그는 겨울 풍경이란 하위 장르를 자신의 예술적 목록에 도입했다.

프리드리히의 작품을 보면 정서적인 특성이 있음을 알아차릴 것이다. 단순히 나무와 산 하늘을 묘사한 것이 아니다. 그의 그림은 풍경의 장엄함을 표현하며, 풍경을 성찰하는 사람들에게 풍경이 미치는 변화의 효과를 암시한다. 이 암시성으로 말미암아 그의 그림은 "알레고리적"이거나 "형이상학적"이라 불리기도 한다.

그는 "풍경의 비극성"을 작품으로 구현한 화가로도 일컬어졌다. 프리드리히는 자신의 감정을 그림 속에 밀어 넣은 낭만적 화가들의 전통을

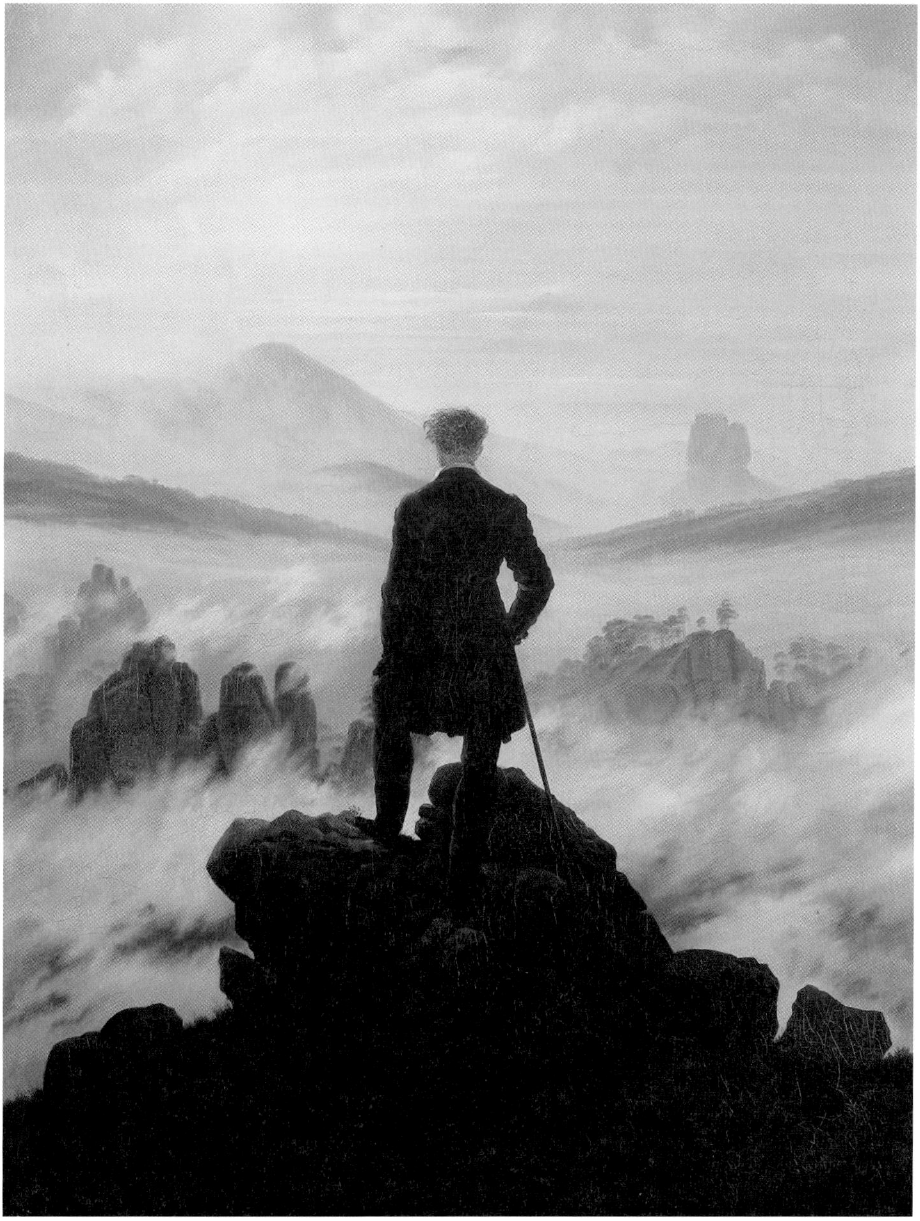

[그림 69] 카스파르 다비드 프리드리히, 〈안개 낀 바다 위의 방랑자〉

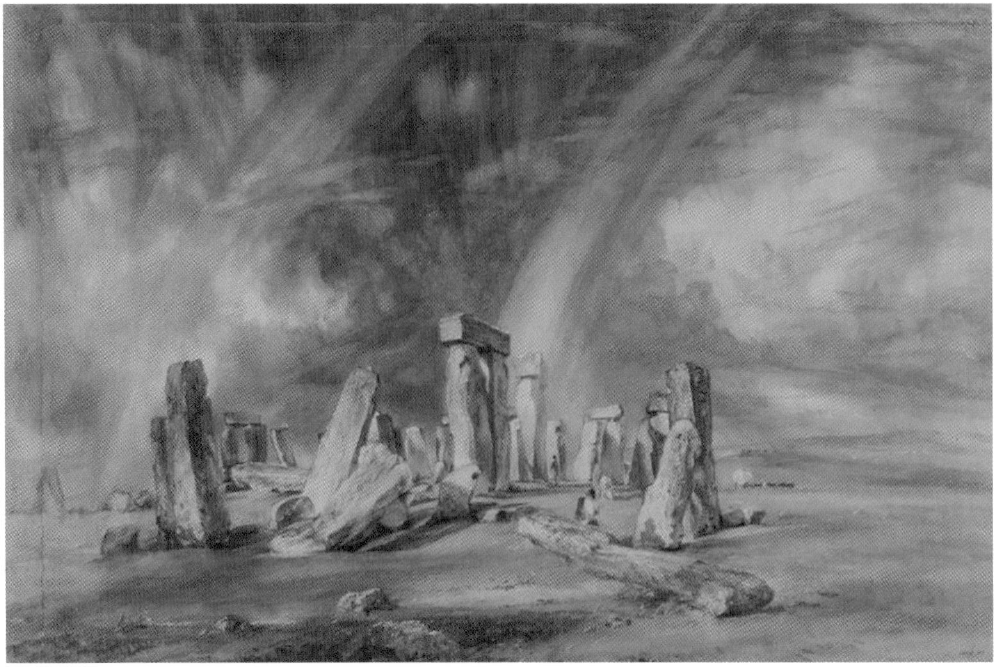

[그림 70] 존 컨스터블, 〈스톤헨지〉

이어받고 있다. 그는 그러한 성취와 함께 여기에서 논의하는 다른 풍경 화가인 터너와 심지어 또 다른 불행한 영혼인 반 고흐 등을 예고한다는 점에서 유명하다.

핵심: 자연 속의 정서

존 컨스터블John constable(1776~1837)

영국의 화가 컨스터블은 자연을 숭배했으며, 유화를 처음으로 야외에서 사생한 화가 중 한 사람이었다. 그는 신선하게도 알 프레스코적al fresco인 접근 방식을 택했는데, 특히 그는 완성된 유화에서 종종 드러나는 느슨한 붓 터치로 스케치를 그렸다. 그는 대기를 탐구했으며, 그가 구름과 바다를 다루는 방식을 보면 이후 터너가 확장하고 전파한 대기의 효과에 관한 열정적인 매력을 확인할 수 있다.

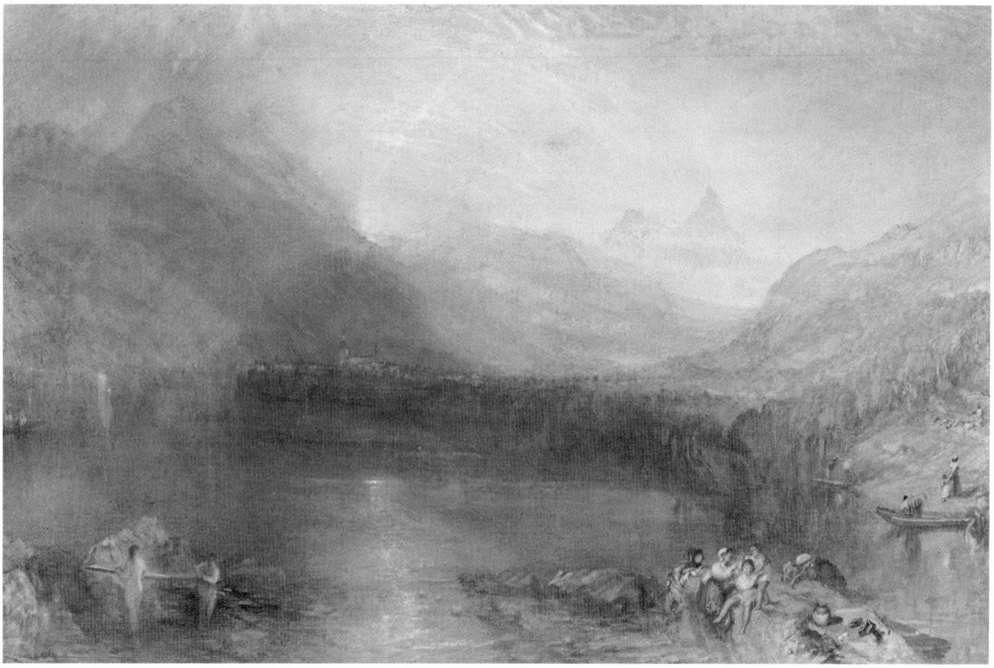

[그림 71] 조지프 말러드 윌리엄 터너, 〈주크 호수〉

그는 그의 앞선 화가들과 마찬가지로 자연의 형체들을 인식하였을 뿐만 아니라 추상적인 것—빛, 날씨, 그날의 시간 등—역시 인식하고 있었다. 직선은 컨스터블을 인상주의자로 이끌었으며, 인상주의자들은 그와 같은 형체들을 추상적인 것들의 뒷자리로 보내기 위해 고삐를 더 느슨하게 해야만 했다.

그의 유명한 그림 〈스톤헨지〉에서 하늘을 그린 방식을 살펴보라. 20세기 후기 인상주의에서 볼 수 있는 현대적인 면모가 엿보인다.

핵심: 선구자

조지프 말러드 윌리엄 터너 Joseph Mallard William Turner (1775~1851)

컨스터블에 대한 설명에서 말했듯이 터너는 대기의 효과를 자신의 작품에서 활짝 펼쳐나갔다. 그의 그림은 느슨한 붓질로 넘쳐나며, 자연에서 대기가 빚어내는 흐릿한 효과를 내기 위해 뒤섞고 희게 만들었다. 그는 이 흐릿함에 몰두한 나머지 극단적인 시점—폭풍, 비, 안개, 물의 격변, 난파선 등과 같은—의 날씨를 그렸다.

터너는 그 누구 못지않게 열정적이고 낭만적인 화가였다. 그는 이 열정을 입증할 만한 엄청난 양의 작품, 2,000점이 넘는 회화와 19,000점이 넘는 드로잉과 스케치를 남겼다. 그는 "빛의 화가"로 알려져 있지만 나는 그를 위대한 자연의 극작가로 간주하기도 한다.

모네의 수련을 보듯이 터너의 바다를 같은 방식으로 바라보라. 두 경우 모두 빛 그 자체가 주요한 주제로 우뚝 서고 튀어나온다. 주제의 가장 순수한 상태를 그려야 한다는 전제와 함께 그림 자체의 웅장함이 담겨 있다. 어지러울 지경이다.

핵심: 빛이 모든 것이다

장 밥티스트 카미유 코로(1796~1875)

코로는 프랑스 화가로 인상주의와 직결되어 있으며, 의심할 바 없이 그 선구자다. 그는 인상주의 화가들이 선호한 것보다 한층 더 한정된 색채를 사용했으며, 풍경화에 은색, 갈색 심지어 검은색까지 사용했다. 이는 인상파 후기의 작품들에는 거의 볼 수 없는 색이었다. 비록 그 또한 야외에서 그림을 그렸지만 상상력에 기대기도 했으며, 후기에 들어서는 직접 찍은 사진을 활용하기도 했다.

코로는 순수파였고, 회색이 주조를 이룬 단조풍의 붓 터치가 지닌 섬세함을 사랑했다. 이는 강렬한 파랑과 로즈, 노랑 등의 색감에 빠져든 인상파 화가들과 대조할 때 두드러진다. 코로는 수수한 화가였으며, 마음을 누그러뜨리는 풍경화는 그를 고전주의자로 자리매김하기에 충분하다. 당신은 그의 그림에서 이러한 특성을 찾을 수 있는가? 특히 뒤에 오는 화가들과 그를 비교해 보라.

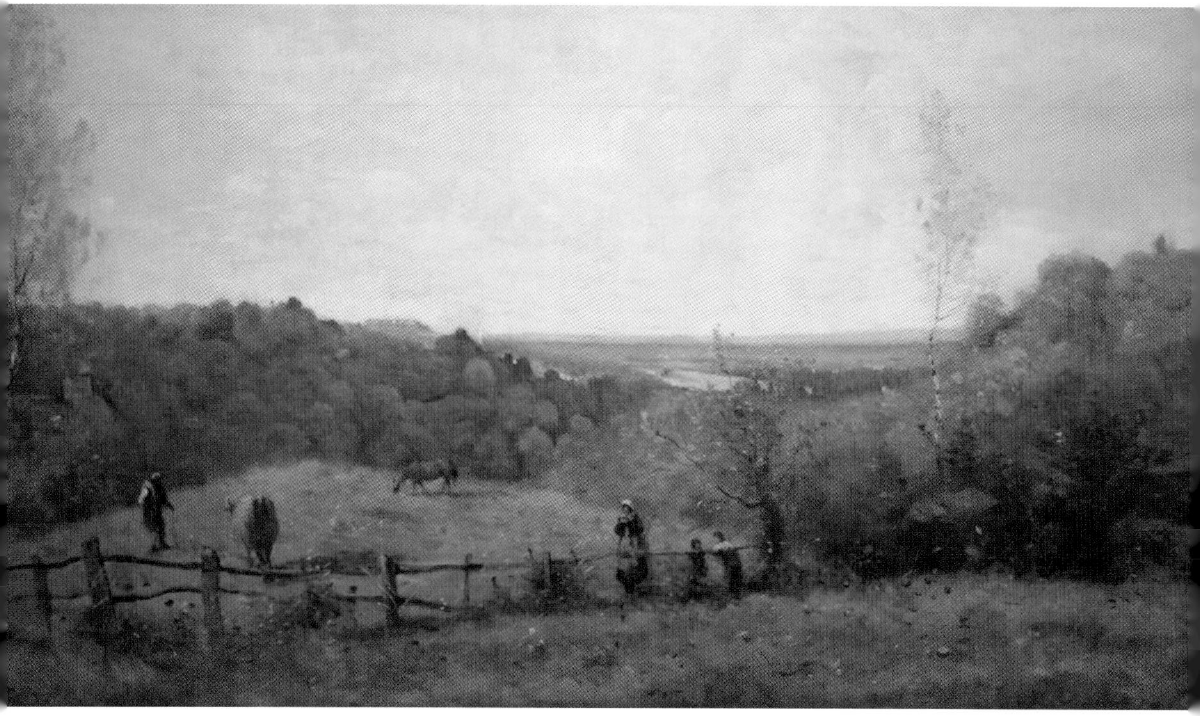

[그림 72] 장 밥티스트 카미유 코로, 〈세브르 위의 언덕〉

모네는 코로를 존경했으며, 그에 관해 "여기에는 단 한 사람의 장인이 있을 뿐이다. 코로가 바로 그 사람이다. 그에 비길 만한 사람은 없다. 그 누구도"라고 말하기도 했다. 우리 또한 취향이 고전적이라기보다 낭만적이라 할지라도 코로를 숭배할 수 있을 것이다.

핵심: 고전적 아름다움

토머스 콜Thomas Cole(1801~1848)과 허드슨강 화파Hudson River School

미국의 화가 토머스 콜은 허드슨강 화파의 선구자다. 그는 낭만적인 화가였으며, 종종 이 장의 앞에서 설명한 독일 화가, 카스파르 다비드 프리드리히의 양식과 그의 양식을 비교하는 언급을 종종 발견할 수 있을 것이다. 콜은 프리드리히가 지향한 대로 웅장한 풍경을 주로 그렸으

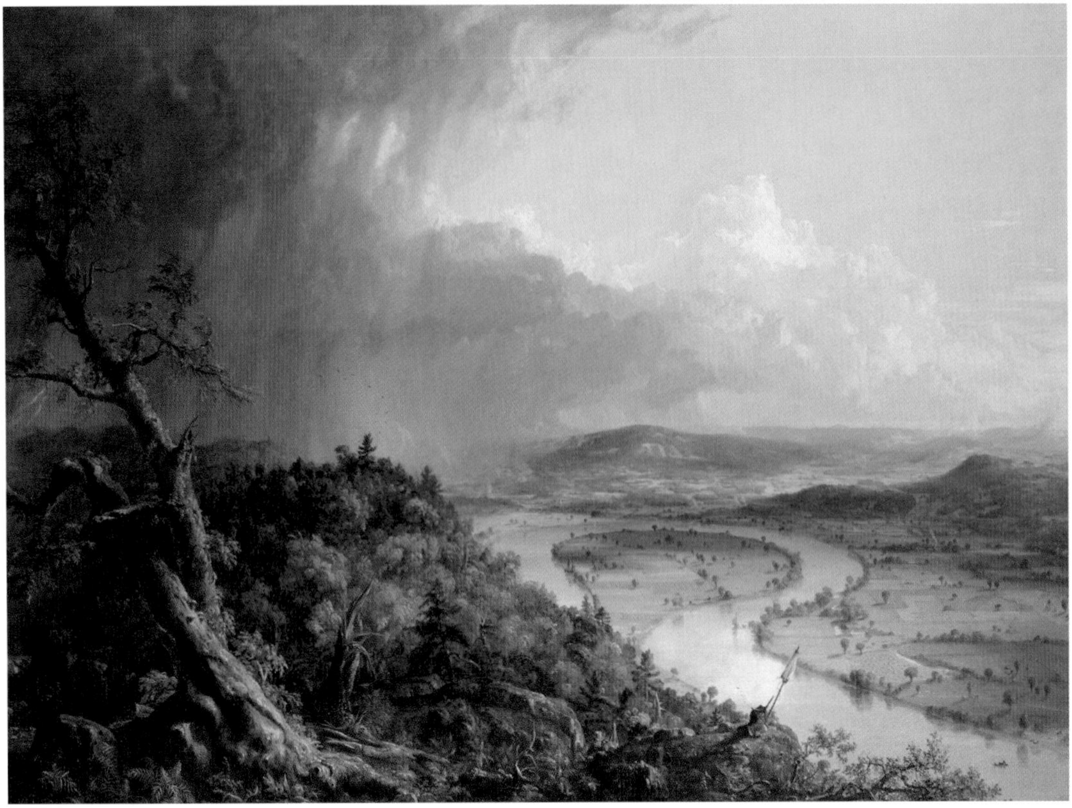

[그림 73] 토머스 콜, 〈폭풍우가 지난 후 매사추세츠 주의 홀리오크 산 주변의 코네티컷 강 주변, 옥스보우 정경〉

며, 이러한 양식은 수많은 동시대인들과 뒤따르는 화가들의 환호를 받았다.

1848년 콜이 죽은 후 허드슨강 화파의 다음 세대 화가들이 두각을 드러내기 시작했다. 이들 가운데에는 장엄하고 아주 극적인 풍경을 화폭에 담은 프레데릭 처치Frederic Church와 앨버트 비어슈타트Albert Bierstadt가 포함되어 있다. 그들의 풍경화는 거친 미국 서부의 정착민들을 연상시킨다. "루미니즘Luminism(19세기 중엽 미국에서 풍경 묘사에 사용된 그림 기법. 화면의 반 이상을 하늘이 차지하고, 그에 호응하듯 수면이 퍼져 있는 광경을 묘사했다.—옮긴이 주)"이란 용어가 이들 화가와 연결되며, 극적인 조명과 감추어

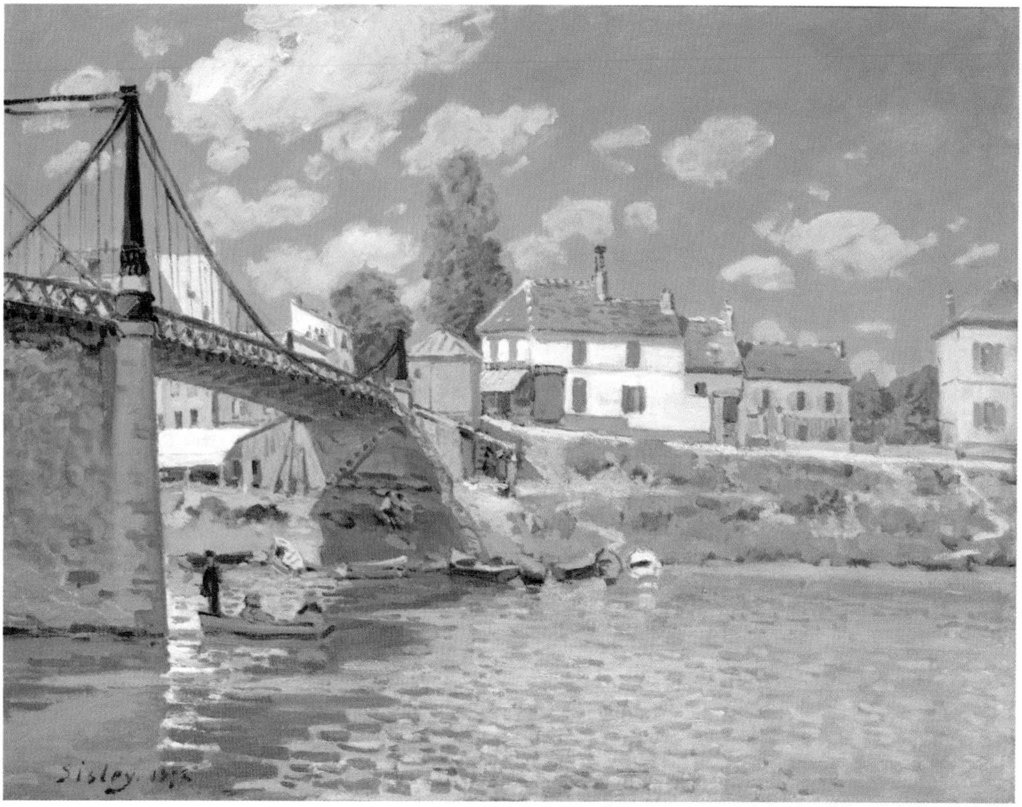

[그림 74] 알프레드 시슬레, 〈빌뇌브 라 가렌드의 다리〉

진 붓 터치 등에 의해 만들어진 효과를 특징으로 한다.

이 효과는 인상주의가 창조해 낸 대기의 빛이 아니다. 정반대라 할 수 있다. 이 빛은 잘 통제된 고도로 상세하게 표현된 양식이며, 자연을 찬란하고, 이상화된, 형이상학적인 대상으로 묘사한다. 인상주의의 빛으로 가득 찬, 불명료한 흐릿함과는 아주 거리가 멀다.

핵심: 찬란한 자연

알프레드 시슬레Alfred Sisley(1839~1899)

풍경화에 전념한 화가 시슬레는 생애 대부분을 프랑스에서 보냈으며, 센강과 그 주변의 평화로운 장소를 그렸다. 그는 실제 자연을 보고 그림을 그렸으며, 차분한 구성으로 인해 그와 동시대를 살았던 클로드 모네에게서 보이는 열정이 부족하기는 했지만 확고한 인상주의 화가였다.

그럼에도 그의 그림들은 파스텔 색조의 색감과 달콤한 뉘앙스로 가득 찬, 아주 사랑스러운 작품들이다. 이 작품들을 인상주의의 결정판이자 운동의 진정한 목소리로 기억되는 야심과 강렬함을 지닌 모네의 작품과 비교해 보는 것은 흥미롭다.

핵심: 고요

클로드 모네(1840~1926)

인상주의 운동의 창립자이며 동력이었던 클로드 모네는 인상주의의 가장 탁월한 전범이다. 1874년에 그는 고향 마을 르아브르의 일출을 그린 그림 〈인상, 일출〉을 그렸다. 이 그림은 안개 낀 항구의 풍경을 표현했으며, 누군가 그림의 제목이 무엇인지 물었을 때 이렇게 말했다. “르아브르의 풍경이 아니었기에 나는 말했다. ‘인상을 그린 것’이라고.”

이 이름이 굳어졌고, 빛을 탐구하고 빛 속에 사라져 버린 세부적인 표현을 배제하고, 그 빈 자리를 전반적인 느낌으로 가득 채우고자 했던 수많은 화가들의 작품을 범주화하게 되었다. 이들 가운데 단연 모네는 장인이자 빛을 연구하는 궁극적인 도제였다. 그런 그를 “눈”이라 지칭하는 것은 당연하기도 하다.

모네는 빛에 대한 수많은 연구를 이어갔고 종종 같은 날 다른 시간대에 같은 대상을 서로 다른 색감을 사용하여 그리기도 했다. 결국 그는 빛에 매료된 나머지 〈수련〉 연작을 그렸다. 지베르니에 있는 자신의 집 연못을 그리면서 연못의 꽃들에 비친 어른거리는 빛의 광휘에 빠져들었으며, 색채의 태피스트리를 만들어내기 위해 물감을 가볍게 문질러댔다. 이렇게 많은 유채들의 사용으로 대상은 빛과 색의 바닷속에서 흐릿해져 사라져 버리게 되었다. 추상이 되어버린 것이다.

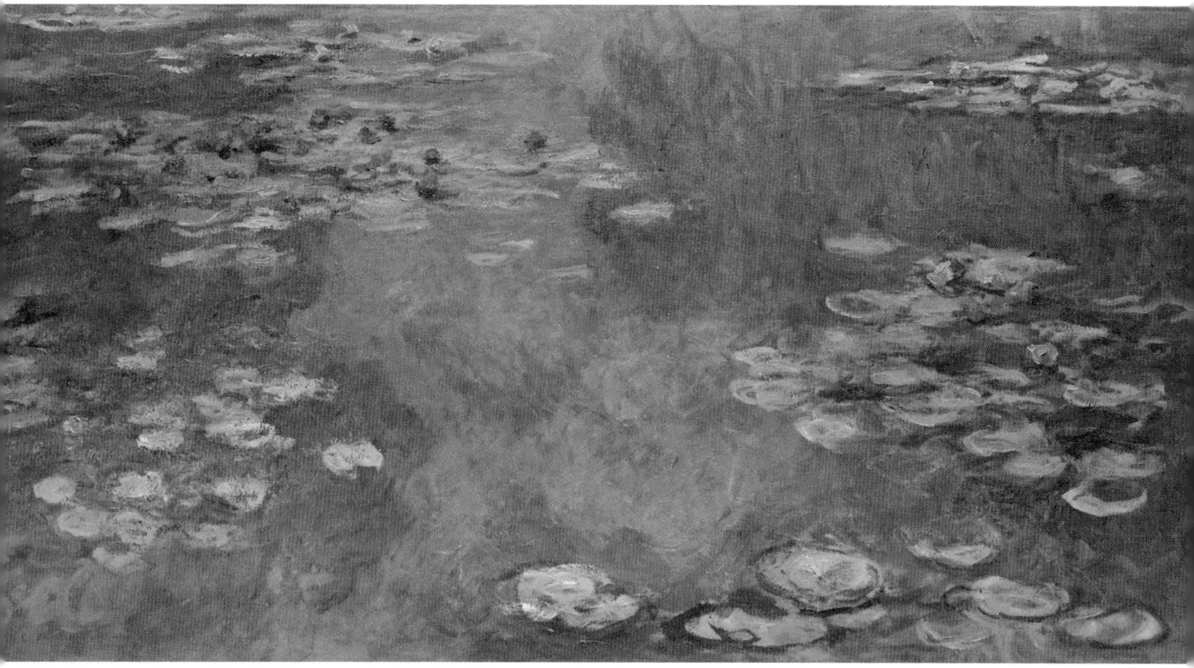

[그림 75] 클로드 모네, 〈수련〉

회화의 신전에서 모네는 소수의 선발된 천재들과 나란히 서 있다. 그는 분명 출발선에서부터 인상주의 운동을 창조한 것은 아니었지만 여전히 학생들과 예술 애호가들에게 가장 사랑받는 화가 중 한 사람이다. 오히려 그는 진실을 발견하기 위해 아주 호기심에 가득 찬 눈을 활용했으며, 그 진실의 중요성이 바람을 불러일으켰다. 시작했을 때 엉성하고 완성되지도 않은 작품으로 평가절하되었음에도 인상주의의 위력은 뒤이은 화가들의 마음을 사로잡았으며 영감을 불러일으켰다.

아마도 당신은 대부분의 미술관에서 인상주의에 앞선, 그리고 그에 뒤따르는 그림들을 전시하는 전시실들보다 인상주의를 위한 전시실에 더 많은 관람객들이 북적이는 것을 볼 수 있을 것이다. 여러 가지 이유로 인상주의는 관람객의 시선을 사로잡아 왔다. 그 이유는 색이 불러일으키는 즐거움, 붓 터치의 가벼움, 그리고 비록 대상을 모사한 것은 아닐지라도 인지할 수 있다는 사실 등에 있을 것이다. 대부분의 사람들은 한층 극적이거나 딱딱한 작품들보다, 혹은 추상적이거나 개념적인 작품들보다 이들 특성을 더욱 좋아하는 경향이 있는 듯하다. 당신의 생각은 어떠한가?

핵심: 빛의 장인

조르주 피에르 쇠라Georges-Pierre Seurat(1858~1891)

쇠라는 인상주의와 야수파를 잇는 가교로 간주되는 운동인 후기 인상주의자로 알려져 있다. 그의 동료들로는 폴 세잔, 폴 고갱, 그리고 빈센트 반 고흐가 있다. 이들 화가는 저마다의 방식으로 그림에 더 많은 형체의 환영을 부여하기 위해 대기의 빛에 집중하는 인상주의자들을 넘어서고자 했다. 빛 속에서 주제를 엄격하게 표현하고자 색조를 조절하는 대신 그들은 한층 더 기하학적인 윤곽선과 한층 더 강화된 색상을 통해 표현적인 요소들을 더 많이 도입하였다.

쇠라의 경우, 그의 질서정연함과 과학적인 빛의 굴절에 관한 감각이 점묘법이란 기법을 창조하였다. 이 기법은 작은 색 점들을 서로서로 병렬함으로써 색의 진동을 표현하였다. 쇠라의 가장 유명한 그림인 〈그랑드 자트 섬의 일요일 오후〉는 완성하는 데 2년이 걸렸다. 그는 이 한 작품만을 위해 거의 60편에 달하는 연구물을 발표했으며, 마지막 작품은 3미터를 넘는 폭의 그림이었다. 작품은 독특한 외관을 지녔으며, 의심할 바 없이 회화의 걸작이다.

그렇다면 쇠라는 낭만주의자인가 고전주의자인가?

분명 고전주의자다. 그의 점묘법은 새로운 효과를 창조하기 위한 광학적 법칙을 활용하고자 한 세심한 시도였다. 의사과학적인 용어를 사용하여 쇠라는 그의 과정을 "크로모루미나리즘chromoluminarism"이라고 불렀다. 모네와 같은 인상주의자들이 그들의 감정과 관찰력을 아름다움과 진실을 창조하기 위해 활용하는 동안 쇠라는 그 목표를 달성하기 위한 공식을 찾아 헤맸다.

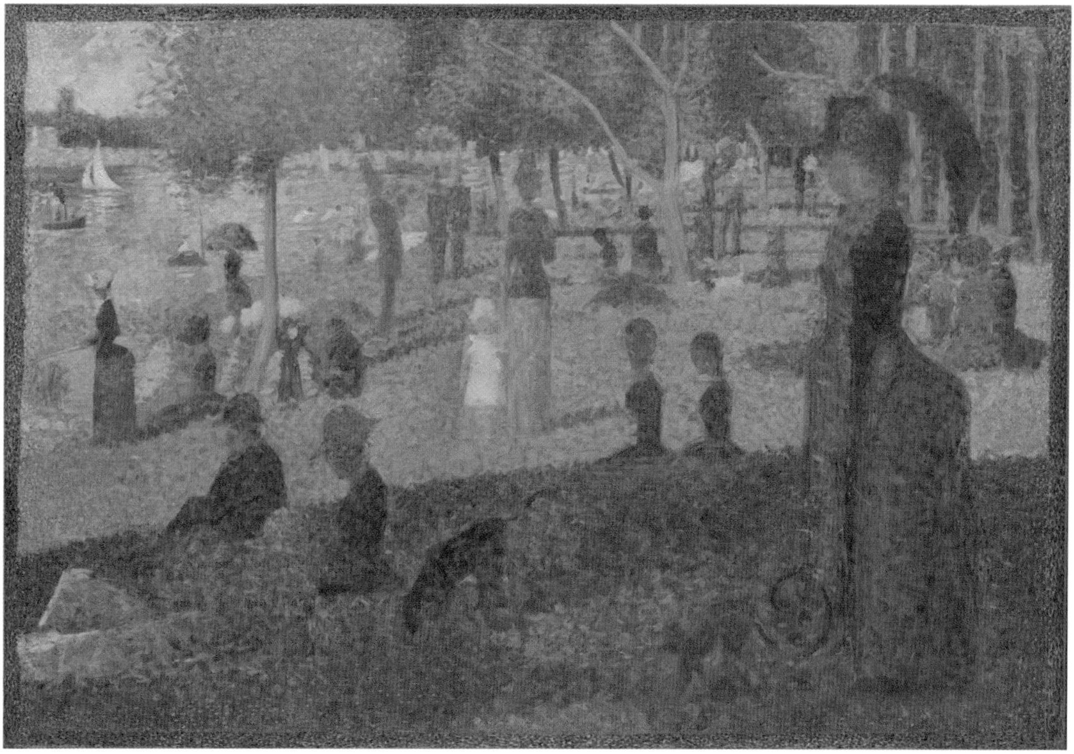

[그림 76] 조르주 쇠라, 〈그랑드 자트 섬의 일요일 오후〉

그는 자신의 그림에서 조화를 창조하고자 색 이론을 모색하였다. 쇠라는 다음과 같이 썼다. "미술은 조화다. 조화는 대립적인 것과 색조, 색, 선 등의 유사한 요소들의 유추이다. 색조는 어두울수록 더욱 밝은 법이다. 색에서 보색은 빨강-파랑, 노랑-보라다. 선에서 대립은 오른쪽 각도를 형성한다. 프레임은 그림의 색조, 색, 선의 대립과 반대되는 조화 속에 존재한다. 이들 여러 양상은 즐거운, 고요한 혹은 슬픈 결합들 속에서 각각의 지배에 따라, 빛의 영향 아래에서 고려되어야 한다."(작가 모리스 보부르Maurice Beaubourg에게 보낸 편지, 1890년 8월 28일, 쇠라, 런던: 파이던출판사, 1965)

우리 자신의 개인적인 취향이 무엇이든 우리는 쇠라가 자신의 공식을 미술에 적응해 나가면서 기울인 인내심, 사랑, 그리고 헌신을 존경하지 않을 수가 없다. 그의 천재성이란 위대한 결과들에도.

핵심: 미술에서의 과학

폴 세잔(1839~1906)

프랑스의 화가 세잔은 그의 영향력을 인정한 화가들의 찬사와 존경을 한 몸에 받고 있는 '화가들의 화가'였다. 마티스와 피카소는 입을 모아 "우리 모두의 아버지"로 그를 언급했다. 세잔은 인상주의의 대기에 반대하며 한층 더 명확한 형체를 그리고 싶어 했다. 그는 인상주의 화가들이 사용한 색채들을 이어받기는 했지만, 더 정교하고 설명적인 방식으로 그림을 그렸다.

세잔은 구조와 건축에 관심이 많았고, 이는 그가 만들어낸 색의 평면이나 단순화된 기하학적 형체들에 투영되어 있다. 그는 자연의 형체들이 세 가지 다면체—정육면체, 구, 원뿔—를 활용함으로써 묘사될 수 있다고 믿었다. 이러한 아이디어는 가히 혁명적이었음에도 세잔은 얼마나 많은 미래의 화가들이 이 생각을 받아들이고, 추상으로 진전시킬지를 깨닫지는 못했다.

그러나 그를 추종하는 다른 화가들은 그의 재능을 알아보았으며, 세잔의 형체 구현을 존경했다. 그들은 한 걸음 더 나아가 결과적으로 입체파가 했듯이 형체를 분리시키고, 평면화하였고, 동시에 다중 시점을 도입하여 그리기도 했다. 자신만의 방식으로 세잔은 현대 미술의 문을 열어젖힌 것이었다.

고전주의자? 물론이다. 그는 기초에 충실했고, 한층 강렬한 형체를 창조하기 위해 물감으로 조각을 했다. 그의 접근 방식은 거의 단순노동에 가까웠고, 당대에 특별한 인기를 누리지는 못했지만, 예술의 미래를 향해 손을 깊숙이 내뻗었음이 입증되었다.

핵심: 형체의 건축

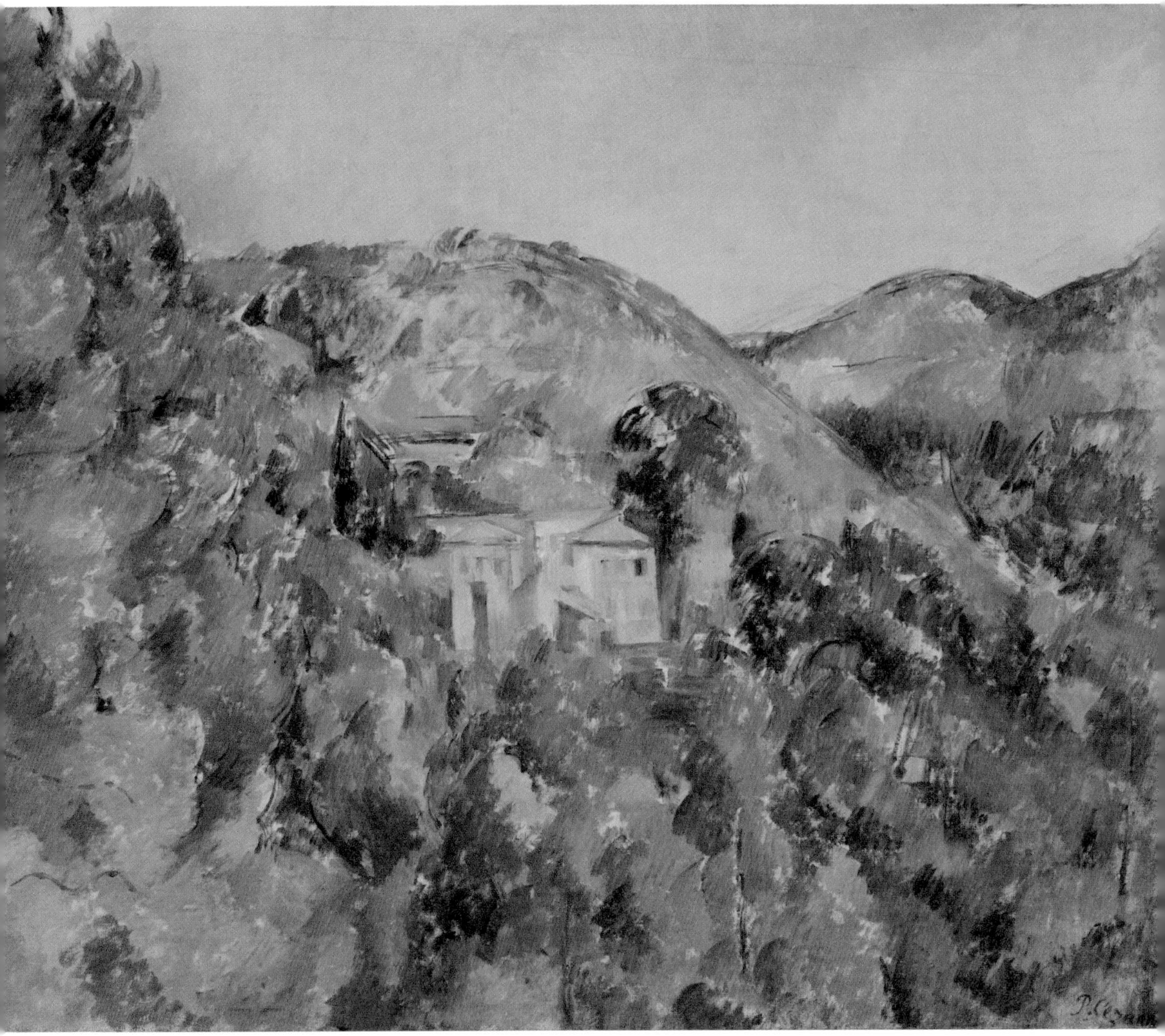

[그림 77] 폴 세잔, 〈생 조셉 포도밭 풍경〉

빈세트 반 고흐 Vincent van Gogh(1853~1890)

후기 인상주의자 반 고흐. 살아생전 단 한 점의 그림만을 팔 수 있었던 화가. 오늘날 역사적으로 가장 인기 있는 화가 중 한 사람으로 사랑받는 화가. 수억 달러의 가치로 거래되는 작품을 그린 화가. 세잔과 동시대를 살았지만 정반대 편에 섰던 화가.

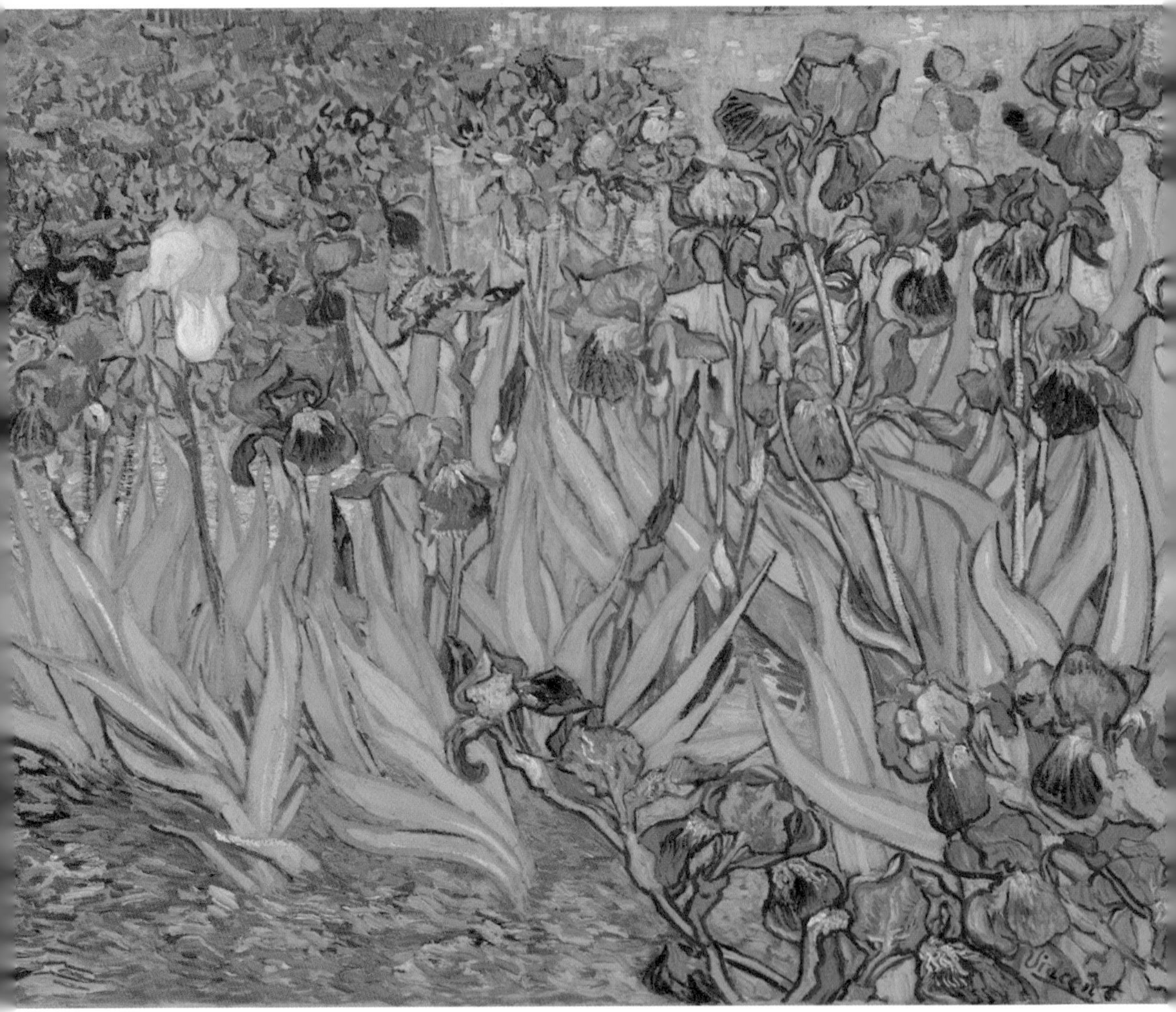

[그림 78] 빈센트 반 고흐, 〈아이리스〉

진정한 낭만주의자 반 고흐는 감정이 넘쳐나는 이였으며, 생애 대부분을 정신질환으로 고통을 겪었다. 그의 그림들은 그가 대상을 보았던 것과 마찬가지로 움직임, 정서, 열정 등으로 추동되었다. 심지어 그에게는 풍경과 실내의 배경조차 광적으로 살아 꿈틀거린다. 그는 확연히 눈에 띄는, 생생한 붓 터치와 말 그대로 튀어나올 듯하고 요동치며 진동하는 과감한 채색을 사용하였다.

그의 작품이 지닌 생기는 타의 추종을 불허한다.

우리는 나무를 뒤틀리게 하고, 하늘을 광포하게 만들며, 들판을 소용돌이치게 만든, 그의 작품을 살아 있는 것으로 만든 것이 그의 혼란스러운 정신인지 고통인지는 알지 못한다. 그러나 이유가 무엇이든 이 열정적인 움직임은 우리를 흥분시킨다. 그의 천재성은 그림에 전기를 흐르게 만들었으며, 정서적으로 충전시키고, 구성 또한 탁월하게 만들었다.

모든 화가는 개인주의자들이지만 어떤 화가는 다른 화가들에 비해 더한층 근본적으로 개인주의자다. 반 고흐는 결정적으로 이러한 부류의 화가다. 우리는 그가 자신이 그렇다는 것을 인식하고 있었는지 궁금하다.

핵심: 움직임, 질감의 천재

앙리 마티스(1868~1954)

경이적인 마티스는 풍경화가로 간주되지는 않지만 그의 그림에서 풍경은 주연은 아닐지라도 결정적인 역할을 한다. 그는 창문으로 보이는 풍경을 그리기 좋아했다. 아마도 그렇게 하는 것이 편리하다는 것을 알았거나 아니면 창문이 외부를 끌어오고 바라보는 자연스러운 프레임을 제공한다는 것을 알았기 때문일 것이다.

마티스는 디자이너와 아주 흡사했다. 그는 구성적으로 필요하다면 있는 그대로의 사실조차 무시하고는 했다. 앞서 인물화에서 살펴보았듯이 마티스는 이 작품을 모로코에서 그렸다. 방의 벽, 창문, 바다 그리고 하늘이 모두 뒤섞인 곳에서 푸른색들이 향연을 펼치고 있다. 비록 건물의 크기로 미루어 보아 아주 멀리 떨어져 있다는 것을 말해주기는 하지만, 풍경은 디자인을 강화하기 위해 아주 의도적으로 평면화되어 있다.

우리는 이토록 단순화된 작품을 통해 그의 경력 후반부에 펼쳐지게 되는 한층 추상적인 작품의 선구적인 모습을 엿볼 수 있다.

핵심: 색면

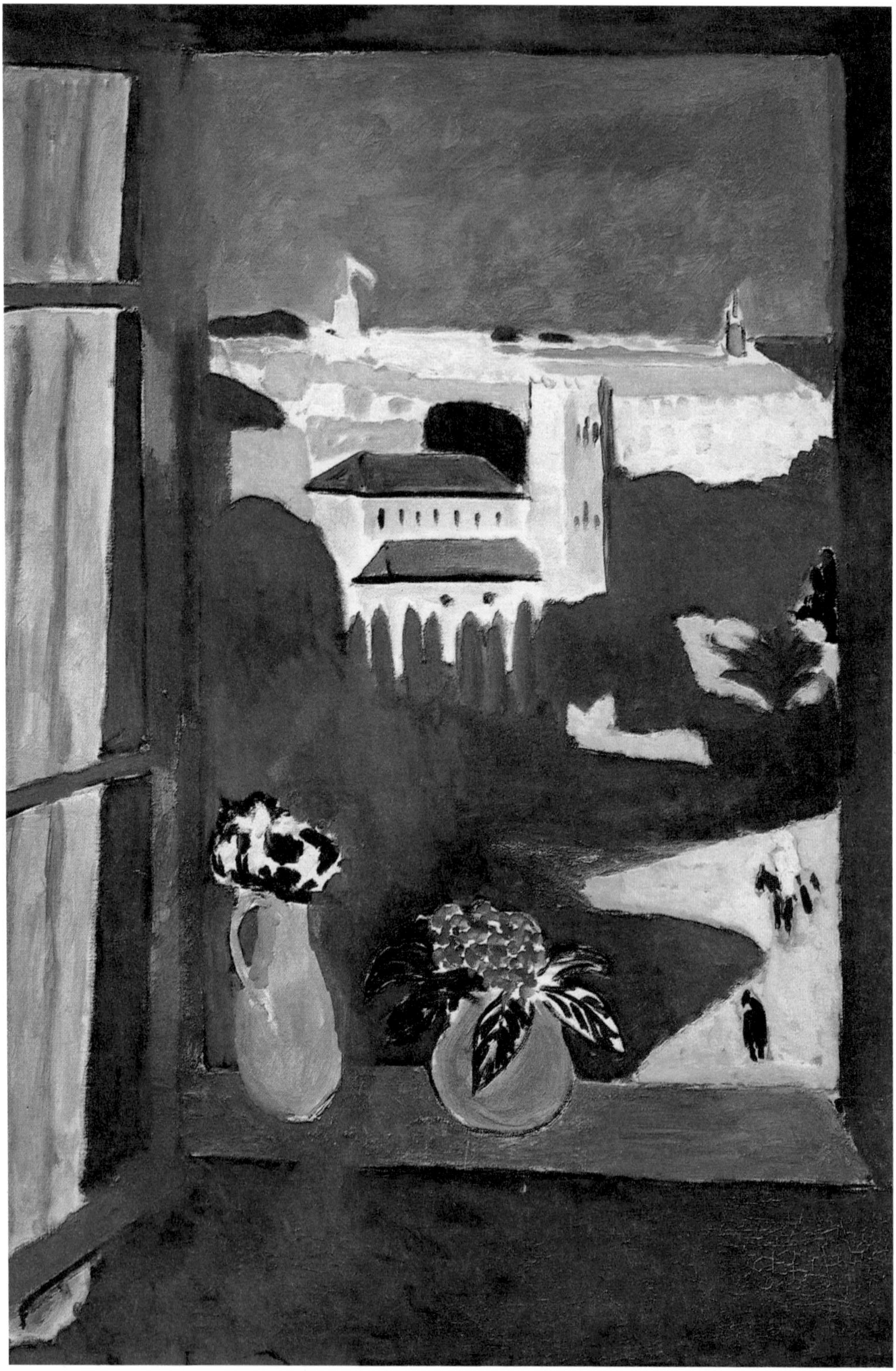

[그림 79] 앙리 마티스, 〈탕헤르의 창문〉

단순화된 풍경: 추상으로 열린 문

3등분의 법칙을 기억하는가? 풍경화 작품의 이상적인 균형을 만들기 위해 캔버스를 가로로 세 부분으로 분할하는 것? 세로보다 가로가 긴, 달리 말하면 수평으로 된 캔버스가 앞에 있다고 상상해 보라. 위에서부터 3분의 1 지점 적당한 곳에 선을 그으라. 수평선을 의미한다. 그리고 아래로부터 3분의 1 지점에 다시 적당한 곳에 선을 그으라. 상단 3분의 1 지점을 가벼운 청색으로 채워라. 그리고 그 아래 3분의 1 지점을 짙은 청색으로, 그리고 바닥은 노란색으로 채워라.([그림 80]을 보라) 당신이 한 작업은 가장 초보적인 방식으로 상상의 풍경—여기서는 바다 풍경을 암시한다—을 만든 것이다.

[그림 80] 캐럴린 슐람, 〈단순화시킨 풍경(일러스트레이션)〉

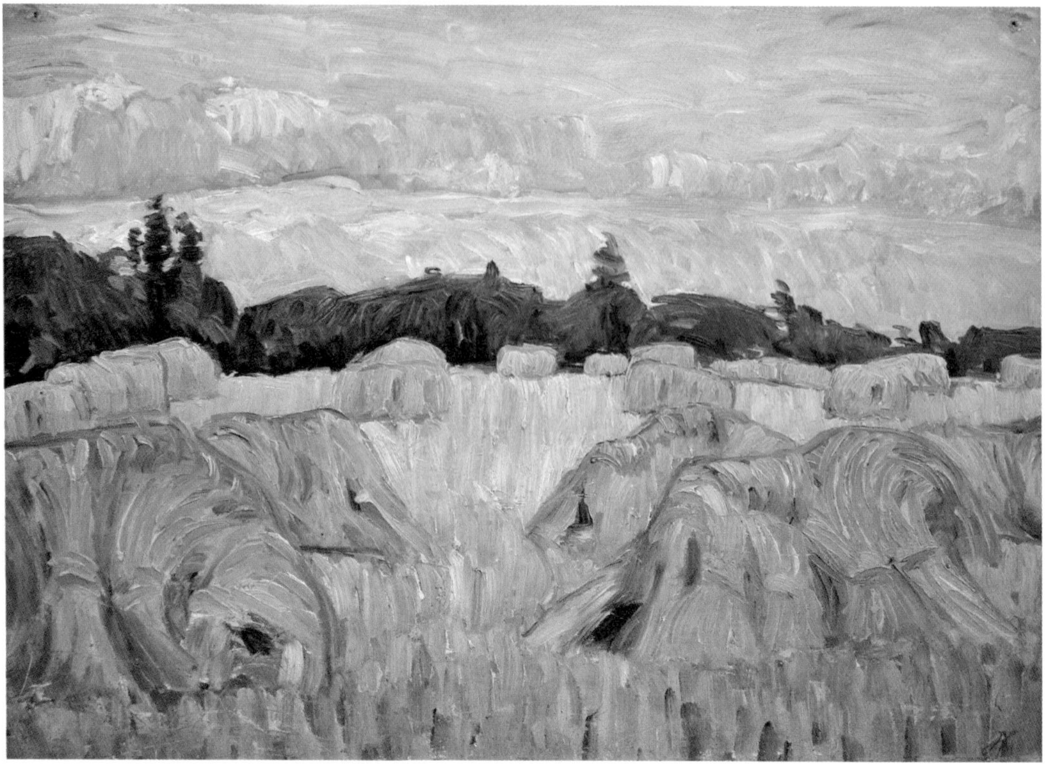

[그림 81] 아우구스트 하케, 〈곡식 다발이 있는 밭〉

잘 알려지지도 않았고 단명한 독일의 화가 아우구스트 하케August Haake(1889~1915)[그림 81]의 풍경화를 잠시 들여다보자. 서명이 없지만 캔버스 상단에 난 두 개의 구멍으로 인해 하케의 작품임이 증명되었다. 화가는 자전거에 딸린 두 개의 구멍에 자신의 작품을 매달았고, 그 구멍을 자신만의 독특한 서명으로 만들었다. 나는 이 작품을 단순화된 풍경화의 예시로 제시하고자 한다. 이 그림은 질감이 있는 세 가지 색의 띠일 따름이다. 당신은 쉽게 다음 단계로 도약하면 세부 묘사가 부족하고 더 한층 추상적인 작품이 될 것임을 쉽게 알 수 있을 것이다.

많은 놀라운 화가들은 한 단계 더 내딛어 풍경화임에도 추상화로 작동하는 혹은 추상적인 방식으로 자연의 여러 양상들을 담아내는 그림을 창조했다. 단순화의 과정에서 다른 속성들, 붓 터치 자체의 아름다움, 투명성, 질감, 미묘한 명암의 그라데이션, 기하학, 패턴화 등등이 전면에 부각되었다.

마찬가지로 이러한 유형의 작품은 "서정적 추상화"로 지칭되기도 한다. 나는 당신이 다음의 중요한 20세기 화가들을 찾아 그들의 작품을 연구해 보기를 권한다. (일반적으로 이들 화가의 작품은 여전히 저작권의 보호 아래 있으며, 따라서 이 책 속에 담아내지는 못하였다. 그럼에도 당신은 온라인을 통해 그들의 멋진 작품들을 찾을 수 있을 것이다.) 명시적이거나 설명하지는 않았어도 느낌으로, 상상으로 분명 자연의 형체나 풍경의 흔적 혹은 암시들을 발견할 것이다. 그 가운데 몇몇 작품을 들어보면 다음과 같다.

한스 호프먼(1880~1966): 잘 알려진 화가이자 미술 교사다. 그의 제자들 중에는 헬렌 프랑켄탈러, 리 크라스너Lee Krasner, 조안 미첼Joan Mitchell, 래리 리버스Larry Rivers 등이 있다. 그는 추상화가 자연과 예술의 정신적 성격에 기원을 두고 있다고 믿었다. 그는 그림의 구조에 관심을 기울였고, **밀고 당김의 이론**theory of push-pull으로 유명해졌다.

이 이론은 어떻게 추상화가들이 그림의 어떤 부분들을 앞으로 **끌어내고**pull, 또 다른 부분들을 배경으로 **밀어내는지**push, 이를 통해 어떻게 공간의 관계와 그림 공간의 맥락을 창조하는지를 정교화시켰다.

이 이론은 화가들이 자신의 선을 상상적 공간 안으로 끌어들이고, 밖으로 밀어내는 것을 상상한다고 설명한 것과 그리 다르지 않다. 차이점은 호프먼은 이론을 방법론으로 정교화시켰고, 추상화가들의 작품에 적용했다는 점이다.

호프먼 자신의 작품은 원색과 단순한 형태를 강조했다.

조안 미첼(1925~1992): 생애 대부분을 프랑스에서 살았고 활동했던 미국인이다. 그녀의 활기차고 역동적인 추상화들 역시 프랑스의 풍경으로부터 영감을 받았다. 그녀의 작품은 작가의 아주 민감하고 활기찬 흔적 만들기로 인해 우리가 이른바 **행위적 추상**gestural abstraction이라 부르는 범주 속에 있다. 그녀는 앙리 마티스를 사랑했으며, 나는 대부분의 서정적 추상화가들 역시 다르지 않을 것이라 감히 말할 수 있다.

미첼의 추상화 몇 작품을 살펴보라. 미첼은 자신의 추상화를 "기억된 풍경"으로 설명하고 있다는 것은 주목할 만하다. 비록 그녀의 출발점이 풍경에 대한 기억일 수는 있지만 그녀는 풍경을 모호하게 만들거나 적어도 변형함으로써 분명 한층 더 추상적인 구성으로 발전시켰다.

정물화나 인물화보다 풍경을 기억하는 것이 훨씬 더 쉬워 보이는가? 사람들은 넓은 하늘, 풀밭, 바다, 그리고 모래 해변 등의 넓은 영역이 조금의 붓 터치만으로 색을 입힌 형태와 선형의 질감으로 표현된다는 것을 상상할 수 있다. 풍경이 추상이 되는 과정에는 자연스러운 연결고리가 존재한다.

밀턴 에이버리 Milton Avery(1885~1965): 미국 출신의 밀턴 에이버리는 서정적인 화가였으며, 마찬가지로 앙리 마티스의 전통을 따르는 화가였다. 그의 시적이며 서정적인 풍경화는 그저 사랑스럽기만 하며, 단순성이란 점에서는 아이의 그림 같아 보인다. 그는 아주 훌륭한 색채의 마술사였으며, 그의 캔버스는 보는 눈에 향연을 제공한다. 그는 단순하게 면을 분할하고 부드러운 색을 쓱쓱 크게 칠했다.

마크 로스코(1903~1970): 러시아 유대인 혈통의 미국인 화가 로스코는 에이버리보다 열여덟 살 어린 나이에 에이버리의 단순화되고 양식화된 풍경화에 영향을 받아 초기부터 그런 작품을 연상시키는 작품을 그렸다. 이후 그는 한층 더 나아가 색에 집중했으며, 결국 모든 지시 대상을 내던져버리고 색과 질감의 뉘앙스를 만끽했다.

그의 후기 작품들은 울림이 큰 색면의 띠를 포함하고 있으며, 그는 정신적인 빛과 반향을 창조하기 위해 다양한 비밀스러운 재료들을 사용하기도 했다.

세 가지 색의 띠가 특징적인 작품을 보면 3등분의 법칙이 어떻게 풍경화가 순수한 추상으로 변화된, 현대적 형식이 되는지를 볼 수 있을 것이다.

헬렌 프랑켄탈러(1928~2011): 한스 호프먼의 수제자 중의 한 사람. 그녀는 캔버스를 인접한 범위의 색조에 빠뜨림으로써 색면 회화를 창안하였다.

동료인 로스코와 마찬가지로 그녀는 색을 사랑했고, 기름을 흠뻑 적셔 염료를 그대로 노출시킴으로써 표면을 들뜨게 만드는 옅은 물감으로, 가공되지 않은 캔버스에 작업을 했다.

나중에 그녀는 이 기법을 포기하고 실제로 더욱 인공적이고 밝은 느낌을 주는 아크릴 물감으로 작업을 했다.

색을 오랫동안 다룬 프랑켄탈러는 일러스트에서 활동한 경력을 바탕으로 다양한 측면들을 탐구했고, 정말 사랑스러운 작품들을 창조했다. 그녀의 구성은 풍경 속으로 뛰어오르고, 건너뛰고, 뛰어내리는 양상을 보인다. 당신은 그녀의 이름을 검색하면 작품을 볼 수 있을 것이다.

리처드 디벤콘(1922~1993): 디벤콘은 샌프란시스코와 그 주변 지역에서 활동하던 화가들의 모임인 베이 지역 구상화파의 구성원이었다. 마티스의 또 다른 숭배자인 디벤콘의 초기 구상 작품들은 충격적이었고, 이후 그의 추상 작품에서 드러나는 요소들—단순한 형태로의 분할, 채색의 강조, 인물을 패턴으로 혼합하는 것 등—을 앞질러 보여주었다.

1960년대 디벤콘의 관심은 한층 더 추상적인 작품으로 기울었고, 그는 태평양에서 몇 블록 떨어져 있던 자신의 산타 모니카 작업실에서 바라본 언덕과 계곡, 형태들을 그린 〈오션 파크〉란 연작으로 발표한 작품[그림 82]으로 유명해졌다. 그는 이 지역의 아름다운 빛을 145점의 작품으로 그렸다. 색채주의자인 그는 풍경을 단순화된 빛의 집합체로 번역해 냈다.

이 작품들을 특별하게 만드는 것은 고도로 이지적인 화가였음에도 여전히 아름다운 빛의 특성과 연결되어 있기 때문이다. 그는 우리에게 부드러운 대기를 표현하는 색감과 바다를 떠올릴 수 있게 만드는 다채로운 색조로 말을 건넨다. 이 연작 중의 한 작품을 옆 페이지에서 보게 될 것이다.

그는 풍경화가였는가? 물론이다. 그의 풍경화는 건물, 바다, 자신이 살던 캘리포니아의 거리들을 넘어, 대기의 색들을 시적인 기하학적 집합체로 환원해 냈다. 작품은 눈여겨 볼 만한 장관이다.

나는 풍경화의 주요한 작품들을 간략하게 제시한 이 장을 당신이 흥미롭게 읽었기를 바란다. 풍경화는 아주 대중적인 주제이기에 그 해석 또한 아주 다양하다. 이 장르에 속하는 다른 빛나는 작품들을 깊이 탐색하는 것도 괜찮을 것이라 생각한다. 여기에는 여전히 많은 동료들을 거느리고 있는, 돋보이는 명료한 목소리를 가진 화가들이 존재한다. 이들을 살펴보고 당신의 취향에 맞는 작품을 찾아보라.

나는 캐나다의 화가 톰 톰슨Tom Thomson(1877~1917)의 열렬한 팬이다. 그를 뒤따르며 협동 작업을 한 풍경 화가들을 일컬어 “7인 그룹”이라 지칭한다. 그들은 20세기 초반에 활동했으며, 캐나다를 중심으로 아주 생동하며 고도로 역동적인 그림들을 그렸다. 살펴볼 만한 가치가 충분하다.

한층 최근에 들어서는 더 많은 화가들이 독특하고 아주 개성적인 방식으로 풍경을 해석하고 있다. 수영장, 뒷마당, 정원을 비롯해 다양한 강의 풍경들에 관심이 있다면 데이비드 호크니David Hockney(1937~현재)의 감각적인 작품들도 좋아할 것이다. 그는 영국의 화가이며 거대한 캔버스

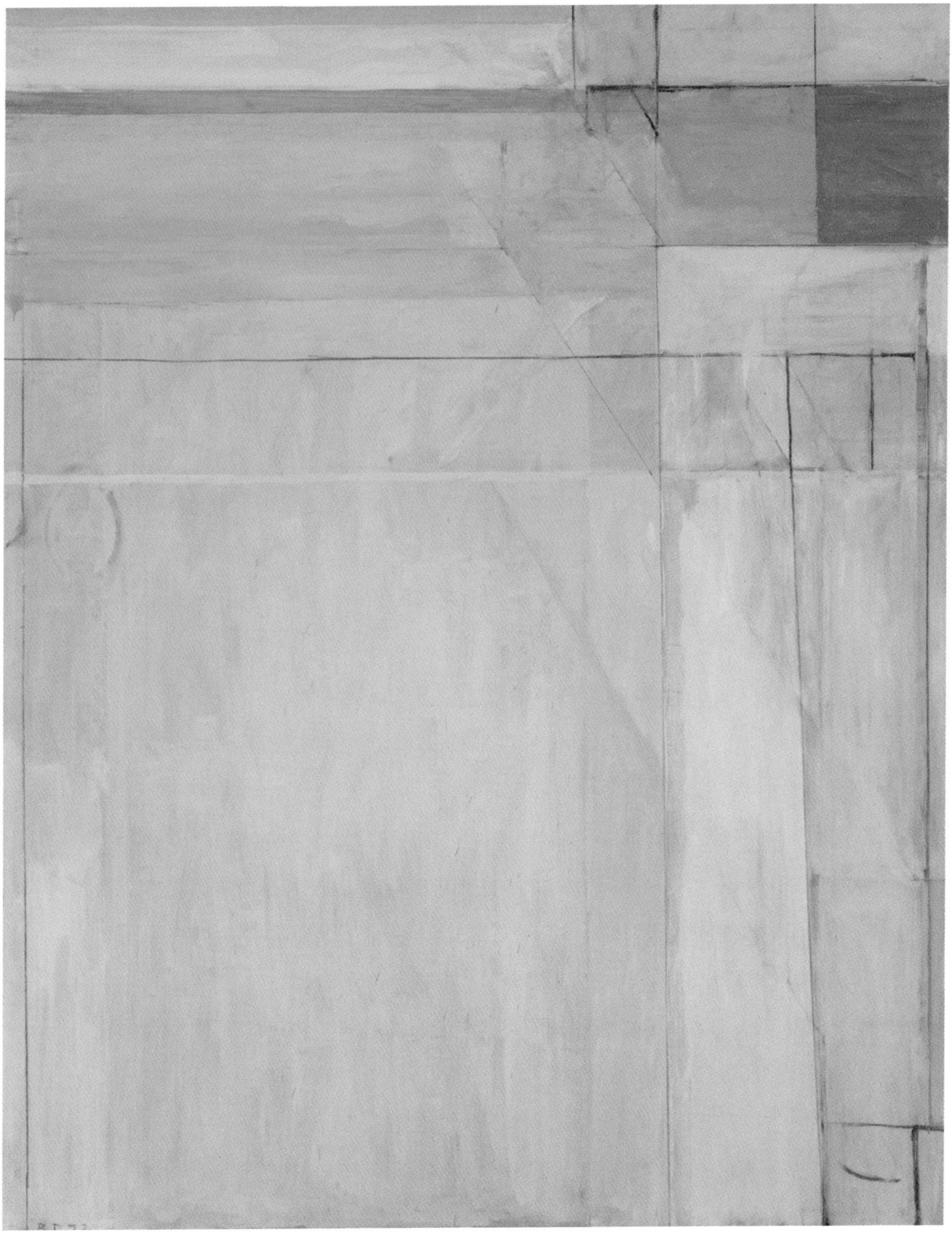

[그림 82] 리처드 디벤콘, 〈오션 파크〉 #54, 1972, 캔버스에 유채와 목탄, 254 x 205.4센티미터, 카탈로그 #4117 ⓒ 리처드 디벤콘 재단

를 사용하기도 하지만 종종 아이패드로 그리고 채색하기도 한다.

이 스펙트럼의 또 다른 극단에는 라트비아 출신의 미국 화가 비자 셀민스Vija Celmins(1938~현재)를 발견하게 될 것이다. 그는 자연을 침울하고 중립적이며 비인격적인 관점을 투영하여 그렸다. 그녀의 그림에는 밝게 채색된 야자나무가 없다. 그녀는 바위, 사막, 거미줄과 같은 다소 평범한 자연의 형체들을 극도로 세밀하게 묘사하는 것을 선호한다. 그녀에게 낭만주의는 경멸의 대상이며, 극사실주의가 그녀의 전유물이다. "아름다움"에 대한 반발은 다른 장르에서도 마찬가지로 지배적인 영향을 미치고 있다. 우리는 이를 11장의 추상미술에서 더 자세하게 살펴볼 것이다.

또 다른 탐색할 만한 가치가 있는 풍경 화가는 게르하르트 리히터 Gerhard Richter(1932~현재)다. 질감에 관한 그의 관심은 셀민스 만큼 열정적이지만 훨씬 더 화사하고 화려한 방식으로 표현하였다. 그는 풍경화와 추상화를 연결하는 또 다른 바람직한 사례다. 리히터의 대척점에는 스웨덴의 화가 요하킴 알굴란더Joakim Allgulander(1965~현재)가 있다. 그는 셀민스와 마찬가지로 질감에 관해 뜨거운 관심을 보였지만 훨씬 더 회화적이고 색감을 다채로운 방식으로 펼쳐냈다. 그는 풍경화와 추상화를 연결하는 또 다른 좋은 사례다. 그의 그림은 매끄럽고 질감이 살아 있지만 아주 조형적으로 명료한 이미지를 추구하였다.

풍경화의 대중적 인기는 아주 상당하며, 오늘날의 풍경화가들의 작품 가격은 놀라울 정도다. 스코틀랜드 화가 피터 도이그Peter Doig (1959~현재)의 작품 〈늪에 빠진Swamped〉은 2,500만 달러에 달했다. 물론 그만한 값으로 팔리는 작품들은 그리 많지 않다. 그럼에도 이 작품의 가치는 예술에서 풍경화의 깊이와 폭, 미술 수집가들에게 받아들여지는 가치에 대한 한 가지 증거일 것이다.

10장

주제와 거장 3: 정물화

10장

주제와 거장 3: 정물화

17세기 프랑스 아카데미는 회화를 주제에 따라 위계화했다. 최고의 자리에는 역사화가 놓였고, 그 뒤로 초상화, 일상적인 생활화, 풍경화, 그리고 마지막으로 정물화를 배치했다. 인간 존재를 묘사한 그림에 관한 선호는 아주 명확했고, 풍경화와 정물화는 뒷전으로 돌렸다. 두 장르는 사람이 포함되지 않았다는 이유로 바닥에 자리 잡았다.

그럼에도 불구하고 자연이든 인공물이든 대상의 묘사를 가리키는 정물화는 시대를 가릴 것 없이 화가들에게는 인기 있는 주제임이 입증되고 있다. 그 이유의 일부는 사물에 관한 접근성이며, 고정된 상태로 주제에 따른 사물들을 배열할 수 있는 가능성 때문이다. 빛이 시시각각 변화한다는 것은 야외에서 작업하는 풍경 화가들로 하여금 빛의 강약에 따라 보이는 모든 대상의 색이 달라지는 상황에 끊임없이 적응해야 함을 의미한다.

그러나 설정된 정물화의 대상들은 스튜디오라는 고정된 공간에서 무한대로 존재할 수 있으며, 오랜 시간 탐구를 가능케 한다. 모델료도 전혀 들지 않고 꼼지락거리는 인물들로 인해 화가의 작업이 방해받을 우려도 없다. 이러한 결과 창조된 작품들이 예술 수집가의 관심을 이끌어냈음은 물론이며, 잠재적으로 장식적 가치도 뛰어남이 입증되었다.

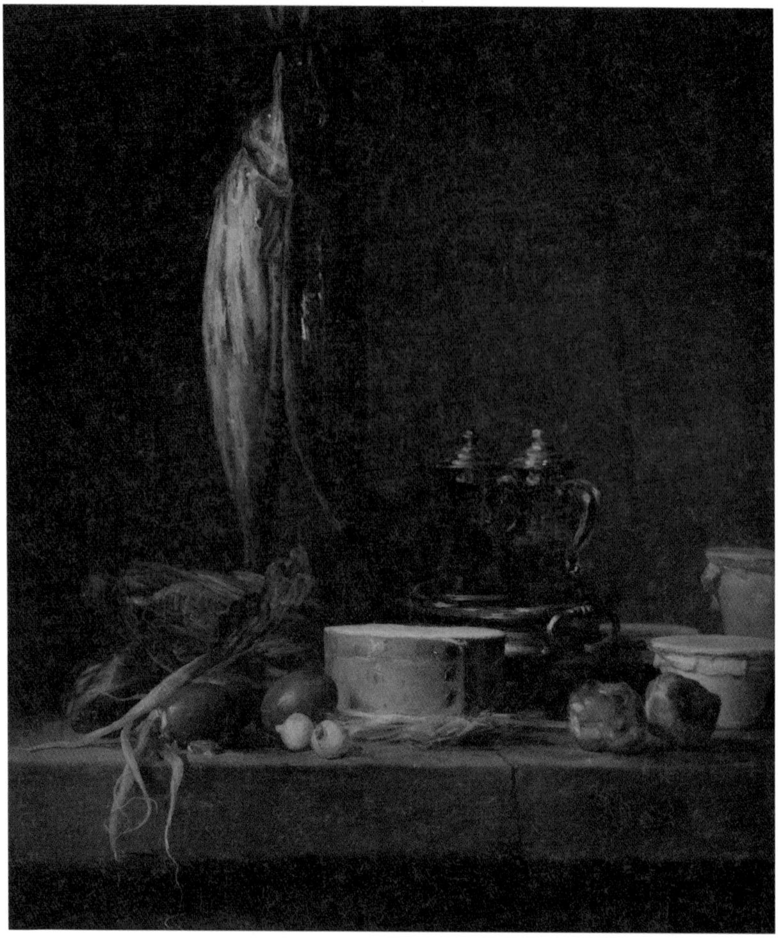

[그림 83] 장 밥티스티 시메옹 샤르댕Jean-Baptiste-Siméon Chardin,
〈식탁 위 물고기, 채소, 구제르, 항아리와 양념통이 있는 정물〉

대상에 관한 접근성에 덧붙여 정물화는 미술을 배우려는 학생들에게 아주 훌륭한 주제를 제공한다.

정물화는 옷감, 나무, 유리, 도자기뿐만 아니라 꽃과 같은 섬세한 대상의 다채로운 결과 반사적 특성을 효과적으로 연습할 수 있게 만든다. 정물화는 형태와 선, 캔버스에서의 구성 등을 탐구하는 데에 탁월한 형식을 제공해 준다. 어떤 의미에서 화가의 구성을 숙련케 하는 것은 정

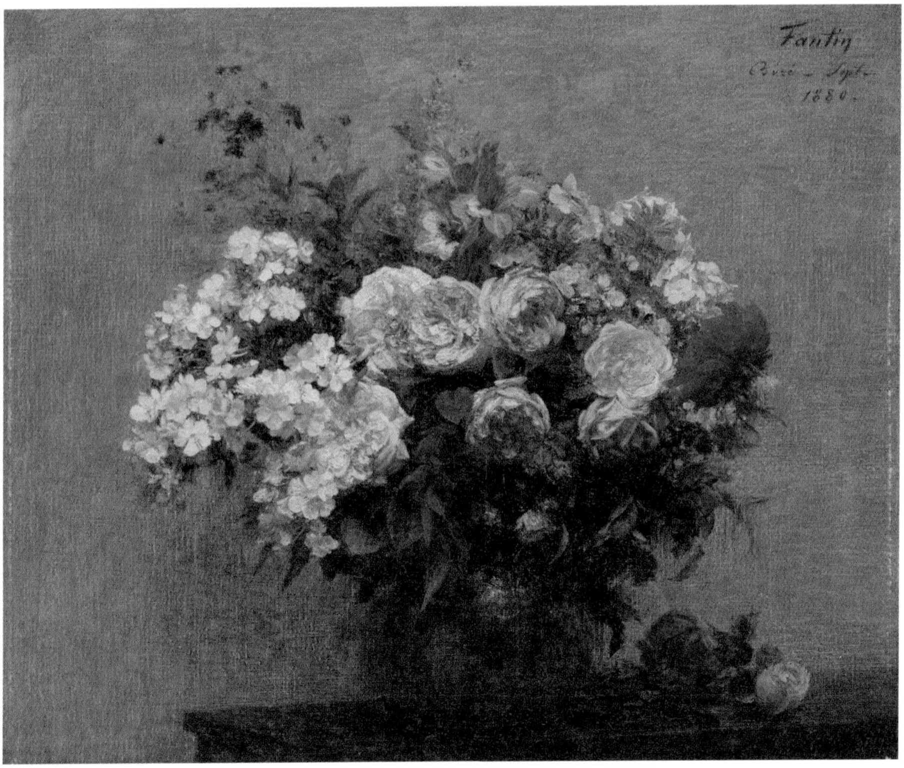

[그림 84] 앙리 팡탱라투르, 〈여름철의 꽃〉

물을 그려나가는 데에서뿐만 아니라 그리기 위해 배열하는 것에서도 작용한다.

18세기 네덜란드의 화가들은 이 주제에 깊은 관심을 기울였고, 현실주의적으로 표현했다. 예컨대 1769년에 탁자 위에 놓인 다양한 사물들을 그린 샤르댕의 그림[그림 83]을 들 수 있다. 다시금 물고기, 나무 탁자의 상단, 유리 항아리, 그리고 금속 상판에 비친 빛 등을 포함하여 화가가 모사할 수 있는 다양한 대상의 질감을 주목해 보라. 대상은 의심할 바 없이 화가가 재창조하고자 하는 다채로운 표면으로 말미암아 선택된 것들이다.

여기 또 다른 정물화의 인기 있는 주제인 꽃[그림 84]을 살펴보자. 다음 작품은 19세기 화가 앙리 팡탱라투르Henri Fantin-Latour가 현실주의적인 맥락에서 그렸다. 중립적이고 평범하며 거친 배경이 어떻게 화려한 꽃들을 돋보이게 하는지 주목해 보라. 우리는 이것을 그림에서 "포장foil"이라고 부르는데, 그림에 관한 초점을 상대적으로 집중시키는 평이함은 그림을 활성화한다.

한층 현대적인 방식의 정물화를 볼 때 그림들을 이들 현실주의적 회화와 연결시켜 보는 것도 필요하다. 정물화의 창조적 가능성은 20세기 그 주제를 다루었던 화가들이 전적으로 새로운 높이로 끌어올리면서 자신만의 영역으로 진입했다.

고갱이 반 고흐의 〈해바라기가 있는 정물〉에 보여준 경의, 나비파가 그린 몇몇 놀라운 작품, 입체파와 야수파의 실험들, 이 주제에 관한 세잔의 집중적인 작업과 수많은 화가들의 작업 등이 정물화를 득의의 영역으로 만들었다. 우리는 이제 어떻게 이러저러한 화가들이 낮은 지위에 있던 정물화를 창조성과 실험성으로 끌어올렸는지를 살펴보게 될 것이다.

폴 세잔만큼 과일하면 떠오르는 화가는 아마도 없을 것이다.[그림 85] 그는 열정적인 정물화가였다. 그리고 둥근 물체를 대표하는 과일은 수많은 작품으로 탄생되었다. 그는 대상을, 구성하고 있는 각 부분들로 해체하고, 그 각각의 형체를 창조하는 데 몰두했다. 세잔은 대상을 그대로 복제하지 않고, 탐구하고 분석했다. 단순한 대상을 3차원의 형체를 구성하는 단면이나 평면으로 분할함으로써 입체파 기법의 선구자가 되었다. 입체파에서 대상은 해부학을 검증하는 장르로 변신하기에 이르렀다.

그 시대의 다른 화가들도 세잔이 이끄는 대로 따랐다. 여기에 오렌지 빛이 감도는 사과를 포착하고 있는 피사로의 그림이 있다. 이 사과는 부드러운 장식적 회화의 맥락 안에 놓여 있다.[그림 86] 이 작품은 보이는 대로 정물을 묘사한 단순한 작품이며, 멋진 소묘와 효과적인 채색에도 불구하고 대상의 왜곡은 없는 작품이다.

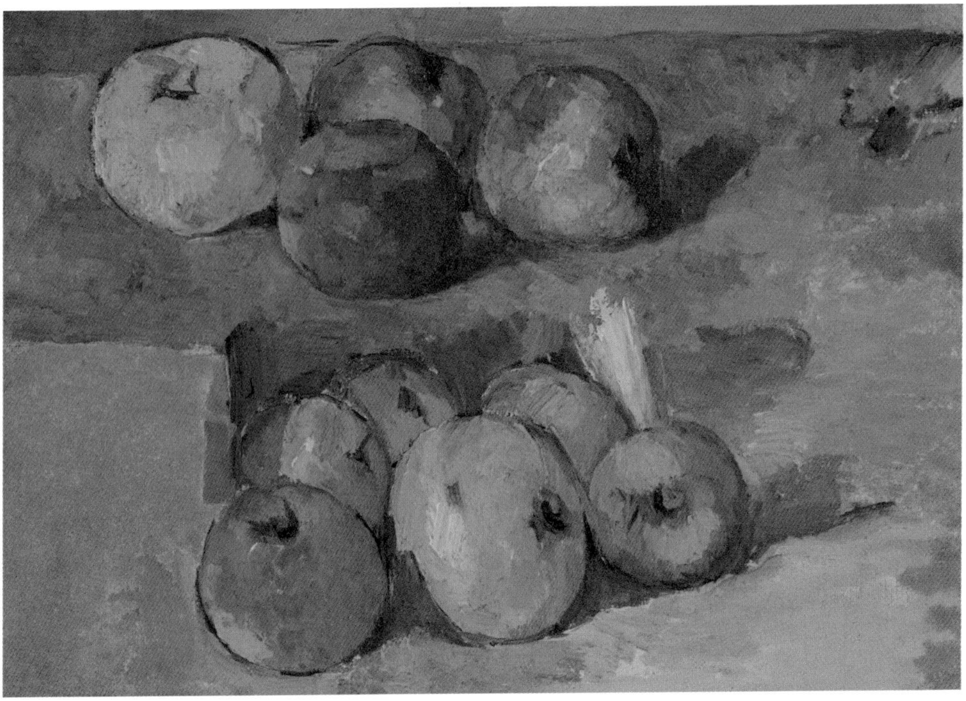

[그림 85] 폴 세잔, 〈사과〉

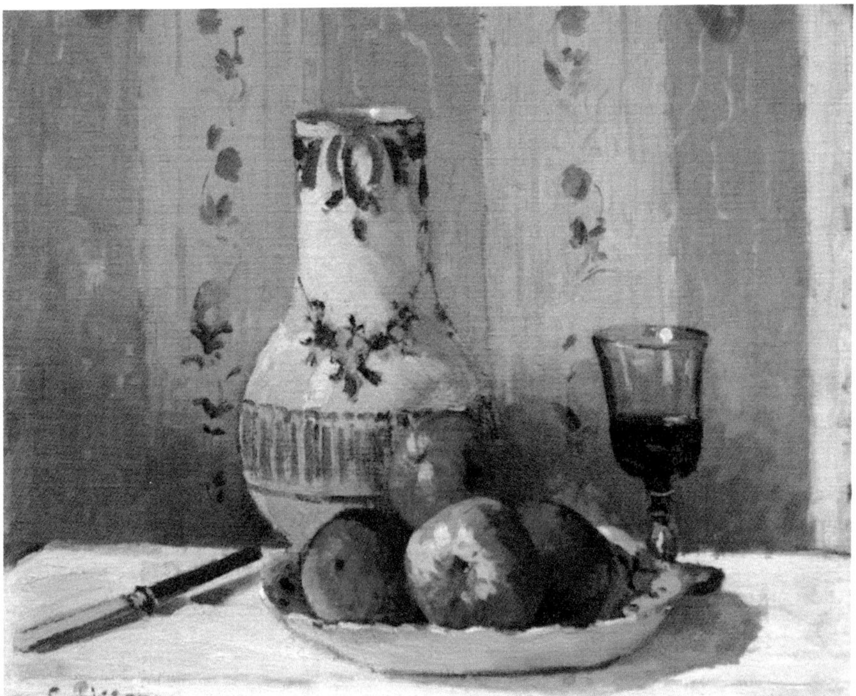

[그림 86] 카미유 피사로Camille Pissaro, 〈사과와 물 주전자가 있는 정물〉

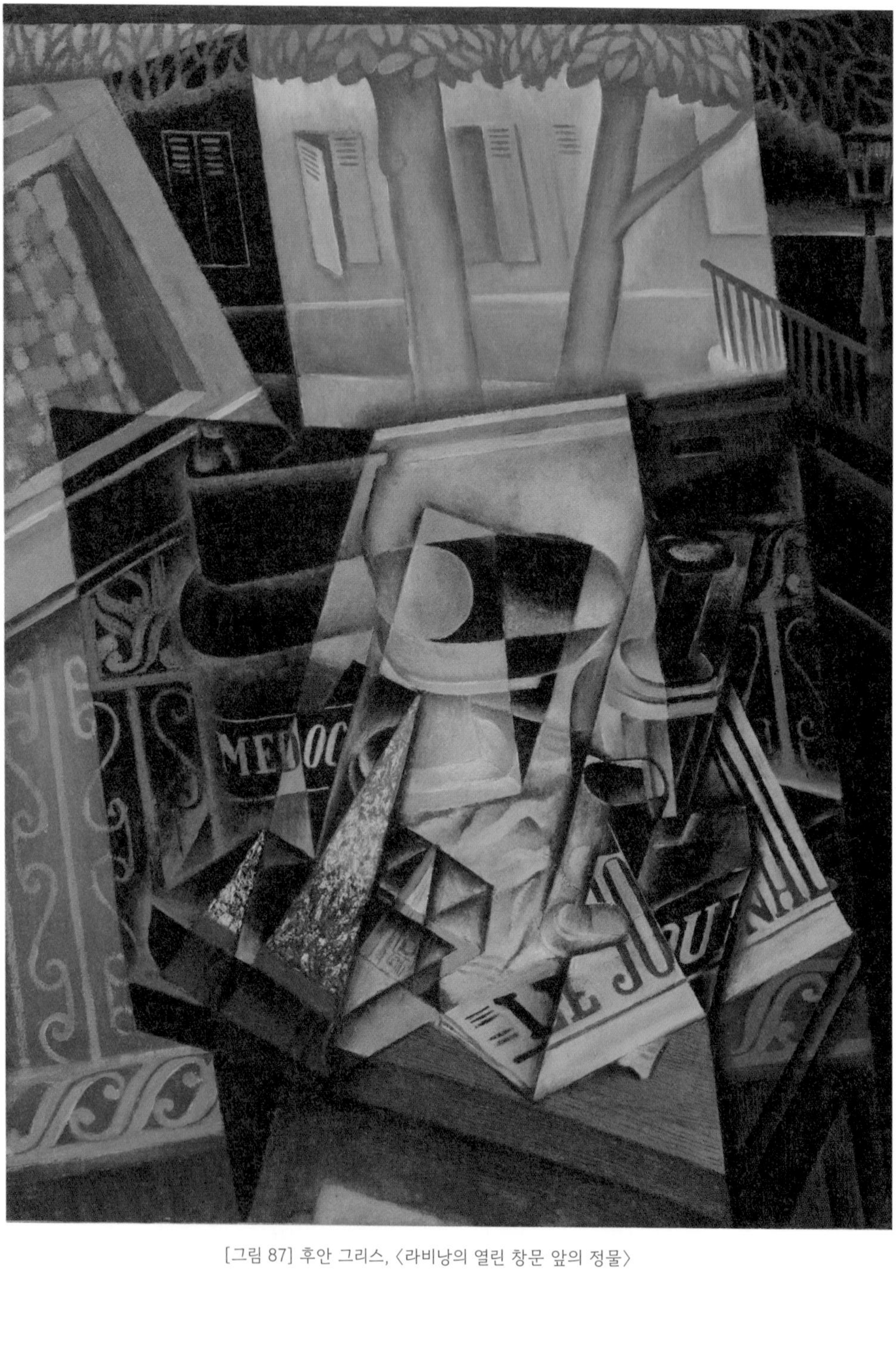

[그림 87] 후안 그리스, 〈라비낭의 열린 창문 앞의 정물〉

그렇다면 후안 그리스의 아주 복합적인 입체파 그림[그림 87]을 보자. 그는 피카소와 조르주 브라크 작품의 뒤를 잇고 있다. 이전에 실내장식 화가였던 후안 그리스는 자신의 정물화 구성에 장식적인 모티브를 접목시켰다. 여기서 그리스는 공간의 환영을 압축하고, 외부의 나무를 끌어들이고 있으며, 창문 정면의 격자를 그림의 평면 속 오른쪽에 배치하였다. 나무판자들(평평한 평면들)이 3차원으로 구성되어 있는 건물처럼 다른 것의 위에 놓여 있다고 상상해 보라. 이 기법은 깊이를 얻기 위해 사용된 선형 원근법을 대체하고 있다. 이렇게 평면을 쌓아올린 덕분에 그는 모든 요소들을 전경으로 가져올 수 있었다. 그것이 이 작품의 매혹으로 아주 장식적인 디자인을 빚어낸다.

이제 반 고흐의 해바라기[그림 88]와 앞서 보았던 팡탱라투르의 꽃[그림 84]을 비교해 보자. 먼저 꽃과 배경은 밝다고 말할 수 있다. 팡탱라투르의 그림에는 어떤 극적인 넓은 영역도 존재하지 않는다. 우리는 단순성과 함께 표현의 특성 역시 확인할 수 있다. 꽃들은 저마다 다른 방향을 가리키며, 우리는 심지어 아래로 목을 떨구고 있는 꽃도 볼 수 있다. 반 고흐의 꽃들은 사실 개성을 지니고 있다! 이는 화가가 모방에 전념하기보다 마음에서 우러나온 것을 그림으로 말하는 것을 스스로에게 허용함으로써 가능해진 측면이다. 심지어 화병조차 개성적이지 않은가!

앞서 나는 정물을 구성하는 것이 그것을 그려내는 첫 번째 과정이라 말한 바 있다. 선택이 결과를 규정한다. 여기에서는 스튜디오에서 그린 정물화로 화가 조르조 모란디Giorgio Morandi가 구성한 작품을 보자. 그는 복잡하고 정교한 정물화를 피하고, 단순히 몇몇 병, 화병, 그릇을 표면 위에 배열하고 과장 없이 그려냈다.[그림 89]

모란디는 정물화에서 의례적이며 장식적인 측면들을 배제하고 일상적 사물을 단순한 톤으로 묘사했다. 모란디는 아주 중립적인 지대에 존재하는 마이너 색조들만으로 진척시켰다. 정물화의 장르가 진전된 다음 당신은 그를 미니멀리스트라 부를 수 있을 것이다. 단순성을 향한 욕구

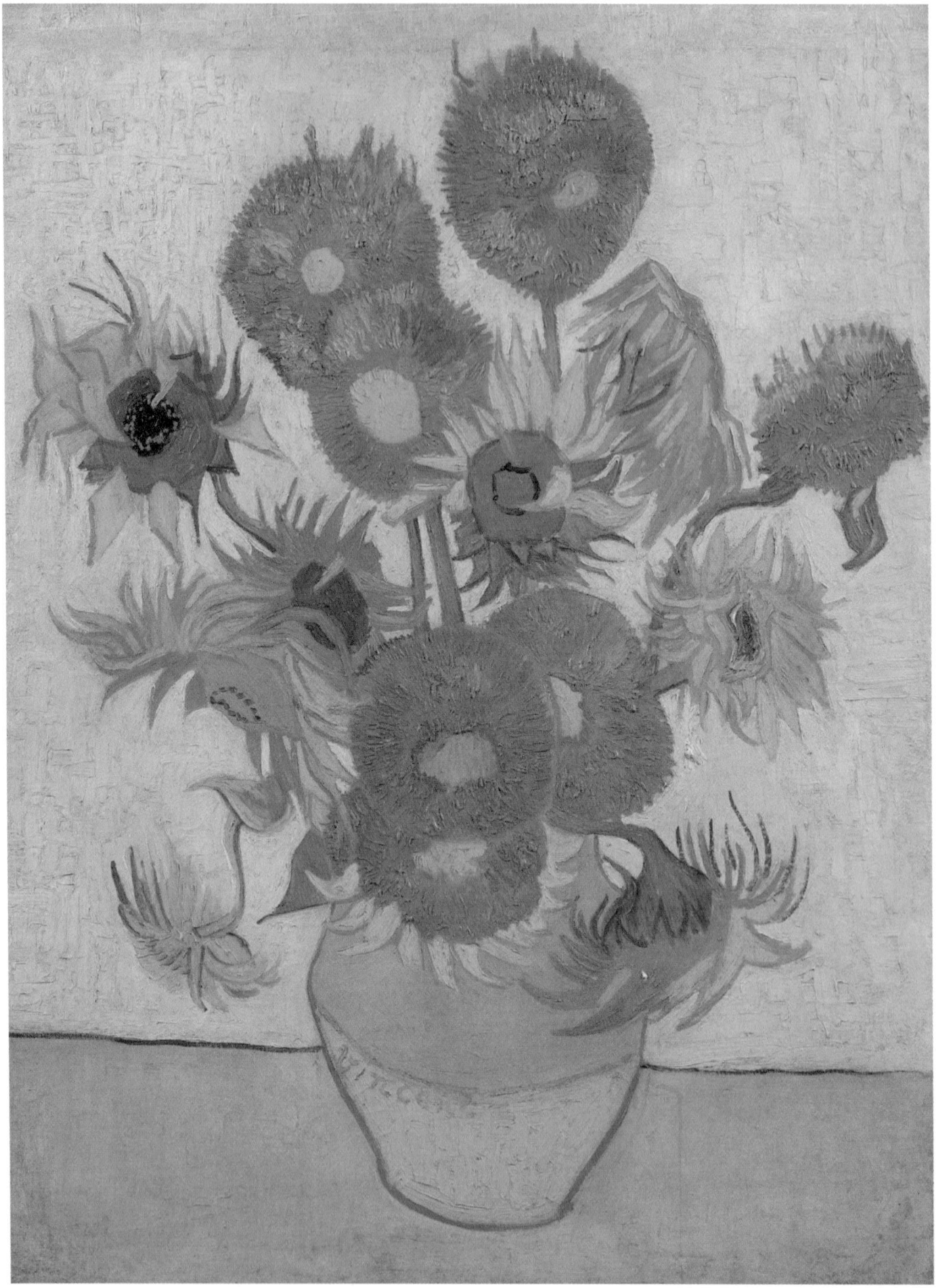

[그림 88] 빈센트 반 고흐, 〈꽃병에 꽂힌 열네 송이의 해바라기〉

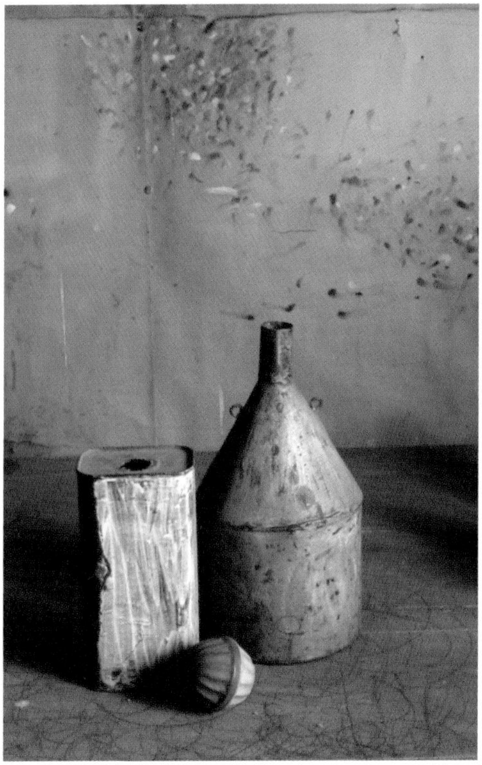

[그림 89] 조르조 모란디, 〈모란디 스튜디오〉

는 모더니즘의 핵심적인 표지이며, 시간이 흐르면서 예술 형성의 움직임으로 명확하게 하나의 경향을 이루고 있음을 확인할 수 있을 것이다.

인물화, 풍경화와 마찬가지로 정물화 역시 추상으로 선회하였다. 모란디의 단순화로부터 우리는 여타의 단순화로 이동해 가고 마침내는 추상으로 나아가기에 이른다.

또 다른 현대적인 발전은 화가들이 실제로 작품에 사물들을 붙여나가는 것으로 진행되었다. 콜라주의 기법, 종이나 천, 자연의 다른 재료들을 잘라내고 찢고 뒤섞어 표면에 붙이는 것은 결과적으로 붙인 것들이 3차원을 이룰 때 아상블라주 기법으로 변형되었다. 아상블라주는 릴리프로 간주되며, 만약 붙인 재료들이 중요하다면 조각품으로 간주될 수도 있다.

이러한 유형의 작품은 더러 혼합매체로 지칭되기도 한다. 재스퍼 존스, 로버트 라우션버그Robert Rauschenberg, 쿠르트 슈비터스Kurt Schwitters는 자신의 작품에 온갖 방식으로 사물들을 밀어 넣기로 유명하다. 라우센버그의 작품 중 하나에는 심지어 박제된 꿩을 갖다 붙이기도 했다.

콜라주와 아상블라주를 활용한 로버트 라우션버그의 실험은 세상을 놀라게 하기에 충분했다. 그는 이들 작품을 명확한 근거를 대며 "결합"이라고 불렀으며, 그의 작품들은 회화적 요소들에 덧붙여 뉴욕의 거리에서 주운 잡동사니들을 자신의 구성 속에 통합시켰다. 그는 이들 주운 사물들이 회화/조각의 맥락 속에서 재활성화된다고 주장하였다.

일단 시작되고부터 아이디어나 기술은 강박이 될 수 있으며, 심지어는 전반적으로 새로운 사고방식을 위한 자극제가 되기도 한다. 라우션버그가 자신의 작품 〈침대〉에서 했듯이 직물에 붉은 페인트를 떨어뜨리고 그것을 캔버스처럼 늘린 것은 연행 예술로까지 경계를 넘어서는 것은 아닌가? 계속해서 이 문제를 더 살펴보자.

여기 라우션버그의 콜라주 작품[그림 90]이 있다. 비록 실제 사물들이 많이 달려 있는 것은 아니지만 매혹적인 이미지의 구성임은 분명하다. 시각적으로 그리고 서사적으로 이들 대상이 어떻게 연결되어 있는지를 알아차리는 것은 일종의 퍼즐처럼 보인다. 라우션버그와 같은 현대 화가들은 자신들이 상상의 공간을 만들어내고 있다는 점을 알고 있다. "현실주의"로의 길이란 규칙—인식할 수 있는 환영을 창조하는 것—은 적용되지 않는다. 여기에서 나는 고전적인 이미저리와 나란히 있는 단순한 박스의 구조들도 사랑한다. 당신은 동의하는가?

대부분의 실험과 마찬가지로 한 가지 일은 또 다른 것을 이끌어낸다. 예술에서도 다르지 않다. 칠해진 표면의 위에 혹은 속에 실제 사물들이나 대상을 끼워 넣는 것이 이야기의 전부가 아니다. 일단 사물이 작동하기 시작하면 그다음에 평면은 공간으로 움직이게 되며, 우리는 이렇

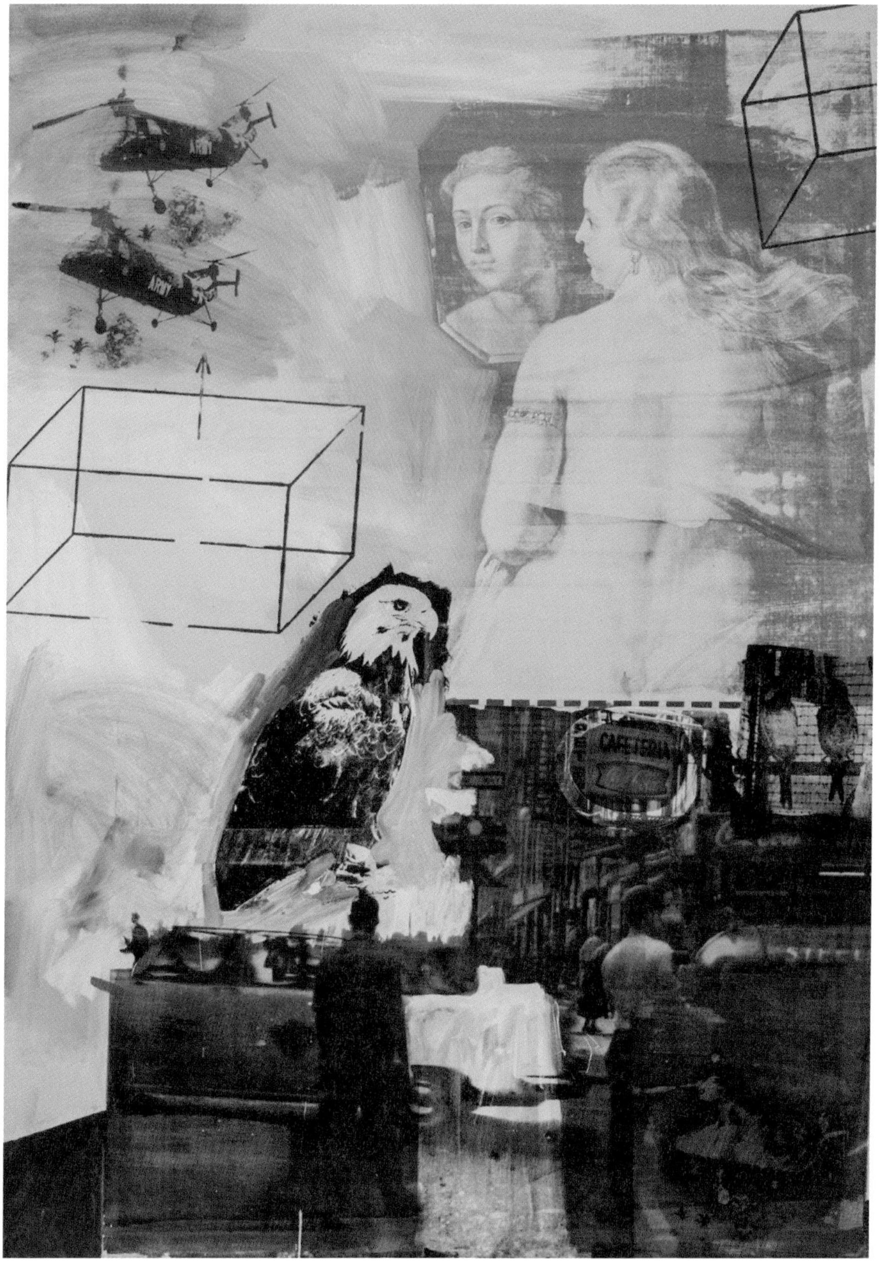

[그림 90] 로버트 라우션버그, 〈흔적〉

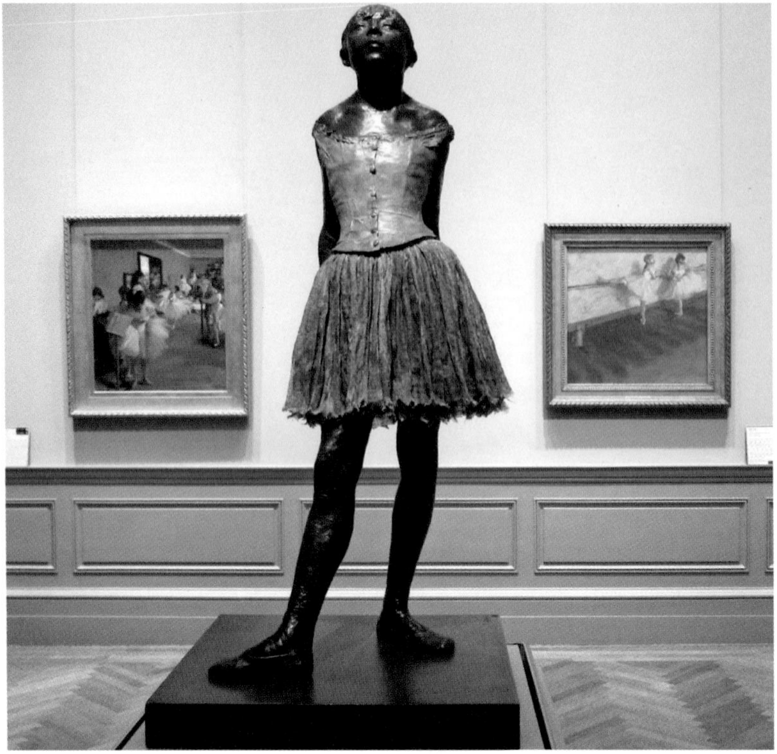

[그림 91] 에드가 드가, 〈열네 살의 어린 무희〉

게 발견한 사물들과 혼합된 매체들로 구성된 조각품을 갖기에 이른다. "그러면 왜 안 되는가?" 하는 큰 문제가 시대정신에 끼어든다. 여기 젊은 무희란 브론즈 형체에 실제 의류로 된 스커트를 입힌 드가의 작품을 보자.[그림 91]

화가들은 사물을 보면서 때로는 쓰레기만을 보기도 하고, 때로는 자신들이 묘사하고자 하는 것을 암시하기도 하고 혹은 그 대상의 주변에 전체를 배치함으로서 흥미진진한 형체를 발견하기도 한다. 이러한 작은 보물들을 찾아내기 위해 중고품 가게, 쓰레기 더미, 창고 세일의 이용자임을 자처하는 것이 수많은 화가들의 일상적인 삶의 주요한 일부이다. 여기 인형의 부품과 낡은 괘종시계, 폴리에스테르 합성수지를 결합

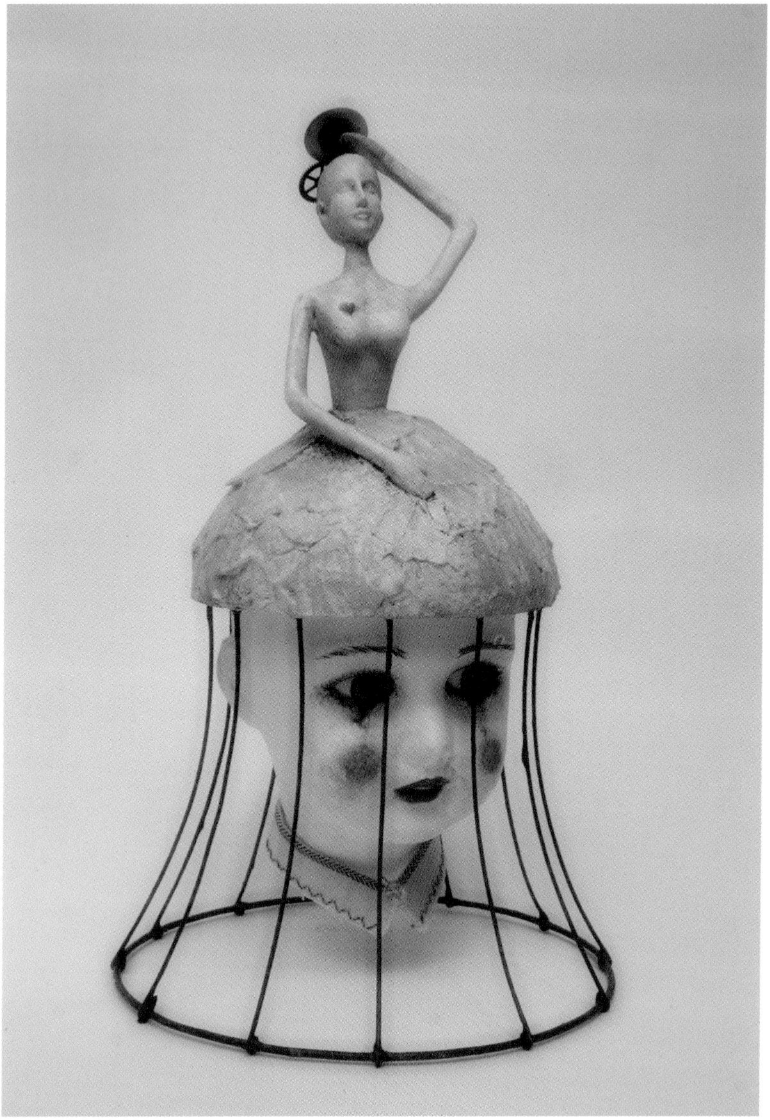

[그림 92] 제이리나 에버Jeylina Ever, 〈올랜도〉

하여 만든 현대적인 조각품이 있다.[그림 92] 정말 기발하지 않은가!

궁극적으로 화가들은 벽과 과거의 조각품을 넘어서 캔버스처럼 온갖 물건들로 가득 찬 전체 방을 구상한다. 때로는 그 속에서 살아가는 사람인 것처럼 설치물들installations을 창조하기도 한다. 우리는 다음 장에서 이를 한층 상세하게 논의할 것이다.

화가들이 오늘날의 삶에서 쓸모없다고 버려진 것들을 예술로 바꾸어내는 등 우리 모두를 위한 작업을 하고 있다는 것은 부정할 수 없다. 이제 우리 역시 우리의 바다를 가득 메우고 있는 모든 플라스틱들로 같은 일을 할 수 있지도 않을까…….

11장

주제와 거장 4:
추상화

11장

주제와 거장 4: 추상화

추상미술은 실재하는 것의 환영과 거리를 둔다. 어떤 대상으로 말미암아 촉발될 수는 있으나 화가는 작품에 그 대상을 시각적인 지시대상으로 소환하지는 않는다. 만약 참조를 하고 단순화하거나 양식화한다 해도 여전히 인식할 수 있게 될 것이며, 이 경우 작품은 반추상으로 분류된다.

때때로 추상화가들은 구상을 창조하기 위해 어디에서 영감을 받았는지를 알려주거나 혹은 작품의 제목에 자신들이 활용한 원천이 된 자료를 밝히기도 한다. 때때로 화가들은 영감을 모호한 그대로 남겨두고, 작품의 제목을 〈작품 번호 22〉처럼 달기도 한다.

19세기, 카메라가 등장하기 이전 실제 대상에 관한 환영을 창조하는 것은 필수적이고 중요하게 여겨졌다. 그러나 카메라로 사물의 완벽한 이미지를 재현할 수 있게 되자 많은 창조적인 사람들에게 재현은 더 이상 호소력을 갖지 못하게 되었다. 이 점이 화가들로 하여금 무수히 다양한 방식으로 색과 형태로 이루어진 구상을 하도록 만들었다.

화가들로 하여금 대상을 넘어서도록 만든 것은 단순히—화가들의 작업을 대신할 수 있는—카메라와 같은 기기의 출현 때문만은 아니다. 화가들은 역사를 거치며 점차 그들이 모방할 뿐만 아니라 주제에 대해 견해를 피력할 수 있는 다양한 방식들을 인식하게 되었다. 대상을 단순화하고, 다양한 시점으로 묘사하고, 비례를 과장함으로써 예술적 자격을 획득하게 만드는 이 모든 전대의 화가들이 곧 대상을 팽개치게 만든 선구자들이다.

예술이 대상으로부터 해방되면 화분이 사라져 버린 자리에는 어떤 주제가 남아 있게 될까? 남게 되는 것은 화분을 겉으로 보이게 만드는, 모든 추상적인 특성들이다. 빛, 대기, 공간, 움직임, 색, 리듬 등이다. 분위기, 풍미, 리듬, 질감도 여기에 해당한다. 음악과 마찬가지로 설명적이지 않고 암시적일 수 있다. 명명할 수 없는 느낌만 자리 잡기에 이른다. 많은 사람들은 시각적 추상을 일종의 시각화된 음악으로 간주한다. 자신의 작품에 음악의 제목을 달았던 휘슬러를 떠올려 볼 수 있을 것이다.

우리가 흔히 예술이라고 생각하는 음악, 문학, 무용, 연극, 시각 예술 등은 본질적으로 "추상적"이다. 음악과 무용은 명확히 추상적인 형식들이다. 이 예술들은 주제와 모티브를 설명하지 않고 암시할 따름이다. 문학과 연극은 자연주의적이며 실제 사건을 묘사할 수 있지만 시적 형식에서는 특히 추상적일 수 있으며, 산문이나 연극의 형태에서도 그럴 수 있다.

그렇다면 왜 추상적인 시각 예술은 그와 같은 출발점을 갖게 되었는가?

추상미술에 수많은 화가들이 매료된 것은 부분적으로 이데올로기적인 이유들 때문이다. 그들은 묘사하기보다 보여주고자 했으며, 더욱 순수한 방식으로 그렇게 하는 것이 추상이라 생각했다. 그들은 자신들이 추구해 왔던 시적이거나 상상적인 현실로부터 벗어난 세부 사항들을 보았다.

말할 필요도 없이 화가들은 추상적인 행위를 창조하는 다양한 방식들을 찾아냈고, 그 가운데 몇몇은 운동이 될 정도로 관심을 끌었으며, 많은 사람들이 그 요청을 받아들였다. 우리는 이들 중 몇몇 운동과 함께 추상미술의 가장 위대한 실천가들을 살펴볼 것이다.

바실리 칸딘스키(1866~1944)는 100퍼센트 추상회화를 추구한 화가로 정평이 나 있다. 그는 사상가이자 이론가였고, 자신의 작품을 통해 정교화하는 가운데 회화에 관한 이론을 발전시켰다. 예상할 수 있겠지만 추상으로 나아가는 그의 행로는 점진적이었으며, 추상으로의 선회는 아주 독특한 방식으로 촉발되었다. 듣기로는 그가 잠시 산책을 하러 나간 동안 그의 학생이 스튜디오를 정리했다. 그렇게 하면서 학생은 그의 그림 중 한 점을 옆으로 돌려 치워 두었다. 칸딘스키가 스튜디오로 돌아와 이 작품을 보았을 때, 그는 구성의 아름다움에 매혹된 나머지 그 앞에 무릎을 꿇고 급기야 울고 말았다고 한다. 이제 작품은 대상을 묘사한 것이 아니라 그저 구도만을 그린 것임이 드러났다. 이는 일종의 계시였다.

칸딘스키가 각성의 시기를 보내는 동안 많은 다른 화가들 역시 추상에 대한 유사한 욕구를 경험했고, 이는 아주 다양한 방식으로 드러났다. 생애 전체에 걸쳐 일련의 규칙들과 규제들 속에 살아왔는데 어느 날 그 규칙이 더 이상 통하지 않는다는 말을 듣게 된 순간을 상상해 보라. 어떤 의미에서 이는 색과 형체에 대한 규칙들의 유효기간이 만료됨으로써 일어나는 일이다. 화가들은 더 이상 환영을 만들어내야 할 필요가 없어졌으며, 이는 창조적인 여행을 폭발적으로 진작시켰다.

추상미술의 출현을 원근법으로 표현해 보면 어떻게, 왜 그것이 생겨났는지를 이해하게 될 것이다. 이제부터 후기 인상주의에서 현재에 이르기까지 재빨리 훑어보게 될 것이다. 우리는 빨리 달릴 것이니 손잡이를 꽉 붙잡기 바란다.

후기 인상주의(1880년대)에서부터 시작된 여정의 다음 정류장은 **야수파**fauvism(1890년대)다. 그들은 고양되고 밝은 채색으로 자연주의적인 처리를 위반했다. 야수파는 강렬한 그림과 밝은 원색으로 가득 찬 열정적인 전시품들을 가지고 도시로 갔다.

실천가들 가운데에는 마티스, 드랭, 뒤피Dufy, 블라맹크, 마르케Marquet 등이 있다. 야수파는 이들 화가들에게 열광적인 해방을 표상하였다. 그 당시로서는 상대적으로 단명한 운동이었지만 이들이 사용한 밝은 색채는 이어지는 팝아트와 옵아트Op Art 같은 운동을 통해 되살아난다.

다음에는 **입체파**Cubism(1900년대)이며, 여기에서 대상은 부서지고 원근법의 규칙들은 다중시점과 겹겹이 쌓인 평면으로 대체되었다.

입체파는 회화와 조각에서 중요한 운동이었으며, 철학적·과학적 요소들을 모두 가진 사고의 큰 변화를 대표했다. 입체파는 시각적인 환영을 창조하는 데서 완전히 벗어나 그림을 분석적인 틀로 바꾸어냄으로써 전적으로 새로운 목적과 영역으로 재구성했다.

하나의 작품 속에 다중시점을 묘사하기 위해 화가들은 더 이상 공간적, 시간적 한계에 묶여 있지 않게 되었으며, 과거·현재·미래가 동시에 존재할 수 있게 만들었다. 상상할 수 있는 것처럼 이러한 사고는 회화와 조각의 외양을 변화시켰을 뿐만 아니라 문학과 건축 같은 다른 예술 형식으로 확장되었고, 그 실행자들로 하여금 전적으로 다른 언어적·문학적 구조들을 실험할 수 있도록 만들었다.

야수파는 양식화된 원시 미술에 관한 화가들의 연구를 포함하여 몇몇 원천으로부터 영향을 받았으며, 이는 명확하게 규정된 형태의 사용, 평면 혹은 양상의 단순화를 의미했다. 세잔에 의한 형체의 파괴 역시 영향을 미쳤다. 입체파의 대표적인 화가는 피카소, 브라크, 그리스, 들로네Delaunay, 레제Léger를 비롯하여 여러 사람들을 들 수 있다.

입체파는 문학적이며 환영을 따르는 전통으로부터 분석적인 것으로 의식적으로 이동함으로써 명확하게 현대적인 현상과 연결되어 있다. 그리고 아인슈타인의 상대성 이론과 같은 과학 이론에도 결국 영향을 미치지 않았을까? 아마도 그럴 것이다.

미술에서도 입체파는 새로운 시각적 아이디어를 분출하기 시작했다. 일단 이미지, 환영이 깨지자 많은 화가들은 새로운 혼란을 표현하는 방식들을 발견하였다. 관습이 창밖으로 내던져지고, 새로운 운동이 창조되었다.

이탈리아에서의 운동인 **미래파**(1910년대)는 급속한 속도의 움직임을 담아 기계와 같은 형체들과 역동적인 디자인을 결합시켰으며, 보초니Boccioni와 세베리니Severini가 대표적인 화가들이다. 이들 화가는 산업화, 전형적인 근대성과 사랑에 빠졌으며, 전통적이고 진부하다고 간주한 유기적인 형태들을 거부하였다.

쉬프레마티즘suprematism(1910년대)은 말레비치Malevich가 이끈 러시아판 미래파지만 초점은 달랐다. 과거의 환영을 버린다는 점은 같지만 그것을 대체할 만한 지극히 완벽한 추상적 형태를 고안해 내고자 했다.

복잡한 형체를 피하면서 쉬프레마티스트들은 자신들의 이미저리를 기하학적인 형태들—사각형, 직사각형, 원 등—로 환원하고자 했다. 정신적인 맥락을 가진 환원론이었다.

그들은 모든 현실주의의 족쇄들을 팽개쳐버렸다. 그렇다면 무엇이 남았을까?

구성주의Constructivism(1910년대): 러시아 쉬프레마티즘의 분파로 기하학적 형체들 위에 세워졌지만 정신적인 각인은 없었다. 이러한 형식은 산업적 혹은 공학적으로 기울어진 이미지들과 기학학적인 이미지들을 결합한 혼합물이었다. 쉬프레마티즘의 이 유형은 러시아식으로 미래파와 만난다. 이는 아마도 공산주의의 혁명적 이야기와 더 맞아떨어졌을 것이다.

표현주의Expressionism(1905-1920): 추상적인 것에 환호하고 실재를 거부한 화가들은 기본적으로 두 진영으로 나뉘었다. 종종 기하학적인 형태이기도 한 미니멀리스트를 선택한 극단적인 진영과 자연스러운 붓질과 흥미롭고 정서적이며, 생기 넘치는 음악적인 형태와 함께 정신적인 것을 중시한 다른 진영이 그것이다. 후자의 그룹을 표현주의자들이라 칭한다.

이들 두 형식을 고전주의와 낭만주의에 관한 우리의 논의와 연결해 보면 기하학적인 화가들은 분명 고전적인 측면이 있으며, 표현주의자들은 현대적인 낭만주의자들이다.

독일에서 표현주의자들은 두 그룹으로 대표된다. 키르쉬너Kirshner가 이끄는 다리파Die Brücke("가교The Bridge"로 번역된다)와 칸딘스키가 이끄는 청기사The Blue Rider가 그것이다. 비록 이 그룹들은 접근 방식이 다르지만 추상이란 흐름 속 보편적인 진실을 표현하고자 하는 욕망은 공유하고 있다. 칸딘스키는 형체와 색의 어휘 목록들을 발전시켰으며, 각각의 의미를 주목하고 이론화했다. 그는 음악 형식에도 많은 관심을 기울였으며, 그의 작품 역시 음악적 특성을 갖는다.

표현주의는 정신적, 정서적 해방을 촉진하는 운동이었으며, 그 결과 독일의 파시스트 세력으로부터 혹독한 비난을 받았다는 것은 흥미롭다. 히틀러는 표현주의 작품을 문화적 퇴폐와 동일시했다.

표현주의는 20세기에 중요한 세력을 형성했고, 오늘날까지 지속되고 있다. 위대한 화가들 중 몇몇은 스스로 이 범주에 속한다고 생각할 것이다. 스스로 표현주의자라고 자칭하는 화가들을 떠올릴 수 있는가?

다다이즘Dadaism(1910년대): 다다는 부르주아 사회에 도전하고, 예술을 저항의 한 형식으로 만든 우상 파괴자들의 운동이었다. 소변기를 예술 작품으로 전시한 것[그림 93]으로 유명한 마르셀 뒤샹은 그 일례다.

도대체 뒤샹은 왜 이런 일을 벌였을까? 이는 예술 기득권층의 관행에 대한 메시지, 발언, 질문이 함께 담긴 전문적인 농담이었다. 뒤샹은 소변기를 구입하고 1917년 독립미술가협회의 전시회에 "R. Mutt 1917"이란 서명을 하고 제출하였다. 이 전시회는 참가비 1달러와 연회비 5달

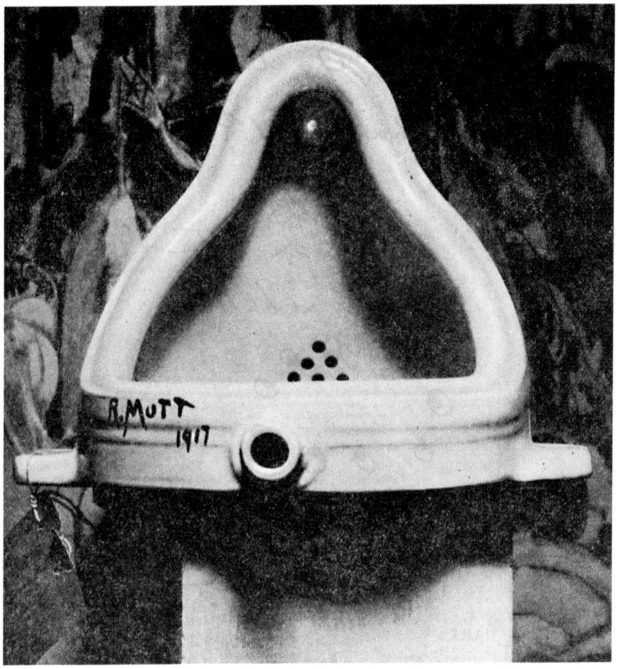

[그림 93] 마르셀 뒤샹, 〈샘〉

러만 내면 누구나 작품을 출품할 수 있었다. 그렇게 함으로써 그는 미술의 민주화에 도전하고 있었다. 결국 이사회는 뒤샹의 작품을 전시하지 않기로 결정했고, 뒤샹은 자신의 농담을 한 발 더 밀고 나가 유명한 사진작가 앨프리드 스티글리츠Alfred Stieglitz를 초대함으로써 작품을 영구 불멸한 것으로 만들었다.

이 장의 마지막에 우리는 "개념 미술"의 다른 작품들을 살펴볼 것이다. 이 미술의 목적은 미술계에 관해 주장하고 저항하고 전복시키고자 하는 것이었다.

"다다"는 무슨 뜻일까? 프랑스어로 취미용 말을 의미하는 용어인데, 어떻게 해서 이 용어가 화가들의 공동체에서 수용되었는지는 명확하지 않다. 아마도 우연히 선택되었거나(누군가는 독일의 화가 리하르트 휠젠벡Richard Huelsenbeck이 사전에서 무작위로 추출한 용어라고 한다) 유치한 말도 안

되는 말을 의미했을 것이다. 여하튼 그 명칭은 이들 반예술anti-art 작품 혹은 적어도 반관습적인 예술로 정의되었고 충격을 주었다.

다다는 1차 세계대전 이후에 일어난 운동이기에 반전反戰을 위한 대응으로 간주되기도 한다. 이들 다다이스트가 채택한 기법 중 하나는 콜라주였다. 막스 에른스트Max Ernst같은 화가는 입체파가 그랬던 것과 마찬가지로 자신의 작품에 실제 사물들을, 묘사하는 대신 갖다 붙였다. 다다이스트 역시 문학과 시각 예술을 결합함으로써 자신들의 작품 속에 언어를 도입하기도 했다.

데 스테일 De Stijl(1920년대): 네덜란드의 미니멀리즘과 환원주의 운동으로 "양식the Style"을 의미한다. 데 스테일 화가들은 원색에 덧붙여 검정, 회색, 흰색만을 사용했으며, 직선과 사각형만으로 형태를 제한함으로써 순수성, 미술 형성 과정에서의 본질적인 것만을 표방했다. 이 운동은 신조형주의neoplasticism라 언급되기도 한다. 운동은 건축으로 옮겨가 미스 반 데어 로에Mies van der Rohe가 주도하였다.

데 스테일 화가들은 칸딘스키와 마찬가지로 이론가였던 몬드리안이 이끌었다. 그의 기하학적 패턴들은 무작위나 단순히 장식적인 것이 아니었다. 그 패턴들은 그가 코드화한 의미를 지니고 있었다. 선과 색은 우주의 힘과 에너지를 표현한 것이었으며, 수직선은 태양의 빛에서 따왔다. 수평선은 그 주변을 도는 지구의 움직임을 표현했다. 각각의 색채들도 메시지를 전달했다. 이는 곧 우리가 개념 미술이라 부르는 것이며, 시각 예술은 이념에서 파생된 것이며, 그 목적은 이념을 특히 상징적으로 묘사하는 것이었다.

데 스테일의 영향은 건축, 실내장식, 그리고 가구 등에 반영된 디자인적인 주제로 오늘날까지 이어지고 있다.

초현실주의(1920년대): 현실주의를 전적으로 파괴하고자 하는 운동과 거리를 두는 가운데 초현실주의자들은 믿을 수 없는 꿈같은 시나리오로 된, 시각적인 비순차성과 왜곡으로 가득 찬 이미지를 창조함으로써 그 개념의 폭을 확장하였다. 초현실주의는 분명 꿈과 무의식에 관한 프로이드에 의해 촉발되었다. 대안적인 현실에 관한 관심은 살바도르 달리와 그 밖의 화가들의 작품에서 확인되며, 미술에서뿐만 아니라 문학에서도 나타났다.

초현실주의자들은 대상의 유사성은 그대로 유지하면서도 문자 그대로의 면모로부터 자신의 그림들을 분리시키고자 했던 것이라 생각할 수 있다. 지역적이고 익숙한 것, 논리 그 자체로부터 탈피하고자 했다. 비록 추상으로의 이동은 아니었지만 초현실주의는 근대적인 운동이었고, 시각 예술의 어휘를 새로운 영역 속으로 편입시켰다. 이는 오늘날까지도 지속되고 있다. 특히 마술적 현실주의와 같은 문학에서, 그리고 상이한 현실성의 묘사에 특히나 아주 적합하다는 매체인 영화에서 여전히 진행 중이다.

추상 표현주의 Abstract Expressionism(1940년대): 1940년대와 50년대에 대두한 특히나 미국적인 미술운동으로 많은 주창자들의 작품에서 다양한 방식으로 표현되었다. 제목은 수많은 다양한 해석이 살아나게 하는 우산의 역할을 했다. 표현주의 = 감정적 강렬함 + 추상 = 실제적인 혹은 구상적인 것의 거부.

추상 표현주의자들은 미래파, 초현실주의자들, 그리고 입체파들보다 한 걸음 더 나아갔다. 그들은 한층 더 직접적이고 강력한 표현을 위해 대상을 분할했다. 캘리포니아의 추상화가 제이 뮤저Jay Meuser가 선언하고 추상화가들이 동의한 문장은 다음과 같다. "바다의 잔물결들 모두를 그리기보다 빛나는 정신을 포착하는 것이 훨씬 더 낫다."

세부적인 디테일 대신 우리는 본질을 가지고 있다. 우리는 자발성을 가지고 있다. 우리는 무의식을 가지고 있다. 우리는 정신적인 것을 가지

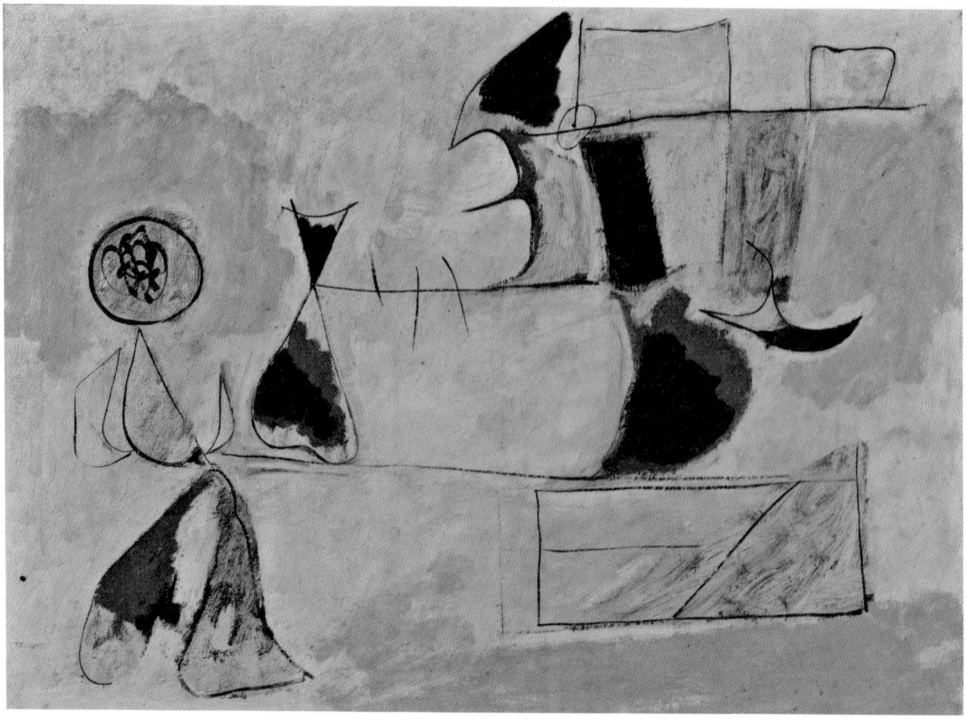

[그림 94] 아실 고키, 〈소망 충족의 정원〉

고 있다. 잭슨 폴록의 흩뿌린 물방울, 로스코의 강렬한 색채, 아그네스 마틴Agnes Martin의 금욕적인 엄격함, 마더웰과 클라인의 검은 반점, 더코닝의 격렬하게 휘갈겨 그린 여자들 등 이 모든 것이 추상 표현주의의 아이콘들이다.

아르메니아인 화가이자 아르메니아인 집단 학살의 생존자이며, 미국에서 작업한 아실 고키Arshile Gorky의 작품을 보자.[그림 94] 그의 작품은 초현실주의적 경향에서 추상 표현주의로 도약하고 있는 대표적인 작품이다.

고키는 손이 무의식을 따라 움직이는 가운데 기억이나 꿈을 환기시키는 공명하는 선들을 그려나가는, 일종의 "자동 기술적automatic" 글쓰기라는 초현실주의의 실천가였다. 평론가들은 이 작품에 표현된 선들을 아주 극심한 고통에 시달렸던 과거를 불러일으키는 아르메니아인들의 쟁기로 읽어내기도 한다.

비록 그의 작품이 널리 알려지기는 했지만 고키는 수많은 삶의 위기를 겪어야 했다. 비행기 충돌 사고로 15점의 작품이 망실되었고, 그 또한 자살로 생을 마감했다.

20세기 중반 이 예술 장르에 매진했던 주요한 미국의 화가들은 열정적인 사람들이었다. 목표는 추상으로 가는 것이었으나 종종 자신들의 작품에 폭발적인 감정을 밀어 넣고자 하였다. 그들의 작품은 병치된 형태들로 이루어진 유순한 구성이 아니었다. 자유분방한 색채와 두껍고 느슨한 붓 터치가 특징적이었다.

그렇다고 이 작품들이 부주의하거나 별 생각 없이 만들어졌다고 속아서는 안 된다. 오히려 정반대다. 비록 즉흥적으로 보이는 듯하지만 많은 작품은 신중하게 계획되고 실행된 것들이다. 대부분의 추상 표현주의자들은 자신들이 추구하는 표현의 강렬함을 담아내기에 충분하리만큼 커다란 캔버스에 작업을 했다.

스스로에게 이런 질문을 던져보라. 추상 표현주의자들의 이 거대한 작품을 보고 난 뒤 앞선 화가들, 예컨대 인상주의자들의 한층 더 작은 작품에 대한 평가가 달라지는가? 인상주의 작품이 그렇듯이 당대에는 혁신적이었던 작품들과 비교할 경우 이 작은 작품은 유순해 보이는가? 또 크기로 인해 이 작품들이 더 좋아졌는가 아니면 좋아지지 않았는가?

색면 회화 Color Field Painting(1950년대): 서사를 배제하고 색채를 전면에 배치한 추상 표현주의의 일종이다. 추상 표현주의 하위 장르의 하나이며, 색으로 가득 띠를 이룬, 색 자체가 주제인 그림이다. 별 다른 처리를 하지 않은, 따라서 흡수력이 있는 캔버스를 사용함으로써 고키, 로스코, 프랑켄탈러 같은 화가들은 얼룩 회화stain paintings라고 지칭되는 작품을 만들어냈다.

이들 작품 가운데에는 색감이 짙게 배어나는 색을 통해 진동하고 공명하는 효과를 창조했으며, 이 효과가 작품에 거의 항상 빛을 발하게 만들었다. 화가이자 이론가인 한스 호프먼은 이러한 미술 형식에 관해 글로 썼고, 모리스 루이스Morris Louis, 케네스 놀런드Kenneth Noland, 헬렌 프랑켄탈러의 윤기 나는 색의 추종자들을 비롯하여 여러 화가들에게 영향을 미쳤다. 조금 곁길로 새면, 나는 프랑켄탈러를 2009년 마이애미 미술관에서 열린 그녀의 전시회에서 만난 적이 있었다. 그런데 그때에 이미 그녀는 추상화의 거장이었다.

옵아트와 팝아트(1960년대): 1960년대에 현실주의로부터 벗어나고자 일어난 미술운동이다. 옵아트는 흥미로운 착시 현상을 연출하며, 한때 미술계의 유행이 되었다. 팝아트는 대중적인 이미지들, 상업 미술과 광고 소재를 순수 미술과 결합한 장르다.

이 두 가지 예술 형식은 추상 표현주의의 서정적이고 낭만적인 캔버스에 대한 반발로 일어났다. 앞서 논의했듯이 고전적인 예술 형식에서 낭만적인 예술 형식 사이의 오르내림은 서구 미술사 전반을 가로지르는 경향이다. 화가들이 복음인 양 매달리는 무언가가 나타날 때마다 그들의 선언에 반기를 들고 저항하는 일군의 화가들이 다시금 나타난다.

옵아트와 팝아트는 모두 재미 삼아, 색면 회화론자들의 정신주의적 방식이 그러하듯 다소 덜 가치 있는 이미지들—광고, 만화 주인공 캐릭터들, 깃발(재스퍼 존스의 경우)—등을 끌어와 의도적으로 탈신비화했다.

그들은 추상 표현주의자들의 정서주의와 고매한 정신성, 그들의 진지함과 자의식에 콧방귀를 날리며 우스꽝스럽게 만들고 조롱하기까지 했다.

이들 운동은, 특히 팝아트는 예술에서 저항적인 운동이었던 다다이즘까지 거슬러 올라간다. 우상파괴자인 앤디 워홀과 그의 〈산화Oxidation〉 연작을 보라. 뒤샹의 소변기로 되돌아가듯이 워홀의 작품 가운데에는 실제로 오줌을 예술의 매재로 사용하기도 했다. 웃지 마시라. 그 효과는 사실 아주 놀랍고, 심지어, 아름답기까지 하다.

미니멀리즘Minimalism(1970년대): 미니멀리즘은 1960년대와 1970년대에 출현하였으며, 추상화의 환원적 경향을 극단에까지 밀어붙인 운동이다. 가장 일반적인 것, 가장 특별하지 않은 것을 추구하기 위해 화가들은 자신들이 본 것을 추상 표현주의의 "화려함"이라 다시금 반발하면서 어떠한 장식마저 벗어던지고자 했다.

관람객들은 이 그림들을 보면서 혼란스러울지도 모르겠다. 그림은 거의 흰 여백의 캔버스처럼 보인다. 흰 캔버스에 희게, 검은 캔버스에 검게. 스스로 이것이 예술인지 자문해 보라.

나의 제안은 이 작품을 그 앞선 혹은 뒤이은 운동들의 맥락에서 이해해 보라는 것이다. 미술이 지각이자 개념이며, 비전이자 사고라는 점을 기억해 달라. 이 미니멀리스트의 작품들 역시 어떤 사상의 표현이며, 사실상 전체적인 신념의 체계인 것이다. 형식주의적 의미에서 그 작품들을 개별적인 미술작품으로 감상하든 아니든 관람객은 미술의 아이디어라는 열차를 멈추게 하듯이 이 작품들을 맥락과 연결시킬 수 있다.

추상화 논의의 요약

화가들이 대상을 팽개침으로써 3차원은 규정되지 않고, 원근법은 무시됨으로써 우리에게는 아주 기초적인 것들, 선과 형태만 남기에 이른다. 이것만이 느슨하게 혹은 회화적으로 견고한 것으로 간주되며 오직 이것만으로 환원된다. 이전의 범주에서 우리는 미래파, 쉬프레마티즘, 구성주의, 데 스테일, 미니멀리즘, 옵아트와 팝아트, 그리고 바로 앞에서 표현주의, 추상 표현주의, 그리고 색면 회화를 검토한 바 있다. 우리는 또한 재현적 예술 형식의 규칙성에 대해 반발이었던 다다와 초현실주의 등도 살펴보았다.

빌럼 더코닝의 〈파도 #1〉이란 이 단순한 석판화 작품[그림 95]을 보자. 아주 탁월한 추상 표현주의 작품이다.

이 그림은 무엇인가? 파도에 관한 "인상"인가 혹은 "표현"인가? Dictionary.com에 따르면 인상이란 "특히 어떤 근거를 바탕으로 두거나 의식적인 사고 없이 형성된, 사물이나 사람에 관한 생각, 느낌 혹은 의견"이라 규정되고 있다. 표현이란? 설명은 "사람의 생각이나 감정을 겉으로 알 수 있게 만드는 과정"이라고 한다.

어떤 용어를 사용하는 것이 중요하기나 할까?

그림은 파도에 의해 암시되거나 촉발된 정서를 묘사한 것이다. 파도를 묘사한 것이 아니라 그것이 촉발한 정서를 묘사한 것이다. 간단히 말해서 그것이 추상이다.

추상화의 기폭제는 위대한 입체파 운동이었으며, 그것이 현대 미술로 향한 문을 열어젖혔다. 대상을 변형시키는 것이 인정되었을 때 자연적으로 모든 것을 없애버리는 것도 멀지 않게 되었다. 표현하고자 하는 욕구와 인정받는다는 허용에 의해 추동됨으로써 열차는 불가피한 궤도로 떨어져 내리기 시작했다. 화가 말레비치는 자신의 목적을 "창조적인 예술에서 순수한 감정의 우위"의 전달이라고 설명하였다.

정말 대단한 도약이지만, 아직 끝나지도 않았다!

추상화 운동의 이들 목록을 마무리 지으며 몇몇 개념을 정리해 보자.

개념 미술Conceptual Art이란 무엇인가?

더러 "개념주의"로 지칭되기도 하는 개념 미술은 사용된 재료, 기법, 미적 가치, 정서적 공감, 혹은 작업의 기능 등 여타의 관심보다 아이디어가 가장 우선시되는 미술이다. 이 미술은 미술이 특별한 재능이 있는 "화가"라는 개인이 창조한 특별한 대상이라는 전제에 의문을 제기한다. 따라서 뒤샹의 〈샘〉이 개념 예술 작품으로 간주되는 방식을 보면 알 수 있을 것이다.

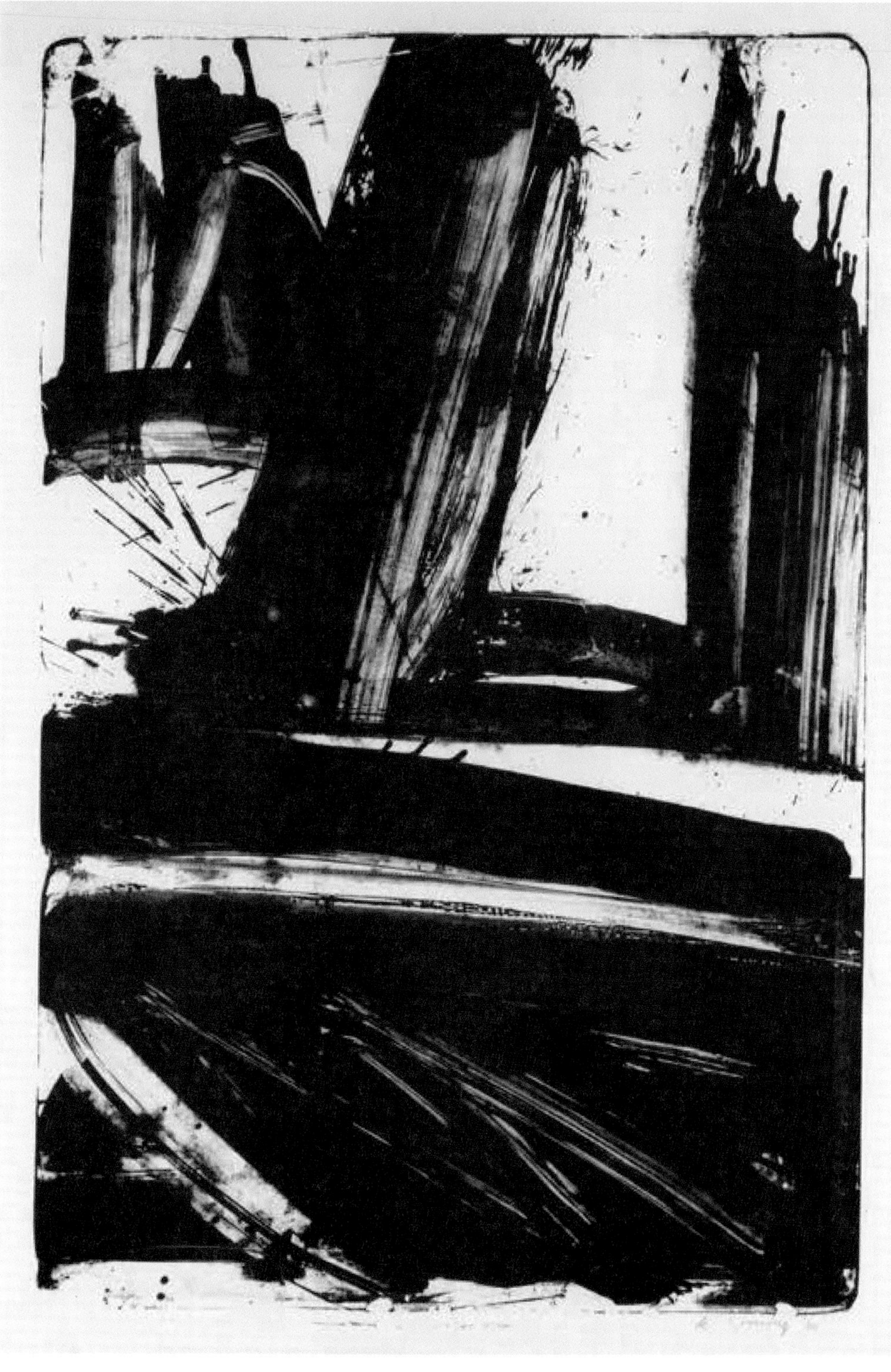

[그림 95] 빌럼 더코닝, 〈파도 #1〉

옆 페이지에 또 다른 "개념 미술"의 사례가 있다. 이 작품은 영국의 그룹 〈미술과 언어Art & Language〉(그들은 『미술-언어: 개념 미술 저널Art-Language: The Journal of Conceptual Art』이라는 잡지를 발간하였다)에 의해 전시되었으며, 테이트 미술관에 내걸렸다.[그림 96]

이 작품은 캔버스에 거울을 부착한 것이다. 요지는 무엇인가? 미술이라 부를 만한 그 무엇이 여기에는 없다. 오히려 미술일 수 있는 그 무엇은 심지어 캔버스 속에 비친 관람객의 모습이다. 미술관의 벽에 그저 내걸리는 것만으로도 이것은 미술의 지위를 얻는다. 이것에 동의하는지 동의하지 않는지는 중요하지 않다. 이것이 아이디어의 시각화, 곧 개념 미술작품이다.

아주 최근 화가 뱅크시Banksy는 경매에 내놓은 미술품의 액자에 파쇄기를 설치하였고, 이 액자는 작품이 팔린 뒤 작동하였다. 파쇄기는 작품의 일부를 망가뜨리기 시작했다. 이러한 행동은 개념 미술의 영역에서 미술작품이 된다. 작품 그 자체가 아니라 작품을 파괴하는 것이 미술이었던 것이다.

아이디어는 보통 언어로 표현되기에 당신은 개념 미술의 많은 부분을 차지하는 것이 언어임을 발견할 것이다. 언어가 캔버스, 물감, 붓을 대체할 수 있다는 것이다. 또 다른 개념 미술의 예시는 아주 흥미진진한 개념 미술 작가인 오노 요코Yoko Ono가 실제로 만든 한 묶음의 단어장들이었다. 그녀의 책 『자몽Grapefruit』은 시집으로 읽히기도 하며, "이벤트 스코어"(이벤트 스코어는 행위를 위한 설명서나 제안서로 여겨지는 텍스트들로, 악보score라 지칭하는 것은 음악성을 암시함으로써 악보처럼 변주와 해석이 가능하기 때문이다.—옮긴이 주)로 읽히기도 하며, 음악 형식과 경계를 넘어서는 텍스트이기도 하다. 시는 안내서로, 추상으로, 비문학적 예술 작품으로 읽힐 수 있다. 당신은 어떻게 개념 미술이 미술을 고정된 관람객에 의해 관찰되는 정태적인 형식의 영역을 탈피하여 관람객이 참여할 수 있는 사건에 기반을 둔 행위로 변화되어 가는지를 명확하게 알 수 있다. 그러므로 설치 미

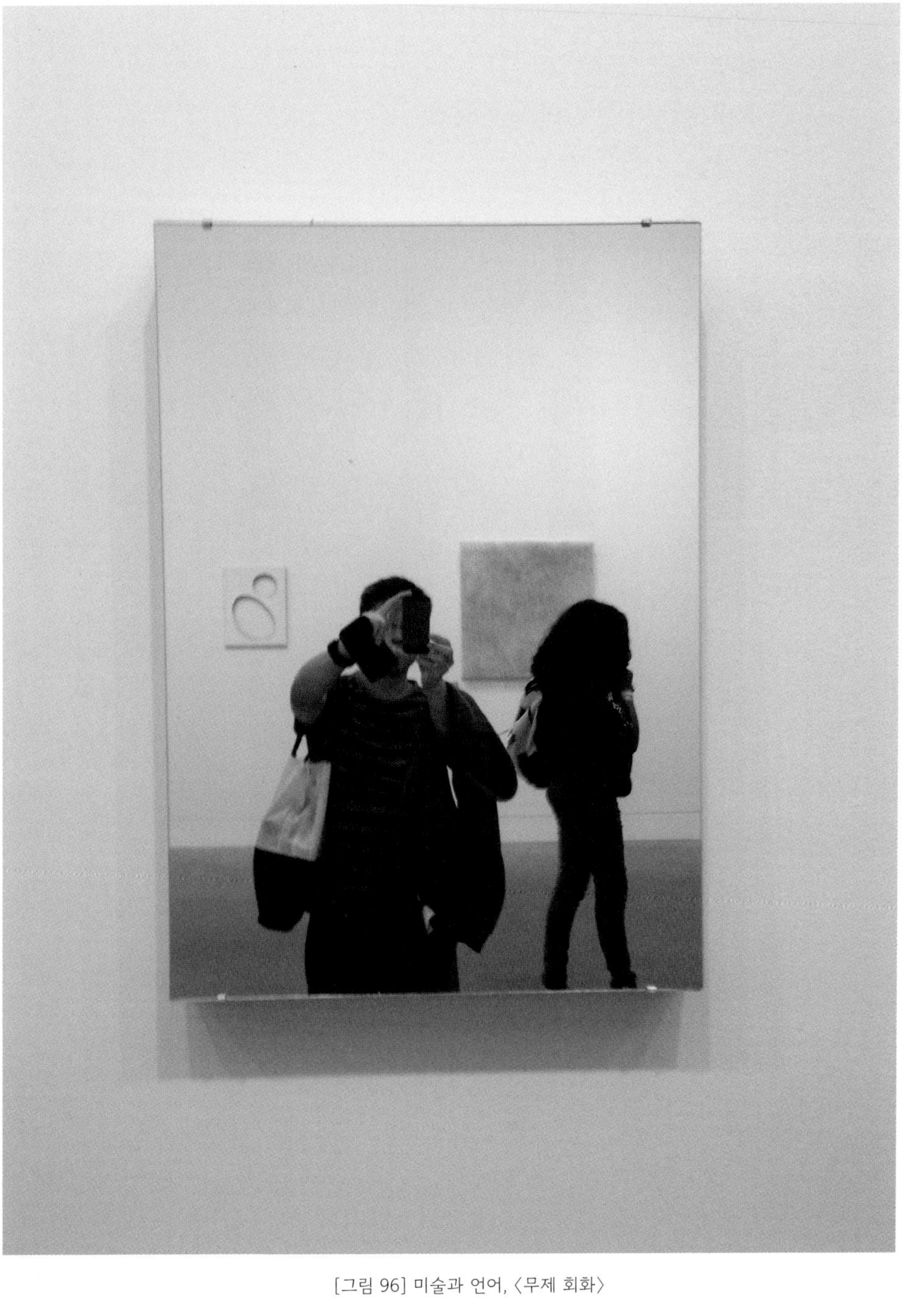

[그림 96] 미술과 언어, 〈무제 회화〉

술, 행위 미술, 그리고 다른 상호작용적인 형식들로 나타나는 것이다.

근대 미술Modern Art이란 무엇인가?

근대 미술은 1860년대부터 1970년대까지 창조된 예술 작품을 포함한다. 빈센트 반 고흐, 폴 세잔, 조르주 브라크, 파블로 피카소, 앙리 마티스, 그리고 그들의 동료인 색채의 모험가들과 형식 파괴자들에서부터 시작하여 초현실주의, 추상 표현주의, 팝아트, 옵아트, 그리고 우리가 앞서 언급한 모든 운동들에 이르는 미술작품들이다.

시각 예술을 만들기 위해 자신들의 개인적인 예술적 목소리를 사용하는 화가들의 연속체인 것이다.

현대 미술Contemporary Art이란 무엇인가?

현대 미술이란 오늘날의 미술이며, 그 분류는 모호할 수 있다. 대략 1970년대부터 오늘날까지를 현대 미술이라고 간주할 수 있다. 이는 "모던modern"과 "현대contemporary"가 동의어이기 때문에 혼란스러울 수 있다. 그러나 미술 용어에서 근대는 후기 인상주의로부터 시작하여 1960년대에까지 걸쳐져 있으며, 현대는 그다음에 전개된 것들이다.

그렇다면 포스트모던이란 무엇인가?

포스트모던한 작품이 현대적인 작품인 것은 맞지만 현대적인 모든 작품이 포스트모던한 작품으로 간주되지는 않는다. 포스트모던 예술은 순수한 시각 예술을 다른 영역, 개념 미술을 포함하여, 연행 미술, 설치 미술, 그리고 멀티미디어 미술 등을 포함하여 영역을 확장하는 실천들을 포함한다. 명료하게 말하자면 여전히 전통적인 방식으로 작업하는 현대 화가들이 존재하며, 그들의 작품에 재현을 포함시키는 많은 현대 예술가들이 있다.

모든 오늘날의 화가들이 추상화가들은 아니며, 포스트모던한 화가인 것도 아니다.

그렇다면 포스트모더니즘의 특징은 무엇인가?

- 텍스트의 사용: 때때로 브리콜라주bricolage라고도 불리는 텍스트가 중요한 요소로 두드러지기도 한다.
- 콜라주와 혼합매체: 여러 방식의 매체와 매체의 결합을 활용한다.
- 대중 미술과 고급 미술의 혼성: 이전에 고급 미술, 순수 미술 등으로 지칭된 것과 대중 미술 혹은 키치적인 재료와 이미지리를 혼합한다.
- 과거의 미술을 현대적 맥락 속에 수용

다시 한번 어떻게 포스트모더니즘이 한층 더 규범과 전통을 파괴하는지를 명료하게 볼 수 있을 것이다. 현대 미술은 추상화에서 대상을 지워나갔다. 그렇다. 그러나 포스트모더니즘은 대상을 사용할 수 있다는 말조차 더욱 밀고 나가 장벽 자체를 더 열어준다. 전적으로 새롭게 개편되고 재활성화된 방식인 것이다.

어떤 양식, 태도, 매체, 혹은 접근 방식에 대한 엄격함이 더 이상 포스트모더니즘의 요구 사항이 아니기 때문에 모더니즘의 그 어떤 운동보다 "무엇이든 가능하다"는 사고방식에 가깝다. 당신은 리얼리스트이면서도 캔버스에 팝콘을 붙일 수 있으며, 심지어 캔버스가 없더라도 당신 몸에 팝콘을 붙이고 미술작품으로 전시장에 서 있을 수 있다.

미술적 실천의 일부가 된 이들 포스트모더니즘적인 행위들의 일부를 살펴보도록 하자.

액션 페인팅(일명 몸짓 추상화)

잭슨 폴록, 빌럼 더코닝, 프란츠 클라인과 같은 포스트모더니즘 화

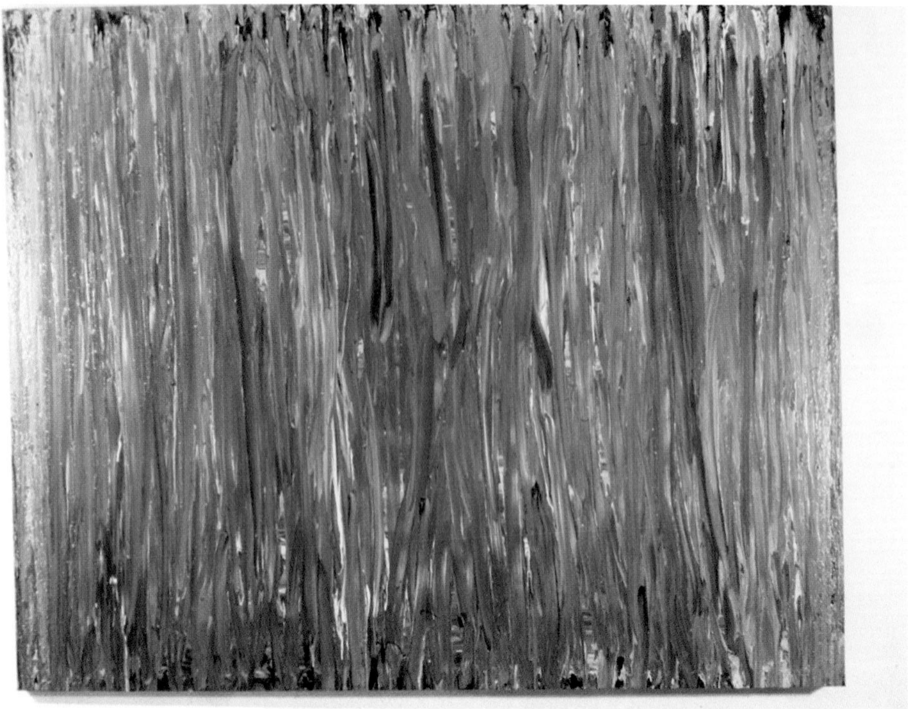

[그림 97] 프랭크 제임스 그레이엄Frank James Graham, 〈무제〉

가들은 그린다는 신체적 행위를 작품 자체의 원동력으로 만듦으로써 대상을 버리는 데에서 한 걸음 더 나아갔다. 그 이론은 생각 없이 작업함으로써 잠재의식으로부터도 스스로 자유로워진 화가에 의해 캔버스에 물감을 쏟아붓고, 뿌리고, 팽개치고 말 그대로 집어던지는 등 직접적으로 표현할 수 있다는 것이다. 아이디어는 직접 드러날 수 있게 되며, 사방에서 불어오는 바람에 주의와 관심을 준다는 것이다. 캔버스에 남겨진 것은 순간이며, 순수하게 결정화된 감정이었다.

여기 액션 페인팅의 사례[그림 97]가 있다. 이 작품의 이야기는 아주 단순하다. 칠하는 것이다. 대상도 없고, 꿈도 없으며, 흔적조차 없다. 그저 칠하는 행위만이 존재한다. 그가 작품에 제목을 붙이지 않은 것이 놀라운 일도 아니다.

물론 한 가지 일은 항상 또 다른 일을 불러들인다.

그리고 액션 페인팅이 형용하기 힘든 어떤 것je ne sais quoi이란 식의 접근은 화가들로 하여금 스스로를 대상으로부터만이 아니라 캔버스 자체로부터 해방시키는 또 다른 시도들로 이끈다. 도대체 누가 그림을 필요로 했는가? 연행 미술, 해프닝, 설치로 돌입하라.

연행 미술

어떤 의미에서 액션 페인팅의 화가들은 일종의 연행을 하고 있는 것이다. 이젤 앞에서 손에 붓을 들고 서 있는 대신 그들은 춤을 추고 바닥에, 벽에 물감을 닥치는 대로 뿌리고 뒤섞으며 칠하는 곡예사가 되었다.

따라서 그들에게 일어난 일이 연행 그 자체이며, 캔버스나 종이에 무언가를 그리는 것과는 전혀 무관할지라도 미술 활동이었다.

어쩌면 연행 미술이 연극과 공통점이 있는 것은 아닌지 의아해할지도 모르겠다. 그것은 같은 것인가?

정확히 같지는 않다. 연극은 비록 생각을 촉발시킬 수는 있지만 즐거움을 위해 만들어진다. 그들은 보통 대사로 이루어지는 이야기가 있으며, 각각의 공연마다 반복된다. 반면에 연행 미술은 연행을 통해 개념을 투사하지만 보통은 대본이 없으며, 청중과 함께 상호작용한다.

연행 미술은 도전적이거나 깜짝 놀랄 만한 경험이며, 청중들에게 새로운 아이디어를 제시한다. 연극과의 연관성 때문에 어떤 연행 미술가들은 연극 예술이 아니라 시각 예술로 자신들의 작업을 설명하기 위해 라이브 아트live art 혹은 중재interventions 혹은 복합매체intermedia 등의 용어로 지칭되는 것을 선호한다.

연행 미술을 훨씬 더 명확하기 구분하기 위하여 준비된 대본이 전혀 없이 짜여진 기획은 일종의 해프닝이라고 할 수 있다. 화가와 청중이 함께 참여하여 청중과 상호작용하는 각각의 해프닝은 하나의 독특한 사건이다.

미술 형식은 지금껏 설명한 대로 하나의 운동이 다음 운동에 새로운 계기를 부여하는 가운데 발전해 간다. 그러나 그렇다고 해서 과거의 미술 실천들이 사라져간다는 것이라 말할 수는 없다. 비록 그들의 실천은 두드러지지 않을 수는 있겠지만 화가들은 지속적으로 현실주의적인, 인상주의적인, 표현주의적인, 반추상, 그리고 완전한 추상의 양태들 등 모든 것을 동시에 작업해 나가고 있다.

여기에는 15세기 화가들이 했던 방식대로 자신만의 그림을 그리는 화가들이 있고, 르네상스 시대 장인들처럼 세부 묘사의 크로스 해칭으로 그림을 지속적으로 그려나가는 화가들도 있다. 유행과 취향은 움직인다. 그럼에도 많은 화가들은 과거의 시대정신에 머물러 천착하고 있기도 하다.

추상화는 미술의 지붕을 날려버렸지만 많은 화가들은 전통적인 작업을 이어가고, 또 많은 추상화가들도 일정 시기에는 현실주의적인 작품을 그리기도 한다. 추상화가 우리에게 남겨준 가장 중요한 것은 개성을 모든 화가들의 타고난 권리로 인정했다는 점이다.

모더니스트들의 창조적인 탐구를 볼 때 선입견 없이 개성 자체를 음미하기 바란다. 모든 반복이 성공적일 리는 없다. 어떤 운동은 짧게 떠오르다 사라져 버리기도 했지만 저마다 시각 예술과 인간 정신의 능력이 지닌 무한한 가능성에 대한 선언이자 마음속에 이미저리를 불러일으키는 것이었다.

화가들이 밟아왔던 역사적 길을 알게 되면 그 길이 의식의 성장이란 이야기이며, 인간 영혼의 해방에 관한 이야기임을 알 수 있다. 화가들이 이전에는 결코 상상조차 할 수 없었던 상상력을 포함시키기 위해 미술의 본질을 열어나감에 따라 오래지 않은 과거와 오늘날의 화가들이 지닌 다양성, 힘, 그리고 표현의 잠재성에 지속적으로 경탄을 보내게 될 것이다.

옛것을 음미하고 새로운 것을 기다려라! 이 책의 마지막 장에서 우리는 미술의 미래가 우리를 위해 마련한 것이 무엇인지 추론해 볼 것이다.

12장

주제와 거장 5: 조각과 그 밖의 미술적 실천

12장

주제와 거장 5: 조각과 그 밖의 미술적 실천

일반적으로 말해 조각이란 폭과 높이 그리고 깊이의 3차원으로 창조된 시각 예술이다. 융기된 표면만 있고 평평할 수도 있는데, 그 경우를 우리는 부조라고 부른다. 자유자재로 서 있을 수 있기에 돌아가며 볼 수가 있다. 모빌처럼 매달려 있기도 하고, 땅이나 물속 바닥에 놓여 있을 수도 있다. 조각은 수많은 종류의 재료 중 한 가지와/또는 여러 재료들을 결합하여 만들기도 한다.

조각의 재료로는 돌, 콘크리트, 금속, 목재 등 견고한 재료들을 쓰기도 하고, 천과 같은 부드러운 재료를 쓰기도 한다. 조각은 물리적인 형태를 바꾸기 위해 열을 가해 만들 수 있다. 예긴대 찰흙은 부드러운 재료로 존재하나 가마에 넣어 극도의 열을 가하면 굳어진다. 또 유리처럼 고체 상태에서 열이 가해지면 액체 상태로 달라지고, 다시 냉각되면 고체 상태로 되돌아간다.

조각은 선택한 재료와 마찬가지로 다양한 기법을 활용하여 만들 수 있다. 예컨대 돌덩이를 부수거나 나무 둥치나 판자를 갈거나 잘라내거나 마모시키는, 덜어내는 과정을 통해 만들기도 한다. 또 재료의 조각들을 결합하거나 서로 분리된 것을 풀로 붙이거나 묶는 것과 같은 덧붙이는 과정을 통해 만들기도 한다.

많은 경우 조각은 더하거나 덜어내는 방법 모두를 적용하여 창조되며, 점토에 점토를 덧붙여서 세워나가는 작업을 하고, 그것을 빚어내고, 그리고 부분적으로 깎아내는 작업을 하기도 한다. 그리고 또 주물이라고 언급되는 과정을 통해 만들어지기도 한다. 틀을 갖춘 거푸집을 만들고 그 속에 또 다른 재료를 쏟아 붓고 난 다음 열을 가해 견고하게 만드는 과정이다. 예컨대 쏟아 붓는 재료로는 청동, 유리가 있으며, 유리의 경우에는 유리 페이스트 혹은 유리 공예pâte de verre라 지칭되기도 한다.

조각의 제작에 사용된 전통적인 재료들 외에도 현대 화가들은 빛(빛 조각), 소리(소리 조각), 땅(환경 조각 또는 대지 미술), 움직이는 형태(작동 조각)를 활용할 뿐만 아니라, 많은 대상과 형체들을 포함하는 설치 미술작품들을 제작하기도 한다. 조각의 일부로서 폐기된 물건들을 사용하는 것(주운 예술 혹은 재활용 예술)은 아주 흔한 일이 되었다. 화가들은 이러한 실용적인 물건들의 용도를 바꾸면서 기발함과 아름다움을 찾아내기도 한다.

일단 조각품이 형성되고 나면 혹은 형성하는 과정에서도 뒤틀거나 색을 칠하거나 양각을 하거나 도장을 찍거나 질감을 바꾸거나 표면에 칠을 하는 등으로 가공할 수 있다. 그럼에도 조각의 표면에 채색을 하더라도 유리 공예나 도자기의 경우를 제외하면 색은 회화에서처럼 중요한 의미를 갖지는 못한다. 아주 오래된 작품의 경우—회화에 비할 수 없을 정도로—표면이 노출된 결과 여러 요인으로 바래거나 마모되기도 한다. 형성은 조각의 필수 부가결한 요소다.

조각은 선사시대부터 현대에 이르기까지 거의 모든 시대에 걸쳐 회화와 다른 여타의 2차원적인 시각 예술의 형식적 흐름을 반영하는 실천 혹은 양식과 나란히 창조되었다. 많은 화가들 역시 자신들 작품의 중요한 일부로 조각품을 만들기도 했다.

본질적으로 조각은 회화처럼 한 번의 시도로 마무리까지 하는 작업이 흔치 않다. 제작을 위해서는 종종 한층 더 많은 시간이 필요하고, 다양한 단계들이 요구된다. 3차원적인 대상에 균형을 잡고, 중력의 힘에 순응하는 것이 간단한 문제가 아닐 수 있기에 공학적인 작업도 포함된다. 나무와 돌덩이처럼 견고한 재료를 깎아내는 작업을 하는 예술가들의 경우 너무 많이 잘라내는 경우도 적지 않다. 견고한 덩어리에서 이미지를 끌어내기 위해서는 아주 신중한 작업이 요구된다.

극도의 열로 재료를 녹이는 것 역시 그 결과를 예측하기 어렵다. 도자기의 표면은 가마에서 막 꺼냈을 때 예상치 못한 결과가 나오기도 하고, 기술적으로 적절히 굳거나 냉각되지 않은 유리는 깨지기도 한다. 이 과정에서 만족할 만한 결과를 얻기 위해서는 수많은 연습과 인내가 필요하다. 심지어 탁월한 예술가들조차 종종 조각을 해나가는 과정에서 예기치 않은 사태에 직면하기도 한다.

조각 작품을 평가하는 기준은 무엇일까? 이에 답하기 위해 먼저 견고한 형체들의 특성을 살펴보자. 이 형체들은 무게, 부피, 질감, 차원, 비율, 에너지, 균형, 물질성, 방향성, 점유하는 공간 등을 가지고 있으며, 흐름이나 움직임을 암시하는 평면과 형태를 가질 수도 있다. 이 조각 작품들은 표현적이고, 암시적이며, 우아하고, 기념비적이며, 강력하고, 정서적인 공명을 불러일으키며, 캐릭터 등을 가질 수도 있다. 우리는 이들 여러 이유로 조각 작품에 찬탄하며, 조각 작품들은 우리가 찬탄할 만한 특성들을 지니고 있다. 작품들은 저마다 다른 결합, 다른 특성에 따라 독특한 구성 요소들을 가지게 된다.

지금까지 창조된 작품들 가운데 가장 사랑받는, 소중한 조각 작품들이 무엇인지에 대해서는 널리 동의를 얻고 있다. 그들은 대단한 정도로 우리가 존경할 만한 특성들을 지니고 있다. 미적 원리의 예시로서 그들 가운데 몇몇 작품을 검토해 보고, 그 작품들의 속성과 강점들을 살펴보자.

이 네페르티티Nefertiti 조각상은 아주 오래되었고, 아름답게 보존되었다는 사실은 접어두고서라도 놀랍도록 아름다운 작품이며, 여성적 아름다움의 영원함을 상징하는 작품으로 여겨지고 있다.[그림 98]

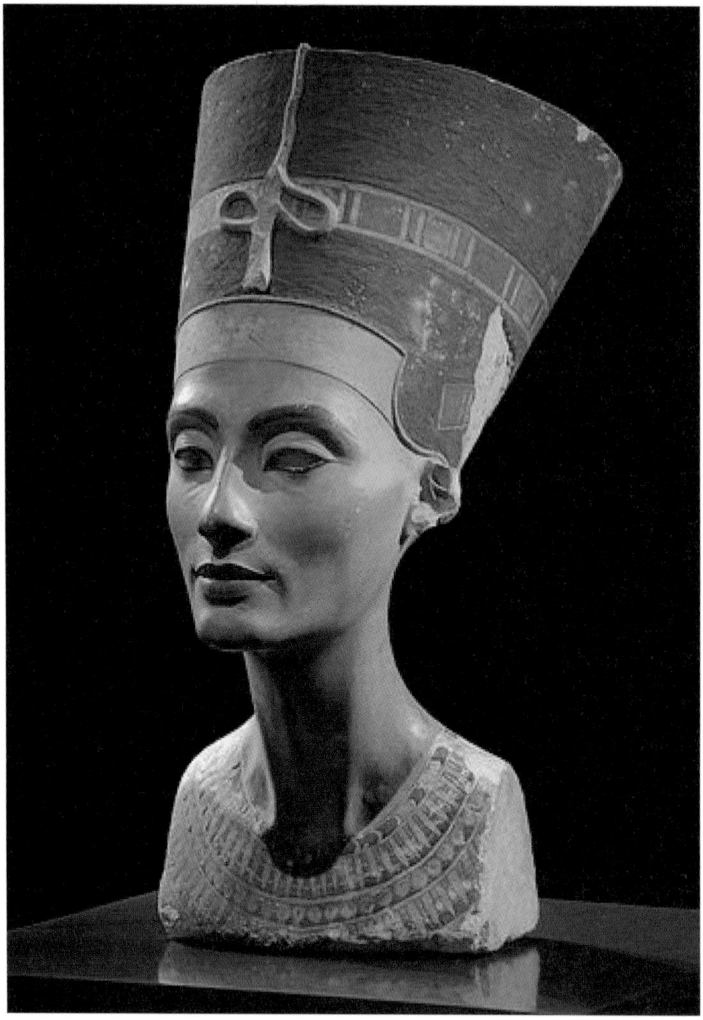

[그림 98] 투트모세Thutmose, 〈네페르티티 흉상〉

무엇이 이 작품을 그렇게 만드는가? 미묘함, 숙련된 장인의 손길, 우아함이 이 작품에는 있다. 비록 머리가 어깨에 비해 과도하게 폭이 넓기는 하지만 여왕다운 위엄을 작품에 부여한다.

지금껏 창조된 조각 작품 중 아마 가장 대표적인 작품은 무엇보다도 〈다비드 상〉이다. 비율이나, 탁월한 솜씨, 그리고 풍부한 표정 등이

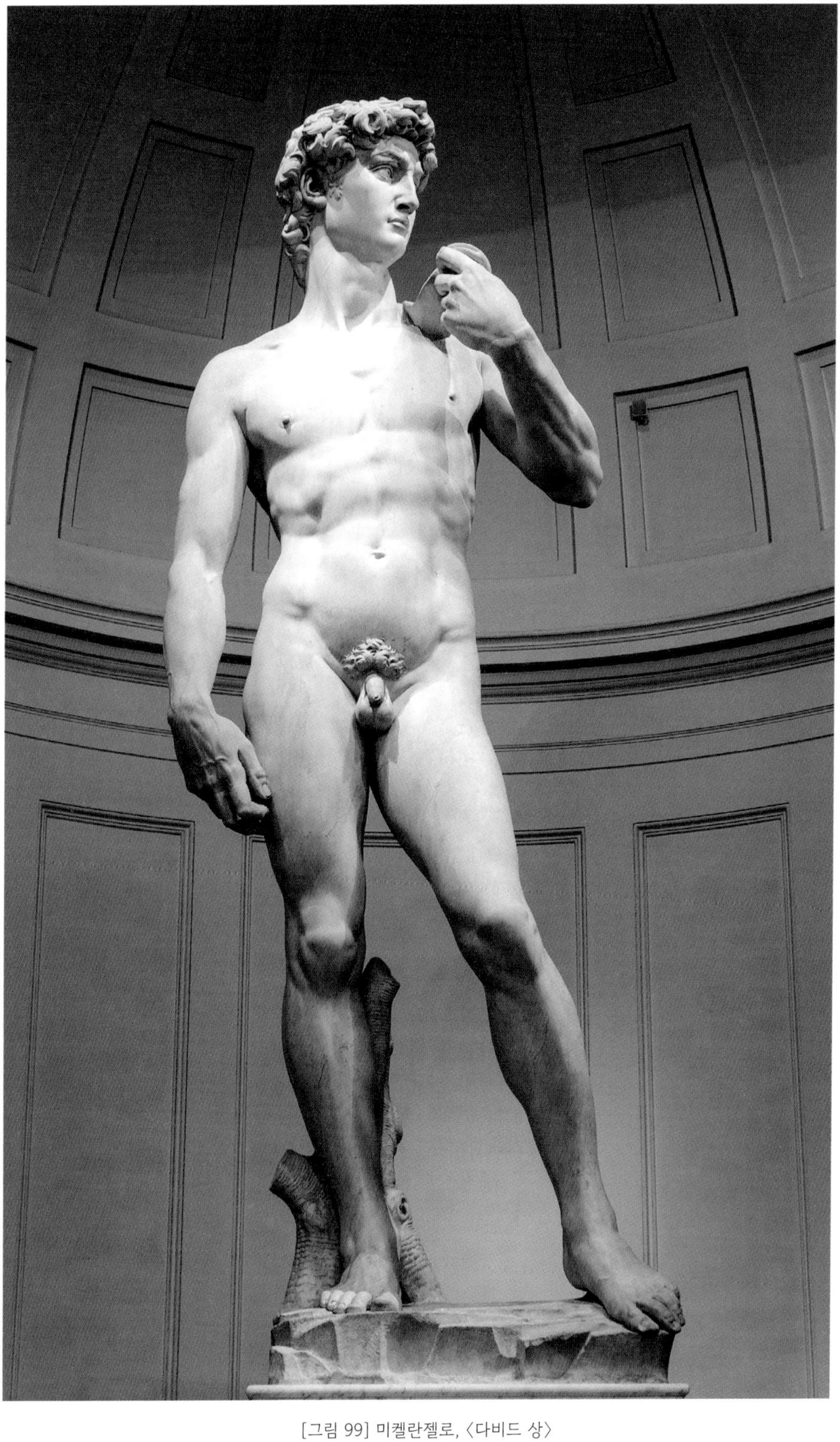

[그림 99] 미켈란젤로, 〈다비드 상〉

돋보인다.[그림 99] 이 작품은 남자 누드 입상이란 그리스적 전통의 르네상스적인 버전이다. 콘트라포스토 버전—무게 중심을 한쪽으로 쏠리게 만든 작품—은 인물에 자연스러움을 부여하며, 중심의 반대 위치에 놓인 머리는 더한층 강조된 느낌을 준다.

정확한 묘사에 기대고는 있지만 이 작품 역시 이상화되어 있으며, 남성적 아름다움, 영웅주의, 힘 등을 상징한다. 이 작품은 남성에 대한 플라톤적인 형태, 순수한 완벽함을 표상한다.

숭배의 이상화된 대상인 〈네페르티티 흉상〉과 〈다비드 상〉과 달리 〈생각하는 사람〉에는 이 작품을 아주 잘 떠올리게 만드는 표현의 투박함이 있다.[그림 100]

〈생각하는 사람〉은 특별할 것 없는 인간이며, 우리에게 흥미를 자아내고 관심을 끄는 것은 그의 특성과 바로 인간적인 몸짓이다.

조각가 로댕이 〈생각하는 사람〉 이전에 붙였던 원래 제목은 자신이 쓴 작품에 관해 궁리하는 단테를 재현하고자 하는 〈시인〉이란 제목이었다. 그러나 1888년의 전시 이후 이 이미지에 대한 폭발적인 인기는 예술가가 의도했던 것보다 훨씬 더 폭넓은 상징으로 손색이 없었다. 생각에 잠긴, 생각하는 자세를 취하고 있는 남자를 암시함으로써 이 작품은 전 세계에 수많은 복제품으로 뻗어나갔다. 이 작품은 예술 작품이 상징이 될 수 있다는 능력을 대변하고 있다.

조각의 크기와 위치도 강력한 영향을 미칠 수 있고, 그렇지 않았더라면 평범했을 작품을 드라마틱하게 만들기도 한다. 수백만 명의 사람들이 폴 란도브스키Paul Landowski의 〈구세주 예수상〉[그림 101]을 보기 위해 리우데자네이루로 모여든다. 그 자체로 기념비적인 측면(조각은 98피트의 높이에 91피터의 폭, 653톤의 무게가 나간다)도 있지만 환경의 웅장함도 훨씬 더 끌어당기는 힘을 가지고 있다. 입상이 서 있는 드넓은 푸른 하늘과 반짝이는 태양이 이 이미지의 영성을 극적으로 만들고 있다. 경외심을 불러일으키고자 하는 시도야말로 이 예술 작품의 원동력이다.

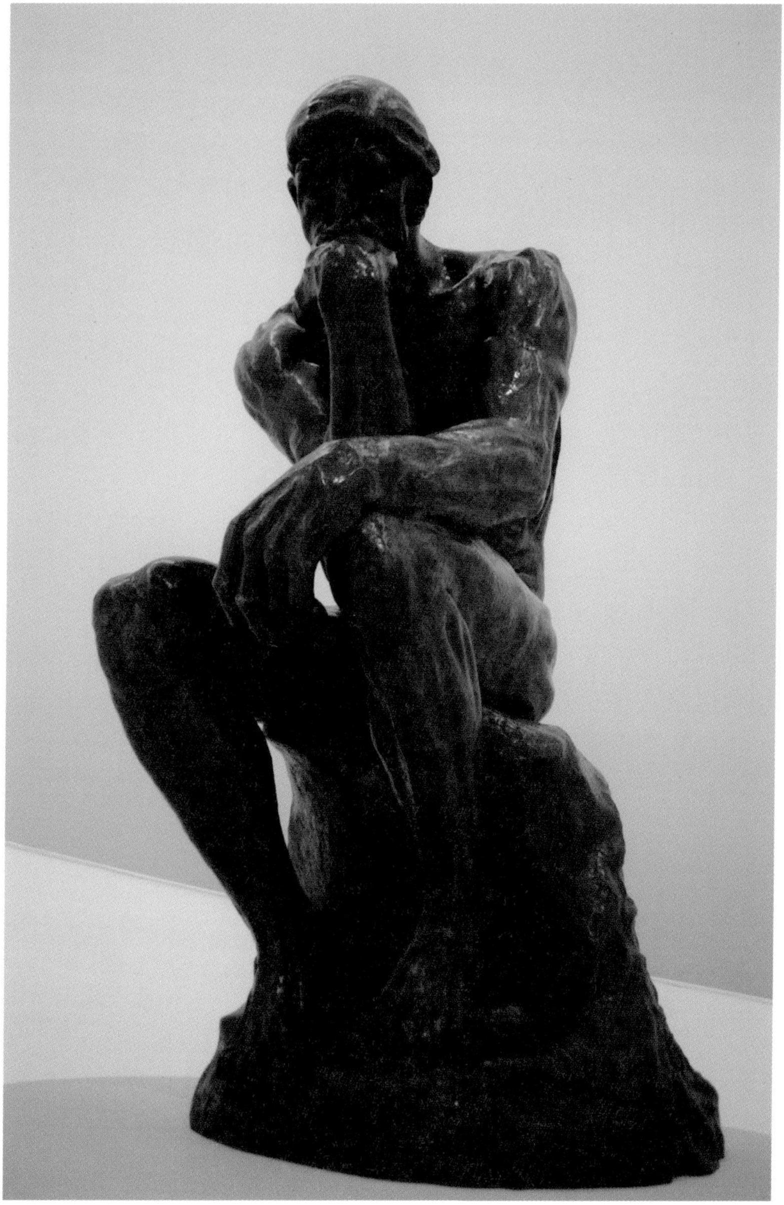

[그림 100] 오귀스트 로댕, 〈생각하는 사람〉

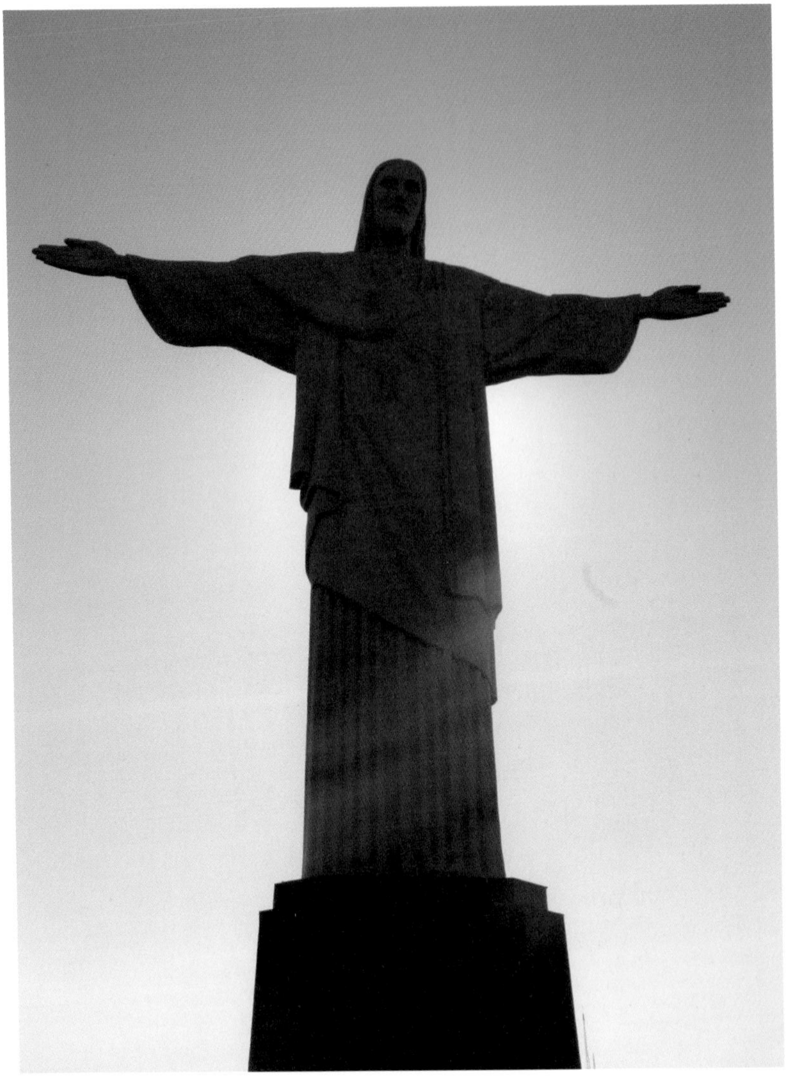

[그림 101] 폴 란도브스키, 〈구세주 예수상〉

예술을 바라볼 때 규모와 주변 환경 역시 살펴보아야 한다. 빛이 어떻게 비치고 어떻게 드러나고 있으며, 어떤 프레임 속에 있는지를 살펴보라. 더 작은 작품이 강조될 수 있는 것과 마찬가지로 위대한 작품은 배경에 의해 의미가 줄어들지 않는다. 생각해 볼 일이다.

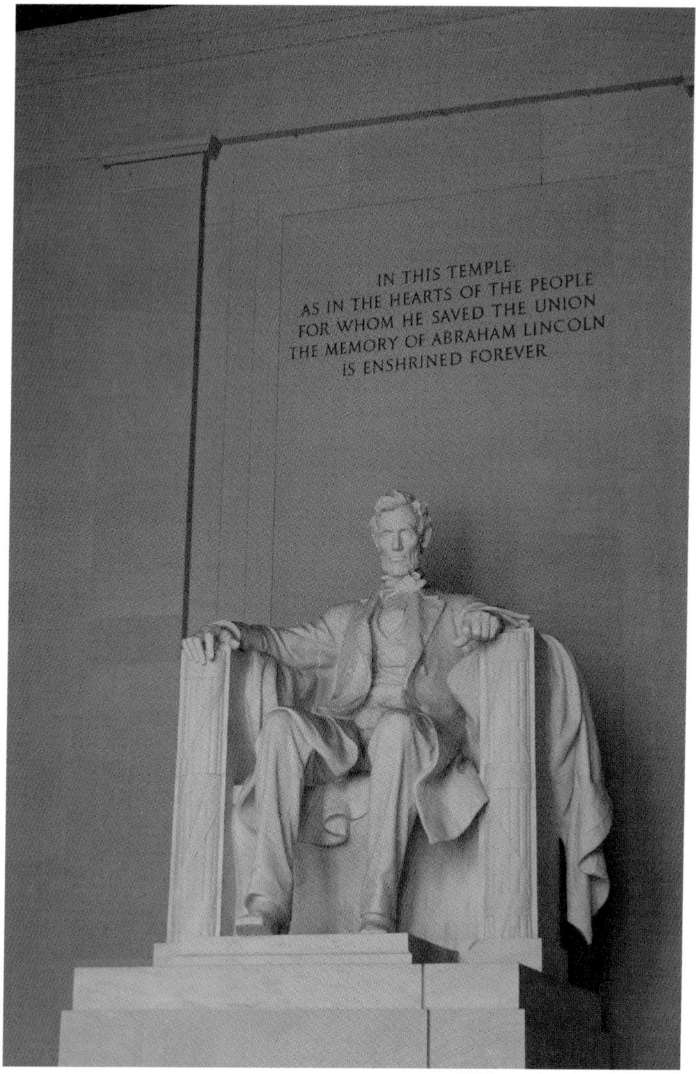

[그림 102] 대니얼 체스터 프렌치Daniel Chester French, 〈링컨 기념관〉

워싱턴 DC에 있는 링컨 기념관을 장식하는 링컨의 초상 조각[그림 102]을 살펴보자. 링컨에게 맡겨진 소명과 그의 공적이 갖는 중량감이 거대한 의자에 앉아 사람들을 아래로 내려다보는 좌상으로 구현되어 있다. 관람객은 주제의 중요함을 느끼지 않을 수가 없다. 다시 말하건대 링컨 기념관에 그 조각이 놓여 있다는 것이 불러일으키는 효과는 지극히 중요하다. 작품을 마주치기 위해 계단을 올라간 관람객은 그 출현에 충격을 받는다. 크기만으로도 보는 사람들을 압도한다.

수많은 유명한 화가들은 조각 예술의 장인이기도 했다. 피카소, 브라크, 드가, 마티스, 그리고 그 밖의 많은 사람들은 자신의 2차원적인 언어를 3차원으로 정교화했다. 피카소는 모든 종류의 재료와 대상을 자신의 해학적인 조각에 활용한 발견 미술의 장인이었고, 거대한 크기의 도자기 작품을 정교하게 빚은 것으로도 유명했다.

발레리나와 말을 향한 드가의 열정도 수많은 청동 작품에서 발견할 수 있다. 비록 마티스는 자유분방한 회화가 그의 대표작이지만 단순화된 유기적 형체들을 갖는 수많은 청동상을 만들기도 했다. 입체파인 브라크는 릴리프와 조각으로 입체파로서의 철학을 표현했다.

현대 회화가 실재하는 대상의 묘사로부터 벗어난 것과 마찬가지로 현대 조각도 그러했다. 조각가들은 세부 묘사를 배제하고 한층 더 직접적이고 단순한 방식으로 대상이 불러일으키는 정서를 표현하는 데 주력했다. 순수한 공간과 맞물린 형태의 표현이 자연주의적인 조각들을 대체하였다. 그리고 조각가들은 견고한 덩어리가 지닌 의미만큼이나 덩어리들 사이에 공간을 가진 형체들을 창조할 때 아무것도 없는 공간을 인식하게 되었다. 이른바 "구멍"은 "대기"가 그러하듯 본질적으로 전체 작품의 실제적인 부분이며, 재료가 되었다.

현대 조각의 장인들 몇몇을 살펴보고, 그들 작품을 흥미롭게 만드는 특성이 무엇인지, 조각 작품에 기여한 그들의 역할이 얼마나 중요한지를 알아보자. 생체의 변형을 정교하게 만들어낸 두 사람의 주요한 현대적인 장인들은 콘스탄틴 브랑쿠시Constantin Brancusi와 장 아르프Jean Arp다.

수많은 사람들로부터 현대 건축의 아버지라 추앙받는 **콘스탄틴 브랑쿠시**(1876~1957)는 자신의 작품에 관해 이렇게 말했다. "내 작품을 추상적이라고 규정하는 멍청이들이 있다. 그런데 그들이 추상이라고 부르는 것은 가장 현실적인 것이다. 현실적인 것은 외양이 아니라 이념이다. 사물의 본질이다."

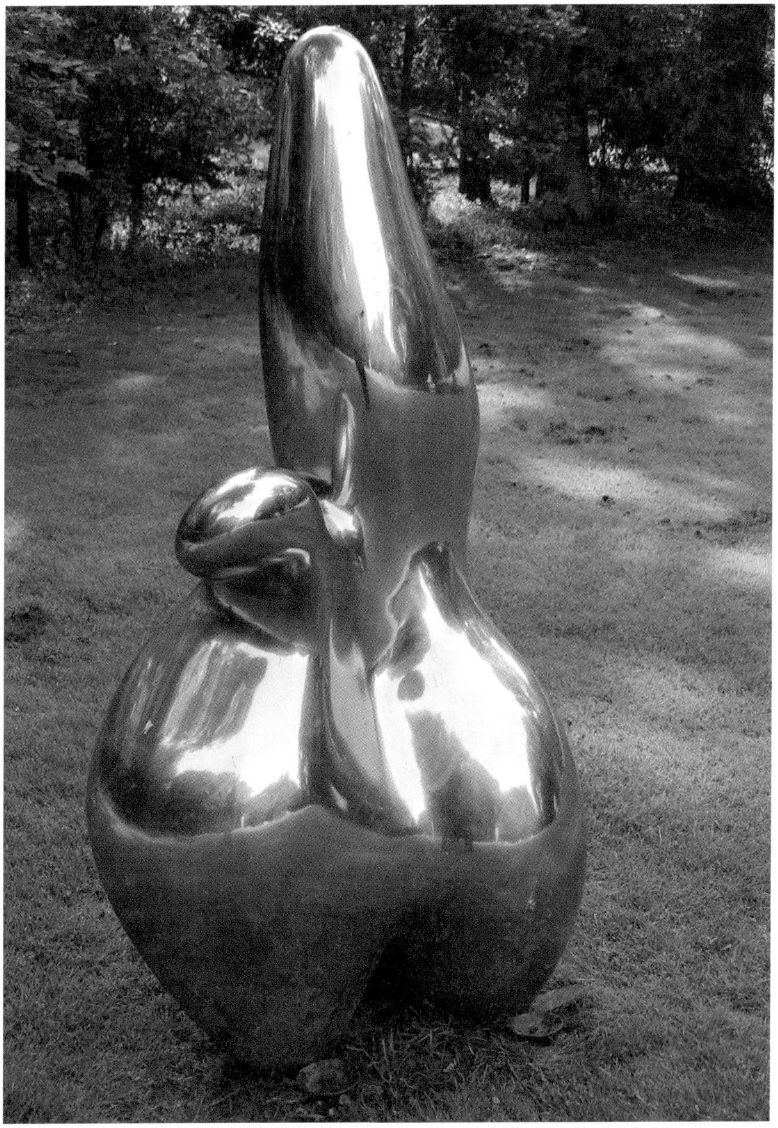

[그림 103] 장 아르프, 〈구름 목동〉

그의 고도로 단순화된 형체들은 불필요한 세부를 배제함으로써, 그리고 자신이 표현하고자 한 것의 정서적 본질에까지 침잠할 수 있도록 깎아냄으로써 "핵심"에 이르렀다. 그의 작품들은 결코 완벽하게 주제에서 벗어나지 않으며, 그의 많은 양식화되고 환원된 형체를 갖춘 작품들은 그의 작품 〈키스〉처럼 상징적인 재현이 되었다.

장 아르프(1886~1966)는 브랑쿠시와 동시대인이자 여러 가지 매체로 작업한 완벽한 조각가였다. 그의 인체 변형 조각들은 유기체의 형식을 암시할 뿐 규정하지 않는다. 사실 그는 자신의 작품을 "유기체의 추상"으로 지칭하였다. 브랑쿠시와 반대로 그의 주제는 단순화된 작품들에서 쉽게 알아볼 수 있었으며, 아르프는 먼저 형체를 만든 다음 제목이나 이름을 붙였다.

그의 작품 〈구름 목동〉은 후기에 창작된 청동 작품이며, 자연의 형체를 암시하지만 구체적으로 특정하지 않으려는 자신의 바람을 보여주는 좋은 사례다. 이 작품[그림 103]에서도 우리는 양, 목동 혹은 심지어 구름조차 연상해 볼 수 있다. 조각은 이 모든 것이며, 상징적인 형체이며, 예술가가 창조한 삶이다. 이름은 이러한 창조 뒤에 따라온다.

놀라운 조각가인 **헨리 무어**(1898~1986)의 조각품을 보자.[그림 104] 우리는 본질만으로 단순화된 여성의 형체를 보게 된다. 무어는 생체 변형 작품을 창조했으며, 유기적인 형태는 동물, 인간, 신체 혹은 우리가 인지할 수 있는 살아 있는 존재를 암시한다. 그는 보편적인 충격을 부여하기 위해 대상에 부여할 수 있는 정체성이란 특성을 제거해 버렸다. 그럼에도 무어의 형식에는 이상화된 측면이 존재하지 않는다.

작품을 돌아가면서 보면 더욱 매력적이다. 무어의 조각품을 볼 기회가 주어진다면 빙글빙글 돌아가면서 살펴보아야 한다. 그러다가 잠시 멈추고 모든 각도에서 작품을 검토해 보아야 한다. 나는 무어의 작품을 볼 때마다 한 번에 여러 작품을 동시에 보고 있는 듯한 느낌을 받는다. 이는 위대한 조각 작품의 특성일 것이다.

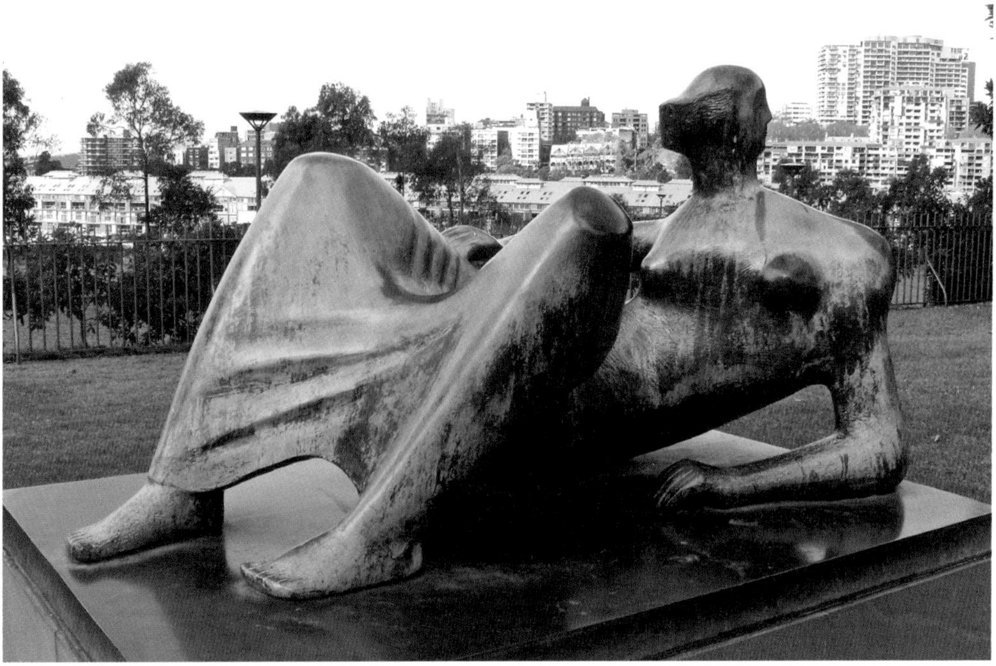

[그림 104] 헨리 무어, 〈비스듬히 기댄 인물: 각도들〉

또한 무어의 작품 역시 소극적인 공간이 중요한 통합적인 힘으로 작동하는 조각품을 창조하였다.

구글을 검색해서 무어와 심리적으로 반대편에 놓인 **알베르토 자코메티**를 살펴보자. 그는 고도로 과장된 가느다란 형체로 아주 잘 알려져 있다. 두 사람은 공통적으로 인간 존재를 주제로 삼고 있지만 전적으로 다른 방식으로 다룬다. 무어가 쾌락주의와 삶의 견고함을 표현한다면 자코메티의 인물들은 삶의 연약함과 잠정성을 표현한다. 그럼에도 두 사람은 모두 조각 예술에서 고도로 표현력이 뛰어난 장인들이다.

현대 조각은 현대 회화의 발전이나 운동과 짝을 이루고 있다. 회화로 잘 알려진 많은 화가들은 조각에 뛰어들어, 유사한 주제, 접근법, 특질 등을 표현하였다.

먼저 1909년에 화가 모딜리아니가 조각가 브랑쿠시를 만난 다음 제

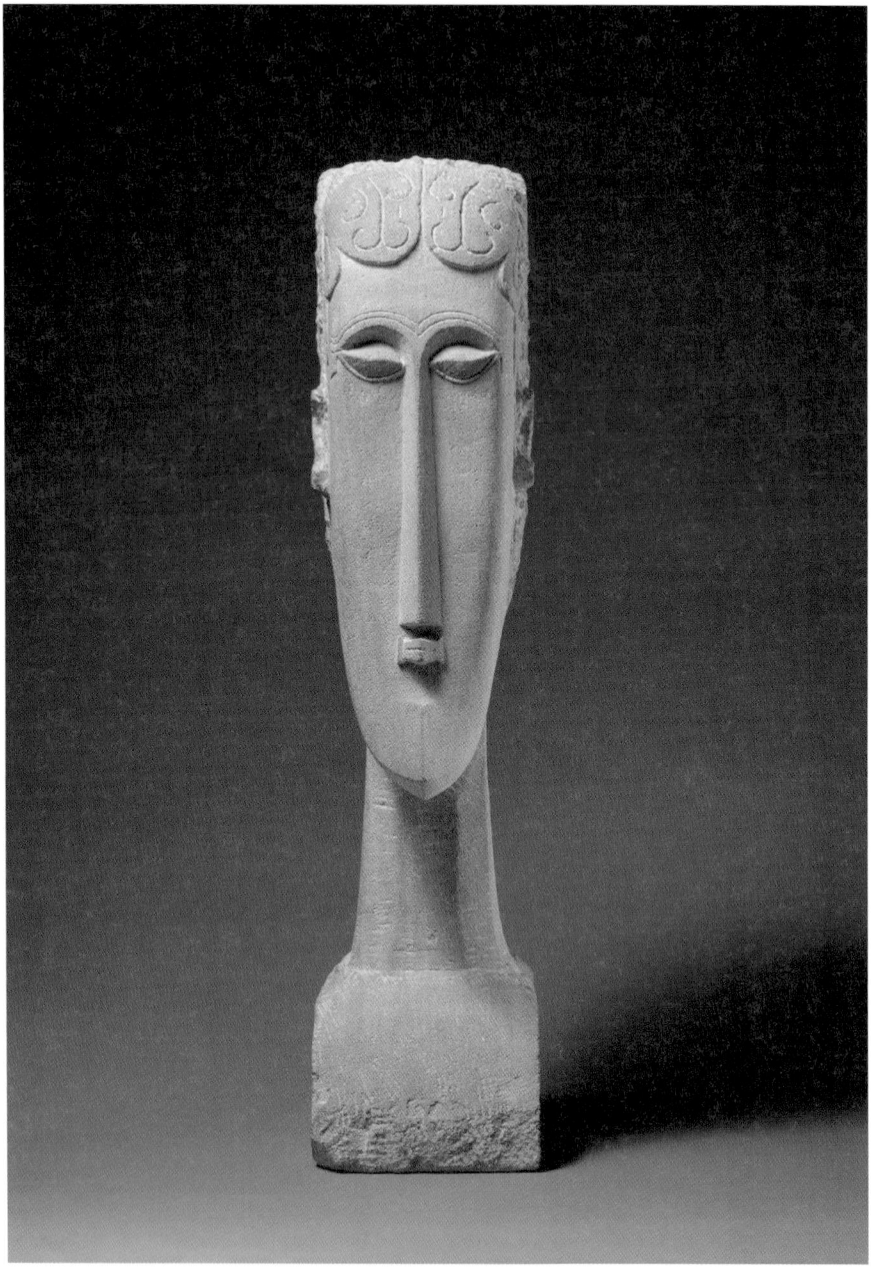

[그림 105] 아메데오 모딜리아니, 〈여인의 두상〉

작한 25점의 조각 작품 중 한 작품을 살펴보자.[그림 105] 우아한 긴 목을 가진 여자라는 그의 취향이 조각으로 옮겨져 있음을 알아차릴 수 있을 것이다.

그다음으로 이탈리아의 미래파 움베르토 보초니Umberto Boccioni의 청동상을 보면, 제목이 이야기를 들려준다.[그림 106] 조각가가 〈반우아함〉이라 이름을 붙인 이 작품에서 그는 자신의 어머니를 아주 불안정한 양식으로 묘사한다.

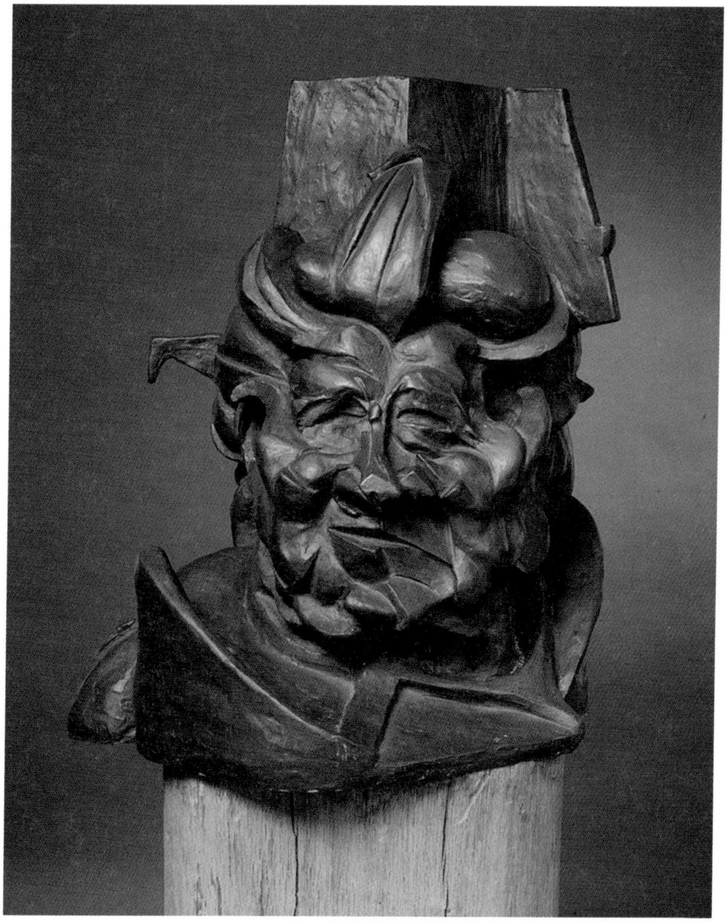

[그림 106] 움베르토 보초니, 〈반우아함〉

조각가는 "우리는 소심하고 감상적인 녀석들이 만들어내는 우아함으로 이끄는 전통적인 조화를 부수고, 파괴하고, 무너뜨려야 한다"라고 말했다. 그는 여기에서도 자신의 작품을 입체파의 조각들로 해체하고 그녀의 얼굴을 일그러지게 왜곡하고 있다.

현대 조각가들

20세기 초 이들을 뒤이은 조각가들은 수지, 플라스틱, 콘크리트, 강철 등 자신들이 쓸 수 있는 새로운 재료들을 마음껏 활용하기 시작했다. 또한 그들은 대형 작품을 만들고, 건축, 풍경과 결합한 작품을 만들기도 했다. 이 작품들은 그 자체로 환경의 일부가 되기도 했다.

그리고 어떤 작품들은 상호작용적이거나 아주 큰 나머지 사람들이 실제로 들어가 보거나 둘러볼 수 있게도 만들었다.

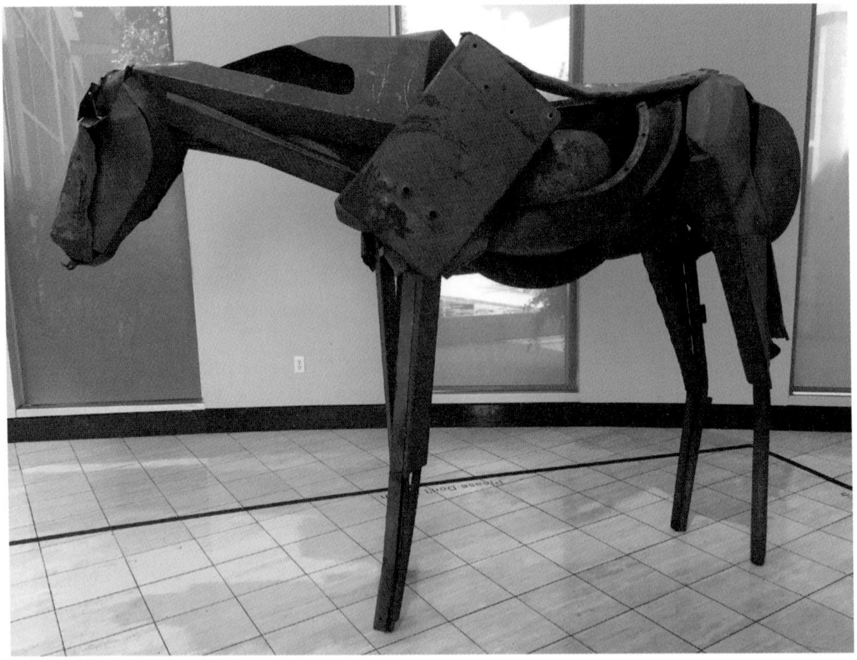

[그림 107] 데버라 버터필드, 〈로리〉

독자들에게 몇몇 사례를 보여주기 위해 여기 몇몇 현대 조각가들의 작품을 제시하고자 한다. 만약 조각에 깊은 관심이 있다면, 공공미술관, 멋진 공원, 묘지, 광장, 건물의 입구, 그 밖의 곳곳에 놓여 있는 놀라운 현대 작품을 관심 있게 찾아보기를 권한다.

데버라 버터필드 Deborah Butterfield(1949~현재)

75년째 켄터키 더비가 열리는 날 태어난, 현대 조각가 데버라 버터필드는 주요한 주제로 말을 조각했다. 그녀는 자화상을 보듯 말을 보며, 말들 속에 정서적인 진지함을 가득 채우고자 한다고 쓴 적이 있었다.

데이비드 스미스 David Smith(1906~1965)

스미스는 커다란 강철로 된 조각품으로 잘 알려진 추상 표현주의자다. 그는 실제로 목재, 산호, 철사 그리고 금속을 포함하여 다양한 재료로 작업하였다. 그리고 지금은 흔하게 볼 수 있지만, 그는 미국에서 처음으로 조각에 용접을 도입하기도 했다.

세자르 발다치니 Cesar Baldaccini(1921~1998)

프랑스 조각가인 그는 초기 작품에서는 고철과 버려진 쇳조각을 사용했고, 그 후 유압 파쇄기로 자동차와 다른 물체들을 부순 작품으로 졸업 전시를 했다. 그는 이 작업에 이어서 플라스틱 틀에 폴리우레탄을 붓거나 녹은 크리스털을 사용하는 작업을 이어갔다.

앤서니 카로 Anthony Caro(1924~2013)

영국인 카로는 금속 형체들을 조립하는 사람이었는데, 대체로 버려진 재료들을 흥미진진한 방식으로 결합하였다. 카로는 데이비드 스미스를 만난 다음부터 이 작업을 시작했다. 이전에 그는 헨리 무어의 학생이었고, 수많은 구상적인 작품과 두상을 조각하였다. 이후에 그는 자신을

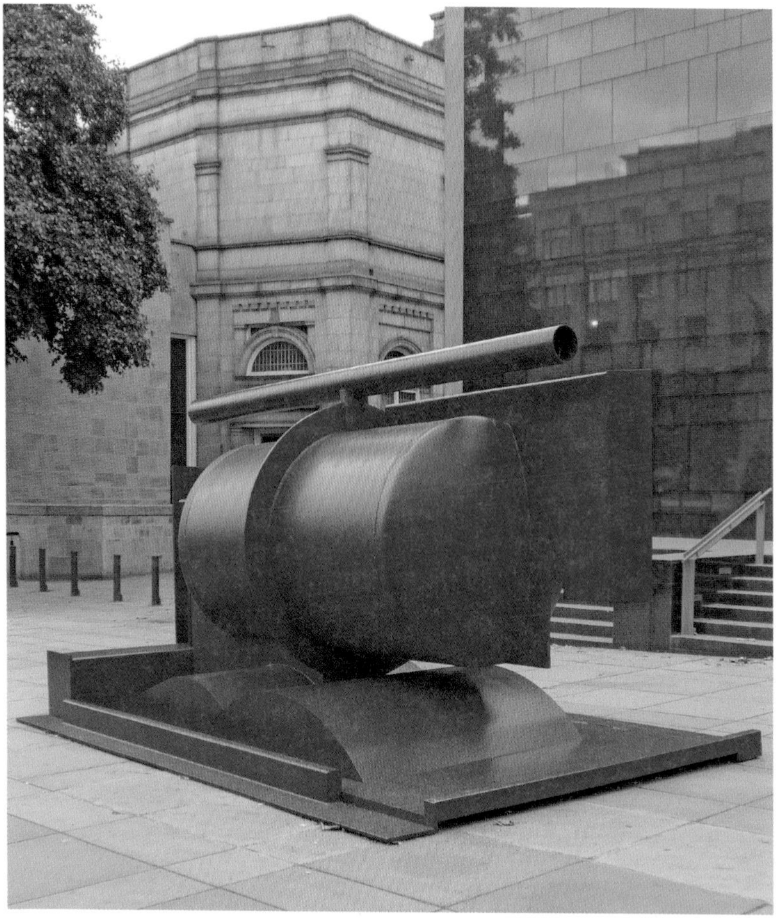

[그림 108] 앤서니 카로, 〈오로라〉

유명하게 만든 추상적인 작품을 뒤로 하고, 구상적인 작품으로 다시 되돌아왔다.

로버트 라우션버그(1925~2008)

주로 화가로 활동했지만 만능 예술가인 라우션버그는 자신의 〈결합 combines〉을 발전시켜 조각가가 되었다. 그는 뉴욕 거리에 버려진 물건들과 쓰레기를 모아, 그것을 캔버스에 설치함으로써 3차원적인 아상블라주를 만들었다. 그는 아주 정교한 과정을 거쳐 붙이는 작업을 진척시켰으며, 심지어는 동물의 사체 피부를 붙여두기까지 했다.

마크 디 수베로 Mark di Suvero(1933~현재)

그는 무거운 강철과 나무 기둥으로 크고 추상적인 조각품을 구성하였다. 무게 때문에 이 작품을 설치하기 위해서는 현대적인 크레인이 있어야 할 정도였다. 그중 일부는 움직이고 흔들리기도 한다.

이와 같은 거대한 추상 작품은 종종 장소를 구성하는 데에 활용되었다. 상가나 중요한 건물, 공원 등의 입구를 장식한 조각들은 한때는 들어본 적도 없는 것들이었으나 지금은 경관에 익숙한 요소가 되었다.

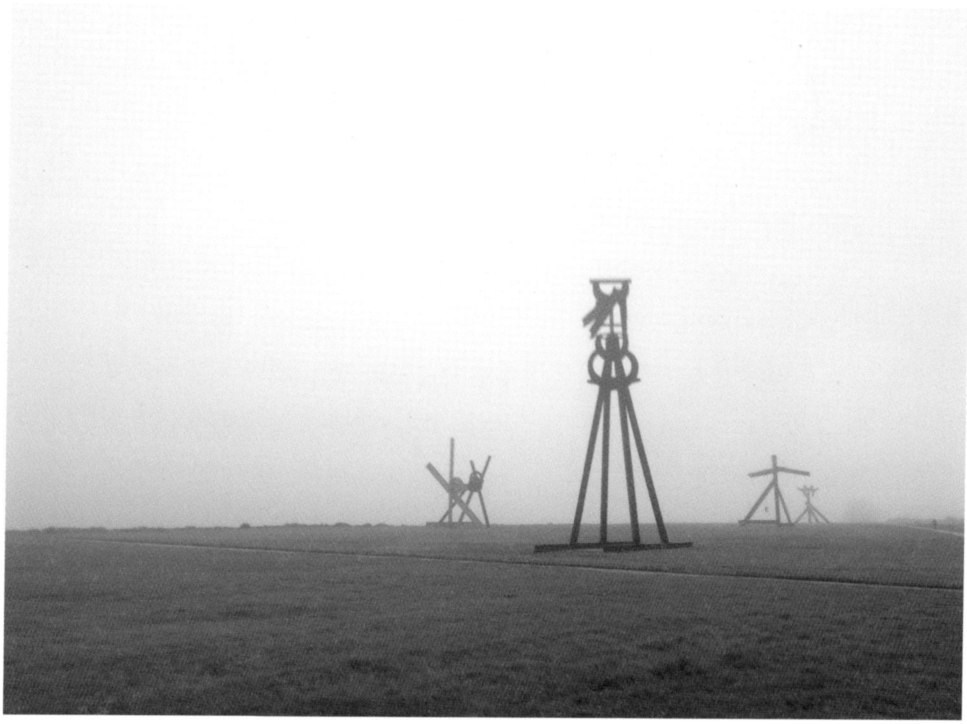

[그림 109] 마크 디 수베로, 〈오랜 친구, 드림 캐처, 어머니의 평화, 깃털〉
(조각상 왼쪽에서 오른쪽으로)

리처드 세라(1938~현재)

커다란 것을 작업하는 또 다른 조각가인 세라는 섬유 유리와 고무, 녹은 납, 납 시트, 강철 빔 등을 활용하였다. 그의 작품은 미니멀리즘이지만 규모는 아주 컸다. 2011년 카타르에서 그가 만든 작품은 높이가 25미터 남짓 되었다. 이처럼 거대한 조각이 미치는 영향은 조각과 나란히 서 있거나 혹은 조각 작품 안에 들어가 서 있을 경우 사람들에게 미치는 효과다. 규모 자체가 감정적인 메시지를 담고 있다.

애니시 커푸어 Anish Kapoor(1954~현재)

인도에서 태어난 영국의 조각가 커푸어의 작품들은 선을 넘어 건축에까지 이른다. 이는 단순히 작품의 규모 때문만이 아니라 그 대부분이 실험적이기 때문이기도 하다. 그 조각품들 속으로 사람들은 들어갈 수도 있고, 조각품을 움직일 수도 있다. 관람객viewer의 개념이 참여자participant로 확장된 것이다.

커푸어는 석회암과 대리석, 회반죽과 염료 등으로 만들어진 생체 변형적인 형체들로 시작했다. 그러다 그는 광택이 잘 나는 거울과 같은 스테인리스 강철로 작업하였다. 이것은 반사판을 만들어냈고, 이 또한 조각의 일부가 되었다. 색채는 그의 작품 속에 한 요소이며, 심지어 그는 색을 풀어낸 물을 사용하여 조각품을 만들기도 했다. 그의 도구 상자에는 그 밖에도 피를 암시하는 붉은 왁스, 녹, 시간의 흐름에 따라 조각품 자체가 자라고 변형되는 변화의 개념 등이 들어 있다. 커푸어는 조각에 내재된 또 다른 이전의 특성이었던 정태적 속성을 제거해 버렸다. 진정한 혁신가로서 그의 조각은 건축이기도 하며, 극장이기도 하다.

여러 가지 점에서 조각은 예술 애호가들에게 이용 가능하고 접근성이 뛰어나다. 왜냐하면 조각은 바깥이나 공공장소에 설치되기도 하기 때문이다. 오늘날 새로운 구조물과 거리의 일부분인 공공 예술의 인기는 조각을 우리들의 일상적 경험으로 만들고 있다. 모두가 즐길 수 있는 곳

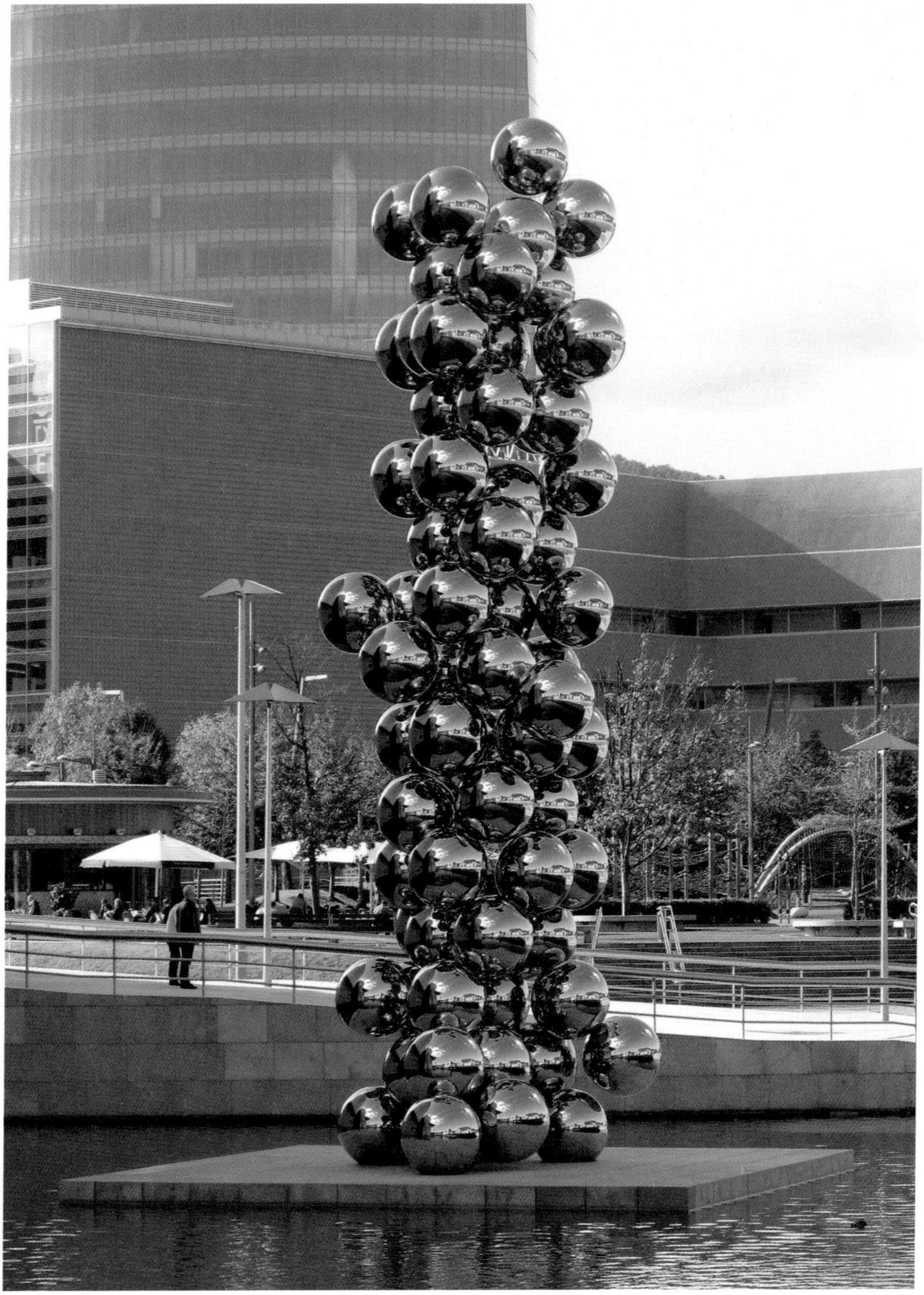

[그림 110] 애니시 커푸어, 〈키 큰 나무와 눈〉

에 예술이 들어서는 것을 우리는 환영한다. 예술의 미래에 관한 마지막 장에서 우리는 혹독한 기후의 영향을 받고 있는 이 시대에 예술의 위상에 대해 언급할 것이다.

사진, 인쇄, 그 밖의 종이 매체 등등

2차원적인 예술의 주요한 매체인 소묘와 채색에 덧붙여 언급할 필요가 있는 몇몇 다른 형식이 존재한다. 급격히 인기를 얻고 있는 사진 예술은 인쇄 예술과 마찬가지로 그 가운데 하나이며, 종이에 다른 매체를 붙이거나 종이로 만드는 콜라주와 혼합매체도 여기에 해당한다. 콜라주와 혼합매체는 이미 다른 곳에서 슬쩍 언급하기는 했지만 이 맥락에서 다시 다루고자 한다. 오늘날에는 디지털 예술, 컴퓨터로 만들거나 보강한 예술 역시 있다.

사진은 예술계의 입장에서는 다소 뒤늦은 후발 주자다. 그리고 지금에서야 중요한 예술의 매체로 인식되며, 많은 사진작가들 역시 중요한 예술가로 평가되고 있다.

사진은 종종 일러스트적이거나 상업적인 매체로 활용되며, 따라서 사진 자체가 예술로서 어떠한 입각점에 서 있는가 하는 문제는 논의해보아야 할 문제다.

카메라의 사용 자체가 사진이 예술이 되는 자격을 깎아내리는 것은 결코 아니다. 사진 역시 많은 화가들이 사용하는 수많은 도구 중 한 가지일 뿐이다. 물론 중요한 것은 그 도구로 사람들이 무엇을 하는가 하는 점이다. 비록 카메라가 사진을 찍을지라도 주제를 선택하고, 빛을 계산하고, 피사체의 각도를 결정하는 등 수많은 양상들은 작가의 선택이며, 그 선택이 이미지를 궁극적으로 중요하고 흥미롭게 만든다.

사진은 시간상의 실제적인 순간들을 기록하기—기억을 뒤흔들고 역사를 의미 있는 것으로 만드는 능력—때문에 특별한 공명을 불러일으킨다. 옆 페이지에서 유명한 사진작가 앨프리드 스티글리츠의 사진[그림

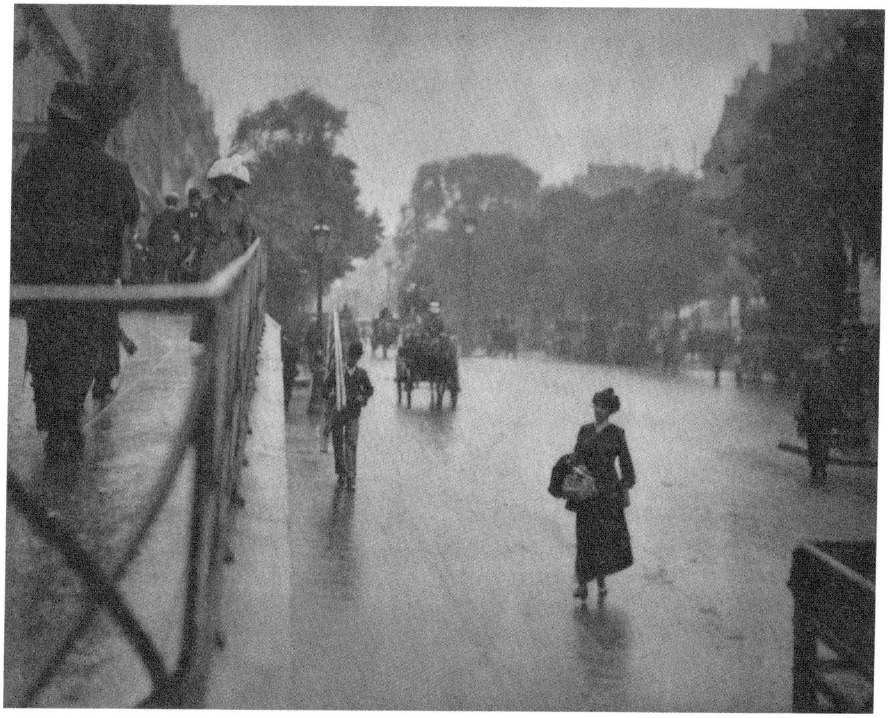

[그림 111] 앨프리드 스티글리츠, 〈스냅샷, 파리〉

111]을 보자. 〈스냅샷, 파리〉라 불리는 이 작품은 화가가 무언가를 강조한 회화나 조각의 특성을 지니고 있다. 이를 통해 사진작가는 자신의 사랑스러운 매체가 이들 미술과 동일한 위상을 갖기를 희망하고 있다. 이러한 생각에 동의하는 그와 다른 "예술 사진작가들"은 사진을 순수 예술의 매체로 확립하는 데에 기여하였다.

과거의 많은 예외적인 예술가—사진작가—들 중에는 앙드레 케레테츠Andre Kertesz(1894~1985)가 있다. 흥미로운 시점으로 찍은 그의 사진은 뷔야르와 보나르 등을 비롯하여 많은 화가들에게 영향을 미쳤다. 또 다른 헝가리인 브라사이Brassai(1899~1984)의 파리에 대한 환상, 특히 밤 풍경은 그 도시의 상징이 되었다.

또 다른 프랑스의 거리 사진작가인 앙리 카르티에 브레송Henri Cartier

Bresson(1908~2004)은 많은 유럽 도시의 사진을 찍었고, 자신의 작업에 관해 이렇게 말했다. "사진은 그림과 다르다. 당신이 사진을 찍을 때 단 1초의 창조적인 편린이 존재한다. 눈은 삶이 제공하는 구도나 표정을 보아야만 하며, 카메라의 셔터를 누를 때가 언제인지를 직관적으로 알아야만 한다. 그때가 사진작가가 창조적이 되는 순간이다." 오늘날 사진은 디지털을 통해 수정되기 때문에 카메라의 셔터를 누르는 것이 예술 작품 창작의 유일한 출발점은 아닐 것이다.

화가들과 마찬가지로 사진작가들 역시 스스로를 표현하기에 적합한 장르들을 선택한다. 초상화 장르의 경우 기억할 만한 작가들은 앨프리드 스티글리츠(1864~1946), 리처드 애버던Richard Avedon(1923~2004)이 있고, 탁월한 패션 사진작가로는 이브 아놀드Eve Arnorld(1912~2012)와 다이앤 아버스Diane Arbus(1923~1971)가 있다. 시사적인 주제의 경우 로버트 카파Robert Capa(1913~1954), 래리 버로스Larry Burrows(1924~1971), 워커 에번스Walker Evans(1893~1975) 등의 몇몇 이름이 기억할 만하다. 풍경화 장르에는 에드워드 웨스턴Edward Weston(1886~1958)과 전설적인 앤설 애덤스 Ansel Adams(1902~1984) 등이 있다. 독자들이 사진 매체로 작업했고, 또 지속적으로 작업을 이어가고 있는 많은 작가들을 찾아보기를 권한다.

나는 콜라주나 인쇄 미술 혹은 다른 형식들을 여기에서 자세히 설명하지는 않으려 한다. 그렇지만 이러한 접근과 매체는 저마다 자신들만의 마술과도 같은 속성을 지니고 있으며, 화가들에게 표현의 다양한 유형을 제공한다. 이들 매체는 화가와 조각가들에게 예술 창작 언어의 본질적인 일부로 활용되어 왔다.

비록 전부는 아닐지라도 이 가운데 많은 방법을 화가로서 시도해 본 나는 작품의 몇몇 비밀들을 말해주려고 한다.

콜라주Collage는 층층이 덧붙이는 기법이며, 구성을 실천하고 화가의 안정적인 영역을 넘어설 수 있는 놀라운 기법이다. 가장 혁신적인 작품들은 새로운 그림이 나타날 때까지 퍼즐의 조각들을 계속 움직이며

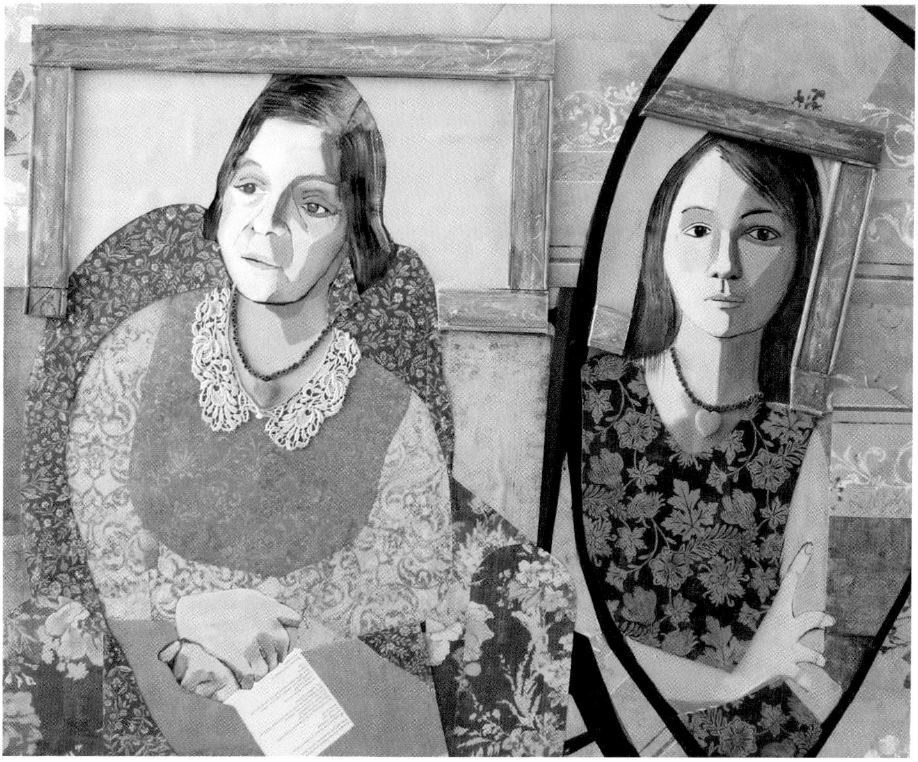

[그림 112] 캐럴린 슐람, 〈반사/굴절〉

만들어낼 수 있다. 회화의 매체와 달리 이전의 것들을 변화시키고 뒤덮을 수 있기에 콜라주를 통해 화가들은 부분을 변형할 수 있고, 그 배열에 만족할 때까지 멈추지 않을 수 있다.

여기에 소개하는 나의 최근 콜라주 작품은 늙은 여인과 거울에 비친 이 여인의 젊은 시절의 모습을 묘사하고 있다.[그림 112] 물론 이 이미지는 늙은 여인의 마음속에 존재하며, 그녀가 손에 쥐고 있는 시로 말미암아 환기된 것이다. 이런 식으로 재료들을 뒤섞는 것은 주제를 훨씬 더 흥미롭게 만든다. 여기에 동의할 수 있는가?

살펴보아도 좋을, 흥미 있는 콜라주 화가들에는 쿠르트 슈비터스, 로매어 비어든Romare Bearden, 메이 레이May Ray, 한나 회흐Hannah Hoch,

그리고 아상블라주의 조셉 코넬Joseph Cornell 등이 있다.

데쿠파주Decoupage는 콜라주의 변형이며, 디자인적인 모티프들 속으로 잘라낸 것들을 이어붙이는 것이다. 마티스가 후기에 들어 작업한 데쿠파주는 아주 유명하다. 이는 고도로 장식적인 매체이며, 콜라주와 마찬가지로 아주 그래픽적이어서 눈길을 사로잡는다.

인쇄 미술 Printmaking은 준비된 판에 역으로 이미지를 인쇄하는 간접적인 매체이다. 아주 재미있고 결과물을 보면 항상 놀라움을 안겨준다. 물론 인쇄 미술은 한번 인쇄된 바탕 위에 색과 형태를 덧붙임으로써 더 많이 변형을 가할 수 있다.

혼합매체는 둘 이상의 매체를 포함하는 작품을 일컫는다. 여기에는 유리, 수채화와 연필, 유채와 콜라주를 비롯해 실제로 어떤 조합이든 가능하다.

기름과 물이 서로 섞이지 않기 때문에 유성 재료와 수성 재료를 같은 작품에 사용하는 것은 어리석다. 어쩌면 유치원에서 크레용의 저항이라 불렀던 프로젝트를 해본 경험이 있을 것이다. 그때 우리는 왁스나 유성 크레용을 사용하여 색색의 디자인을 그려 넣고, 그것에 수성 잉크나 물감으로 빈틈에 덮어씌우면 왁스나 오일이 간섭하는 경우를 본 적이 있다. 이 경우를 우리는 혼합매체라 지칭한다.

많은 화가들은 각각 자신만의 표현의 어휘를 가지고 이들 기법을 활용한다. 비록 여기에서는 피상적으로 다루기만 했지만 이 모든 매체들로 작업하는 화가들을 눈여겨보고 얼마나 매혹적인 방식으로 재료들을 혼합하는지를 발견할 수 있기를 권한다. 보고 감상해야 할 작품들이 우리에겐 너무나 많다.

13장

그림 더욱 자세히 보기:
미술작품의 해석

13장

그림 더욱 자세히 보기: 미술작품의 해석

작품의 질은 본질적으로 주관적이다. 작품의 질은 어떤 점에서의 특징임과 동시에 측정되기를 거부하는 척도이기도 하다. 우리가 미술작품을 평가한다는 것은 작품의 특징을 설명함과 동시에 장르든 시대든 다른 유사한 작품들과 다른 점을 평가하는 것이기도 하다. 이 모든 것은 견해의 차이이며, 이는 무한대로 논쟁을 이어갈 수 있다.

미술을 정의하기 위해 사용할 수 있는 다양한 자질들(특징들)에 관해 생각하면서 나는 어휘 목록을 들고 왔다. 이 어휘들을 검토하면서 나는 작품들을 분류할 수 있는 주요한 범주들을 발견하려고 노력하였다. 이들 범주 역시 주관적이며, 논쟁적이기도 하다. 당신은 필자의 이러한 범주화를 거부할 수도 있고, 스스로의 것으로 대체할 수도 있을 것이다. 나의 범주는 다음과 같다.

기능: 실행의 전문성이나 능력

- 이 범주에 속하는 자질들: 야심ambitiousness, 소묘 능력drawing ability, 채색 능력painting ability, 조화harmoniousness, 핍진성verisimilitude, 효용성facility

독창성: 상상적인 지표들

- 이 범주에 속하는 자질들: 신선함freshness, 시간을 넘어섬timelessness, 놀라움surprise, 상징성symbolism, 명민함cleverness, 유머humor, 변덕스러움whimsy, 장난기playfulness, 독특함uniqueness, 진보성progressiveness, 상상력imagination

감정 표현력: 감정을 전달하는 능력

- 이 범주에 속하는 자질들: 분위기mood, 진정성authenticity, 강렬함intensity, 감상성sentiment, 섬세함subtlety, 냉정함poignancy, 부드러움tenderness, 힘power

시각적 효과: 자연이 주는 기쁨 혹은 매혹

- 이 범주에 속하는 자질들: 빛의 표현light expression, 색감coloration, 공간의 환영illusion of space, 미묘함delicacy, 취향flavor, 밝기brightness, 리듬rhythm, 생동감vibrancy, 서정성lyricism, 질감texture, 강렬함vivacity, 자연주의naturalism

디자인: 구성과 구조의 여러 양상들

- 이 범주에 속하는 자질들: 패턴patterning, 구성composition, 정교함sophistication, 움직임movement, 단순성simplicity, 왜곡distortion

의미: 생각을 불러일으키는 힘

- 이 범주에 속하는 자질들: 인물character, 주제의 강화elevation of theme, 공명resonance, 깊이depth, 도상성iconography

용어를 분류하려고 들면 미술작품들은 동시에 여러 자질들을 갖추고 있음을 알게 된다. 작품들은 독창적이면서 강렬하며, 솜씨 좋게 제작되었고 미묘할 수 있으며, 운동성과 디자인의 조화를 동시에 갖출 수도 있다는 식이다. 그럼에도 분류를 제공하는 것은 생각할 거리들을 마련하기 위함이며, 쉽게 기억할 수 있는 범주들로 작품을 정리해 내기 위함이다. 독자들도 이 분류를 작품에 적용해 보기 바란다.

많은 경우 작품들은 여러 자질들을 지니고 있지만 작품과 작품을 그린 화가들은 특정한 자질을 중심으로 규정되어 오곤 했다. 마티스를 색채주의자로 생각하고, 피카소는 독창적인 화가로, 클림트는 패턴의 장인이라 생각한다. 우리는 반 고흐의 강렬함을 사랑하며, 드가의 서정성을 사랑한다.

우리는 이 모든 것을 의미론적인 범주로 설정할 수 있지만 우리가 보는 작품을 설명하는 데 도움이 되기 위해 활용한다. 우리가 할 수 있는 말이 많을수록 우리는 더한층 정확해질 수 있다. 용어를 이와 같은 식으로 배치한 것이 도움이 된다면 정말 기쁠 듯하다.

미술의 모든 주요한 요소들의 경우 작품을 정확하게 설명할 수 있는 여러 형용사들이 존재한다. 몇 가지 예를 들어볼 것이다. 독자들은 여기에 덧붙여 각각의 경우 다섯 가지 이상을 더 말할 수 있는지 확인해 보라.

선Lines은 유연하고fluid, 흘러넘치고flowing, 주저하고hesitant, 대담하고bold, 신중하며deliberate, 정감 있고felt, 소용돌이치며swirling, 가늘고thin, 두껍고thick, 구불구불하고meandering, 단속적variegated이다.

색Color은 따스하고warm, 차고cold, 달콤하고sweet, 짠 맛이 나며salty, 날카롭고pungent, 장조 혹은 단조이며major or minor key, 밝고bright, 원색이며primary, 파스텔 톤이고pastel, 은은하며subtle, 물빛이고waterly, 흙빛이고earthy, 보는 각도에 따라 색이 변하고iridescent, 금속성의metallic, 생생하다vivid.

질감Texture은 부드럽고smooth, 거칠고rough, 꺼끌꺼끌하고sandy, 울퉁불퉁하고jagged, 바윗돌 같고rocky, 윤이 나고satiny, 매끈하고pebbled, 불규칙적이고irregular, 감미롭고luscious, 끈적거린다gooey.

형태Shapes는 기하학적이며geoetrical, 수직적이고vertical, 수평적이며horizontal, 기계적이고mechanical, 유기체적이며organic, 둥글고rounded, 늘어나 있으며elongated, 줄어들었으며shrunken, 왜곡되어 있고distorted, 단순하다simple.
빛Light은 극적이고dramatic, 미묘하고subtle, 고조되어 있고heightend, 명확하고pronounced, 따스하고warm, 차갑고cold, 거칠고harsh, 반사되고reflected, 부드럽다tender.
공간Space은 깊고deep, 얕고shallow, 왜곡되고distorted, 친밀하고intimate, 기념비적monumental이다.

단어 용례 사전Thesaurus.com에 따르면 "아름답다beautiful"란 단어와 비슷한 말로 다음과 같이 형용사들이 제시되고 있다.

감탄스럽고admirable, 매력적이고alluring, 천사 같고angelic, 매혹적이며appealing, 어여쁘고beauteous, 황홀하고bewitching, 매력적이고charming, 세련된classy, 멋지고comely, 귀엽고cute, 눈이 부시고dazzling, 섬세하고delicate, 환하고delightful, 아주 훌륭하고divine, 우아하고elegant, 유혹적이며enticing, 탁월하고excellent, 정교하고exquisite, 균형을 이루고 있으며fair, 매혹적이고fascinating, 멋지고fine, 간교하고foxy, 보기 좋은good-looking, 정말 멋지고gorgoues, 우아하고gracious, 웅장하고grand, 잘생겼고handsome, 이상적이고ideal, 사랑스럽고lovely, 거대하고magnificent, 놀랍고marvelous, 멋지고nice, 만족스럽고pleasing, 예쁘고pretty, 몸매가 아름답고pulchritudnous, 빛이 나고radiant, 황홀하고ravishing, 세련되고refined, 눈부시고resplendent, 균형 잡혀 있고shapely, 보기 좋고sightly, 훌륭하고splendid, 조각 같고statuesque, 감동적이며stunning, 숭고하고sublime, 탁월하고superb, 대칭적이며symmetrical,

훌륭하고wonderful, 잘 만들어졌다well-formed.

비슷한 말이 너무 많다는 생각이 든다면, "표현적expressive"이란 단어의 동의어 몇 가지를 들어보겠다. 여기에는 비슷한 말이 더 많다.

정교하고articulate, 명료하고clear, 직접적이며direct, 유창하고eloquent, 능란하며fluent, 말을 잘하고glib, 지성적이며intelligible, 다변이며loquacious, 명확하고lucid, 부드럽고smooth, 간결하고succinct, 표현이 좋고well-spoken, 생동하며alive, 우화적이고allegorical, 활기차고animated, 돋보이며appearing, 열정적이고ardent, 꾸밈없고artless, 뛰어나고brilliant, 영리하며canny, 격정적이고charged, 설득력 있고cogent, 소통을 잘하고communicative, 다채롭고colorful, 완벽하고complete, 상당하고considerable, 믿음직스러우며convincing, 정교하며crafty, 깊이 있고deep, 입증하며demonstrating, 명시적이며denotional, 묘사적이고descriptive, 내보이고displaying, 극적이며dramatic, 쉽고easy, 효과적으로effective, 힘들이지 않고effortless, 정서적으로 명확하고emotional emphatic, 열정적이며energetic, 열렬하고enthusiastic, 명확하며evidential, 흥미진진하고excitable, 설명적이며explanatory, 명료하고explicit, 확장하며extended, 독보적이고extraordinary, 용이하고facile, 믿음직스럽고faithful, 꼼꼼하고fastidious, 강렬하고fervent, 유연하고flexible, 유창하고flowing, 박력 있고forceful, 솔직하며frank, 생생하고graphic, 분출하고gushing, 구분하며identifying, 개성적이고idiosyncratic, 생생하며illustrative, 상상적인imaginative, 인상적인impressive, 결정적인incisive, 가리키는indicating, 개성적인individual, 독창적인ingenious, 강렬한intense, 상호작용적인interactive, 인식적인knowing, 실물과 같은lifelike, 생동하는lively, 사랑스러운loving, 두드러진marked, 훌

륭한masterly, 구체화된materializing, 심술궂은meaning, 의미심장한meaningful, 은유적인metaphorical, 왕성한mettlesome, 애도하는mournful, 감동적인moving, 이름을 대는naming, 서사적인narrative, 자연스러운natural, 개방적인open, 열정적인passionate, 무기력한pathetic, 독특한peculiar, 생생한picturesque, 함축적인pithy, 숨김없는plain, 급조한plastic, 시적인poetic, 가슴 아픈poignant, 뾰족한pointed, 세련된polished, 강력한powerful, 가득한pregnant, 사적인private, 심오한profound, 근본적인radical, 준비된ready, 현실주의적인realistic, 반응적이고responsive, 드러내 보이는revealing, 수사적인rhetorical, 풍부한rich, 낭만적인romantic, 슬픈sad, 비밀스러운secret, 감각적인sensational, 합리적인sensible, 민감한sensitive, 감상적인sentimental, 충격적인shocking, 현란한showing showy, 민첩한shrewd, 중요한significant, 중요한signifying, 진실한sincere, 번드레한slick, 유행하는stylish, 교활하고sly, 부드럽고soft, 말하고speaking, 활기차고spirited, 놀랍고startling, 자극적이며stimulating, 감동적이고stirring, 충격적이고striking, 강하고strong, 실질적이며substantial, 갑작스럽고sudden, 의심스럽고susceptible, 상징적이며symbolic, 동정적이고sympathetic, 다변이며talkative, 말하고talking, 이야기하고telling, 부드럽고tender, 연극적이며theatric, 사려 깊고thoughtful, 감동적이며touching, 옮기는transferred, 진실한true, 전형적인typical, 이해가 되는understanding, 쾌활한vivacious, 생동하는vivid, 목소리의vocal, 입담 좋은voluble, 따스한warm, 무거운weighty, 약삭빠른wily, 유동적인mobile, 암시적인allusive, 비유적인figurative, 의사소통적인communicatory, 계시적인revelatory, 유창한silver-tongued, 무거운loaded, 숨이 막힐 듯한breathtaking, 시사하는 바가 많은thought-provoking, 진단적인diagnostic, 정보적인informative, 정곡을 찌르는trenchant, 비언어적인nonverbal, 설득적인

persuasive, 모호하지 않은unambiguous, 함축적인connotational, 함축성 있는connotative, 함축적인implicative, 의도적인intentional, 음모적인conspiratorial, 정의할 수 있는definable, 묘사적인delineative, 묘사적인depictive, 논증적인demonstrative, 디자인적인designative, 외연적인extensional, 지시적인referential, 알아차릴 수 있는noticeable, 상징적인emblematic, 상징적인symbolical, 떠올리게 하는evocative, 해석 가능한interpretable, 설명적인expositive, 설명적인expository, 외향적인extroverted, 구체적인figural, 강력한forcible, 인상적인impressible, 인상적인impressionable, 인상주의적인impressionistic, 언어적인linguistic, 서정적인lyrical, 주요한major, 일대일의one-on-one, 충실한meaty, 자연스러운naturalistic, 연설투의oratorical, 자극적인provocative, 지나치게 민감한oversensitive, 묘사적인pictorial, 읽을 수 있는readable, 기호적인semiotic, 민감한thin-skinned, 훈계조의sententious, 의미심장한significative, 감정이 풍부한soulful, 양식적인stylistic, 숨김없는touchy-feely, 걱정스러운fraught, 지시하는indicatory, 아주 성공적인high-flying, 생기 있는alive to, 연상적인associational, 외연적인denominative, 명시적인evincive, 표시하는exhibitive, 설명적인expositional, 유창한facund, 과장된histrionical, 표의적인ideographic, 발화의illocutionary, 사람의 모습을 한incarnating, 간결하고 힘찬marrowy, 준언어적인paralinguistic, 발표하는presentional, 의미론적인semantic, 상징적인signalizing, 의미심장한significatory, 숨길 수 없는telltale, 계시적인theophanic, 잘 표현된well-drawn, 의미심장한full of meaning, 의미심장한full of substance, 의미로 가득 찬pregnant with meaning, 폭로적disclosive, 계시적revelational, 공표하는promulgatory, 자극적인impassionable, 꾸밈없이without skin, 발현하는epiphanic, 천명하는manifestative, 감동적인heart-touching.

어쩌면 "아름답다"와 "표현력이 뛰어나다"라는 단어의 동의어가 이렇게나 많은 것이 불만일지도 모르겠다. 특히 "멋지다"와 "예쁘다"와 같은 단어가 더 적다는 것도 불만일 것이다. 그렇지만 이 단어들은 미술작품을 상찬하는 방식으로는 적절하지 못하다. "균형 잡힌" 같은 용어들에 불만을 가질 수도 있고, 이들 특성이 "아름다움"이나 "표현력이 뛰어난"을 대표하는 용어를 발견하지 못할지도 모른다는 우려도 들 것이다. 그런데 "아름다움"보다 "표현력이 뛰어난"이란 용어가 얼마나 더 많은 유의어가 제시되어 있는지에 주목해 보는 것은 흥미로운 일이다. "표현력이 뛰어난"이란 분명 훨씬 큰 텐트라 할 수 있다.

이에 대해 조금 생각해 보고 미술작품을 볼 때 그 용어를 적용해 보라. 관습적으로 "아름답"지는 않지만 정말 "표현력이 뛰어난" 작품을 볼 때 마음을 열어줄 것이다. 그리고 아름다움에 관한 새로운 정의는 당신의 눈이 열리듯 시야를 확장해 줄 것이다.

나는 미술작품을 볼 때 당신의 느낌을 설명하는 도구를 가질 수 있도록, 당신이 보고 작업하는 수많은 일들에 관해 결론에 이를 수 있도록, 당신의 어휘를 확장해 나갈 수 있도록 이들 용어를 건네고자 한다. 어휘를 넓혀나가는 것은 관점을 넓혀나가는 것이며, 당신의 견해를 한층 더 숙고하고 한층 더 잘 표현할 수 있게 만들 것이다.

이제 미술작품을 볼 때 이 어휘들을 사용해 보자.

1. 전문성과 존경심

비스듬히 누운 여성의 누드화는 수 세기 동안 서양화의 인기 있는 주제였다. 누드화는 미술관 밖에서 전시된 경우를 거의 볼 수 없기도 하고, 팔리기가 쉽지 않은 주제 중의 하나이기는 하다. 그럼에도 이 주제는 수많은 이유로 화가들을 매료시키고 있다. 누드를 스케치하고 채색하는 화가들은 어디에서나 볼 수 있고, 헤아릴 수 없이 많은 화가들이 이 장르의 작품을 지속적으로 그리고 있다. 역사적으로 잘 알려진 비스듬히 누운 몇 편의 누드 작품을 살펴보자. 각각의 작품은 앞선 작품들로부터 깊은 영향을 받았다. 이 장르는 조만간 없어지고 말 주제는 결코 아닌 것이다.

상징이 된 특정한 작품들은 수많은 관람객들에게 영감을 불러일으킬 뿐만 아니라 다른 화가들에게도 영감을 준다. 그리고 그들의 작품은 모방되고 재탄생된다. 티치아노로 알려진 베네치아 르네상스 시대의 주목할 만한 거장에 의한 이 작품이 그와 같은 작품이다. 그는 자신의 시대에 이미 인정을 받았고, 그 이후로도 존경을 받은 위대한 인물 중 한 명으로 미술사에서 두각을 나타냈다. 특히 색채에 대한 티치아노의 다재다능함과 솜씨는 화가들이 가장 많이 모방하는 화가들 중 한 사람이 되게 만들었다.

티치아노의 비스듬히 누워 있는 누드화인 〈우르비노의 비너스〉[그림 113]는 사실 티치아노의 친구였던 조르조네의 작품에 바탕을 두고 있다. 1510년 조르조네는 〈잠자는 비너스〉라는 제목으로 그림을 그렸지만 그해에 죽고 말았고, 작품은 사실상 티치아노에 의해 완성되었다.[그림 114] 그로부터 20년도 더 지난 후 티치아노는 자신의 누드화를 그렸고, 지금 우리가 검토하고 있는 작품이 그것이다. 티치아노가 새로 그린 그림의 배경은 실내다. 그러나 두 화가가 그린 그림의 전경에 있는 여성의 위치는 거의 동일하다. 그러나 티치아노의 누드화는 훨씬 더 깨어 있는 듯이 보인다.

티치아노의 〈우르비노의 비너스〉는 사실 꽤 교태를 부린다. 이 작품이 창작된 시기가 1534년임을 다시 떠올려보라. 관능적인 면모를 감추고자 하는 어떤 시도도 하지 않았기에 다소 대담해 보일 수도 있다. 이 그림은 이상화나 신화적인 내용을 끌어오지 않은 젊은 여자를 그린 것이었을까? 그냥 단순한 누드화? 그런 듯이 보인다.

배경은 궁전이며, 우리는 한 마리 개와 궤 안을 들여다보고 있는 두 여자를 본다. 아마도 벗은 여자가 입을 옷을 찾고 있는 듯하다. 이 작품

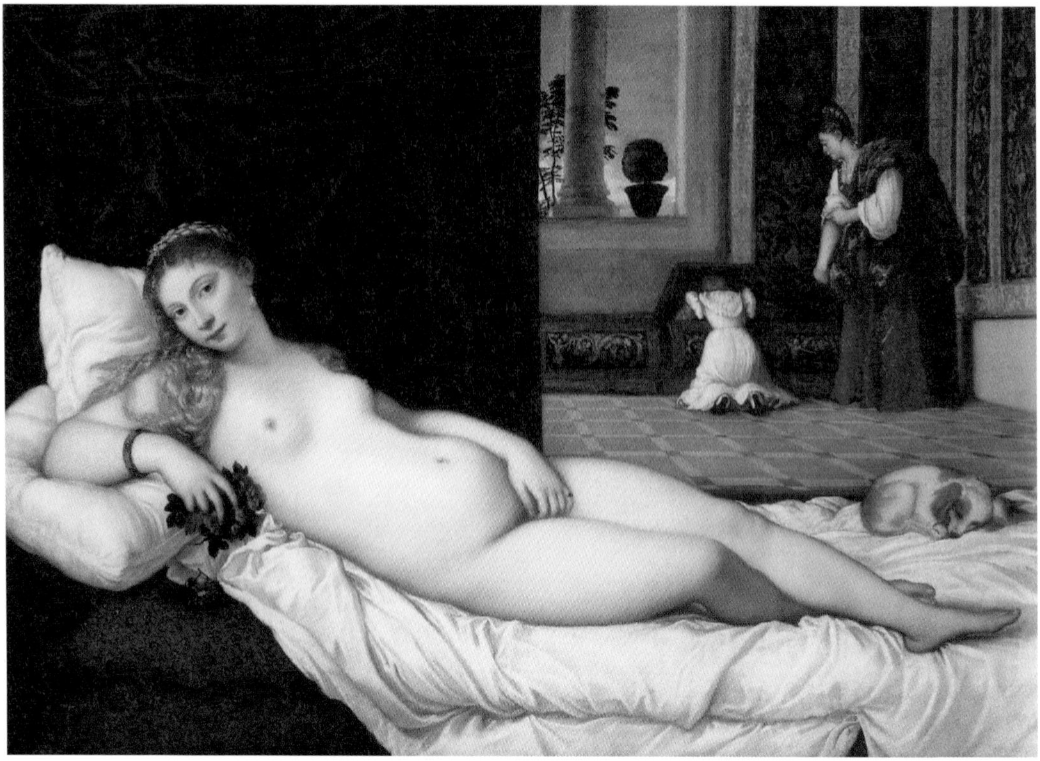

[그림 113] 티치아노, 〈우르비노의 비너스〉

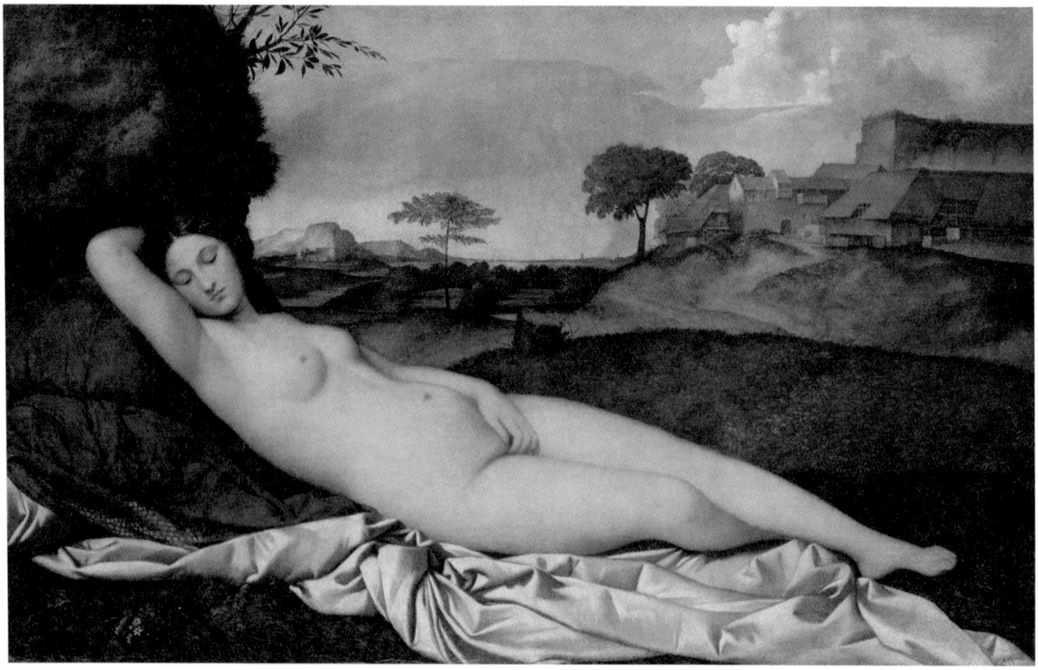

[그림 114] 조르조네, 〈잠자는 비너스〉

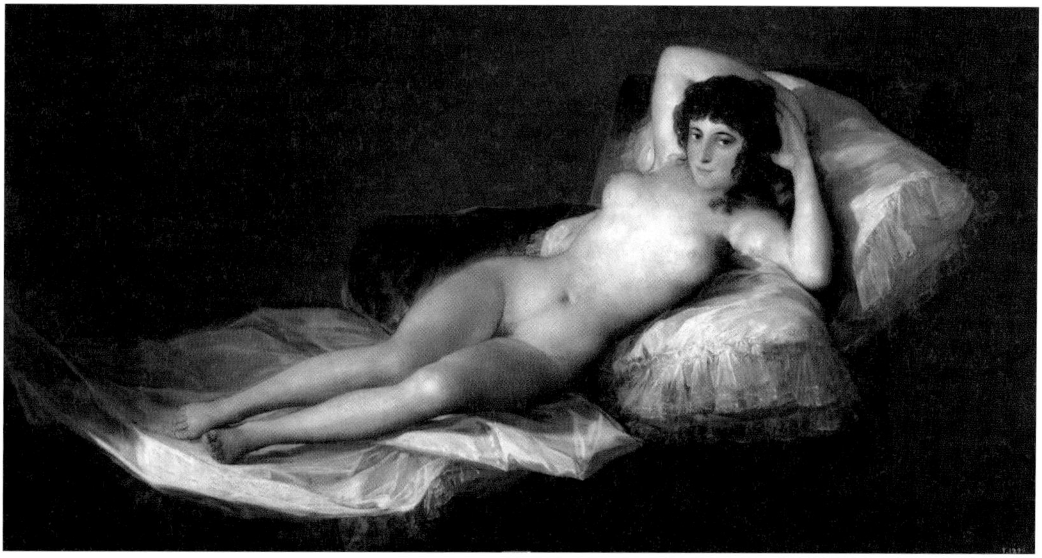

[그림 115] 프란시스코 고야, 〈옷을 벗은 마야〉

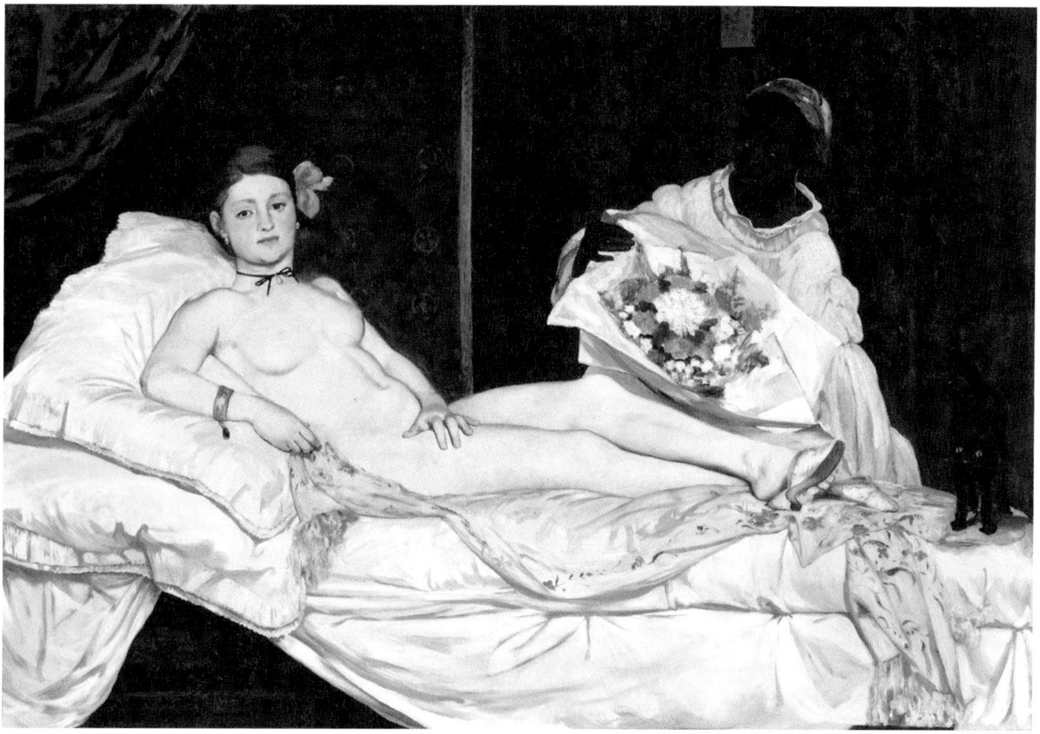

[그림 116] 에두아르 마네, 〈올림피아〉

은 우르비노 공작의 결혼을 축하하기 위해 제작되었다. 노골적인 주제는 차치하고서라도 이 누드화의 어떤 점이 마음에 드는가? 이 그림은 가로가 긴 그림이며, 배경의 어둠이 실크 같이 느껴지는 직물과 나란히 밝게 빛을 받은 누드를 훨씬 더 관능적이고 견고하게 만들고 있다. 그림의 모든 다른 요소들은 관심의 초점인 여체의 아름다움에 맞추어져 구성되었다.

〈우르비노의 비너스〉는 티치아노를 뒤따르는 화가들에 의해 훨씬 더 높은 평가를 받았다. 1647년에는 벨라스케스의 〈거울 속의 비너스〉로, 1797년에는 고야의 〈옷을 벗은 마야〉가 이 작품을 모방하였다.[그림 115] 그 밖에도 수많은 화가들이 모방했지만 가장 유명한 작품은 에두아르 마네의 1863년 작품 〈올림피아〉다.[그림 116] 마네의 그림은 처음 전시되었을 때부터 입방아에 올랐다. 무엇보다 창녀를 그린 것으로 간주되었기 때문이었다. 그림의 장치들이 이 같은 추측을 가능케 했다. 여자의 머리에 꽂힌 난초나 제목이 그렇다. 〈올림피아〉는 당시 창녀들을 지칭하는 이름으로 쓰였다.

그러나 이는 우리의 관심사가 아니다. 그저 역사의 한 조각일 따름이다. 우리가 보고자 하는 것은 이 작품을 특징짓는, 티치아노의 작품과는 다른 미적 요소들이다.

먼저 유사성을 살펴보자. 두 작품은 가로로 긴 그림이며, 이는 검은색으로 놀라움을 안겨주는 마네의 특성이었다. 포즈 역시 둘 다 비슷하다.

그러나 마네의 작품은 전경을 짧게 담고, 하녀를 훨씬 더 크게 그렸다는 것이다. 이는 그림을 훨씬 더 친밀하게 만들며 동시에 훨씬 더 확고하게 만든다. 티치아노의 그림 속 하녀들은 그다지 관련성이 없고 서사적인 목적을 담고 있을 뿐이다. 반면 마네의 그림에서는 방해물이 없고 따라서 구도가 훨씬 더 통합적이다. 나는 이 작품이 훨씬 더 만족스럽고, 우리의 눈길을 끈다고 생각한다.

또한 나는 빛이 피부의 색조에서 확인되듯 낮의 햇빛이 제공하는 자연광이란 인상을 받는다. 반면 티치아노는 인공적으로 처리했다. 낮의 햇빛이 갖는 부드러운 효과를 의식하고 있다는 것은 인상주의자들의 특징이었다. 그리고 마네는 이러한 의식의 선구자였다.

질문: 다음을 생각해 보자

- 비스듬히 누운 누드는 왜 인기 있는 주제인가?
- 이들 작품 가운데 어떤 작품이 탁월하다고 생각하는가? 그렇다면 그 이유는 무엇인가?
- 누드는 화가나 조각가로서 당신의 흥미를 끄는 주제인가?

2. 미술에 관한 그림

많은 화가들에게 미술의 주된 소재는 미술 그 자체다. 우리는 우리가 하고 있는 작업을 성찰하고 싶어 한다.

다음 페이지 벨라스케스의 그림[그림 117]은 미술사에서 가장 널리 연구되는 작품이며, 많은 사람들이 걸작이라고, 심지어 미술사를 통틀어 가장 중요한 작품이라고 간주한다. 열한 명의 인물이 있으며 2.5미터보다 더 긴 이 그림은 화가들에게 복합적인 구도로 도전의 대상이 되었다. 작품은 아주 수수께끼 같고 정교하게 구성되었다. 비록 초점이 무대 중앙에 있는 다섯 살짜리 아이—공주 마거릿 테레사—인 듯하지만 자세히 살펴보면 더 많은 것들을 알 수 있다. 사실 이 그림은 초상화를 위해 자세를 잡고 있는 왕과 왕비를 그리고 있는 화가 벨라스케스 자신을 묘사하고 있다. 앉아 있는 사람들은 관람객들이지 주제가 아니다. 우리는 이 장면을 그들의 시점에서 바라본다. 우리는 그들의 모습이나 혹은 화가가 그리고 있는 그림의 배경 속에서 거울에 비친 모습을 본다. 공주, 하녀들, 두 사람의 난장이, 유모, 경호원, 그리고 여왕의 시종이 왕과 여왕

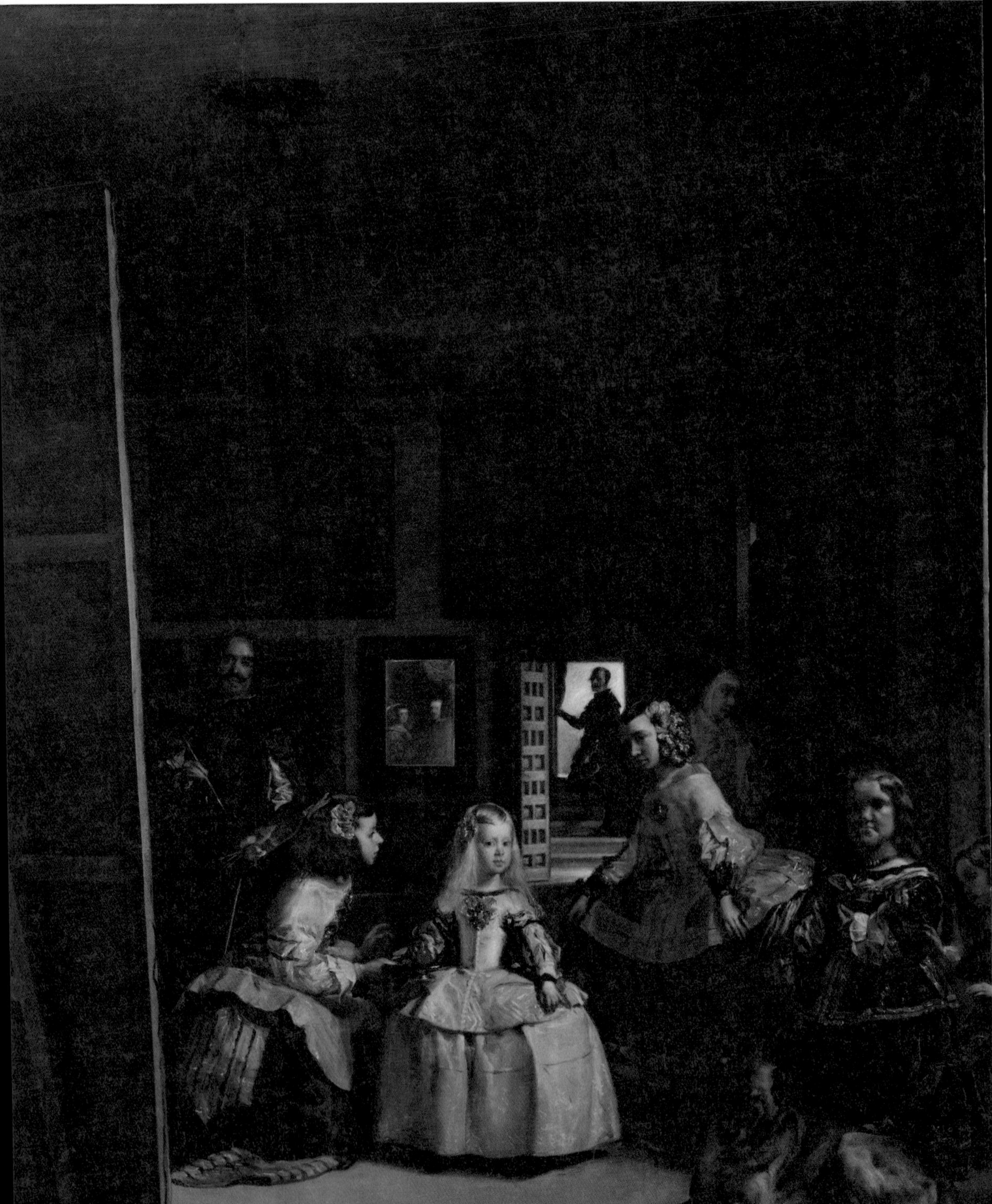

[그림 117] 디에고 벨라스케스, 〈시녀들〉

앞에 서 있다. 아마도 아주 즐거운 한때임이 분명하다.

그렇다면 우리가 보는 것은 무엇인가? 우리는 초상화가 아닌 초상화가를 보고 있다. 장면은 역전된다. 주요한 소재는 오른쪽 창문으로 빛을 직접 받으며 서 있는 어린 소녀다.

이 예시에서 당신은 모든 미술작품이 이야기를 들려주고 있음을 알 수 있다. 그리고 모든 이야기는 시점을 가지고 있다. 벨라스케스는 여기에서 초상화 그림을 거꾸로 뒤집고 있다. 알려진 주제인 왕과 왕비는 구경꾼이 되고, 주요한 사건은 그들을 산만하게 만드는 어린 왕녀다. 아홉 명의 인물들을 같은 화폭 안에 자리 잡게 만드는 과제는 쉽지 않다. 이들 인물은 정확하게 위치에 따라 크기가 정해지고, 모든 인물이 실제처럼 보인다. 이 작품은 힘의 이동으로 지칭된다.

벨라스케스의 성취에 뒤이어 많은 화가들이 복제와 변형을 시도했으며, 존 싱어 사전트도 다소 단순화된 작품으로 그렇게 했다.[그림 118] 인물이 네 명밖에 되지 않기에 다소 힘이 덜 들 것으로 여겨지기는 하지만 이 작품의 구도 역시 탁월하며 탐구할 가치가 있다. 네 명의 소녀들이 전경, 중경, 후경에 배치되어 있고, 하얀 드레스들로 연결되어 눈의 여행을 편안하게 만든다. 어두운 텅 빈 공간은 인물들이 바닥에 선 채 그림을 장악하기 위해 필요로 하는 고요함을 제공하고 있다. 이 기본적인 정사각형의 형식 속에 참으로 놀라운 구도를 그려 넣고 있다.

파블로 피카소는 벨라스케스의 작품에 매료되어 〈시녀들〉을 본떠 58개의 작품을 만든 다음 취향에 맞게 구성을 정리하고 재구성했다. 그는 5개월에 걸쳐 〈시녀들〉을 갈기갈기 찢어서 다시 결합했다. 마치 이런 식으로 해야 그림의 마법을 이해할 수 있다는 듯이. 우리는 그저 이 작품들을 만들 당시 그의 놀라운 속도를 상상할 수 있을 뿐이다.

피카소의 〈시녀들〉은 지금은 모두 바르셀로나의 피카소 미술관에 있다. 그의 독창성은 경탄할 만하기에 이곳은 방문할 가치가 충분하다. 나는 지난 여름 직접 방문했는데, 한 가지 빠뜨린 것이 있었다. 실제 벨

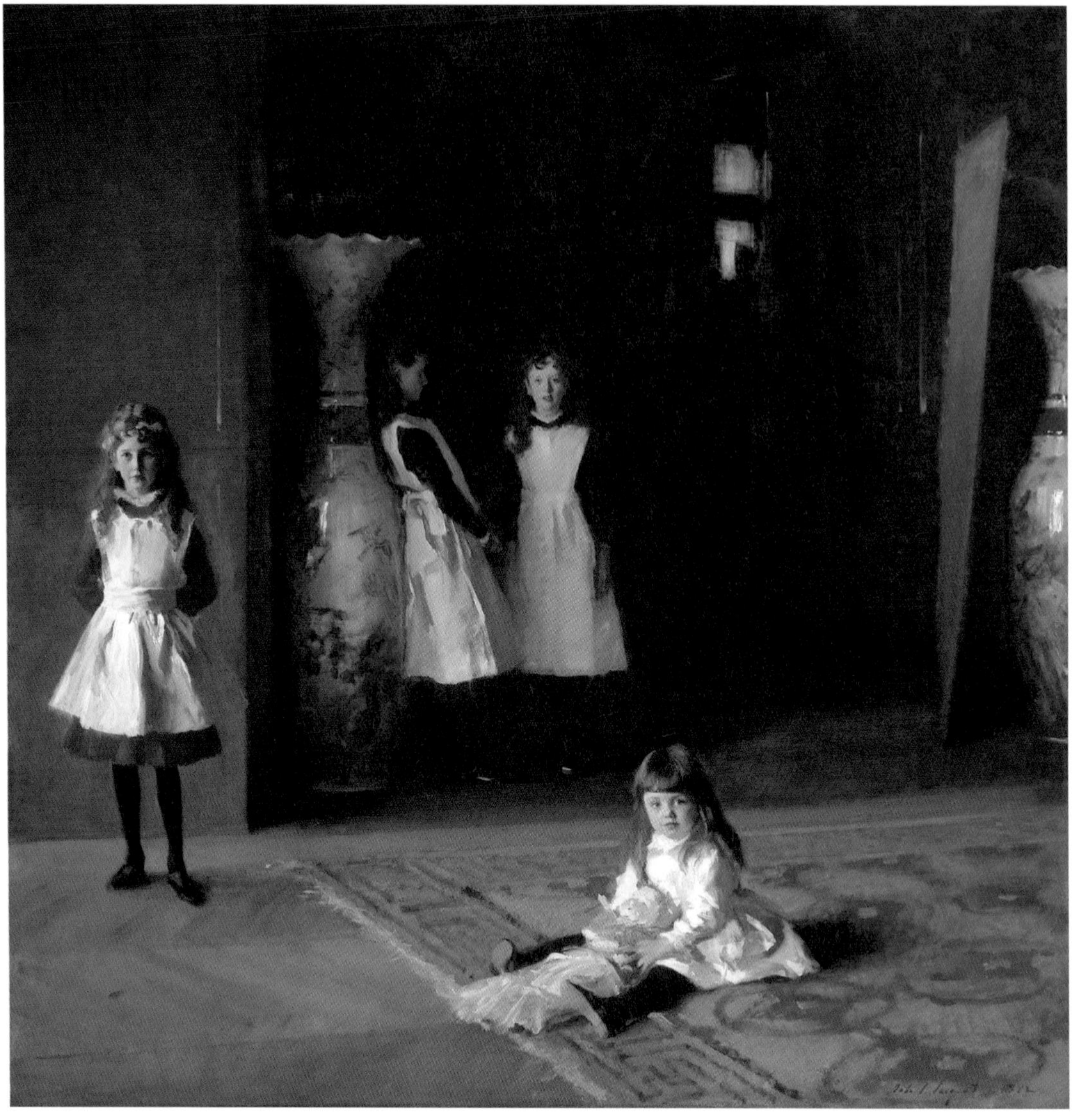

[그림 118] 존 싱어 사전트, 〈에드워드 달리 보이트의 딸들〉

라스케스 작품을 찍은 사진을 깜빡 놓고 가고 말았다. 58개의 작품을 원래 그 바탕이 된 원작을 보지 않고 이해할 수 있다는 것은 미스터리다. 그곳을 방문할 때 벨라스케스의 작품 사진을 가져간다면 미술관을 방문한 모든 사람들이 당신 주변으로 몰려들 것이다.

다른 화가들 역시 그 작품이 매력적임을 알아차렸고, 재해석할 만한 가치가 있다고 생각했다. 특히 '공주'는 아주 여러 번 복제되었고 다양한 방식으로 재창조되었다. 다음 페이지에 두 가지 사례가 있다. 조각가 마놀로 발데스Manolo Valdés의 추상조각[그림 119]과 현대 사진작가 재클린 로버츠Jacqueline Roberts가 공주를 찍은 사진[그림 120]이다.

당신은 미술사를 통해 몇 번이고 이러한 현상을 보게 된다. 화가들은 앞선 시대의 위대한 작품에서 영감을 얻는다. 사람들은 모방을 가장 위대한 아첨의 방법이라고 말하는데, 여기서는 그것이 아주 분명하다. 영감을 주는 작품을 이 매체에서 저 매체로 번역하는 것은 원래의 작가를 기리고 영감을 재탄생시킨다.

많은 사람들은 화가들이 주로 상상력으로 작업을 하고 완성시켜 낼 뿐이라는 인상을 받는다. 그러나 이는 진정 그릇된 인식이다. 사실 우리는 실제의 삶에서, 사진과 아이디어들, 음악에서 모든 자료와 참조사항들을 종합적으로 활용한다. 그렇다. 그 무엇보다 앞선 시대 화가들의 작품은 지속적으로 우리에게 도전 과제를 던져준다.

질문: 〈시녀들〉에 대한 성찰

- 왜 당신은 〈시녀들〉이 중요한 그림이라고 생각하는가?
- 왜 당신은 그렇게나 많은 화가들이 이 작품을 복제하거나 해석하는 데 열중했다고 생각하는가?
- 작품이 영감을 불러일으킨다면 당신은 그것을 어떻게 재해석해 낼 것인가?
- 만약 그렇지 않다면 당신이 지금까지 본 작품들 가운데 어떤 작품을 재해석해 내고 싶은가?

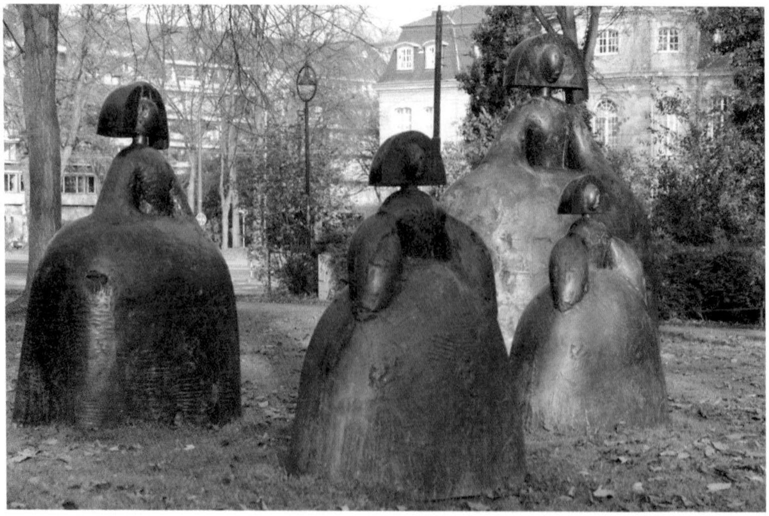

[그림 119] 마놀로 발데스, 〈시녀들〉

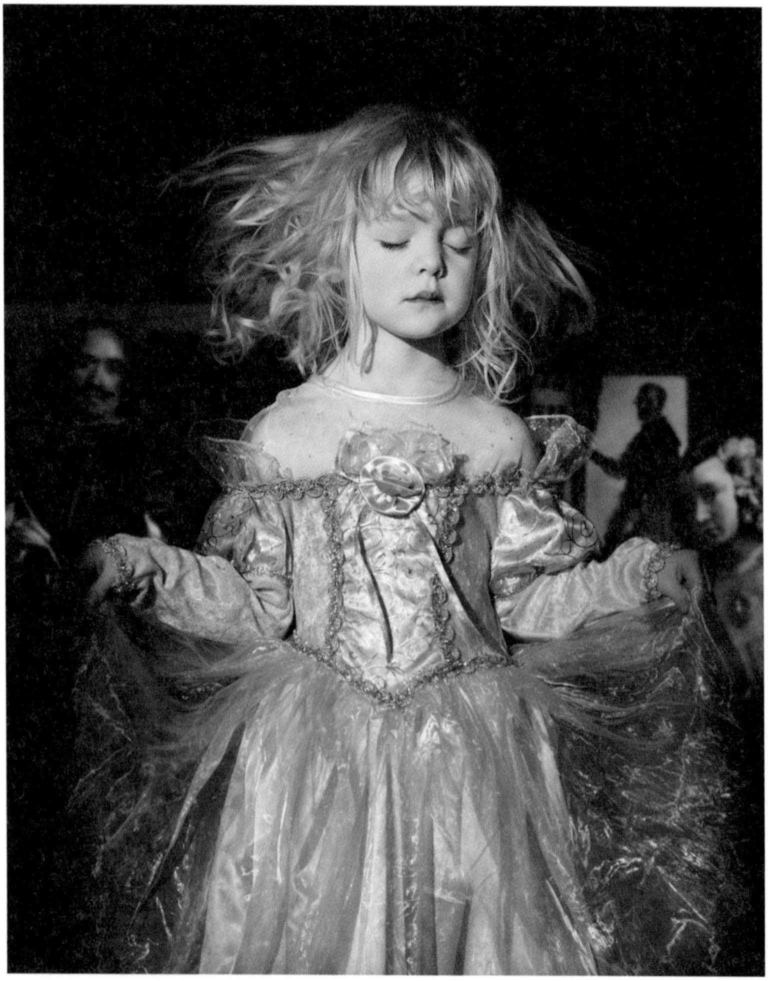

[그림 120] 재클린 로버츠, 〈시녀들의 꿈〉

3. 자화상의 여러 측면

자화상은 오랫동안 화가들 그림의 주요한 주제였다. 적절한 모델이 부족하거나 실험적인 작업을 해보고 싶다거나 후세를 위해 자신을 남기겠다는 등의 이유로 화가들은 종종 자신들의 모습을 편리한 주제로 사용했다. 그들이 강조하기 위해 활용한 것은 양식의 표현이자 어떻게 스스로를 내보일지에 관한 창이기도 했다.

자화상은 수 세기에 걸쳐 모든 스타일, 장르, 매체, 그리고 색채들로 창조되었다.

모든 사람이 저마다 자신에 관한 인식—긍적적이거나 부정적이거나 때로는 지워버리고 싶다거나 나르시즘적이라거나—을 지니듯 화가들 역

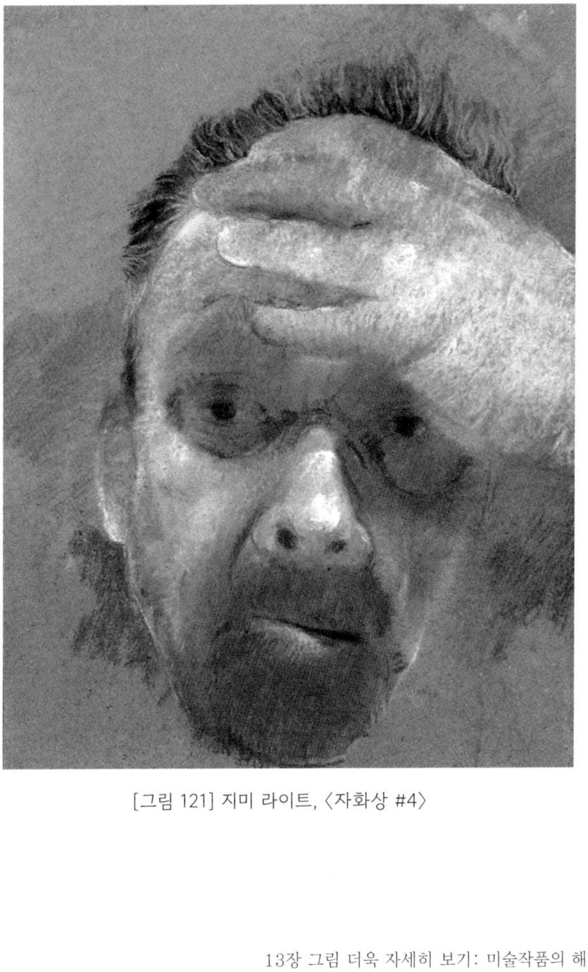

[그림 121] 지미 라이트, 〈자화상 #4〉

시 매혹적인 방식으로 스스로를 사람들에게 드러내고자 한다. 순전히 현실주의적인 방식에 기대어 렘브란트처럼 위엄 있는 면모로 자신을 보여주기도 하며, 오늘날 지미 라이트Jimmy Wright 같은 화가들은 인공적인 것을 배제하고 정서로 충만한 자신의 이미지를 제공하기도 한다.[그림 121] 자화상은 미술에서 중요한 주제로 이어지고 있다.

자화상은 미술에서 가장 흥미로운 주제의 하나로 지금도 남아 있다. 자화상은 관람객들을 기쁘게 하기 위해 만들어진 것이 아니기에 화가의 관점에 관한 한층 진실한 반영일 수 있다. 이를 염두에 두고 가장 흥미진진한 자화상들 몇 작품을 살펴보자.

거장으로 알려진 렘브란트는 작품 활동을 하는 동안 에칭과 드로잉을 포함하여 유화 작품으로 40점의 자화상을 그렸다.[그림 122] 이 특별한 자화상은 다른 주제로 눈을 돌린 7년의 공백기를 거친 후 렘브란트의 후기에 창작되었다. 이 초상화를 그렸을 즈음 그의 나이는 마흔여섯 살이었다.

수많은 자화상들이 그러하듯이 렘브란트 역시 거울 속에 비친 자신의 모습을 보며 그림을 완성시켰다. 물론 그림을 그리는 모습이 아니라 두 손을 엉덩이에 올려두고 있는 것으로 보인다는 것도 일종의 자유에 해당될 것이었다. 이는 많은 초상화들이 손을 보여주지 않는 까닭일 수도 있거나 손에 그다지 주목하지 않기 때문이기도 하다. 오늘날의 화가들은 누군가가 찍은 자신의 사진을 바탕으로 초상화를 그릴 것이다. 거울에 비친 자신의 모습을 그리면 이미지는 항상 반전되며 위치가 다소 달라진다.

왜 렘브란트는 그렇게나 많은 자화상을 그렸을까? 소재로서 자화상이 그에게 완벽한 예술적 진정성을 드러낼 기회를 주었다고 생각할 수 있다. 의뢰된 초상화를 그릴 때처럼 누군가의 마음을 만족시킬 필요가 없기에 그는 원하는 대로 그림을 자유롭게 그릴 수 있었을 것이다. 그는 아마도 자신만을 위한 자화상을 그리고 싶었을 것이다.

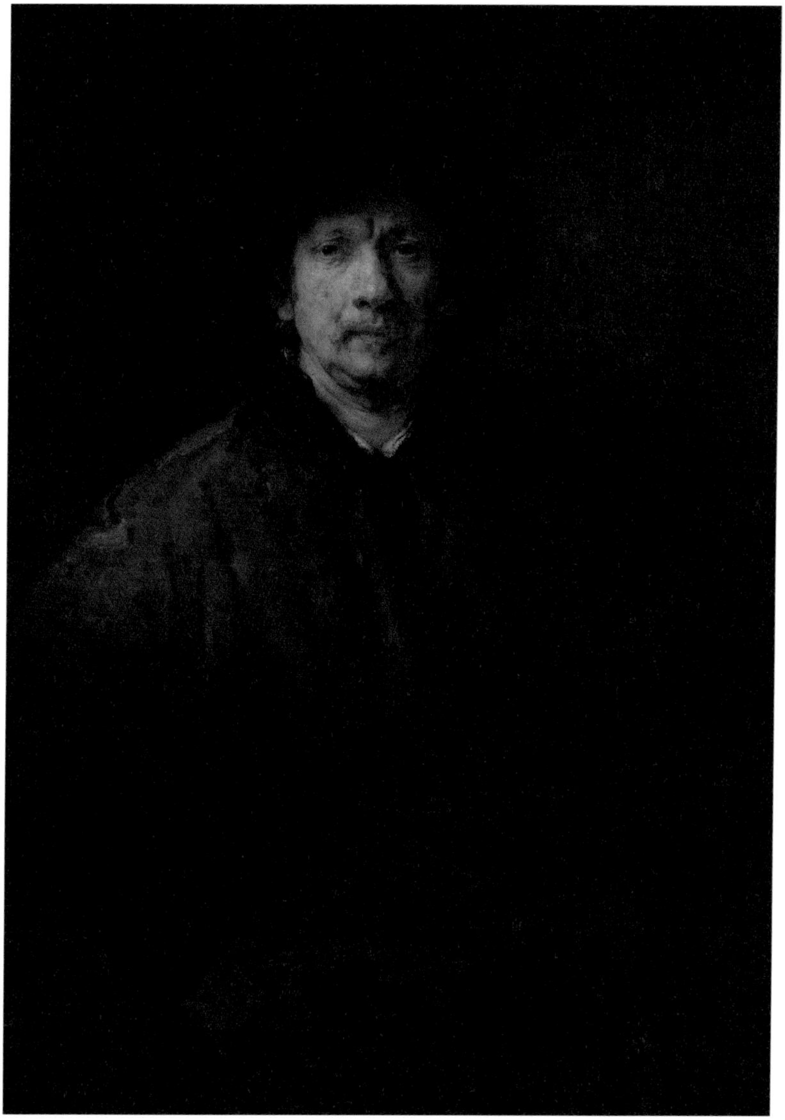

[그림 122] 렘브란트, 〈커다란 자화상〉

사실 당대에도 워낙 이름을 떨친 화가였기에 그의 자화상들은 수집가들의 수요가 많았고, 가족의 소장품으로는 극소수의 작품만 남아 있었다고 전해진다. 그럼에도 불구하고 우리는 여전히 그 자화상들이 대중을 즐겁게 하기 위해 만들어지지는 않았다고 추정할 수 있다. 그 까닭은 화가의 순수한 의도를 표현했다고 가정하는 것이 탐구를 훨씬 더 흥미롭게 만들기 때문이다. 렘브란트는 작업실에서 입던 차림 그대로를 그렸는데 이는 의도적인 것이었다. 왜냐하면 같은 옷차림을 묘사하고 있는 그림에서 작업복이란 메모가 남겨져 있기 때문이다.

이제 작품에 관해 논의해 보자. 가슴과 어깨의 희미한 빛만이 짙은 갈색 색조에서 모습을 드러낸다. 색조는 풍부하고 따뜻하다. 빛은 한 방향에서 들어오며, 형체의 대부분은 어둠 속에 놓여 있다.

배경이나 옷차림으로 방해받을 일이 없다. 모든 초점은 따스한 황금빛이 쏟아지는 얼굴에 집중되어 있다. 빛이 어둠 속을 가로질러 얼굴을 부각시킨다. 표정은 솔직하면서도 침울하다. 눈빛은 강렬하다.

물감은 능숙하게 칠해져 있고, 붓 터치가 특별히 드러나지는 않는다. 형체는 견고하며, 무게가 실려 있는 느낌이다. 얼굴 한쪽에 비친 밝은 빛은 옷의 빛이 어두워지는 것과 대비되어 강조되어 있다. 이는 머리와 얼굴을 두드러지게 만든다.

이 자화상을 매혹적으로 만드는 것은 무엇인가? 당신은 렘브란트의 초상화가 동료 화가들의 그것보다 뛰어나도록 만드는 것을 콕 집어 말할 수 있는가?

내가 보기에는 렘브란트 초상화의 탁월함은 허세가 없다는 것이며, 그럼에도 극단적인 확신이 담겨 있는 듯하다. 그렇다. 초상화들은 신체적인 견고함을 가지고 있지만 그 이상으로 초상화에는 화가의 영혼을 들여다볼 수 있게 하는, 깊은 실감을 부여하는 인간성과 공감 능력이 담겨 있다. 그는 얼마나 복합적인 인간 존재였는지!

이 초상화의 눈과 얼굴을 들여다보면 그림이 그려진 17세기의 한 순간으로 성큼 되돌아갈 수 있다. 그림은 그와 같은 직접성을 가지고 있다. 그렇지 않은가? 이 작품이 366년 전에 그려졌다는 것이 믿을 수 없을 지경이다.

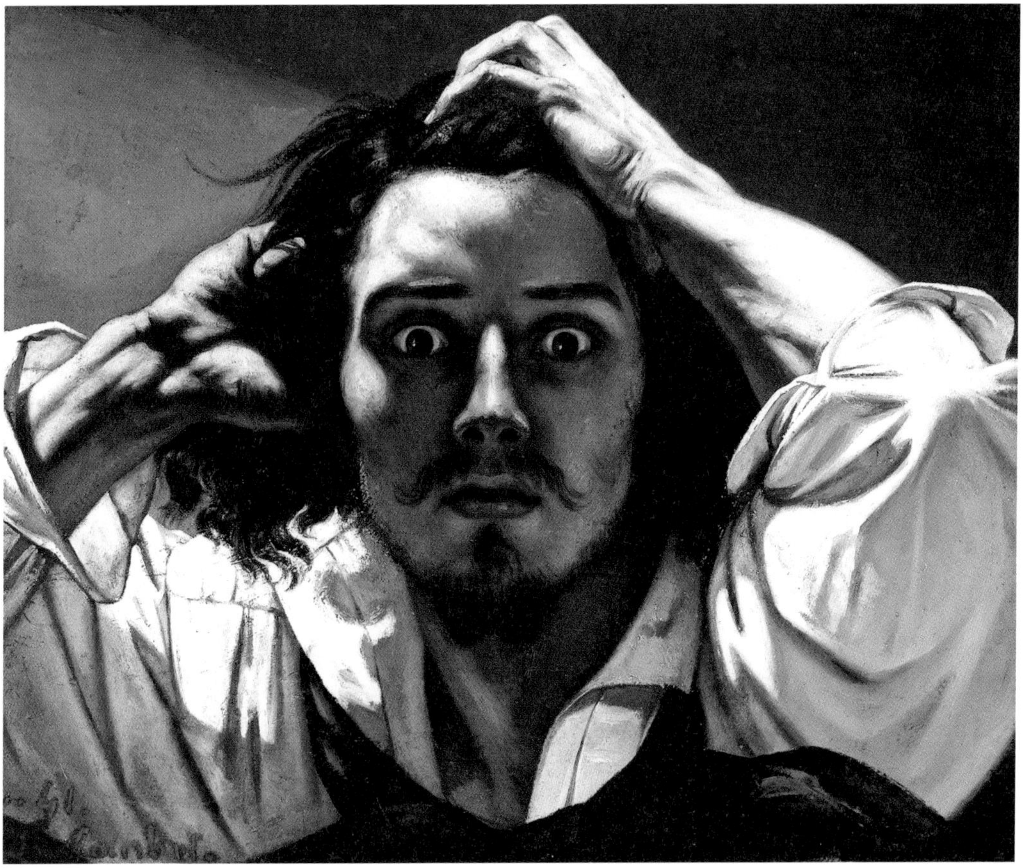

[그림 123] 구스타브 쿠르베Gustave Courbet, 〈절망적인 남자〉

어쩌면 렘브란트처럼 겸손하지도 절제하지도 않은 다른 화가들은 한층 더 극적으로 자신을 표현하였을 것이다. 한두 세기 뒤 화가 쿠르베의 다음 그림을 들 수 있다.[그림 123] 길게 펼쳐진 영역과 극단적인 빛은 카라바조를 연상케 하며 낭만적인 작품으로 볼 수 있다. 심지어 서명까지 붉은색으로 하여 자신의 그림이 드라마임을 드러내고 있다.

이 그림은 아주 특별한 자아의 표현이다. 화가가 스스로에 대해 말하고 있는 것은 무엇인가?

훨씬 더 온순한 고흐는 자신에 대해 훨씬 더 냉정한 견해를 가졌음

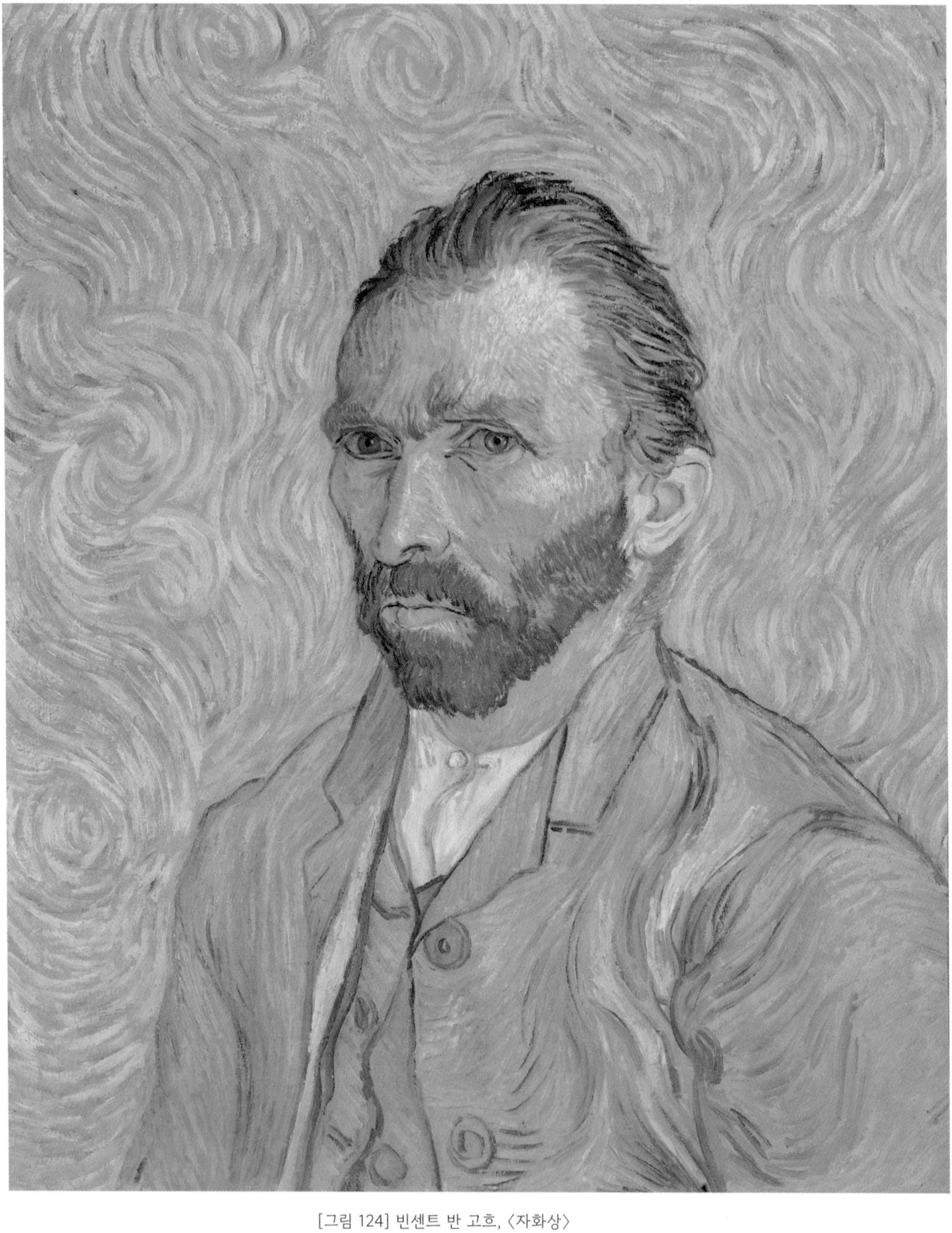

[그림 124] 빈센트 반 고흐, 〈자화상〉

을 드러내 보여준다. 반 고흐가 그린 마지막 자화상인지 그 직전의 것인지는 확인되지 않지만, 이 자화상 속에 드러나는 고통은 부드러운 중간 톤으로 그려졌기에 극적이지는 않다. 그러나 일종의 단호한 슬픔을 표현하고 있다. 반 고흐는 모델을 구할 여유가 없었기 때문에 자화상을 많이 그렸다. 여기에서도 격동을 암시하는 배경의 소용돌이치는 질감을 확인할 수 있으며, 조용한 색상들이 작품의 톤을 낮추는 효과를 안겨주며, 조화를 느끼게 해준다. 전반적으로 나는 이 그림이 스스로를 꾸미거나 덧씌우지 않고 바라보는 아주 상찬할 만한, 한 남자의 초상화임을 알 수 있다.

이제 이 자화상들을 보면서 여러분의 관심이 촉발되었기를 바라며, 책이나 미술관에서 자화상들을 더 찾아보자. 프리다 칼로Frida Kahlo의 아주 개인적인 상징적 초상화들, 앤디 워홀의 무수한 자기 해석들, 신디 셔먼Cindy Sherman의 사진들, 그리고 이 장르에 속한 그림을 그린 많은 화가들을 찾아보자.

질문: 몇몇 생각할 점들

- 왜 자화상이 화가들에게 인기 있는 주제라고 생각하는가?
- 당신의 관점에서 자화상이 흥미로운 까닭은 무엇인가?
- 여기에서 소개된 자화상들 중 가장 마음에 드는 작품은 무엇인가? 그리고 그 까닭은?
- 당신은 자화상을 어떻게 그리고 싶은가? 어떤 특징을 살려 표현하고 싶은가?

4. 미술에서의 정신적인 것

18세기 후반 스페인의 낭만적인 화가 프란시스코 고야를 생각할 때, 첫 번째 떠오르는 것은 아마도 그의 걸작, 소파에 비스듬히 누워 있는 마야일 것이다. 그는 걸출한 초상화가였고, 옛 거장과 오늘날의 거장 사이를 잇는 가교로 여겨졌다.

그러나 화가들은 종종 이러저러한 이유로 안락한 틀에서 한 걸음 벗어나 우리를 놀라게 만들기도 한다. 그들은 다른 주제를 시도하거나, 암울한 시기나 밝은 시기에 들어서거나, 견고하게 완성된 구도로 알려졌을 때 느슨하게 스케치를 일삼기도 한다. 비록 그들은 자신의 시대와 연령에 맞는 전형적인 사례이지만 때로는 미래나 과거로 떠나 마치 다른 시대에서 온 것인 양 보이기도 한다.

이 작품의 경우 그러하다. 고야는 그의 삶 말년에 자신의 집 벽에 곧바로 그림을 그렸다. 이 그림들을 〈검은 회화The Black Paintings〉라고 이름 짓고 전시회를 연 사람은 고야가 아니었다. 그림들은 프라도 미술관의 전시기획자의 지시에 따라 캔버스에 옮겨지거나 뜯기기까지 70년 동안이나 집의 벽에 그대로 남아 있었다. 지금은 미술관에 있다.

화가가 보여주기 위해 그린 것이 아닌 작품을 볼 기회가 얼마나 있을까? 제목도 화가가 정한 것이 아니며 그저 설명적이다. 만약 당신에게 이 그림을 보여주고 제작 시기가 언제인지를 묻는다면 당신은 이 작품이 현대적인 작품이라고 추측할 것이다. 그 시대의 역사화는 다채로운 색감의 형체로 가득 차 있었다. 그런데 여기에서 우리가 보는 것은 넓은 공간에 튀어나온 한 마리 개의 머리라는 극적이리만큼 단순한 구도다. 이 그림이 우리에게 말하고자 하는 바는 무엇일까?

우리는 개의 머리만을 볼 수 있으며, 그것은 구덩이에 빠진 존재를 암시한다. 개는 구해주기를 바라며 드넓은 공간을 향해 애원하는 듯하다. 하늘이 그림의 대부분을 차지하고 있고, 그 광대함은 개가 길을 잃었으며, 연민의 대상이 되기에 충분하게 만든다.

이 그림은 죽음에 관한 우리의 정동과 두려움을 묘사하는 지극히 정서적인 시각적 경험을 안겨준다. 단순성, 직접성과 시적 특성은 진정 이 시기로 미루어보아 독보적이다. 나는 호안 미로가 프라도 미술관을

[그림 125] 프란시스코 고야, 〈개〉

마지막으로 방문하였을 때 두 작품을 꼭 보고 싶어 했다는 것을 어디선가 읽은 적이 있다. 한 작품은 시대를 통틀어 가장 잘 구성된 작품의 하나라고 일반적인 사람들이 생각하는 벨라스케스의 〈시녀들〉이었고, 또 다른 한 작품은 고야의 〈개〉였다.

이 작품에 대한 이러한 존경은 그림의 솔직함과 깊은 정서적 효과에 기인한다. 색채가 거의 없으며, 장식이 없는 암울한 표면이 상실감을 더해준다. 말로 할 수 있는 그 어떤 설명보다 〈개〉는 더 정확하게 혹은 가슴 아프게 인간의 외로움과 절망을 구현하고 있다.

시대를 뛰어넘은 고야의 영감에 가득 찬 그림은 우리 모두를 위해 존재하고 있다. 이 작품은 미술을 의미 있게 만드는 것이 아름다움이 아니라, 우리 인간의 조건과 정서를 얼마나 잘 표현하는가에 달려 있음을 가르쳐준다. 오직 그것만이 우리의 심리를 시각적 형식으로 표현하여 우리가 그것을 경험하고 이해할 수 있도록 만든다.

러시아의 유대인 화가 이사크 레비탄Isaac Levitan은 이 아름다운 작품[그림 126]에 관해 이렇게 말했다. "이 그림은 완벽하게 나를, 나의 모든 심정을, 나의 모든 존재를 재현한 것이다." 이와 같은 진술은 보기 드문 것이며, 화가에 관해 아주 많은 것을 보여준다. 우리는 레비탄이 1860년에 태어났고, 마흔까지밖에 살지 못했으며, 그 기간 동안 풍경화에 전념했다는 것을 알고 있다. 그는 지금은 리투아니아로 알려진 지역의 유대인촌에서 태어났고, 그의 가족은 비참한 가난 속에서 살았다. 자신의 재능으로 말미암아 레비탄은 장학금을 받아 그림 공부를 할 수 있었고, 러시아의 유대인 숙청 이후에도 고향으로 또 나중에는 모스크바로 돌아갈 수 있었다.

레비탄은 모스크바 미술학교에서 그림을 공부했으며, 그곳에서 극작가 안톤 체호프의 동생인 니콜라이 체호프와 알게 되었으며, 나중에 둘은 가장 절친한 친구가 되었고, 급기야 같이 살기도 했다. 레비탄은 결혼을 하지 않았고, 자식도 없었다. 온 마음과 영혼을 작품 창작에 쏟아부었음은 명백하다.

먼저 나는 이 그림을 인물이 한 사람도 없지만 놀라운 감동을 전달한다는 점에서 하나의 모범이기에 선택했다. 이는 일반적으로 미술에 관

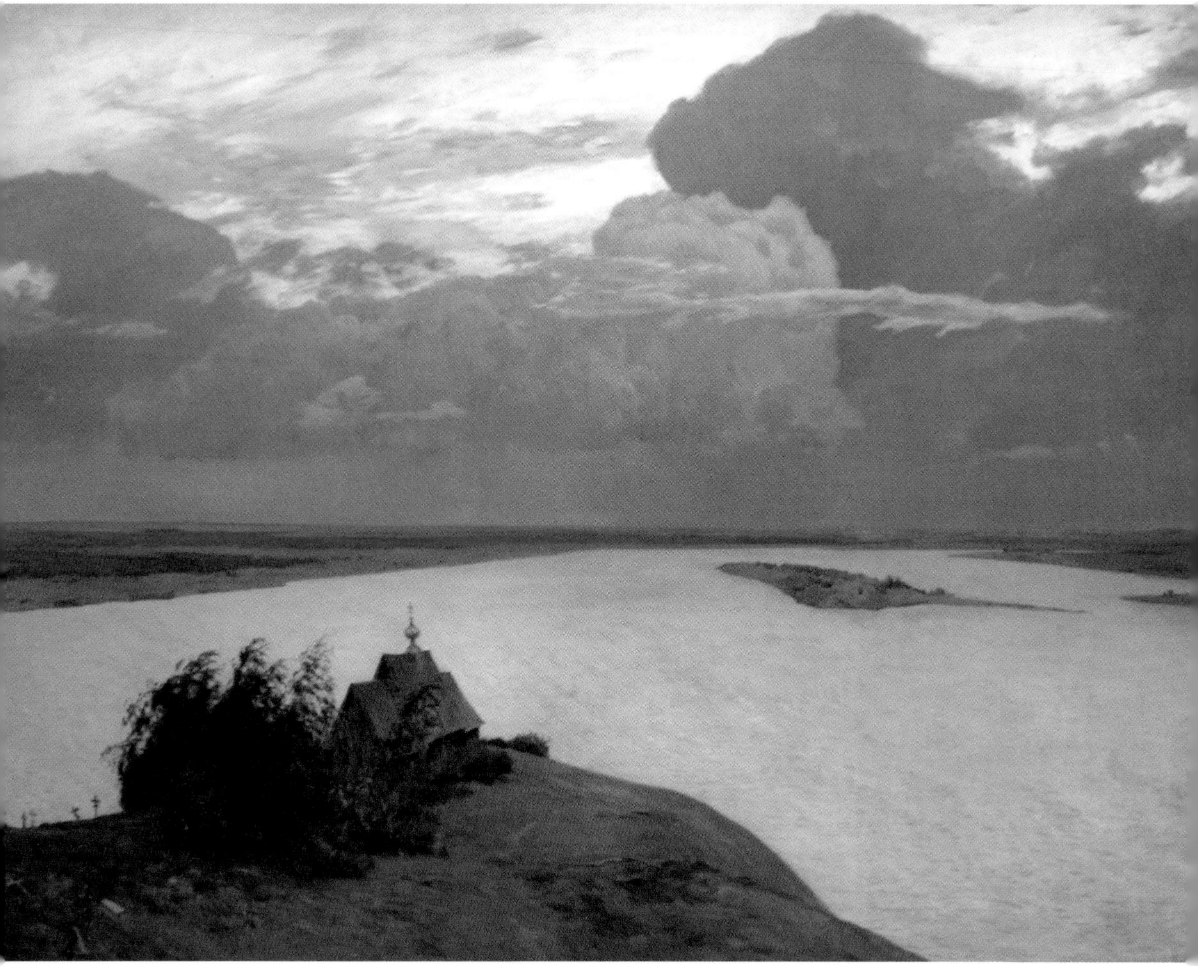

[그림 126] 이사크 레비탄, 〈영원한 평화 위에서〉

한 중요한 메시지다. 인간의 손, 두뇌와 감정으로 만들어졌기에 모든 미술작품은 주제와 상관없이 작품을 창작한 화가에 관한 메시지를 전달한다. 사과는 사람의 볼처럼 부드럽게 채색될 수도 있고, 하늘은 가슴처럼 아름답게 그려질 수 있다.

이 그림은 완벽한 실례다. 〈영원한 평화 위에서〉는 상단 3분의 1에 하늘이 펼쳐져 있는 드넓은 풍경을 묘사한다. (여기에서 이 책에서 제시한 3등분의 규칙을 기억하라.) 우리가 내려다보는 전경에는 작은 교회와 묘지가 있다.

화가의 시점을 생각해 보라. 우리에게 믿을 수 없을 만큼 깊은 공간감을 주기 위해 시선을 위에서 아래로 내려다보고 있다. 우리는 마치 헬리콥터의 창문에서 풍경을 보고 있는 것처럼 공간을 내려다보고 있다. 이것이 작업 중인 화가의 상상력이며, 구성이 우연히 얻어진 것이 아님을 기억하라. 화가가 자신의 메시지를 전달하는 통로는 매개물이다.

그렇다면 그 메시지는 무엇인가? 나는 우주가 광대하고 무한한 신의 창조물(묘사된 건물은 집이 아니라 교회다)이며, 아름다움과 질서 정연함으로 말미암아 대자연 역시 그 신의 창조물임을 그림이 우리에게 말하고 있다고 생각한다. 그림은 아주 웅장한 나머지 우리를 놀라게 만든다. 묘지는 우리에게 인간으로서의 우리가 이 우주의 일시적인 거주자일 뿐 아니라 죽음 앞에서는 보잘것없는 존재임을 일깨워준다.

그의 찬란한 재능, 섬세한 채색, 그리고 물과 하늘의 뚜렷한 질감을 통해 레비탄은 우리가 자연과 신의 선물이 지닌 웅장함 속에서 살아가며 보고 참여할 수 있는 축복을 받았음을 말하는 그 메시지를 강화한다. 레비탄의 힘겨운 삶, 병고, 그리고 이른 죽음을 알고 있기에 이러한 그의 기여는 마음이 무겁게 와닿는다.

그는 풍경화를 그리는 "분위기" 있는 화가로 알려져 있지만 나는 이 그림이 우리에게 건네는 것이 "분위기" 그 이상이라고 감히 말하고 싶다. 작품은 자신의 내면적 삶을 캔버스에 옮긴 시적 인간의 작품이다. 이 작품은 서정주의, 시각적인 시, 그림으로 표현한 비가인 것이다. 이 작품을 음미할 때 대기의 색채에 주목해 보라. 크림색의 드넓은 물, 아름다운 하늘과 어울리는 구름들, 물과 하늘을 한층 더 넓게 느끼게 만드는 땅의 어둡고 가라앉은 색들에 주목하라.

나는 여기에서 영국의 화가이자 스테인드글라스 작가인 토머스 데니Thomas Denny를 소개할 수 있어 자못 흥분된다. 나는 스테인드글라스의 전문가이며 직접 유리 공예를 하는 사람이기도 하다. 나는 데니의 특

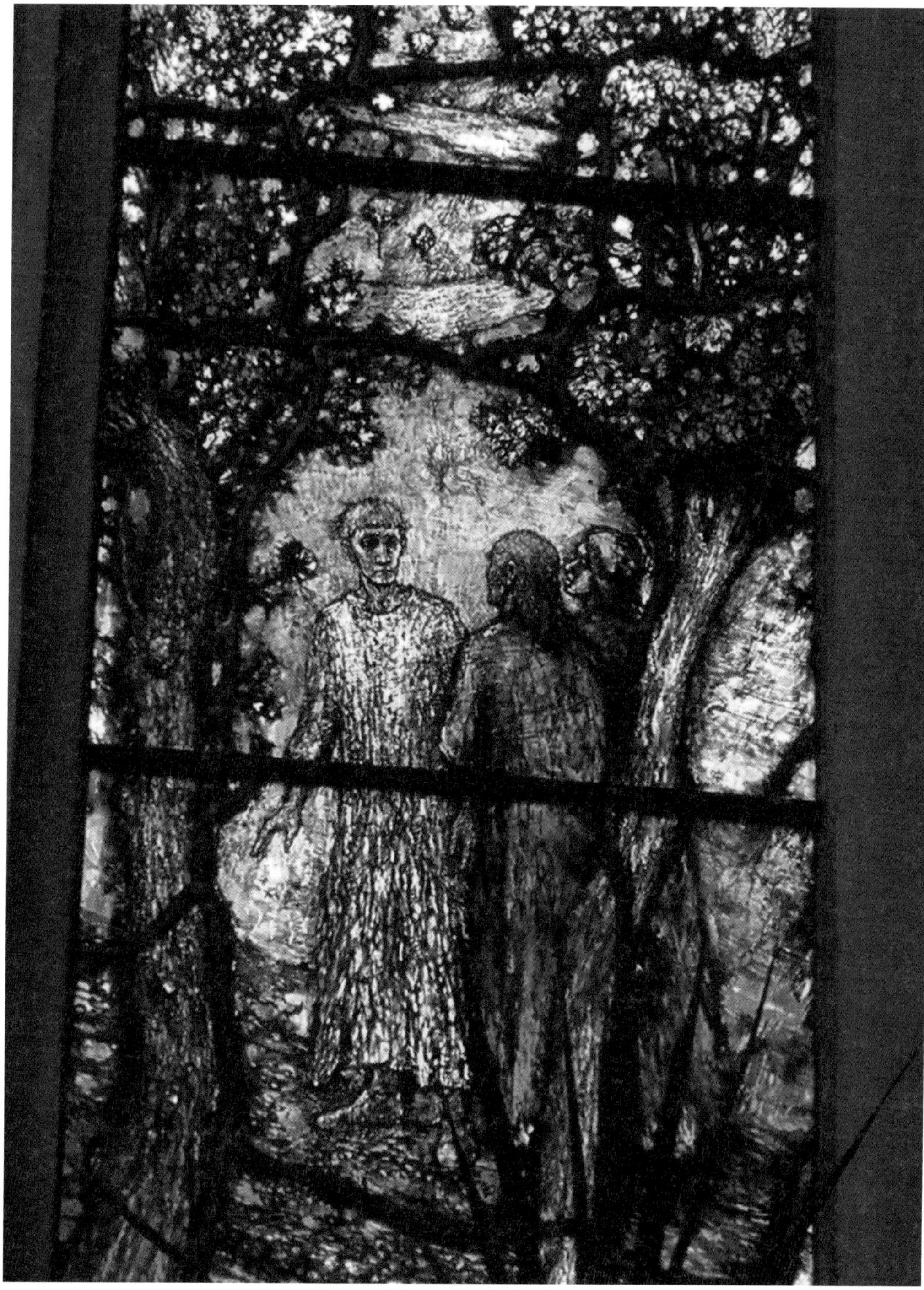

[그림 127] 토머스 데니, 〈창문 속 리처드 3세〉

별한 작품을 매체에 대해 공부하는 과정에서 알게 되었다.

스테인드글라스는 숭배의 전당과 관련되어 있고, 그곳에서 볼 수 있다는 사실로 말미암아 일반적으로 영적인 구성물이다. 데니의 작품은 특히 시시각각 변화하는 아름다움을 지니고 있다. 왜냐하면 빛이 유리를 통해 들어와 빛을 내기에 스테인드글라스는 은혜와 초월의 느낌을 전달하는 독특한 특성을 가지고 있다. 유리 작품들을 산성으로 에칭하고 은빛 얼룩으로 처리하였으며, 형체들은 너무나 매혹적인 포즈로 그려졌고, 놀라운 솜씨로 채색되었기에 그 효과는 압도적이다. 빛과 색이 진동하는 듯하며, 하늘에서 쏟아져 내린 빛줄기에 꽂힌 듯이 인물들을 환하게 비춘다. 이는 작품에 정말 고급스러운 특성을 부여하며, 그것을 필수적인 부분으로 장식하고 있는 교회에 특별한 아름다움을 덧붙인다.

이 작품은 레스터 대성당 창문에 있는 데니의 작품이며, 리처드 3세의 삶에서 소재를 끌어왔다.[그림 127] 다른 데니의 작품들을 영국 도처의 성당에서 발견할 수 있으며, 나는 가서 그 작품들을 보기를 권고한다. 이들 작품은 이 매체를 활용한 다른 작품들을 능가하며, 유리에 새로운 차원의 아름다움과 탁월함을 부여하는 창문들이다. 나는 이 작품들에 매료되었고, 독자들 역시 직접 작품을 볼 수 있기를 바란다. 이 작품들은 진정 특별한 예술 작품들이다.

질문: 다음의 것을 고려하라

- 종교화와 이 예시들의 차이는 무엇인가? 본질적으로 무엇이 더 정신적인가?
- 당신은 세 작품에 감동하였는가?
- 정신적인 차원을 가진 또 다른 작품을 들 수 있는가?
- 스테인드글라스는 교회의 특징이다. 이 매체가 이곳에 존재함으로써 얻을 수 있는 장점은 무엇인가?

5. 색 이야기: 제한된 채색

그림에서 색의 사용은 마치 유행이 그렇듯이 지극히 개인적이다. 어떤 화가들은 강렬한 원색을 좋아하고, 어떤 화가들은 어두운 색이나 주변부의 색을 좋아한다. 그리고 어떤 화가들은 제한된 채색을 선택함으로써 다채로운 채색을 멀리한다. 화가 앤드루 와이어스Andrew Wyeth는 후자에 해당하며 주로 갈색 계통과 중성적인 계통의 색을 사용했다. 어떤 관람객들은 그의 채색이 갖는 진솔함과 무미건조함에서 따뜻함을 보고, 다른 관람객들은 지루하고 칙칙하다고 느낀다.

그러나 미술에서 대문자 C를 사용하는 색은 일반적인 믿음에도 불구하고 많은 색조를 사용한 결과물은 아니다. 색은 색들의 섬세한 병치의 결과이며 함께 빛의 감각을 부여하는 수단일 따름이다.

제한된 채색을 즐겨 사용하고 중성적인 색을 사용하는 또 다른 화가는 에드가 드가다. 무희들, 말의 화가인데 여기에서 들고 있는 놀라운 작은 예시는 세탁부다.[그림 128] 이 그림은 색의 결여, 고작 몇몇 따뜻한 색들과 몇몇 차가운 색들, 그리고 명암의 분포 등으로 무엇을 달성할 수 있는지를 입증하고 있다.

따뜻한 어둠—오렌지와 검정의 혼합—으로 표현된 세탁부는 관심의 중심에 놓여 있으며, 그녀는 강렬한 따뜻한 빛에 둘러싸여 있다. 창문의 빛은 더한층 강렬하지만 탁자 위의 빛보다는 다소 차갑게 느껴진다. 유일하게 다른 색조는 말리려고 걸어둔 옷의 푸른색이다.

정말 아주 단순함에도 효과적이며 아름답다. 흰 물감, 짙은 청색, 황갈색, 오렌지, 노랑, 그리고 검정으로 창조된 작품이다. 명암도 이야기를 들려준다. 아주 검은 치마, 그보다는 조금 밝은 블라우스는 따뜻한 색조를 띤다. 얼핏 보면 앞치마의 흰색이 슬쩍 포착되기도 한다.

손과 다리미 주위의 질감의 변주 역시 주목해 보자. 아주 명확하지는 않지만 물감이 부풀어 올라 있어 우리는 다리미의 열기와 세탁부가 내리누르는 힘을 느낄 수 있을 정도이다.

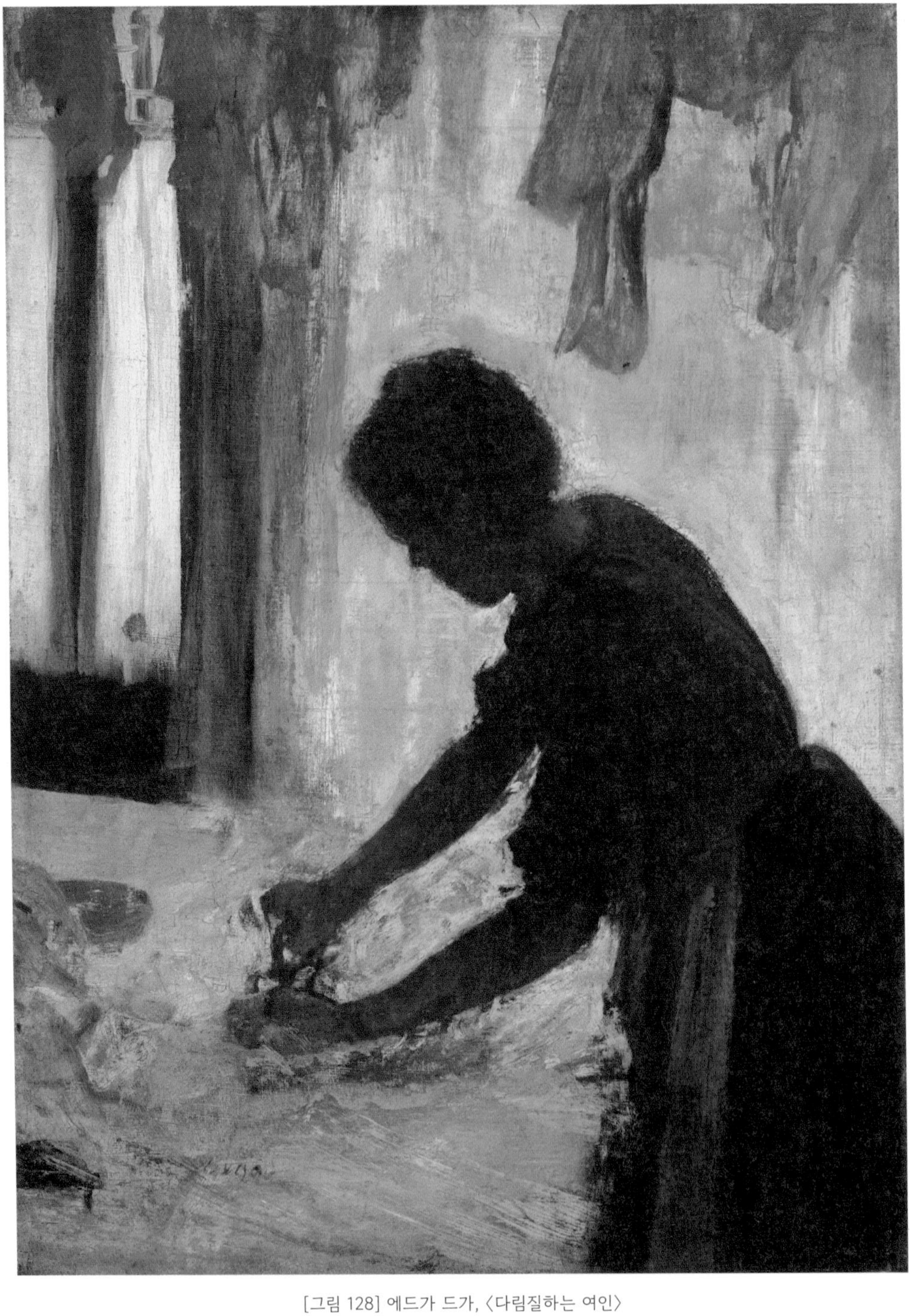

[그림 128] 에드가 드가, 〈다림질하는 여인〉

우리는 이 작품을 제한된 색조에도 불구하고가 아니라 제한된 색조로 말미암아 높이 평가한다. 그럼으로써 압도적인 구도와 넓게 펼쳐진 영역에서 눈을 떼지 못하게 한다. 수많은 색상으로는 결코 얻을 수 없는 그림이다.

이 사례를 염두에 두고 화가가 선택한 색의 변주들을 주목해 보고, 이를 그림의 주제와 분위기와 연결시켜 보라. 서로 조응하는가?

색의 변주

스위스의 화가 파울 클레Paul Klee는 복합적인 개성을 가진 화가였다. 그는 음악가 집안에서 태어났고, 시각 예술가로 변신하기 전에 음악가의 길을 걸었기에 시각 예술가임에도 음악에 많이 경도되어 있었다. 그는 또한 어느 정도는 과학자였기에 자연이 구축되는 방식에 과학적인 흥미를 지니고 있었고, 색채학에 관해서도 물론이고 이러저러한 문제들에 이론을 펼쳐 보이기도 했다. 그는 『형식과 디자인 이론에 관한 글Writings on Form and Design Theory』이란 책에서 자신의 사고를 개관해 보인 작가이기도 했다.

나는 이 인상적인 후기 작품[그림 129]을 논의하기 위한 전주곡으로 이들 정보를 여러분에게 제공했다. 이 그림은 열정적으로 많은 작품을 쏟아낸 시기인 마지막 10년에 창작되었다. 그는 1933년에만 500점 넘는 작품을 창작했다고 알려져 있다. 하루에 한 점 이상이라니. 이 작품 〈파르나소스산에서〉는 주로 작고 친근감 있는 작품들을 만들어 온 클레에게는 특별히 아주 커다란 작품이다.

클레의 작품은 활달하면서도 동시에 질서 정연하다. 몇몇 작품은 아주 전문적으로 실행되기는 했지만 아이 같은 성격을 지니고 있기도 하다. 이 작품은 화가로서 그의 대표적인 작품이다. 아주 간결한 양식으로 된 상상적인 작품들이다. 분명 모순적이기도 하다.

이 작품은 클레보다 앞선 시대의 화가인 쇠라의 점묘파와 흡사하게

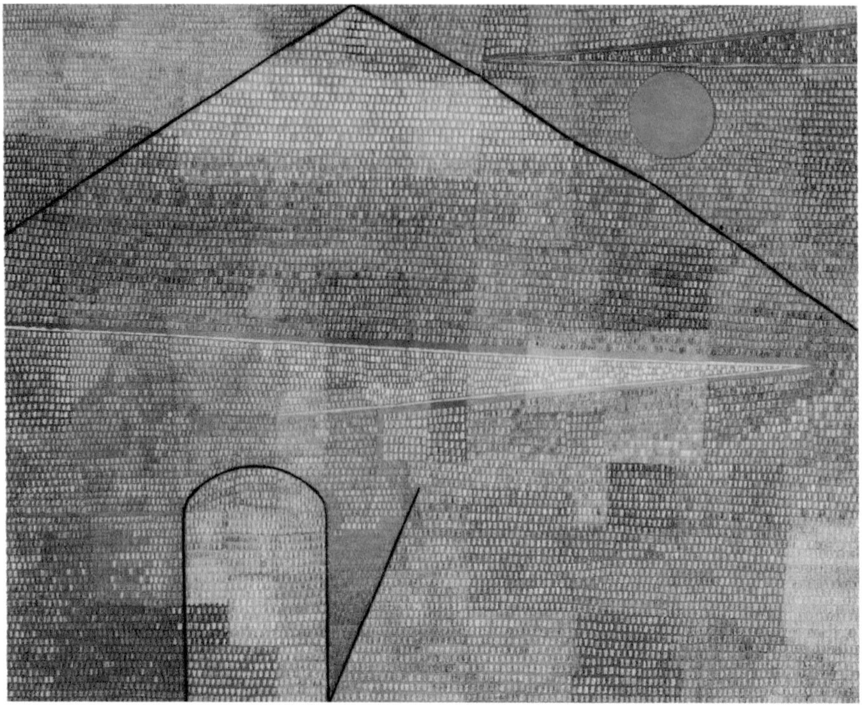

[그림 129] 파울 클레, 〈파르나소스산에서〉

색이 칠해진 작은 점들이 나란히 놓여 있다. 그는 자신의 방법을 "분할주의"라고 이름 붙였다. 자세히 보면 점들이 미세한 선들로 둘러싸여 하나하나의 색을 구분할 수 있음을 볼 수 있다. 이것이 그가 언급하는 분할이다. 몇몇 더욱 굵은 검은 선은 삼각형과 출입구를 형상화함으로써 가장 최소한의 방식으로 집을 암시한다.

오른쪽 상단에는 오렌지색의 원이 있고, 해를 상징한다고 추정할 수 있다. 또 다른 삼각형의 형태는 멀리서 보면 일종의 구조물을 보여준다.

이 작품의 제목은 클레가 아폴로와 뮤즈들의 고향인 파르나소스산을 묘사하고 있음을 알려준다. 많은 사람들은 작품에서 피라미드를 보기도 한다. 클레가 1928년 이집트의 피라미드를 직접 가서 본 적이 있었다는 사실이 그 뒷받침을 하고 있다.

클레는 선 안에 있는 색의 점들을 “마법의 사각형들”이라고 언급했다. 왜 마법인가? 추측하건대 이 나란히 배열되어 있는, 기하학적 형태들이 만들어내는 전반적인 효과 때문이다. 사각형들은 울려 퍼지고, 반짝이고, 빛을 낸다. 클레는 이러한 반향을 멜로디에 비유했고, 각각의 색들로 빚어진 음표들은 이웃한 것들과 함께 작용하면서 음악을 만들어내고 있다.

클레는 이 작품을 어떻게 읽어야 할 것인지를 우리에게 말한다. 그는 자신에게 중요한 것과 자신이 어떻게 세상을 보는가를 우리에게 말하고 있다. 그렇게 함으로써 그는 우리가 즐길 수 있는 상상적인 비전을 창조한다. 여기에서 색은 목소리를 가지며 깔끔하게 단추를 여미고 있는 정돈된 방식으로 우리에게 음악을 들려준다.

매력적이지 않은가?

상징적 색

다음 페이지에 있는 몬드리안의 작품[그림 130]을 보고 클레의 작품과 비교하는 것은 흥미롭다. 각각의 작품은 색으로 채워진 기하학적 형태들로 구성되어 있다. 〈브로드웨이 부기우기〉는 몬드리안의 마지막 그림이기에 아마도 우리는 그의 작품의 정점이자 궁극적인 목표를 볼 수 있을 것이다.

몬드리안은 이 작품이 전형적으로 보여주듯이 만년에 들어 반추상에서 추상으로 이동한 중요한 모더니스트 화가 중 한 사람으로 여겨진다. 그는 보편성에 대한 자신의 비전을 위해 점차 현실주의적인 요소들을 떨쳐낸 영적인 사람이었다. 특정한 지시 대상을 벗어던짐으로써, 그리고 추상적인 형식으로 이루어진 새로운 예술적 어휘를 창조함으로써 그는 자신이 문화적 분열과 민족주의적 편견들을 초월할 것이라 믿었다. 가장 추상적일수록 덜 구체적이며 더 순수한다. 그는 캔버스에 배열된 단순한 형식과 색으로 진리를 재현하는 새로운 방식인 자신의 생각을

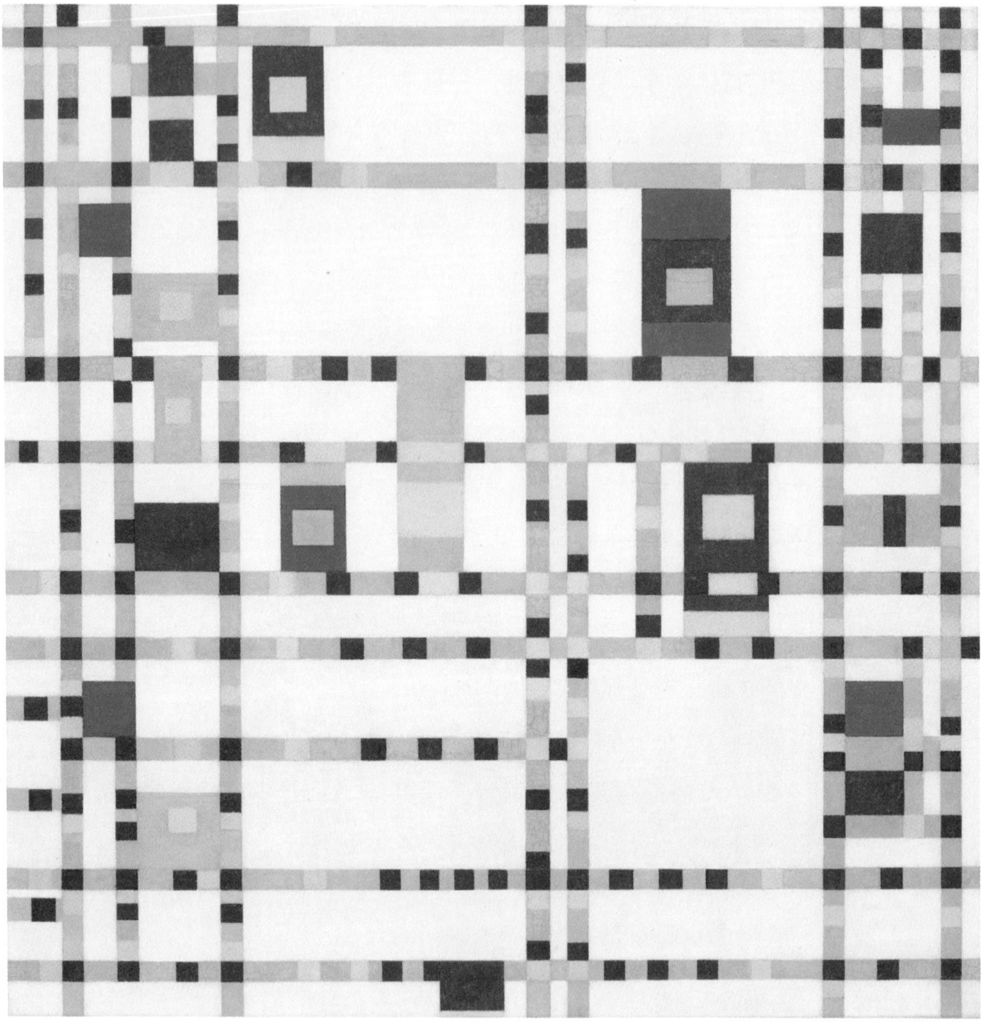

[그림 130] 피에트 몬드리안, 〈브로드웨이 부기우기〉

"신조형주의"라 불렀다.

형식의 단순화는 두 화가의 공통점이기는 하지만, 이는 클레의 관점과는 아주 다르다. 즉 클레는 이른바 목욕물과 함께 아이를 버리지는 않았다. 그의 작품은 반추상이다. 그러나 몬드리안의 후기 작품은 완벽하게 추상적인 나머지 아이도 없다. 3차원적인 공간의 환영이나 대상에 대한 어떤 암시도 없다. 몬드리안의 세계에서는 단순한 채색된 형태들이 평면에서 살아가고 있다.

두 화가가 공유하고 있는 것은 음악에 대한 언급이다. 몬드리안의 작품은 음악의 양식과 위상을 본떠 제목을 정했다. 그는 어떤 리듬이 작품 속에 묘사되어 있다고 암시하고 있는가? 명백하게 몬드리안은 음악과 춤에 모두 깊은 흥미를 가지고 있었다. 그의 다른 작품들은 〈폭스트롯〉처럼 춤의 형식을 따라 제목을 짓고 있기도 하다. 그래서 나는 우리가 사각형과 색채들이 특정한 유형의 움직임을 암시하도록 조직화되었다고 추정할 수 있다. 그 작품들은 또한 브로드웨이의 번쩍이는 빛들을 암시할 수도 있다. (삶 대부분을 뉴욕에서 살고 있는 나는 뉴욕시의 지하철 노선도 역시 참조 대상으로 본다. 그렇지만 이는 너무 멀리 나간 것일 수도 있다. 몬드리안은 결코 그것을 본 적이 없었는지도 모른다.)

클레의 색 사각형들은 몬드리안에게는 없는, 아주 정교하게 이루어진 감각성을 지니고 있다. 클레의 색의 변주는 서로서로 공명하는 듯이 민감하다. 몬드리안의 색은 원색이며, 평면에 색이 칠해져 있으며, 그것들의 전반적인 효과는 그가 만들어낸 사각형의 격자 속에 놓인 위치에 따라 빚어진다. 아마도 그것들은 네온의 빛을 암시하며, 반면에 클레는 낮을 암시한다.

클레는 여전히 실재와, 감각들과 연결되어 있다. 몬드리안의 구성물은 훨씬 더 개념으로 창조된 시각적인 것이다.

질문: 색채의 수수께끼

- 왜 당신은 많은 색이 있는 팔레트보다 제한된 색채의 팔레트를 화가들이 더 좋아할 것이라고 생각하는가?
- 당신은 흑백 사진을 컬러 사진 만큼 좋아하는가?
- 당신이 가장 좋아하는 혹은 선호하는 색은 무엇이며, 그 까닭은 무엇인가?

- 클레와 몬드리안의 작품들에 당신은 정서적으로 어떻게 반응하는가? 그 이유는 무엇인가?
- 만약 색맹이라면 미술을 즐길 수 있을까?

6. 넉 점의 조각, 네 개의 의도

웅크리고 앉아 있는 조각상은 미술에서 긴 역사를 가지고 있다. 이 모습은 시대를 넘어서서 화가들에게 흥미를 끄는, 인간 존재에 대한 무언가가 있다. 어쩌면 무릎을 꿇고 있는 상을 보면 겸손함으로 해석될 수 있을 것이다. 어쨌든 이 자세는 훨씬 더 해석이 분분한 주제다.

이런 이미지들 몇몇[그림 131~134]을 살펴보며 화가들의 의도를 알아보자. 여기에서 우리는 웅크리고 있는 넉 점의 조각상들을 볼 것이다. 첫 번째는 기원전 3세기에서 10세기에 이르는 고대에 창조된 것이다. 두 번째는 16세기 르네상스의 거장 미켈란젤로의 작품이며, 세 번째는 20세기의 조각가 마욜이 만든 작은 웅크리고 앉은 형상이다. 그리고 마지막은 조각가 앤터니 곰리Antony Gormley가 만든 21세기의 거대한 작품으로 〈노출〉이란 제목이다. 이 작품들의 공통점은 모두 웅크리고 있는 형상을 묘사하고 있다는 것이다.

작품들이 서로 관련이 있는 것은 그 작품들이 어떻게 발생했는지, 어떤 목적을 가지고 있는지, 작품을 만든 조각가들에게는 어떤 의미가 있는지, 그리고 우리가 어떻게 보는지 하는 점이다. 이들 작품은 말 그대로 다른 영역, 다른 시대, 다른 문화, 다른 예술적 신조, 그리고 의도를 가진 것이다.

고대의 석조 조각은 온전히 살아남았고, 얼굴의 은은한 음각도 여전히 볼 수 있다는 점에서 주목할 만하다.

겁에 질린 듯 양팔로 귀를 막고 있는 모습이 묘사되어 있다. 웅크리고 있는 형상은 항상 무릎을 꿇고 다소 겸허한 상태에 있는 인간을 암시

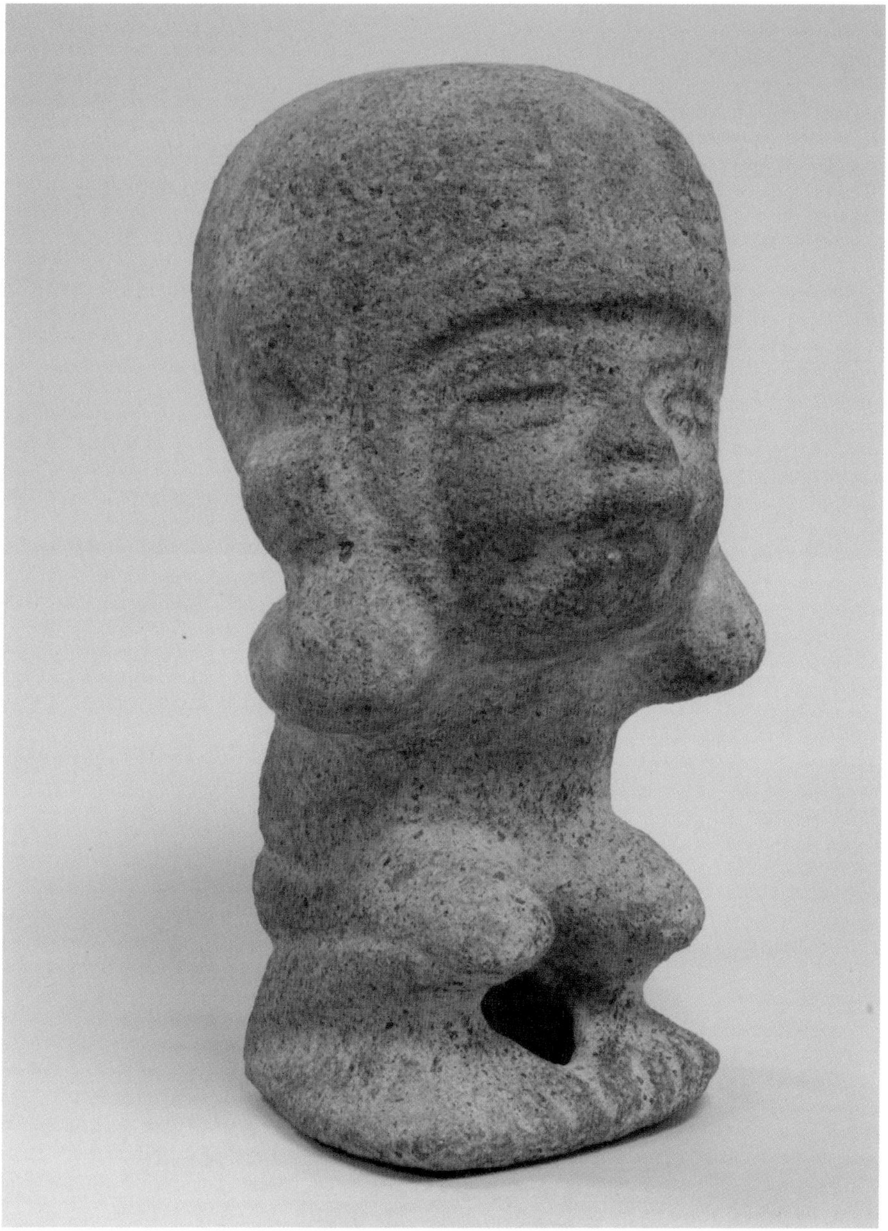

[그림 131] 작자 미상, 〈웅크린 상〉

고전

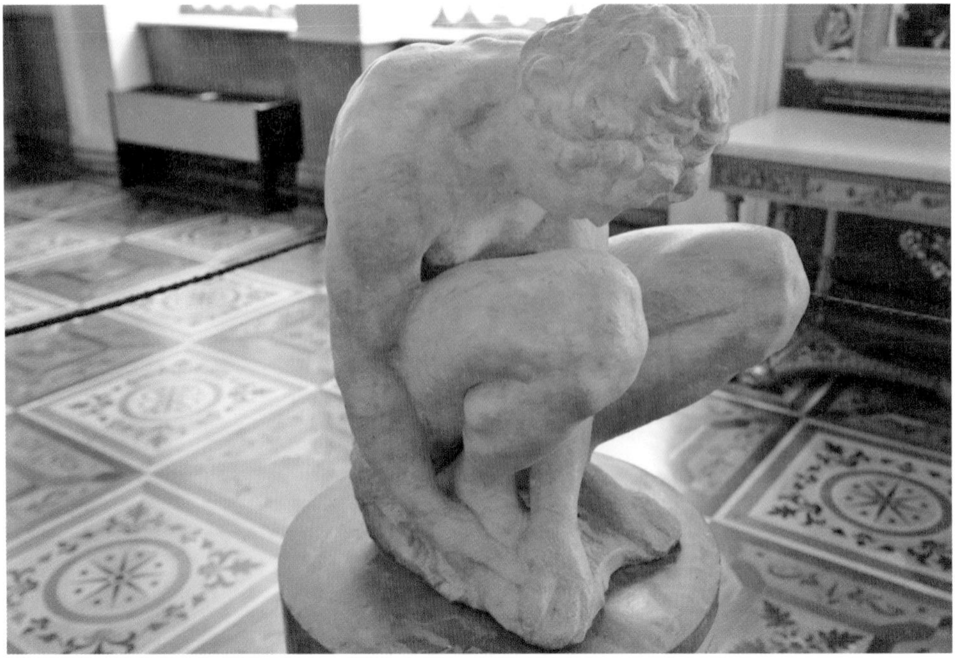

[그림 132] 미켈란젤로, 〈웅크린 소년〉

근대

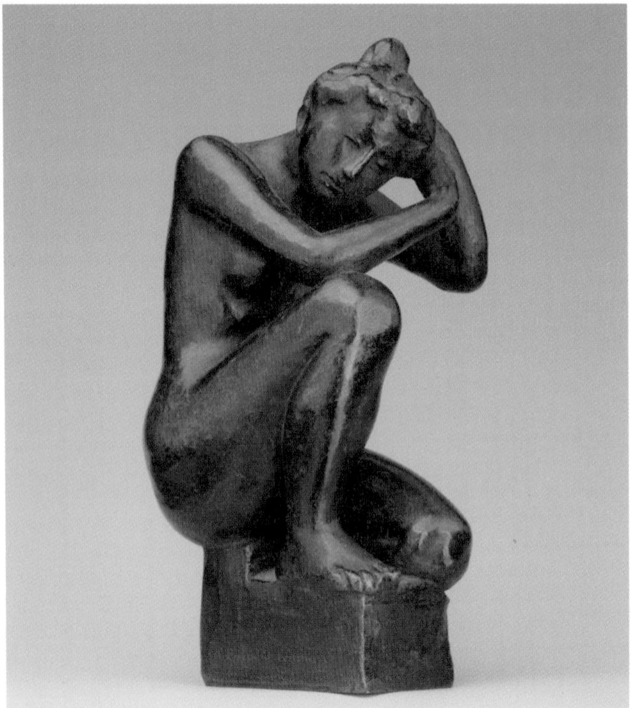

[그림 133] 아리스티드 마욜, 〈웅크린 소녀〉

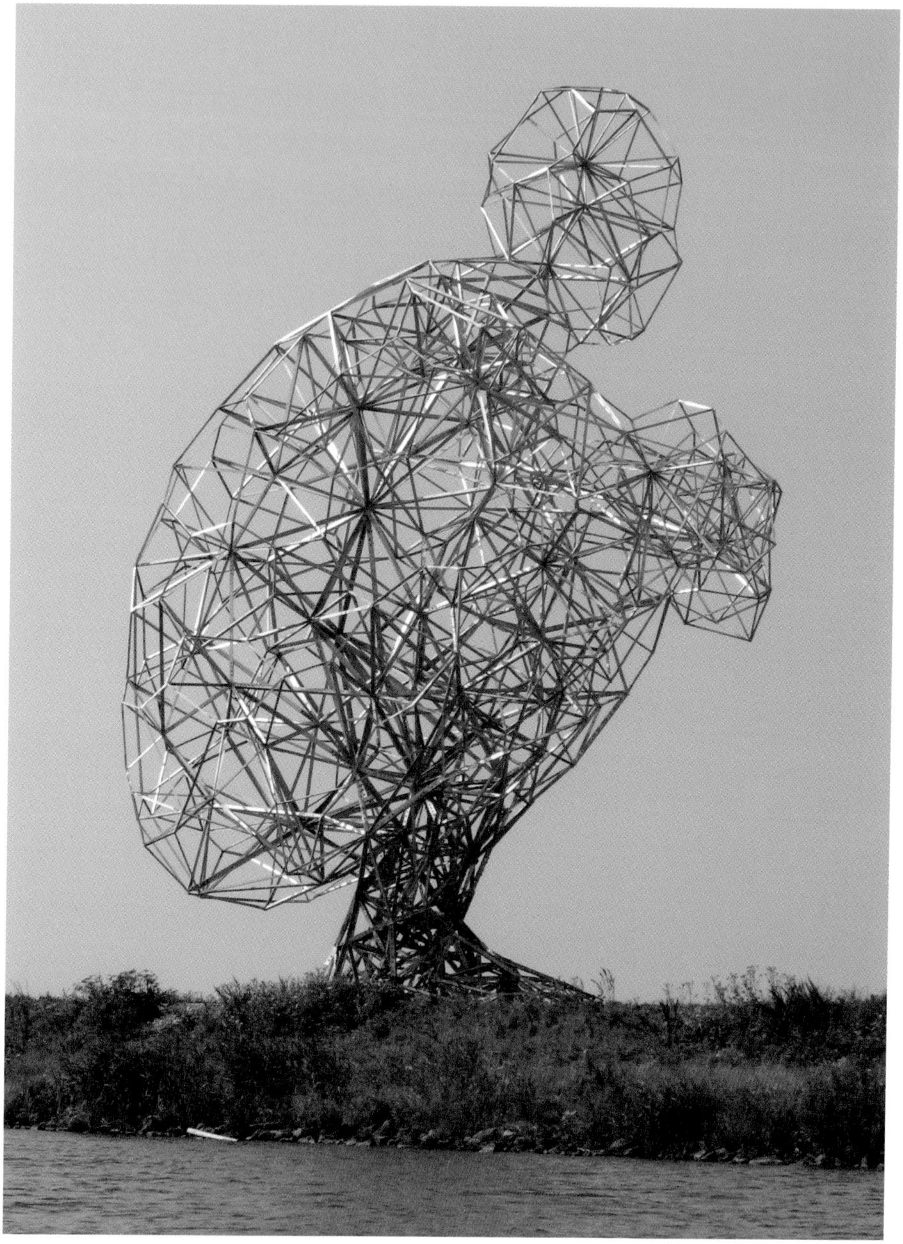

[그림 134] 앤터니 곰리, 〈노출〉

한다. 여기서 우리는 이토록 겸허하게 만든 원인이 무엇이었는지는 전혀 알지 못한다.

양식적으로 이 고대 조각품은 수 천 년 뒤 자신의 웅크린 작은 상을 만든 드랭과 〈키스〉라는 작품을 만든, 더 잘 알려진 브랑쿠시를 떠올리게 만든다. 예술가들은 그들의 작품에 원시적인 면모를 부여하기 위해 형체를 정교하게 단순화한다. 이는 관찰이나 지식이 부족해서가 아니라 오히려 형상을 단순한 형식으로 환원하고자 하는 욕망에 기인한다. 이러한 형상들은 자연을 재현하는 복잡함에 충실하기보다 일련의 평면, 형태, 층위로 보고 묘사하는 것을 목표로 하는 운동인 입체파에서 비롯된다. 비교를 하기 위해 드랭과 브랑쿠시의 조각품을 보라.

미켈란젤로의 조각상은 원래 메디치 예배당을 위해 만들었는데 최종적으로는 에르미타주에 전시되어 있다. 작품은 작은 조각상이며, 근육질의 팔다리를 접은 채 웅크린 모습을 형상화하고 있다. 발을 만지작거리다가 포착된 소년은 무의식적인 순간에 놓여 있다. 우울한 자세로 말미암아 학자들에게 이 소년이 평범한 소년이 아니라 "태어나지 않은 영혼"이거나 "고통스러운 영혼"을 표현하고 있는 작품으로 해석되고 있다. 이는 아마도 스트레칭처럼 작품의 의미를 확장하고자 하는 시도인 듯이 보인다. 이 작품은 현실주의적인 작품이다.

반대로 마욜은 조각가가 연못 분수의 꼭대기에 설치하기 위해 장식적인 목적으로 만든 것이다. 비록 웅크린 모습이 불편해 보이기는 하지만 이 작품에 특별한 진지함은 없다.

현대의 작품으로 눈을 돌리면 전적으로 다른 목적과 강조점을 가진 작품을 볼 수 있다. 이 작품은 아주 특별한 규모의 작품으로 환경의 일부가 되도록 고안되었고 사실상 대지 예술 작품으로 규정할 수 있다. 개념적인 작품이며 메시지를 전달하기 위해 창조된 작품이다.

85피트의 높이와 60톤의 무게의 곰리 조각상은 과거의 조각가들이 만들 수 없었던 공학적인 작품이다. 제조 회사와 기계공학 회사의 도움을 받았음에도 이 작품을 제작하는 데 6년이 걸렸다. 웅크린 형상의 원래 형태는 원하던 자세를 취하고 있는 조각가 자신의 모습을 석고틀로 만든 것이었다. 이 형태가 컴퓨터 프로그램의 도움을 받아 금속 막대로 된 기하학적인 시스템으로 변환되었다.

금속으로 만들어졌지만 작품은 고정되어 있지 않은 것이 필수적이다. 왜냐하면 조각은 환경의 일부가 되고, 환경을 규정하고, 환경이 변화함에 따라 달라지도록 만들어졌기 때문이다. 이 작품은 환경과 연결된 조각이며, 기후 변화에 관한 메시지를 전달한다. 이 작품은 예술가가 기대해 마지않던 작품이었고, 그 목적을 위해 만들어졌으며, 메시지가 작품 그 자체보다 훨씬 더 중요하다. 금속들 사이의 열린 공간은 관람객들이 작품의 사이사이를 통해 땅과 하늘을 볼 수 있도록 만들어졌다. 작품은 우리 시대의 살아 있는 일부가 되며, 예술가에 의해 주장을 담게 된다. 이것이 개념 예술이 아니겠는가?

세 사람의 예술가들이 주제로 웅크린 형상을 선택한 것은 결코 우연이 아니다. 이런 식으로 웅크린 형상은 인물의 인간성을 보여주며, 존재의 현실에 고개를 숙이는 슬픔을 암시하는지도 모른다. 이는 인간의 조건에 공명하는 예술가들의 흥미를 끄는 주제이며, 아주 풍부하게 겸허함을, 나아가 궁극적으로 죽음을 표현하는 방식이기도 하다.

질문: 비교하고 대조하기

- 여기 네 작품 가운데 어떤 작품이 마음에 드는가? 그 이유는 무엇인가?
- 곰리의 작품처럼 메시지를 담고 있는 작품은 무엇인가? 어떤 작품이 당신에게 깊은 인상을 남겼는가?
- 미술이 메시지를 갖는 것이 중요하다고 생각하는가?
- 미술을 통해 전달할 수 있다면 어떤 메시지를 선택하고 싶은가?

7. 소묘와 회화

이미 언급했듯이 소묘와 회화의 구분은 중요한데, 모든 2차원적인 작품들은 두 가지 요소 모두가 포함되어 있다. (나는 사진과 콜라주 같은 다른 2차원적인 매체 역시 등가의 강조점들을 가지고 있기에 무시하지 않을 것이다.) 그러나 모든 화가들은 다른 정향과 열정을 지니고 있다. 누군가에게는 그것이 선이고, 우리는 선에 모범적인 이들을 데생 화가라고 부른다. 반면 색이나 물감의 물질성에 열정을 쏟는 사람을 우리는 화가라고 부른다. 이들 범주 안에는 저마다 수많은 사례들이 있으며 뉘앙스가 조금씩 다르기도 하다.

많은 경우 그 구분에는 다른 범주화가 뒤따른다. 고전주의자들은 소묘에 심혈을 기울이며, 낭만주의자들은 회화에 더 치중한다. 그 까닭은 소묘가 명료함, 조직화, 공간을 시각화하는 능력 등 정신적인 힘을 요구하는 데 비해, 회화는 한층 더 본능적이며 감각적이고, 특정한 생동감을 요구한다.

가장 위대한 예술가들은 두 가지에 모두 뛰어나다. 그러나 그렇다고 하더라도 여전히 이러저러한 한 가지 측면에 훨씬 더 강한 면모를 가진다. 그리고 일반적으로 위대한 데생 화가라거나 화가로 간주된다. 부록에 실린 게임 챕터에서 독자들은 이 문제에 관해 분석해 볼 기회를 갖게 될 것이다. 다음 이어지는 페이지의 세 작품을 살펴보면 도움이 될 것이다. 하나는 위대한 데생 화가인 앵그르의 작품[그림 135]이다. 또 다른 작품은 탁월한 화가인 드가의 작품[그림 136]이며, 또 하나의 작품은 같은 주제를 탐구한 나의 작품[그림 137]이다. 앵그르와 드가의 작품 사이에는 80년 이상의 시간이 가로놓여 있다. 그리고 드가와 나 사이에도 한 세기 이상의 시간이 존재한다. 이것만 봐도 예술의 진화는 생각보다 훨씬 더 느리며, 우연한 도약으로 작은 발걸음을 떼는 것이 특징이다.

만약 이 주제가 흥미롭다면 피에르 보나르의 웅장한, 목욕하는 그림을 살펴보기를 권한다. 보나르는 이 주제가 매우 감동적이라고 생각했

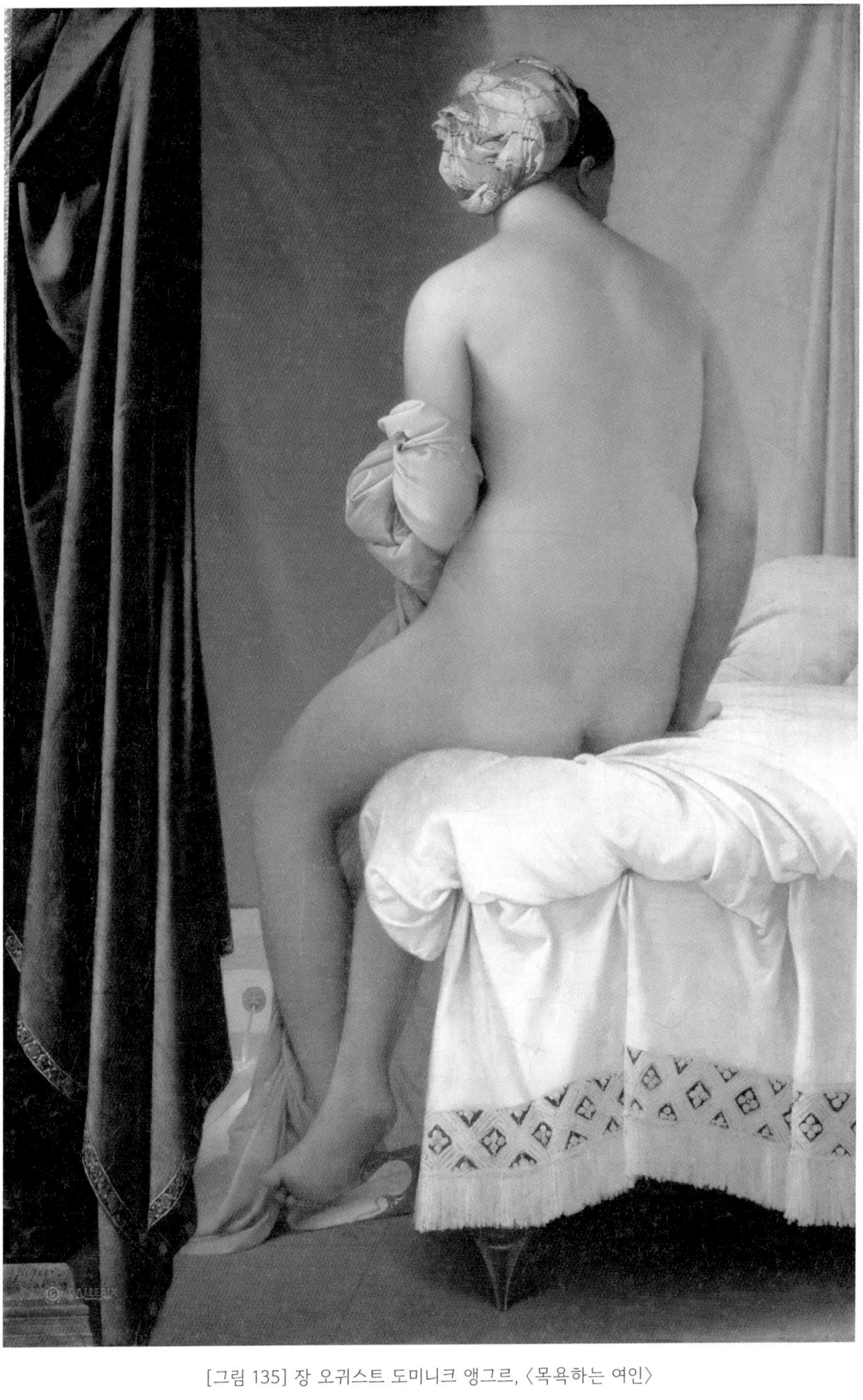

[그림 135] 장 오귀스트 도미니크 앵그르, 〈목욕하는 여인〉

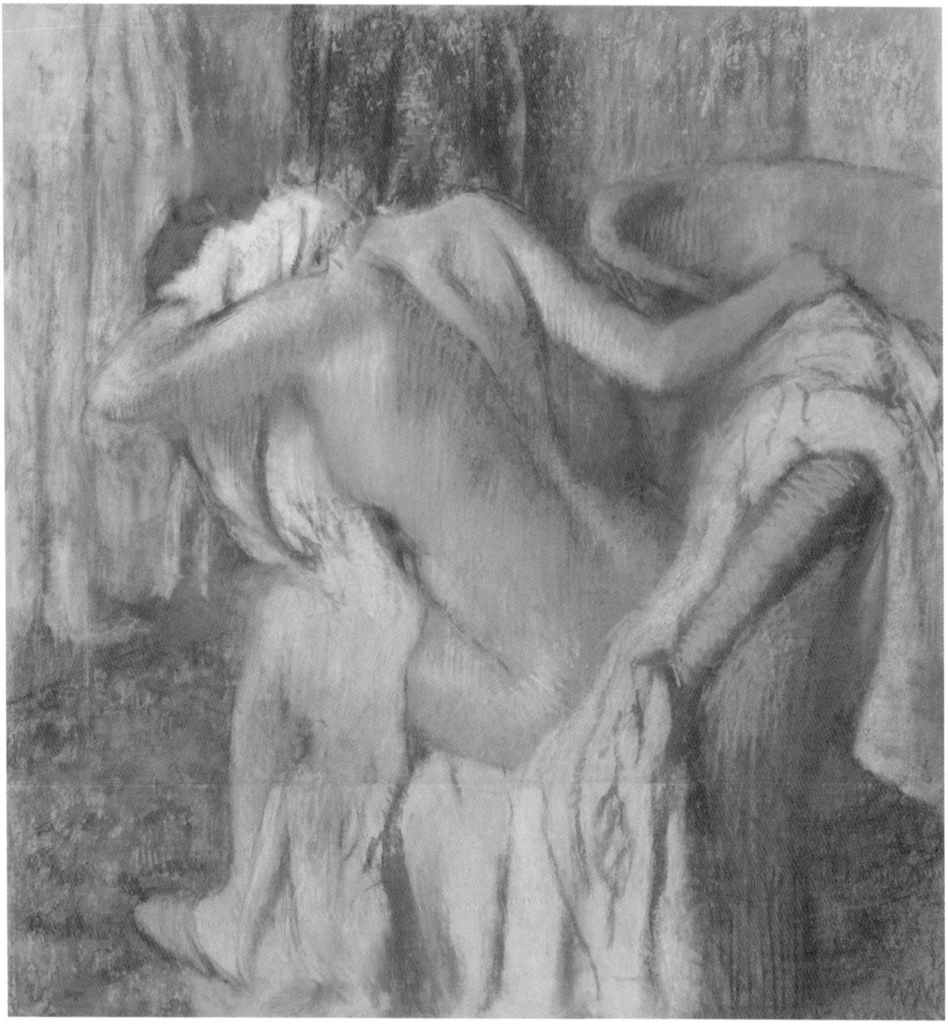
[그림 136] 에드가 드가, 〈목욕 후에 몸을 말리는 여인〉

다. 그 그림들은 윤기 있고 반짝이는 색채의 교향곡이다. 욕조 안에 있는 여자만큼 화장실의 타일을 얼마나 열정적으로 다루었는지 주목해 보라.

앵그르는 신고전주의자로 평가되며, 이 작품은 로마의 프랑스 아카데미 학생일 때 그린 것이다. 1879년부터 루브르 박물관에 보관되어 왔으며, 그것만 보아도 가치는 입증된 셈이다.

앵그르는 소묘와 회화 둘 다 작업했고, 그의 데생 능력은 실로 탁월하다. 여기에 우아한 포즈로 아름답게 묘사된 인물이 있으며, 작품의 모든 것—구도, 색채의 구성, 명암의 균형, 다리의 단축화 등—이 이보다 더 조화롭고 아름답고 정확할 수가 없다. 앵그르의 시점은 사랑스럽지만 감각적이지 않은 이미지를 창출해 냈으며, 이는 불일치하거나 장소에 적합하지 않은 것이 아니다.

드가는 감각파이며, 이 사랑스러운 파스텔화는 그의 감각적인 재능을 탁월하게 보여주는 사례다. 명확하게 규정된 외곽선과 견고한 형체를 갖춘, 고전적인 앵그르와는 상반된다. 드가는 우리에게 공명하는 연속적인 색의 혼합물, 색감으로 이루어진 가상의 태피스트리로 된 안개를 제공해 준다.

인물 자체가 흩어져 있을 뿐만 아니라 부드러운 색감이 그녀와 의자, 욕조를 연결하고 있으며, 인물은 의자나 욕조보다 다소 중요하지 않은 듯하다. 우리는 그림을 전체로 보며, 질감과 색의 결합체로 본다.

또한 낭만화된 이미지의 또 다른 특징인 표현적인 소묘에 주목해 보라. 앵그르의 인물이 꼿꼿하고 큰 반면, 드가는 기묘한 자세로 이 작품의 표현적 자질을 강조하기에 더할 나위 없다. 비록 그는 소묘에서도 장인이지만 회화야말로 정말 탁월하다.

모든 화가들이 소묘와 회화의 비율을 조금씩 달리 탐구하기 때문에 내 작품 〈목욕〉은 이 둘의 중간쯤에 안착해 있다. 이 작품은 앵그르의 작품처럼 뚜렷하게 드러나지도 않고, 드가의 작품처럼 회화적이고 유동적이지도 않다.

나는 이 작품을 위대한 화가들의 작품과 비교하려고 가지고 온 것이 아니라, 초점을 설명하고자 가져왔을 따름이다. 어느 시대의 미술을 볼 때, 화가의 의도와 초점, 그의 선호와 특수한 재능을 파악하려고 노력하라는 것이다. 이는 우리가 보는 작품을 이해하고 감상하는 또 다른 방식이다.

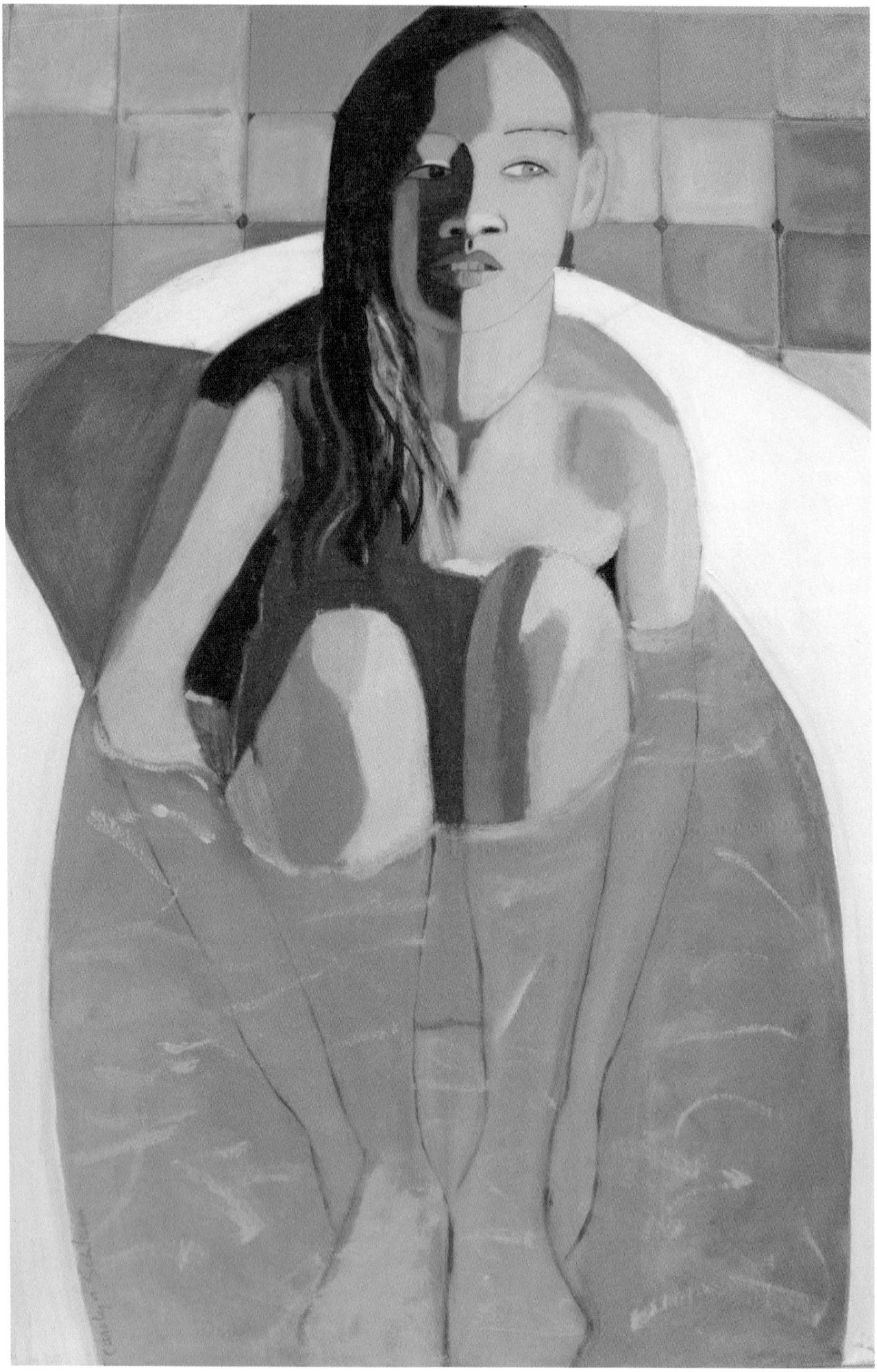

[그림 137] 캐럴린 슐람, 〈목욕〉

〈목욕〉에서 나는 물의 영향을 받는 물에 잠긴 인체의 부분과 물의 영향을 받지 않는 인체의 부분들을 더 날카롭게 소묘하는 것에 관심이 있었다. 이 섬세함을 물감으로 표현하는 것이 나의 의도였다.

질문: 개인적인 질문이다

- 당신은 어떤 것에 더 강하게 끌린다고 생각하는가? 소묘인가 회화인가?
- 당신은 어떤 주제를 선택하겠는가?
- 당신은 리얼리스트인가 혹은 추상화가인가?
- 당신의 비전에서 독특한 점은 무엇인가?

8. 판타지의 비상

모든 예술 작품은 상상의 소산이지만 어떤 작품은 더한층 환상적인 경향이 있다. 모든 화가가 사과에 비친 빛을 연구하고, 그것의 엄숙함을 표현하는 데 만족하는 것은 아니다. 어떤 화가들은 몽상가들이며, 그들의 경향은 환상적인 피조물이나 새로운 세계, 또는 중력이 미치지 않고, 당나귀가 날아다니는 상황을 창조하는 것이다.

사실 초현실적인 것이거나 비현실적인 것을 고안하려는 화가들보다 오히려 현실적인 것을 모방하고자 시도하는 화가들이 훨씬 더 많다. 아마도 이 세상이 대부분의 화가들에게는 충분히 환상적이다. 그럼에도 엄선된 몇몇 화가들에게 현실은 충분하지 않을 것이며, 이 화가들이 우리에게 영감을 불러일으킨다.

이들 중 몇몇을 살펴보자.

다음 페이지에서 보게 될, 대략 7*9인치로 측정되는 이 작은 에칭 작품은 선지자 같았던 영국의 시인이자 화가인 윌리엄 블레이크William Blake의 작품이다. 이 작품은 상상적인 장면이나 비전을 묘사하기 위해 예술을 활용한 한 사례이다. 블레이크가 가장 좋아했다고 알려진 여기

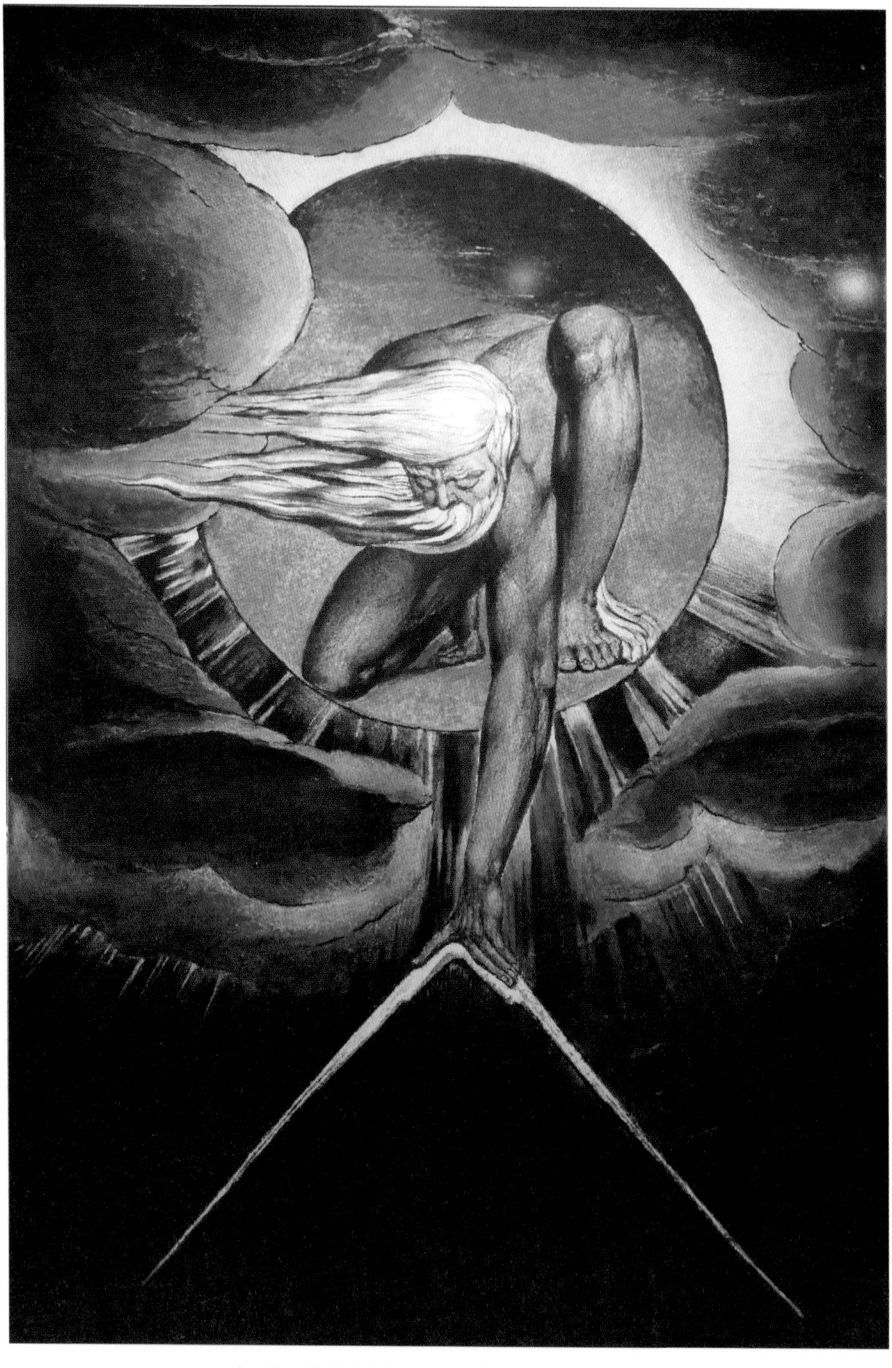

[그림 138] 윌리엄 블레이크, 〈태고의 나날〉

이 작품에서 그는 구름 위에 웅크리고 앉아 어두운 허공을 도구로 측정하는 우리젠Urizen(블레이크가 상정한 우주의 창조자—옮긴이 주)의 모습을 보여준다.[그림 138]

블레이크는 또한 상상력을 신이 현현한, 원초적인 것으로 간주하는 시인이었지만 실제로 신과 천사에 대한 그의 묘사는 생각만큼 환상적이지는 않았다. 그는 일생 동안 이러한 비전들을 가지고 있다고 주장했고, 그리하여 선지자로 추앙받았지만 어쩌면 그는 그저 자신의 현실성, 고뇌해야 할 그 무엇을 그렸을 것이다. 흥미롭게도 이 미술작품은 또 다른 선지자의 책, 스티븐 호킹의 『신이 정수를 창조했다God Created the Integers』의 표지로 선택되었다.

예술의 환상성에 관한 가장 위대하고 사랑받는 실천가는 러시아 화가 마르크 샤갈Marc Chagall이다. 그는 상트페테르부르크에서 공부했고, 주로 프랑스에서 그림을 그렸다. 그는 모이세 세갈에서 태어났고, 그 당시는 벨라루스였던 비테프스크 인근의 도시에서 유년기를 보냈다. 그의 가족들을 하시딕 유대인이었고, 샤갈은 세갈을 조금 달리 표기한 것이다.

비록 변변치 않은 집안의 출신임에도 불구하고 샤갈은 훌륭한 어린 시절과 어린 시절 가족과의 삶에서 행복을 누리는 등 축복을 받았다. 민속 예술의 환경 속에서 기발한 인물들의 보살핌을 받기도 했다. 비록 그가 시각 예술의 거장이 되고, 자신을 화가, 일러스트레이터, 그리고 스테인드글라스, 무대 미술, 도예 등을 포함하는 다양한 매체로 스스로를 표현하던 때에도 이 어린 시절의 원천은 그의 작품에 지속적인 영향을 미쳤으며, 작품을 풍부하게 만들었다.

그의 작품은 신랑과 신부, 모든 종류의 음악가들, 연인과 곡예사와 당나귀와 새들로 구성되어 있으며, 그들 모두는 속세로부터 해방되어 있다. 그는 종종 동물들과 인물들이 하늘을 둥둥 떠다니게 만들었기에 이 화가의 상상 속에서는 중력이 작동하지 않는 경우가 많다. 샤갈의 작품은 기쁨의 화신이며, 만약 캔버스에 표현된 대로 행복한 개인이었다면

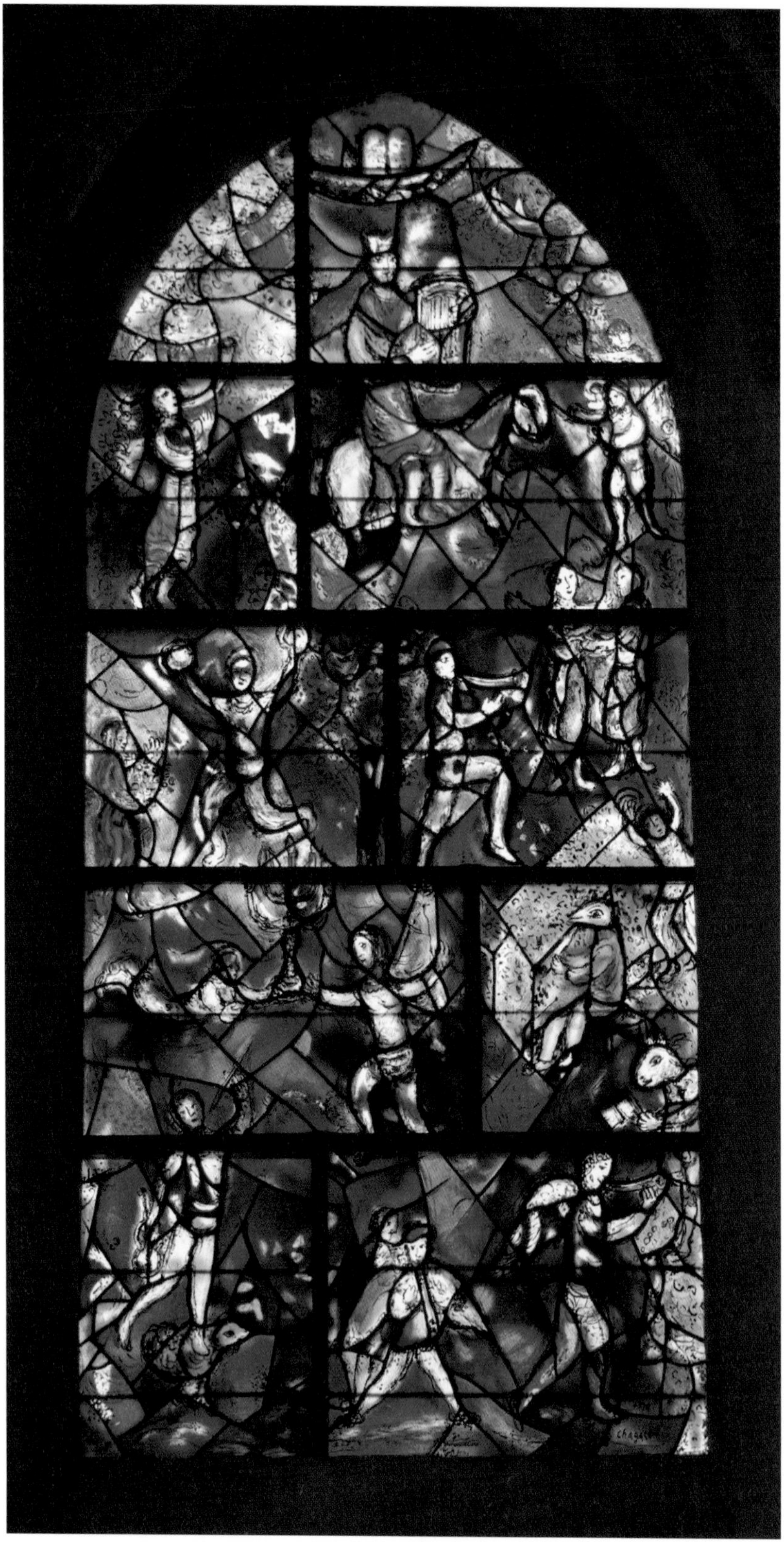

[그림 139] 마르크 샤갈, 〈치체스터 성당의 창문〉

그는 정말 행운아였다.

샤갈은 누구나 알 수 있듯이 대부분 상상력에 바탕을 두고 그렸다. 그러자면 화가가 꽤 좋은 시각적 기억을 가지고 있어야 하며, 다른 자세와 관계 속에 있는 인물들을 상상할 수 있어야만 한다. 실제 모델이나 사진의 도움을 받지 않고 제대로 그릴 수 있다는 것은 화가가 되기 위한 선결 조건은 아니라 할지라도 분명 재능임은 확실하다.

샤갈의 유쾌한 세계는 원색으로 전달된다. 이 같은 색채에 대한 그의 사랑이 아마도 스테인드글라스 작업으로 이끌었을 것이다. 스테인드글라스에서는 실제적인 빛이 그림에 참여하며, 이 매체의 작품들에 특별한 초월적 특성을 부여한다. 히브리대학에 있는 그의 정교한 예루살렘 창문은 이스라엘의 12개 부족을 묘사하고 있으며, 대단한 볼거리를 제공한다. 여기 우리가 보는 작품은 영국 치체스터 성당에 샤갈이 90세가 되어 작업한 것으로 최후의 의뢰를 받아 그린 작품이다.[그림 139]

이 작품에는 민속을 일종의 정신적인 기쁨으로 고양시켜 내는 한 행복한 인간의 비전이 담겨 있다. 이 창문은 시편 50편, “숨결을 가진 모든 생명이 주님을 찬양케 하라”에서 영감을 받았다고 한다.

어린아이 같다고? 어떤 어린아이도 이렇게 소통하지는 않는다. 순수함과 아이다움은 거장들만이 실현할 수 있는 특성이다. 진정한 선지자로서 그의 삶과 작품은 내가 생각할 수 있는 그 누구보다 그림의 기쁨을 표현해 냈다.

이제 우리는 앙리 루소Henri Rousseau의 그림으로 옮겨가 보자. 역시 판타지 작품이지만 앞서 논의한 두 작품과는 전적으로 다르다. 여기 우리 앞에는 정글에 놓인 소파에 비스듬히 누운 누드가 있다.[그림 140] 앞에서 분석한 전통적인 누드를 떠올려보자. 이 형상은 그의 폴란드 정부인 야드비가Yadwigha로 알려져 있으며, 양식화된 정글은 파리 자연사박물관의 식물 정원에서 취재한 것이다.

그래서 이 작품은 상상력이 아니라 관찰로 창작되긴 했지만 그럼에

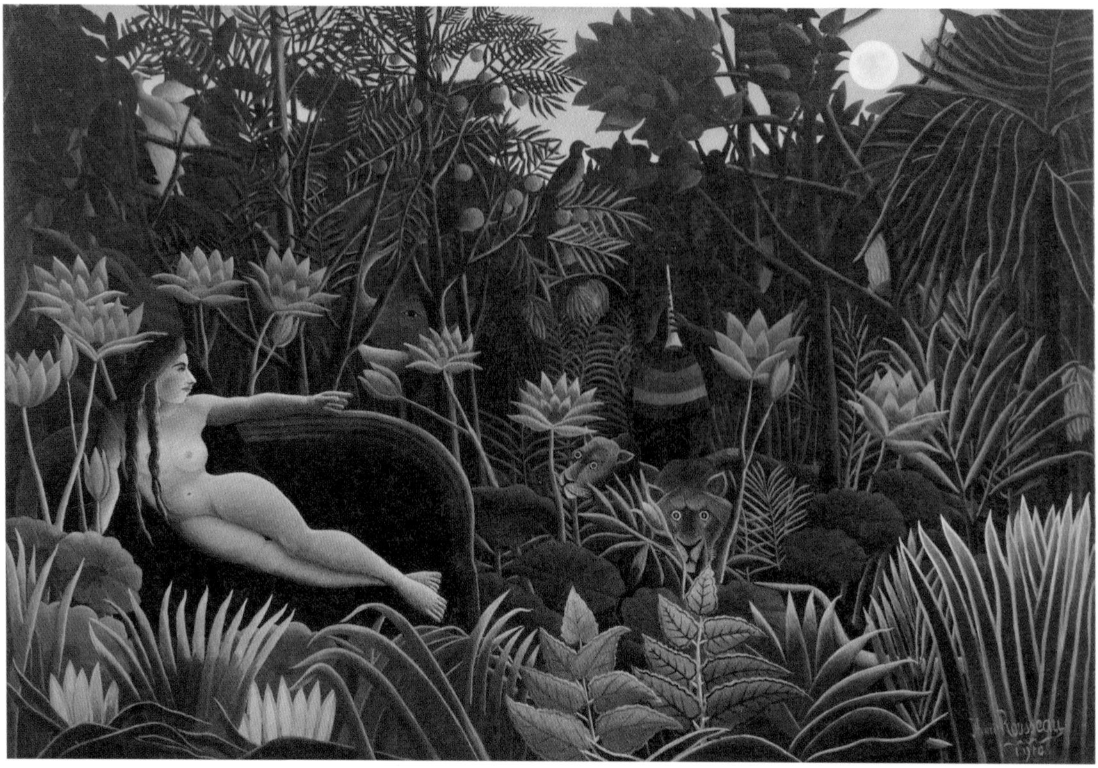

[그림 140] 앙리 루소, 〈꿈〉

도 환상적인 까닭은 인물과 고도로 양식화된 정글 환경의 결합 때문이다. 이 부조화로 인해 꿈결 같은 모티프를 아주 효과적으로 표현하고 있다.

이는 말 그대로 꿈을 그린 그림이다. 여러 가지 이유로 사실 아주 놀라운 작품이다. 먼저 그 크기 때문이다. 관람객들은 그림이 표현하는 자연 속으로 깊숙이 발을 디딘 것처럼 느낀다. 평면적인 채색과 양식화된 소묘는 아름답고, 이 두 가지가 전적으로 공간을 채우고 있다. 어떤 구멍이나 작은 이질적인 음표가 없는 태피스트리가 아닐 수 없다.

나는 이 그림을 아주 어렸을 때 뉴욕의 현대미술관에서 본 것을 기억한다. 그 조화와 복잡함이 내게 깊은 인상을 남겼다. 몇 해가 지난 지금도 나는 여전히 이 작품을 아주 좋아한다. 당신도 그렇지 않을까?

질문: 다음에 대해 생각해 보라

- 환상의 묘사는 초현실주의와 어떻게 다른가?
- 샤갈의 날아다니는 형상들이 의미하는 것은 무엇인가? 그리고 어떤 느낌을 불러일으키는가?
- 당신이라면 천사를 어떻게 그리고 싶은가?
- 문학에서 당신이 가장 좋아하는 장르는 무엇인가? 미술에서 당신이 가장 좋아하는 장르와 조응하는가?

9. 다시 지상으로: 세 사람의 현실주의자들—에이킨스, 헨리, 훌링스

그림을 현실주의적인 작품인지 아닌지로 분류하는 것은 작품을 이해하기 위한 첫 번째 단계일 뿐 화가를 규정하기 위한 출발점은 아니다. 사실 "현실적인 것"으로, 우리가 생각하는 것을 묘사하는 데에는 여러 가지 방식들이 존재하며, 현실주의자의 대표적인 작품도 저마다 다르다. 화가는 채색을 통해 환영을 창조한다는 사실은 때로는 매혹적이기도 하고, 때로는 정확하기 그지없는 화가의 창조물들을 탐구할 때 염두에 두어야 한다. 실제로 형상이나 물이나 하늘은 존재하지 않는다. 우리가 보는 것은 3차원의 공간 속을 관찰한 것을 다시 탁월하게 옮겨온 것일 따름이다.

나는 여기에서 독자들이 검증하고 탐구할 수 있도록 세 사람의 현실주의 화가들을 선택하였다. 첫 번째는 토머스 에이킨스Thomas Eakins(1844~1916)다. 그는 가장 중요하고 재능 있는 미국 화가의 한 사람으로 인정받고 있으며, 미술교육자이기도 하다. 다음에 살펴볼 로버트 헨리Robert Henri(1865~1929) 역시 미술교육에서 뚜렷한 목소리를 내고 있으

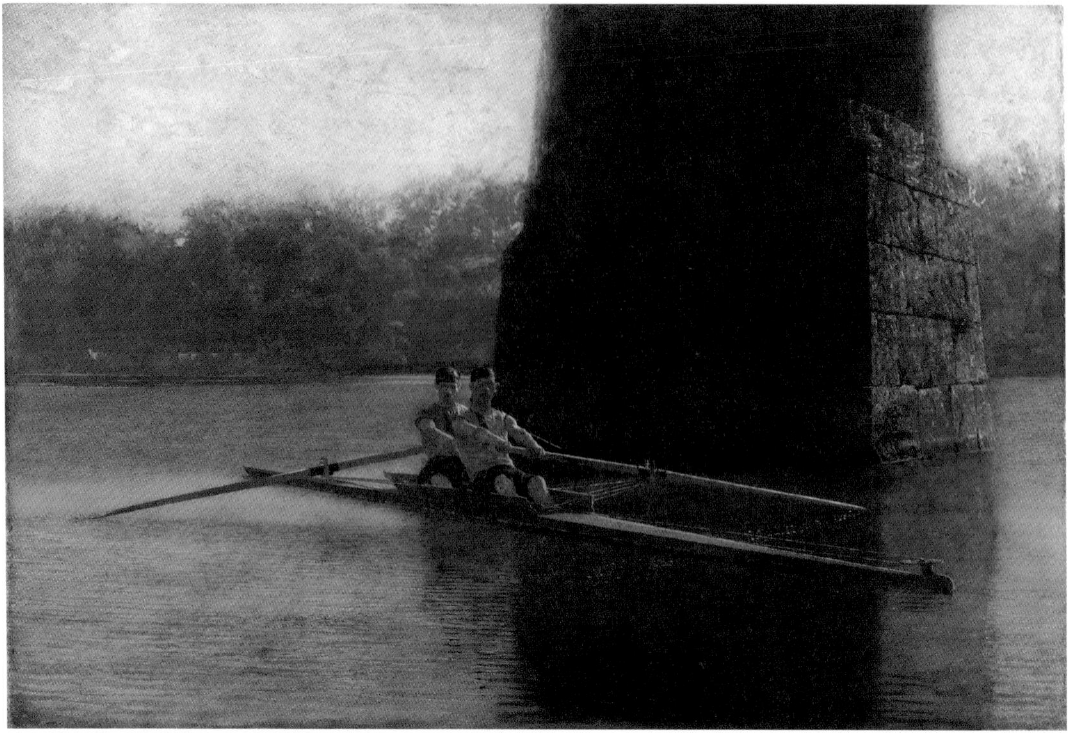

[그림 141] 토머스 에이킨스, 〈두 개의 노로 가는 배〉

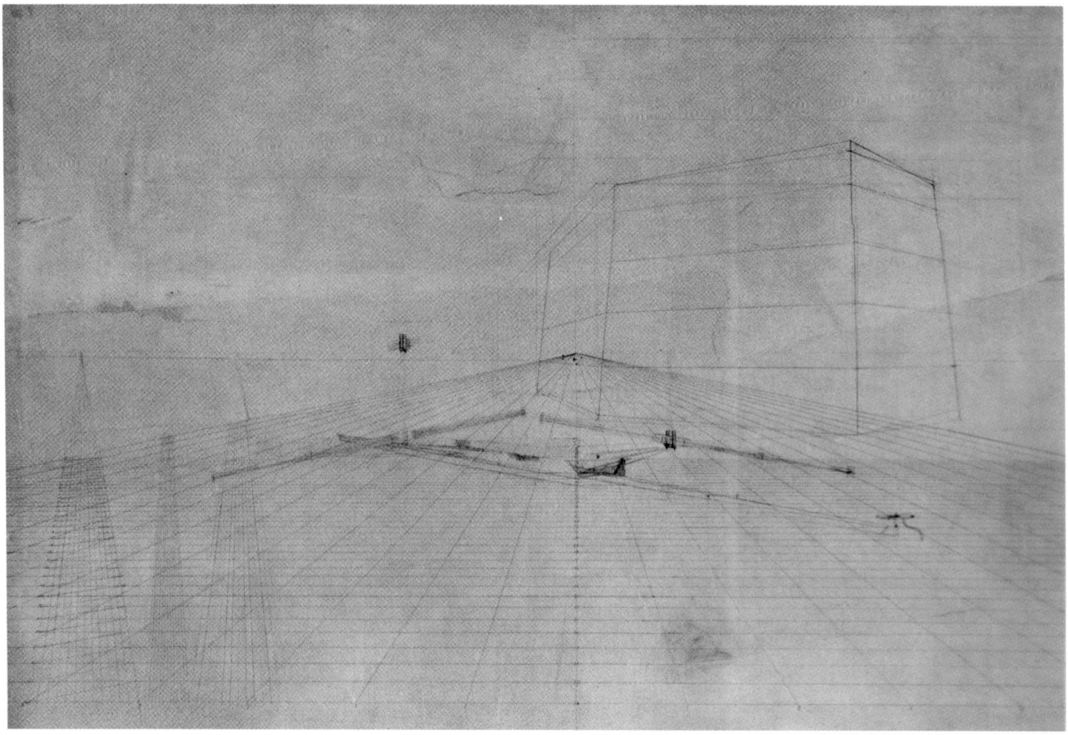

[그림 142] 토머스 에이킨스, 〈'두 개의 노로 가는 배'의 원근법 드로잉〉

며, 사실 나는 그의 학생 노먼 레번에게서 미술을 배웠다. 클라크 훌링스 Clark Hulings(1922~2011)는 날카로운 눈과 재능 있는 손을 가진 미국의 화가다.

에이킨스는 정확함을 중시하는 학자였고, 그의 목표는 거의 과학적인 정확성이었다. 이 목표에 이르기 위해 해부학 수업을 듣기도 했으며, 수술을 실제 관찰하기도 했다. 그는 당시로서는 다소 스캔들을 불러 일으켰던 실제의 누드 모델을 대상으로 작업을 했고, 무엇보다도 명확하고 신중한 진정성을 추구했다. 어떤 낭만적인 윤색도 그에게는 없었다.

에이킨스는 실제 외과 수술을 그린 그림으로 아마도 가장 잘 알려졌다. 〈그로스 박사의 임상 강의〉는 그가 그린 거대한 그림 중 하나였고, 그가 매우 자랑스러워하는 작품이었다. 그가 외과 수술과 피, 그리고 그 밖의 모든 것을 묘사한 이 탁월한 그림은 수집가들로부터 외면을 받았고, 결국 200달러라는 실망스러운 가격으로 자신의 대학에 팔아야만 했다.

예상할 수 있는 것처럼 에이킨스의 작품은 다소 침울한 색감에 자연주의적이었으며 확실히 그가 존경해 마지않던 화가 벨라스케스를 떠올리게 했다. 이 책을 위해 나는 노 젓는 사람들을 그린 작품을 선택했다. 무엇보다 그가 그림을 그리기 위해 했던 스케치가 탐구해 볼 만한 가치가 있기 때문이었다.[그림 141]과 [그림 142]

탁월한 실행력과 절제는 에이킨스의 특징이다. 비록 물, 하늘, 그리고 돌의 실감을 획득하고 있지만 이 모든 것은 붓놀림의 흔적이 없이 촘촘하게 표현되었다. 작품은 아주 의도적으로 구성되었다. 의심할 것 없이 그는 우리에게 가장 엄중하고 냉정한 맥락에서 발견할 수 있는 어떤 아름다움을 보여주고자 했다.

에이킨스는 미국 미술에서 애시캔 화파Ashcan School라고 불리는 또 다른 운동의 선구자였다. 우리는 여기에서 이미 어떻게 미술에서 새로운 운동이 종종 기존의 것에 대한 반발로서 일어나게 되었는지를 논의했고, 이 그룹 역시 다르지 않았다. 몇몇 사람들은 헨리, 럭스Luks, 글래컨즈Glackens와 슬론Sloan 등이 포함되어 있었던 펜실베니아의 순수미술학교에서 현실주의자 교사들의 학생이었다. 프렌더개스트Prendergast와 같은 다른 화가들도 나중에 이 그룹에 합류했다. 그들은 주로 뉴욕에서 작품 활동을 했고, 일상적인 도시의 풍경을 찾아다녔다.

예컨대 에이킨스는 주의 깊게 구성되고 표현된 현실주의로 출발했지만 애시캔 화파의 화가들은 한층 더 자발적이고, 몸짓을 담아내고, 생동하는 회화의 화풍을 추구했다. 그들은 나른한 시골 풍경보다는 울퉁불퉁한 거리를, 일상적인 가정생활보다는 권투 시합을, 정숙한 여인들보다 매춘부를 선호했다.

로버트 헨리는 이들 중의 한 사람이었으며, 이 그룹의 대변자이기도 했다. 자신의 학생인 마거릿 라이어슨Margaret Ryerson의 도움을 받아 그는 자신의 생각을 『미술의 영혼The Art Spirit』이란 제목으로 책으로 출간하기도 했다. 내게 카네기 홀 작업실에서 그림을 가르쳤던 노먼 레번 선생 역시 헨리의 학생이었으며, 그의 가르침을 후학들에게 전수해 주었다.

나는 『창조적 길: 예술 제작에 관한 작업실에서의 시각』이란 책을 썼으며, 이 책에 헨리가 가르쳤고 노먼이 전수해 주었던, 삶으로부터 직접 그림을 그리는 방식을 압축적으로 제시하였다. 이 세계관과 회화를 보는 관점을 더 알고 싶다면 책을 한번 읽어볼 것을 권한다.

어쨌든 우리는 보고 또 검토하기 위해 헨리의 예시 작품을 살펴보자.

눈 내리는 겨울 거리를 그린 이 그림은 애시캔의 접근법을 상징적으로 보여준다. 창밖에는 눈이 날린다. 차가운 눈의 버석거림, 겨울날의 잿빛 음산함, 도시 거리를 지나가는 말이 끄는 마차의 덜컹거리는 모습 등 장면에 담긴 감정을 포착하는 것이 화가의 의도다.

창문을 표현하는 낙서와 같은 붓놀림, 사람의 형상을 표현하는 느슨한 붓놀림, 눈을 드러내고자 하는 흰색의 작은 면들을 보라. 어떤 것

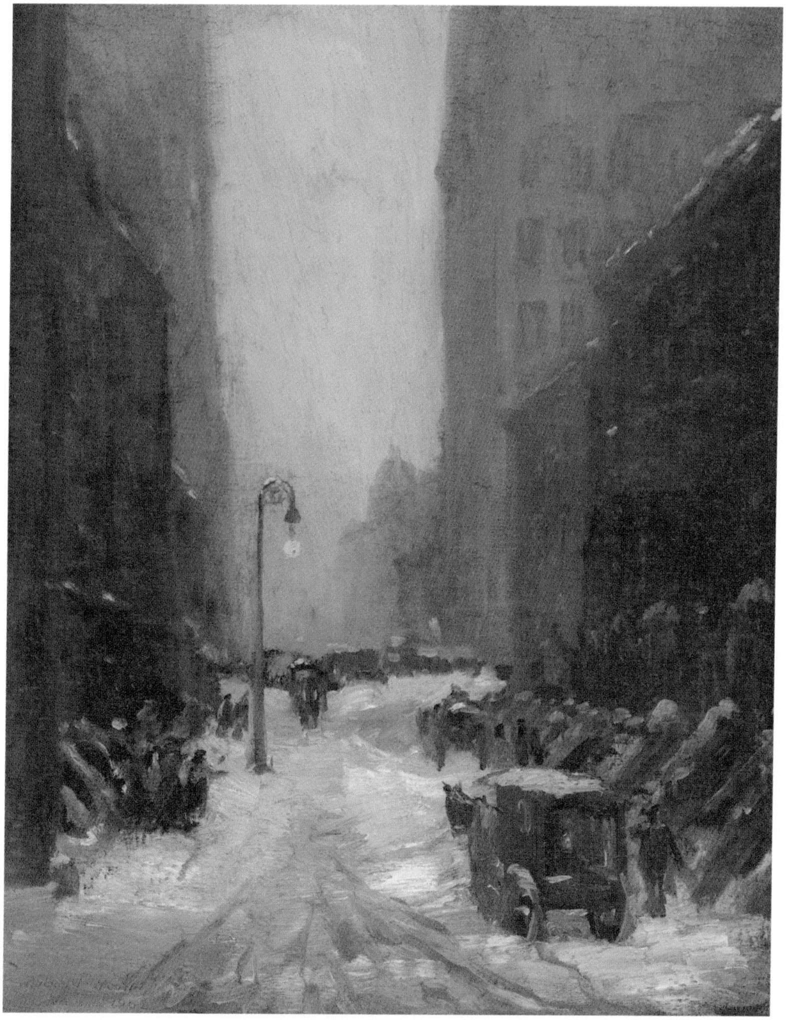

[그림 143] 로버트 헨리, 〈뉴욕의 눈〉

도 명료하지 않으며, 모든 것이 대기 속에 뒤섞여 존재한다. 이는 인상주의로부터 파생된 것이지만 애시캔 화가들에게 대기는 햇살이 비치거나 무지갯빛이 아니라 흐린 날의 음산한 뉴욕의 색이다. 고급 패션과 엘리트들의 환경이 아닌 현실들, 일종의 노동자들의 세계, 그러나 그림 속에 도시적인 열정과 광채가 있는 현실이다. 이는 인상주의, 감각, 효과에 기반을 둔 현실주의이며, 여기에서 묘사는 의도가 아니다. 특성은 장면에 의해 생성된 배경에 있으며, 그 배경이 담고 있는 대상에 있지 않다.

많은 사람들은 현대 미술을 추상 미술과 연결시키지만 현실주의는 과거의 유물인 것만은 아니다. 근대와 현대의 화가들은 이 장르를 개인적으로 만들고, 현대적인 세계관을 접목시키기 위해 노력함으로써 적극적으로 장르를 발견했고, 지속적으로 발견하고 있다. 21세기를 살았던 클라크 훌링스는 다작의 창작으로 점철된 생애에서 마주친 사람과 장소의 초상을 지속적으로 재현함으로써 일종의 현대적인 다큐멘터리 작가로 평가받았다.

우리는 현실주의를 실천한 두 사람의 화가—에이킨스와 헨리—를 살펴보았다. 두 화가는 아주 다른 방법론을 견지하였다. 에이킨스는 작품을 구성하고 계획하였으며, 헨리는 그 순간을 포착하기 위해 즉시 그림을 그렸다. 훌링스의 방법은 이 둘을 뒤섞은 것이었다. 그는 삶에 바탕을 두고 작업했지만, 순간을 그리지는 않았다. 그의 그림은 다양한 관점과 장면들의 결합체였으며, 주의 깊게 선택된 요소들이 아주 정교한 현실주의를 달성하기 위해 결합되었다. 카메라의 눈에 노예가 되지도 않았고, 그는 심지어 적절한 위치를 잡아주기 위해 캔버스에 인물들을 잘라내기도 하고 덧붙이기도 했다. 나는 그가 이미지를 디자인하고 조작하기 위해 포토샵 같은 현대적인 도구를 사용하는 데 적대적이지 않은 것을 알고는 놀라기도 했다.

이러한 정보를 염두에 두고 〈분홍 파라솔〉[그림 144]을 살펴보자. 나는 파라솔을 든 여인이 장면 속에 존재했던 것이 아니라 훌링스가 다른 자료에서 끌어온 것이라고 들었다. 이는 그림을 훨씬 더 인상적으로 만들었다. 이 인물은 장소에 완벽하게 조화를 이루며, 적절한 음영과 정확한 크기, 그리고 그녀의 위치를 그림 속 다른 인물들이 움직이는 흐름에 적절하게 자리 잡게 만들고 있다.

훌링스의 빛과 질감을 포착하는 눈은 일급이며, 그는 이 맥락을 사

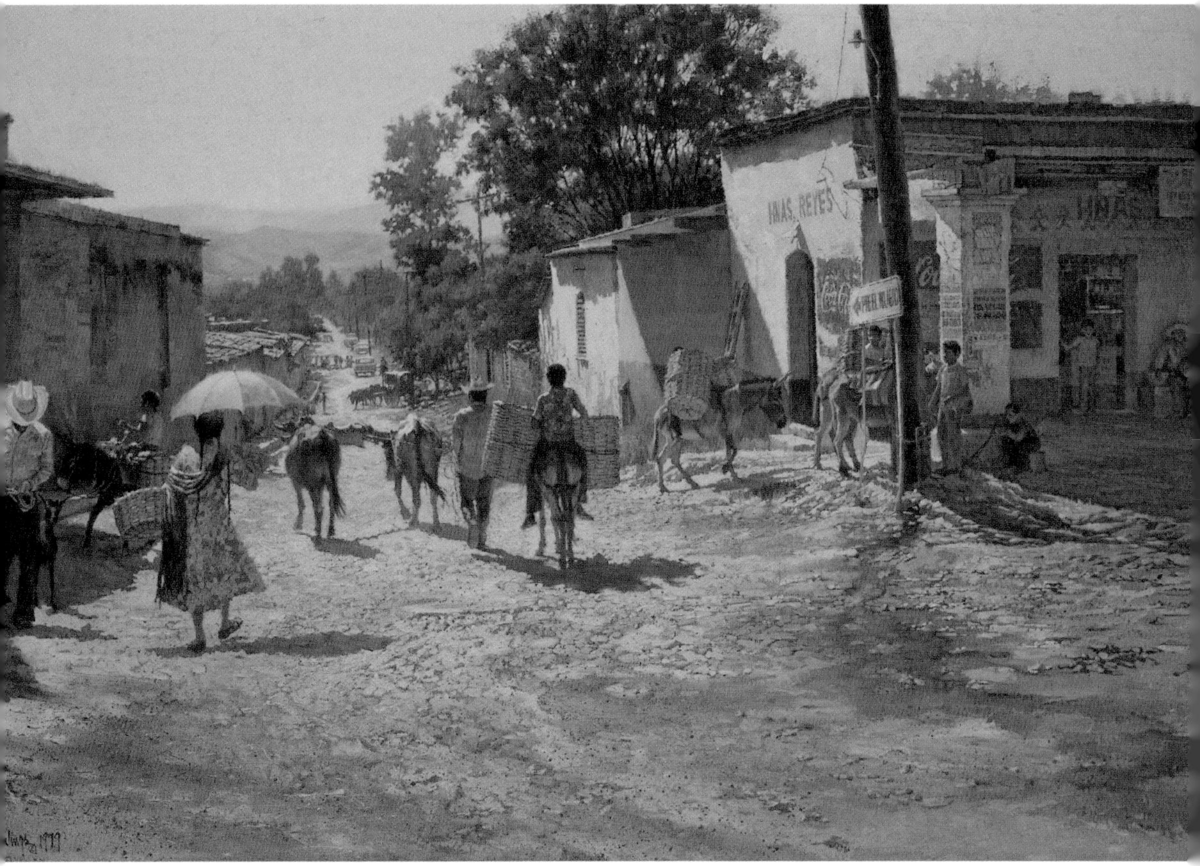

[그림 144] 클라크 훌링스, 〈분홍 파라솔〉

실이라 믿도록 파라솔을 활용할 만한 기온과 적합한 빛을 창조해 내고 있다. 갈라진 흙바닥과 건물 측면에 비치는 밝은 햇살, 그늘과 그림자의 시원함 등이 잘 표현되어 있어 우리는 그것을 볼 뿐만 아니라 믿고, 그 모든 것이 진짜임을 느낄 수가 있다.

이것이야말로 바람직한 현실주의의 모든 것이다. 진정성이란 복제하거나 모방하는 기능이 아님을 알아야 한다. 진정성이란 상당한 사고, 실험(대상의 배치와 같은), 관찰, 실천의 결과이다. 나는 훌링스가 항상 모든 그림에 약간의 붉은색을 포함시켰음을 어딘가에서 읽었다. 이것은 그가 주의를 환기시켜 무언가를 중요하게 만드는 방법이었으며, 그는 관람객들의 눈을 끌기 위해 붉은색을 사용했다. 붉은색은 강력한 색(쿠르베가 붉은색으로 서명한 것을 기억하라)이다. 미술관을 가면 붉은색들이 얼마나 주의를 끄는지를 느낄 수 있을 것이다.

질문: 최종적인 것들

- 그림을 "실재"로 보이게 만드는 자질들은 무엇인가?
- 당신은 날카로운 선으로 된 계산적인 현실주의 작품을 좋아하는가 아니면 부드럽게 소묘된 회화적인 현실주의 작품을 좋아하는가?
- 당신이 가장 감탄하는 작품은 무엇인가?
- 이 책이 당신으로 하여금 그림을 그려보게 만들었는가?

예술 작품을 창작하는 데에는 너무나 많은 것들이 작동하고 있다. 내가 언급한 모든 것들뿐만 아니다. 그 위에는 개별적인 화가들이 자신의 작품에 담아내는 저마다의 마법의 레시피가 있다. 그림을 예술 작품으로 만드는 천재성의 불꽃이 그것이다.

필자가 시연해 보였듯이 그림을 더 많이 보면서 작품을 서로 비교해 보자. 연결 고리를 찾고, 한 화가의 작품이 다른 화가에 미친 영향이나 패턴을 알아차리는 것을 비롯해, 이 모든 것들이 당신의 미술 감상에 도움이 될 것이다. 비록 우리는 모두 개인이지만 화가들은 서로에게서 아이디어를 빌려오고, 유사한 작품뿐만 아니라 아주 다른 작품으로부터 영감을 얻는다. 그리고 그들은 자신만의 방식으로 영감을 지속적으로 재해석한다. 이것이 개별적인 화가로서 성장하는 방법이며, 예술 형식을 진전시키는 방법이다.

14장

미술의 미래: 여기에서 어디로 갈 것인가?

14장

미술의 미래: 여기에서 어디로 갈 것인가?

언제나 가끔 누군가가 "회화는 죽었다"라고 선언한다. 지쳤고, 기진맥진해 있다는 것이다. 지나간 것이라고 한다. 이는 사실일까?

필자는 그렇다고 생각하지 않는다. 회화는, 사실 모든 미술의 형식과 매체는 지속적으로 관람객으로서, 실행자로서 아이들, 어른들, 노인들을 매료시키고 있다. 미술 작업은 능동적인 활동이며, 극히 개인적인 활동이다. 어떤 두 작품도 동일한 방식으로 작업이 이루어지지 않으며, 많은 사람들은 손수 그 작업을 하고 싶어 한다. 그들이 전문적인 화가가 되기 위한 힘든 일을 할 만큼 충분히 관심이 있는지 없는지는 완전히 별개의 문제다.

그러나 많은 사람들이 그렇게 한다. 우리 모두는 자신의 작품을 만들고자 하며, 자신의 정체성을 주장하고, 그리고 다시 이를 다른 사람들에게 표현하고자 하는 강렬한 욕망을 지니고 있다. 진전된 의사소통의 방법으로서의 예술은 그 욕망을 충족시킨다. 또한 인간은 기능을 발전시키고자 하고, 활동을 완성하고, 그 작업의 장인이 되고 싶은 강렬한 욕망도 지니고 있다. 미술적 작업은 마찬가지로 그 욕망을 충족시킨다.

그러나 시대는 변하고, 취향도 변하며, 유행은 새로운 승자와 패자를 낳는다. 그리고 새로운 아이디어와 활동들이 전면에 나서게 된다. 우리는 지금 막 지평선에 나타나고 있는 것과 함께 일반적으로 역사가 우리에게 가르치는 변화에 바탕을 두고 동향을 예측할 수 있다.

그래서 우리는 수 세기에 걸친 서양 미술의 커다란 주제를 다루는 이 짧은 강의를 마치면서 나는 시각 예술의 미래라고 생각하는 것에 관해 몇몇 숙고를 하지 않을 수가 없다. 이 모든 것은 추측에 불과하지만 내가 예측하는 것을 말해보겠다.

1. 정적인 것에서 동적인 것으로

미술은 관람객이 서서 바라보는 2차원의 그리고 3차원의 작품 창작이란 오브제 작업으로 시작되었다. 미술작품은 우리가 소중히 여기고 존중하는, 아름답고 사려 깊은 작품들이자 결과물들이다. 이들 대상은 파괴하고 모방하는 그림이 화가의 어휘 목록 속에 들어 있는 그저 하나의 활동인 것과 마찬가지로 모든 방식의 불규칙적이고 익숙지 않은 창조물들로 변형된다.

그러고 나서 미술은 폭파되었고, 정적인 제한으로부터 해방되었다. 화가들은 움직이는 재료들을 사용하기 시작하였고, 오브제는 살아나 활력을 얻었고, 형태를 바꾸었다. 그림은 움직이기 시작하였고, 비디오와 영화는 고정된 이미지에 생동감을 불어넣었으며, 미술을 시간의 영역으로 몰아넣었다. 화가들은 자신들이 만든 창조물의 통합적인 일부가 되었으며, 연행 예술이 탄생했다.

그럼 어쩌라는 것인가? 공학이 미술의 세계로 들어왔다. 화가들은 컴퓨터 화면으로 이미지를 소묘하고 그리며, 한 번의 손동작, 한 번의 클릭만으로 이미지를 변화시킨다. 나와 함께 그림을 공부하는 몇몇 사람들은 컴퓨터 화면으로 작업을 하고, 반면 우리들 나머지는 여전히 연필과 크레용을 손에 쥐고 살아 있는 모델을 앞에 두고 작업한다.

많은 사람들이 이미 컴퓨터 화면으로 그림을 디자인하고, 캔버스, 금속, 직물에 그 그림을 인쇄한다. 그들은 이미지를 거대한 크기로 확대

할 수 있고 순식간에 광고판을 만들기도 한다. 화가를 위한 아주 훌륭한 도구가 아닐 수 없다.

그런데도…….

표면의 부드러움, 한 알의 사과에 비친 햇빛의 광채를 소통하고자 추구하는 화가들에게 캔버스를 부드럽게 두들기는 손에 전달되는 물감의 느낌은 어떠할까? 그것은 어떤 느낌일까? 캔버스에 붓을 칠하는 손길의 직접적인 느낌, 친밀한 느낌은 어떠한가? 그것은 기계로 복제하기가 어렵다. 아무리 스마트한 것일지라도.

나의 추측으로는 이러한 장치들이 아무리 매혹적이라 할지라도 화가들은 계속해서 전통적인 재료들을 사용할 것이며, 손으로 작품을 만들 것이다. 새로운 기술이 화가들을 사로잡을 수 있겠지만 조금 시간이 지나면 그들은 단순하고 직접적인 형식들—캔버스에 물감을 칠하고, 손으로 진흙을 움켜쥐고 형체를 잡고, 어떤 기술의 도움을 받지 않고—로 되돌아가게 된다. 그 모든 것이 화가에게 요구되는 유일한 에너지이기 때문이다.

본질적으로 그것이 우리가 그림을 그리는 것을 사랑하는 이유다. 우리의 손을 더럽히는 것이야말로 우리가 사랑하는 것이다. 손가락으로 그림을 그리기 시작한 것이 지금껏 살아남았고, 예술가로서 삶이 지속되는 동안 우리를 계속해서 매료시킬 것이다. 나는 조만간에도 그것이 달라질 것이라 생각하지 않는다.

2. 캔버스를 벗어나

왜 캔버스에 그림을 그리는가? 왜 물감을 사용하는가?

예술의 경계는 이전의 뚜렷했던 구분이 흐릿해지며 지속적으로 점점 더 커져갈 것이다. 건축가, 디자이너, 화가, 조각가에 관한 이 모든 규정들과 함께 전문성이 변화될 것이다.

혹은 그들은 그저 아티스트라는 한 마디로 통칭될지도 모른다.

화가들은 더 이상 단순히 그림만 그리지는 않으며, 조각가들은 조각만 하지 않을 것이다. 화가들은 자신들이 만드는 것의 표면에 물감을 칠하면서 조각을 할 것이고, 조각가들은 만드는 조각품의 표면에 모든 종류의 화학 물질과 재료들을 사용하여 그림을 그릴 것이다. 그들 모두가 디자인하고 만드는 구조물은 아주 큰 나머지 사람이 들어갈 수도 있을 것이며, 이는 그들을 건축의 영역으로 들어서게 만들 것이다.

나는 예술의 구조와 엄격함이 무너져 내릴 것으로 예측한다.

3. 새로운 매체와 매체 혼합의 증대

그렇게나 많은 매체를 자유롭게 사용할 수 있는데 왜 하나의 매체에 스스로를 제한하겠는가? 그리고 왜 한두 가지 매체만 사용하겠는가? 기술은 모든 화가들이 자신의 미술을 한 단계 더 발전시키기 위해 사용할 수 있는 도구다.

가장 흥미진진한 도구 중의 하나는 3D 프린터다. 아직은 초보적인 단계이지만 조만간 근본적으로 미술 창작을 변화시킬 것이다. 예컨대 컴퓨터로 실제 살 수 있는 집을 디자인하게 되고, "출력"이란 3D 프린터의 단추만 누르면 집을 얻게 될 것임을 예측하고 있다.

이 놀라운 도구를 사용 가능하게 됨에 따라 화가들은 이 장치를 사용하는 첫 번째 사람이 될 것이다. 글쎄, 정확히 어떻게 될지는 기다리며 두고 봐야 할 듯하다.

나는 이 새로운 도구들이 활용되고 도구의 일환으로 편입된다면 전통적인 방법들을 존속시켜 나감과 동시에 미술 활동을 강화해 나갈 것이라 예측한다.

4. 상호작용의 증대

미술 창작의 과정이 달라지면 그것을 보는 방식 또한 달라질 것이다. 사실 본다는 것은 적합한 용어가 아닐지도 모른다. 미술을 위한 미술관이나 다른 전시장을 찾는 사람들이 그저 서서 바라보는 것을 넘어 가상현실을 경험하고 그저 구경꾼이 아니라 참여하고 싶어 하는 방향으로 더욱 능동적인 체험으로 대체될 것이다.

그러나 아직은…….

5. 더욱 친숙한 것도 더 많이

"많은 것이 변화할수록, 더 많은 것은 그대로 남아 있다." 이 익숙한 문구. 이 맥락에서 이 말은 어떤 의미인가?

렘브란트는 17세기에 가장 놀라운 자화상을 그렸지만 22세기의 사람들은 여전히 거울을 들여다보며, 그들이 보고 느끼는 것을 재현하고 싶어 할 것이다. 그리고 설혹 화가들이 18세기, 19세기, 20세기, 21세기의 자화상의 모든 정교한 기법들을 볼 수 있는 이점들을 가지게 될지라도 나는 미래의 사람들이 자신들 역시 초상화를 그리려고 시도할 것이라 생각한다. 나는 여전히 초상화를 그리기 위해 이젤에 설 때마다 매번 렘브란트와 맞설 것이다.

다른 화가가 위업을 달성했다고 해서 "나만의 방식으로" 그리려는 나의 욕망을 부정할 수는 없다. 그렇다. 나는 미래의 화가들 역시 마찬가지로 현실주의, 반추상, 추상에 흥미를 가질 것이며, 인간의 감정, 사고, 그리고 경험들을 묘사하고 표현하고자 하는 이전의 모든 시도들에 흥미를 가질 것이라 생각한다.

미래의 화가들은 다룰 수 있는 더 많은 도구들을 갖게 될 것이다. 더 잘 그릴 수 있을 것이며, 다양한 더 많은 재료들을 사용할 것이다. 그렇다고 이 사실이 그들로 하여금 렘브란트와 피카소를 넘어설 수 있게 될 것이라 의미하는가?

아니다. 그렇지 않다. 이는 시합이 아니기 때문이다. 우리 모두는 개인들이기 때문에 경쟁이란 존재하지 않는다. 당신이야말로 당신에게 무언가를 할 수 있는 유일한 존재다. 그것이 중요하다. 당신은 또 다른 렘브란트나 또 다른 피카소가 되고 싶지는 않을 것이다. 그것이 바람직한 방향이다. 나는 그저 다음에 보게 될 화가가 누구인지를 보기 위해 그저 기다리고 있을 수만은 없다. 당신은 기다릴 수 있는가?

그리고 세상 속의 미술은?

지난 겨울 나는 유카탄으로 휴가를 갔다. 나는 그 지역을 지난 10년 동안 두 번 방문했다. 그곳은 적도의 낙원이며, 물은 청록색으로 아름답고 풍부한 바다 생물들이 살고 있는 곳이다. 그러나 이번 방문은 명확하게 그 지역이 기후 위기와 과도한 여행객의 왕래로 말미암아 고통을 겪고 있음을 여실히 알 수 있었다. 심지어 나는 위기에 처한 생태계를 어떻게 해서든 복원하고 활성화하고 보존하려는 강연까지 들은 적이 있었다.

국립공원으로 지정된 석호에서 수영을 하며 나는 지난번 방문 이래, 단지 몇 년 전이었을 뿐인데 열대어의 개체수가 급격하게 줄어들어 깜짝 놀랐다. 한때 온갖 종류의 물고기가 넘쳐났지만 지금은 흐린 물로 물고기를 쉽게 보기 어려웠다. 이 국립공원은 석호와 해양 생물의 아름다움뿐만이 아니라 전략적으로 수변에 설치한 놀라운 청동 조각들로도 잘 알려져 있다. 주니가Zuniga, 곤잘레스Gonzales, 아마야Amaya, 또 국제적으로 잘 알려진 조각가들과 지역의 조각가들의 작품이 전시되어 있다. 특히 이 은혜로운 환경에서 작품들은 정말 아름답다.

이 물속 생명체에 죽음의 조종이 울린다면 남아 있게 되는 것은 바위들과 기묘하게도 예술 작품뿐일 것이라는 생각이 들었다. 방치하고 무시한 결과 인간이 자연—지구라는 낙원—을 훼손하고 궁극적으로 파괴했을 때 남아 있는 것이 예술이란 사실은 얼마나 중요한가. 아이러니하게도 예술은 바로 그 자연으로부터 영감을 받은 것이 아니었던가.

생각해 보아야 할 사항. 먼 미래에 이 조각품들은 자신들을 만들어 낸 인간들을 향해, 인간 종족의 둔감함과 비참한 잔인함을 침묵으로 목격하며 서 있을까? 미술을 통해 삶을 미화하고 축하하려는 그들의 모든 노력이 무가치하게 되어버리고 그들이 자연 세계가 주는 선물을 잊고 저버린다는 것은 얼마나 슬픈 일인가?

미술가로서, 미술 애호가로서 미술작품을 창작하고 바라보면서 즐거움을 계속 누리기 위해서는 무엇보다도 이 긴급한 요청을 기억해야 할 것이다. 무엇보다도 할 수 있는 것이 무엇이든 자연을 보호하고 보존하기 위해 노력해야 할 것이다. 우리가 하고 있는 그 어떤 일보다 이것이 더욱 시급하다.

결론

나는 현재에도 여전히 화가이며, 창작의 과정에서 결코 지쳐본 적이 없으며, 각각의 시작은 언제나 새로운 세계의 창조인 듯이 느낀다. 나는 기대와 함께 작업을 시작하며, 일정한 과정을 거쳐 나를 길의 끝까지 데려가 작업을 완성시킨다. 그 다음 내가 원하는 것은 무엇인가? 물론 다시 가는 것이다.

왜? 우리는 같은 강물에 두 번 발을 담글 수가 없기 때문에, 새로운 노력 또한 늘 새롭다. 모든 화가들이 이렇게 느낄 것이다. 그리고 나는 사회가 아무리 발전하고 정교화된다 할지라도 인간이 존재한다면 미술 또한 존재할 것이라 믿는다.

정적이든 역동적이든 벽에 그린 작은 그림이든 우리를 둘러싸고 있는 거대한 조각이든 그것이 무엇이든 시각 예술에 대한 적극적인 마음과 비전, 감정을 즐기는 당신 같은 미술 애호가들과 미술 창조자들은 있을 것이다.

그 모든 것을, 과거의 것과 미래의 것을 즐겨라. 알다시피 선택할 필요는 없다. 사실 이에 대해 말하면서 당신은 그 모든 것을 사랑하고 존중할 것이다. 비록 특정한 선호가 있음을 인정한다고 할지라도.

나는 당신이 미술에 대해 조금이나마 더 이해할 수 있고, 흥미를 가질 수 있게 만드는 데 도움이 되었기를 바란다. 그리고 당신이 새로운 관점과 평가의 기법을 가지고 미술관을 걸을 수 있기를 바란다. 그 관점과 기법을 미술 센터와 전시장과 미술관에 데리고 가 돌아다니게 하라. 당신의 상상력을 뒤흔드는 특정한 화가의 도록들을 챙겨라. 당신에게 성큼 다가오는 매체에 손을 뻗어보라. 예술이 당신 삶의 일부가 되게 하라.

나는 특히 당신이 노래하지 않은 수많은 놀라운 화가들을 직접 발품을 들여 찾아보라고 권하고 싶다. 당신이 자신들의 작품을 만들고 있는 그들의 작품들 중 하나를 구매함으로써 그들을 지원해 주기를 바란다. 그렇게 함으로써 당신은 예술을 살아 있게 만드는 역할을 할 것이다.

이 책을 마무리하면서 이 책에 담긴 생각들을 당신께 전하게 된 기쁨과 함께 내가 당신의 미술 감상 능력을 향상시켰음을 알게 된 기쁨을 함께 나누고 싶다. 우리 자신을 표현하고 주변 사람들과 함께 나누는 것이야말로 진정 삶의 기쁨이기 때문이다.

미술의 즐거움이 당신의 정신을 북돋우고, 경험하기 위해 선택한 방식이 무엇이든 당신 삶의 의미를 더할 수 있기를 바란다. 화가이든 학생이든 혹은 감상자이든 당신은 분명 미술의 기쁨이란 클럽의 멤버십 카드를 소지하고 있을 것이다. 미술관에서 마주칠 수 있기를 바란다.

캐럴린 슐람

부록

부록 A

미술 게임: 새로운 기능을 날카롭게 만들기 위해

독자들에게.

다음은 당신이 시도해 보고 싶어 할 미술에 관한 몇몇 문제와 게임들이다. 당신은 지금까지 이에 대한 여러 정보들을 익혀 왔으며, 새로운 이해의 틀이 시각 예술을 더한층 잘 이해할 수 있도록 도움을 줄 것이다. 어떤 문제는 주관적인 나머지 맞고 틀린 정답이 없다. 단지 당신이 어디에 서 있는지를, 이 책을 읽으면서 어느 부분에 심취했는지를 알 수 있을 뿐이다. 다른 문제들은 특정한 답을 가지고 있다. 이 경우 나는 부록의 끝에 답을 제시했다.

만약 여러분이 익숙하지 않은 화가의 이름을 발견한다면 그 이름을 구글 이미지 검색에 넣어보고, 무엇이 검색되는지를 살펴보라. 특별히 관심을 끄는 화가들을 발견한다면 더욱 깊이 탐구해 보라. 도록을 구입하고, 온라인으로 더 깊이 탐구하라.

그럼 재미있고 즐거운 게임이기를 바란다.

연습문제 #1: 기울기(정답 없음)

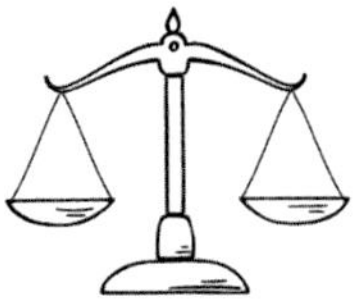

나는 고전적인가 낭만적인가?
나를 저울 위에 올려주시길.

	고전적	●	낭만적
피카소	고전적		낭만적
티치아노	고전적		낭만적
살바도르 달리	고전적		낭만적
에두아르 마네	고전적		낭만적
존 컨스터블	고전적		낭만적
척 클로스Chuck Close	고전적		낭만적
조르주 브라크	고전적		낭만적
폴 고갱	고전적		낭만적
루벤스	고전적		낭만적
클로드 모네	고전적		낭만적
빈센트 반 고흐	고전적		낭만적
마르크 샤갈	고전적		낭만적
프란스 할스	고전적		낭만적
조르주 쇠라	고전적		낭만적
잭슨 폴록	고전적		낭만적
에드바르 뭉크	고전적		낭만적
헨리 무어	고전적		낭만적
조르주 루오Georges Rouault	고전적		낭만적
장 아르프	고전적		낭만적
샘 수틴	고전적		낭만적
바실리 칸딘스키	고전적		낭만적
마르셀 뒤샹	고전적		낭만적
로버트 마더웰	고전적		낭만적
산드로 보티첼리	고전적		낭만적
폴 세잔	고전적		낭만적
에드가 드가	고전적		낭만적

연습문제 #2: 서로 비슷한 용어를 연결하라.(정답은 428쪽에)

명암의 대비	생체 변형
명암의 배합chiaroscuro	선형적 질감
소실점	환경
미니멀리즘	대조
형식주의	제목 없음
소극적 공간	부착
색조	규준
크로스 해칭	3차원
유기적인 형태	감정을 우선시
추상	작품 그 자체
환영	야외
콜라주	밝음
미학	본질적인 것들
색감tone	빨강
비율	원근법
왜변화	대기
표현주의	상대적인 크기
야외 사생	반복

연습문제 #3: 화가와 작품의 특징을 연결하라.(정답은 없음)

노트: 연결되지 않을 수도 있으며,
특징이 한 사람의 화가 이상과 연결될 수도 있다.

특징	화가
자유롭다	에이킨스
부드럽다	마티스
유동적이다	앵그르
감각적이다	페르메이르
밝다	샤갈
격정적이다	렘브란트
희미하다	피카소
정서적이다	모네
로봇 같은	사전트
시끄러운	폴록
시적인	반 고흐
간결한	클레
우아한	카사트
혁신적인	보나르
지겨운	쇠라
기술적인	칸딘스키

연습문제 #4: 빈 곳을 채워라.(정답은 없음)

다음 말의 나머지 부분을 채울 기회가 왔다.

1. 피카소의 ____________________
2. 워홀의 ____________________
3. 렘브란트가 좋은 점은 ____________________ 이다.
4. 내가 화가가 된다면 ____________________ 이/가 되고 싶다.
5. 전문적인 기량을 생각하면 이 이름이 떠오른다. ____________
6. 야수파는 ____________________
7. 내가 가장 좋아하는 양식은 ____________________
8. 반 고흐 그림의 질감은 ____________________
9. 나는 색채를 생각하면 ____________________ 을/를 떠올린다.
10. 만약 내가 조각품의 재료를 고를 수 있다면, 나는 ____________ ____________________ 을/를 고를 것이다.
11. 추상화는 ____________________
12. 페르메이르의 ____________________
13. 마네인가 모네인가? 누구를 더 좋아하는가? ____________
14. 인물화와 풍경화는? 어떤 작품에 더 관심이 가는가? ________
15. 누가 뜨거운가? ____________________
16. 누가 차가운가? ____________________
17. 가장 괴팍한 화가는 ____________________
18. 가장 덜 괴팍한 화가는 ____________________
19. 내가 가장 좋아하는 화가는 ____________________
20. 몬드리안의 ____________________
21. 내가 좋아하는 피카소의 시기는 ____________________
22. 나는 ____________________ 이/가 없이도 할 수 있을 듯하다.

23. 나는 ____________________ 을/를 활용한 콜라주 작품을 만들고 싶다.
24. ____________________ 은/는 나를 슬프게 한다.
25. 디벤콘의 ____________________
26. 카라바조의 ____________________
27. 섬세함과 ____________________
28. 만약 내가 두 매체를 혼합한다면, 나는 __________ 와/과 ____________________ 을/를 혼합할 것이다.
29. 나는 ____________________ 을/를 그리고 싶다.
30. ____________________ 의 감각성
31. ____________________ 의 장난스러움
32. ____________________ 의 화려함
33. ____________________ 의 지성
34. ____________________ 의 심장
35. 나는 ____________________ 을/를 싫어한다.
36. 나는 한때 싫어했지만 지금은 __________ 을/를 좋아한다.
37. 가장 흥미진진한 생각은 ____________________ 이다.
38. ____________________ 의 즐거움

연습문제 #5: 말장난과 속기 쉬운 질문을 즐겨요.

(정답은 429쪽에)

1. 어떤 화가가 점으로 그림을 그렸는가? ____________

2. 그는 모네의 사촌이 아니라 선배이다. ____________

3. 그는 그의 당대에 폭풍을 쫓는 자였다. ____________

4. 나는 누구인가? 그림 속에 나의 집을 그리고는 했고, 나는 거울도 좋아한다. ____________

5. 핍진성을 추구한다면 당신은?

   a. 아주 단순하다.　b. 안달하는 사람

   c. 현실주의자　d. 나비파의 일원

6. 다음 중 혼합매체로 연습하기 위한 재료는 무엇인가?

   a. 그라피토　b. 액션 페인팅

   c. 색면 회화　d. 크레용 리지스트

7. 알리자린Alizarin은 ____________

   a. 명암　b. 색조

   c. 파충류　d. 맛

8. 우리가 길의 시각적 끝에 있을 때 우리는 ________ 을 만난다.

   a. 우리의 운명　b. 소실점

   c. 돌아올 수 없는 지점　d. 신

9. 나는 그릇이다. 어쩌면 일종의 그릇……. 나는 내가 무엇이라 생각한다. 그러나 아닐 수도 있다. 내가 추측하건대 나는 ________ ____________ 이/가 틀림없다.

10. 나는 눈에 띈다. 그래서 나는 기쁘다. 나는 누구인가?

    ____

11. 나는 임포스터는 아니다. 그렇지만 나는 물감치고는 꽤 무겁다.

    ____

12. 나는 원형이기도 하고 사각형이기도 하다. 그러나 나는 평평하다. ____________________

13. 나는 좋은 모델이다. 나는 움직이지 않는다. ____________

14. 아교는 내 것이다. 나는 ____________________ 이다.

15. 만약 물감에 흰색을 더하면 당신은 ________ 을/를 변화시킬 것이다.

    a. 색조 b. 팔레트

    c. 명암 d. 일관성

연습문제 #6: 화가의 이름 알파벳을 뒤죽박죽 섞은 것이다. 바로 잡아라.(정답은 429쪽에)

1. VINICDA
2. MDRATBERN
3. CIAAAVGOGR
4. TINIAT
5. YAOG
6. IORREN
7. CGAED
8. HRDNAIC
9. LRRANIO
10. SOPCISA
11. GSIR
12. TESLITGIZ
13. NKAIKDNSY
14. ARNSUCHEEGRB
15. KINAES
16. GATRENS
17. ARP
18. UINBARCS
19. OLOPLCK
20. EMLOEIGHNCAL
21. ALSH
22. EKNHYOC
23. DANMRNIO
24. TAMSSIE

연습문제 #7: 다섯 가지 단어를 사용해서 이 작품을 설명하고, 작품에 관해 한 단락을 쓰라.(정답은 없음)

나는 개인적으로 알고 있는 몇몇 화가들에게 이 문제의 활동을 도와달라고 요청했다. 나는 여기에 나의 작품 또한 첨부하였다. 우리는 미술사에서 잘 알려진 인물들에 관해서는 온갖 지식을 가졌을지는 몰라도 오늘날 활동하는 수많은 진정 재능 있는 현대적 화가들에 관해서는 거의 아는 바가 없다.

여러분은 이제 이 책을 통독하면서 몇 가지 새로운 기능들을 갖게 되었을 것이다. 이 재능 있는 화가들에게 더 큰 존경심을 가졌고, 그들 작품을 해석하기 위한 이해를 높이기도 했을 것이다.

여기에 도전적인 과제가 앞에 놓여 있다. 이들 작품을 보라. 그 작품에 대한 어떤 선지식도 가지고 있지 않다. 그런 만큼 아주 새로운 눈으로 작품을 볼 수 있을 것이다. 다섯 가지 단어를 사용하여 이 작품을 설명하는 데 도전해 보라. 그리고 이 작품에 대해 한두 단락으로 써보라.

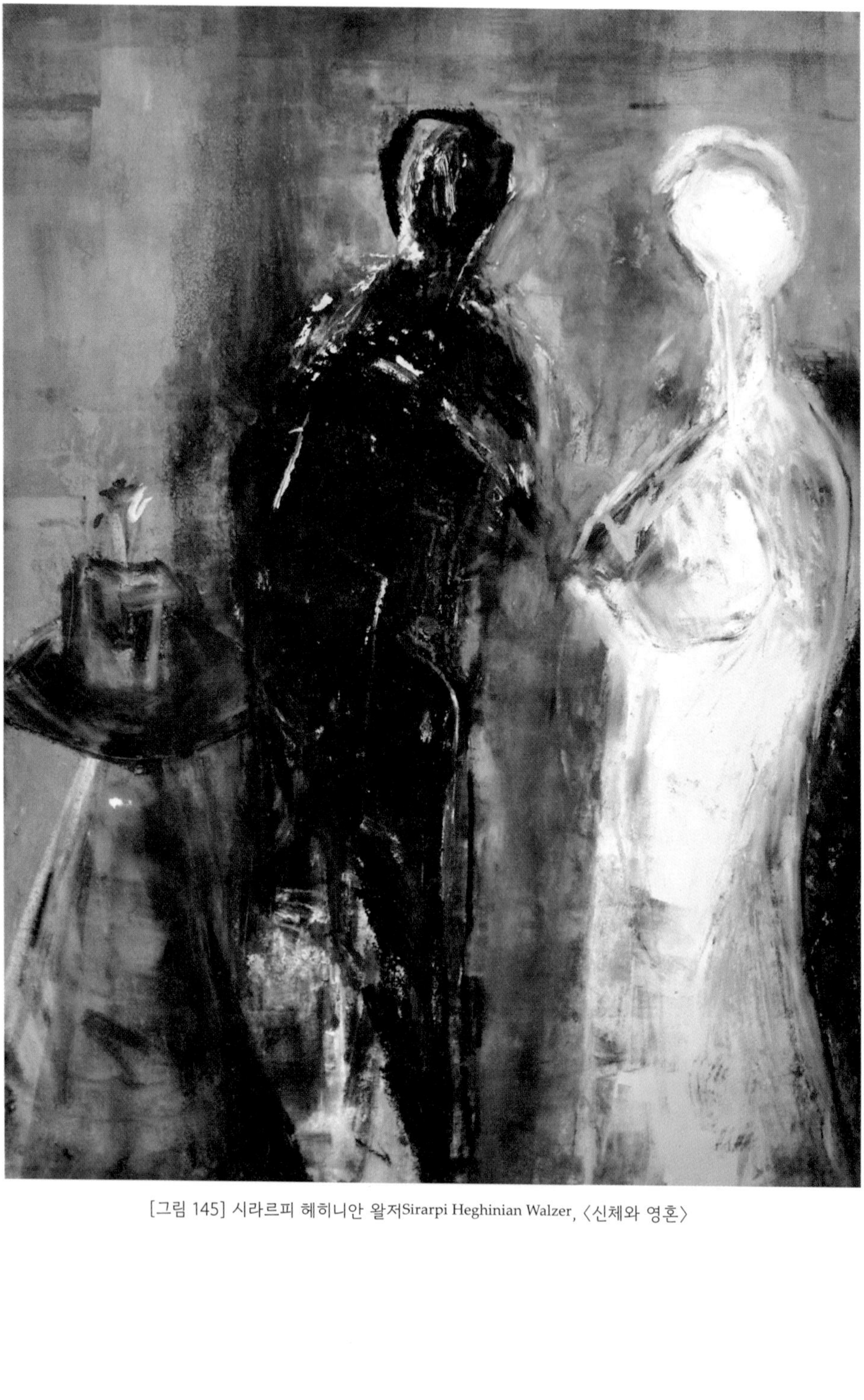

[그림 145] 시라르피 헤히니안 왈저Sirarpi Heghinian Walzer, 〈신체와 영혼〉

시라르피는 혼합매체를 활용하는 화가다. 그의 웹사이트 www.swalzer.com을 찾아 더 많은 작품의 예시를 살펴보라.

다섯 단어를 활용하여 이 작품을 설명하라.

1. ______________________
2. ______________________
3. ______________________
4. ______________________
5. ______________________

〈신체와 영혼〉을 어떻게 설명하겠는가?

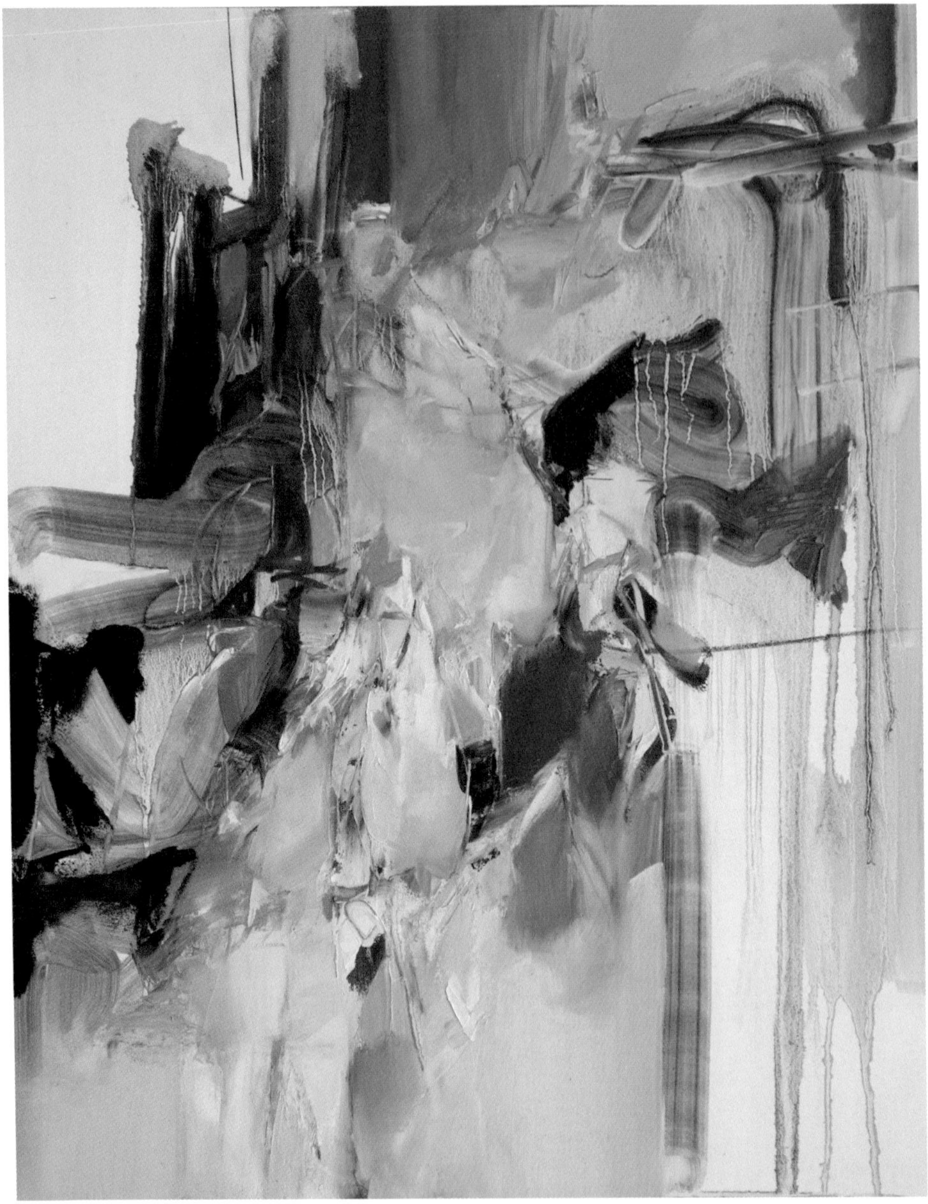

[그림 146] 엘라나 쿤델Elana Kundell, 〈난 불가피하게 널 원해〉

엘라나는 화가다. 그의 웹사이트www.elanakundell.com을 찾아 더 많은 작품의 예시를 살펴보라.

다섯 단어를 활용하여 이 작품을 설명하라.

1. ______________________________
2. ______________________________
3. ______________________________
4. ______________________________
5. ______________________________

〈난 불가피하게 널 원해〉를 어떻게 설명하겠는가?

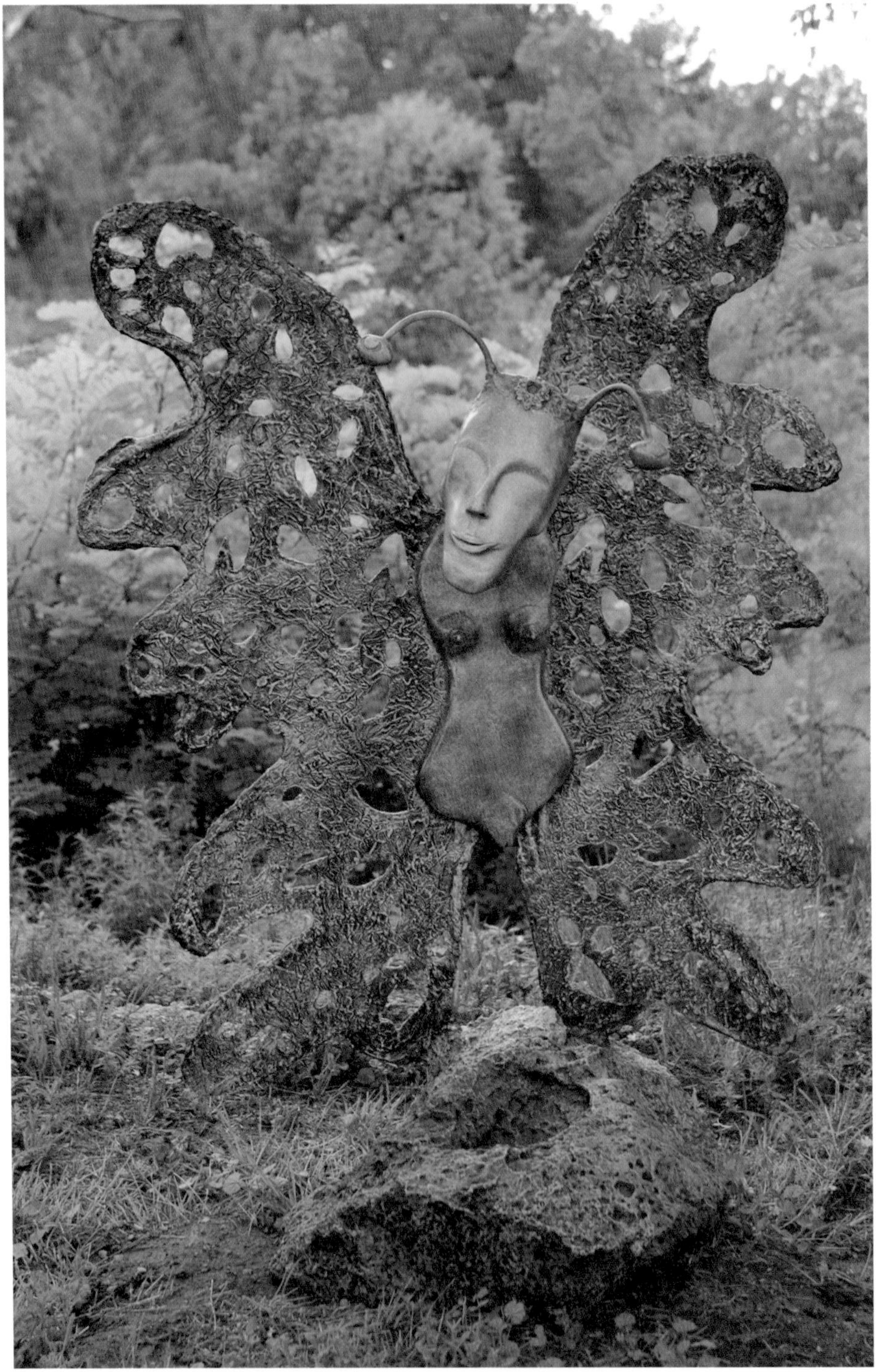

[그림 147] 클레어 하이에Claire Haye, 〈진실 찾기—양 측면〉

클레어는 조각가다. 그의 웹사이트www.claireworks.com을 찾아 더 많은 작품의 예시를 살펴보라.

다섯 단어를 활용하여 이 작품을 설명하라.

1. ______________________________
2. ______________________________
3. ______________________________
4. ______________________________
5. ______________________________

〈진실 찾기—양 측면〉을 어떻게 설명하겠는가?

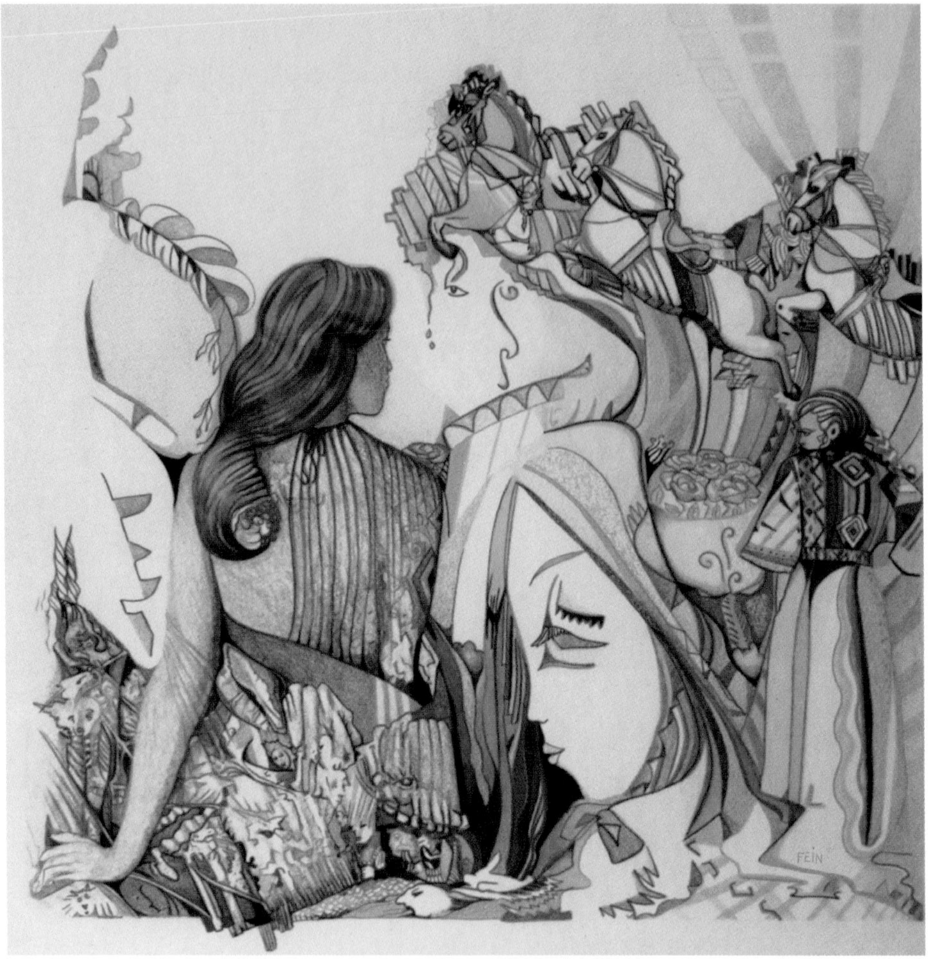

[그림 148] 실라 파인Sheila Fein, 〈당나귀 헤아리기〉

실라는 화가이자 일러스트레이터다. 그의 웹사이트www.sheilafein.com을 찾아 더 많은 작품의 예시를 살펴보라.

다섯 단어를 활용하여 이 작품을 설명하라.

1. ______________________________
2. ______________________________
3. ______________________________
4. ______________________________
5. ______________________________

〈당나귀 헤아리기〉를 어떻게 설명하겠는가?

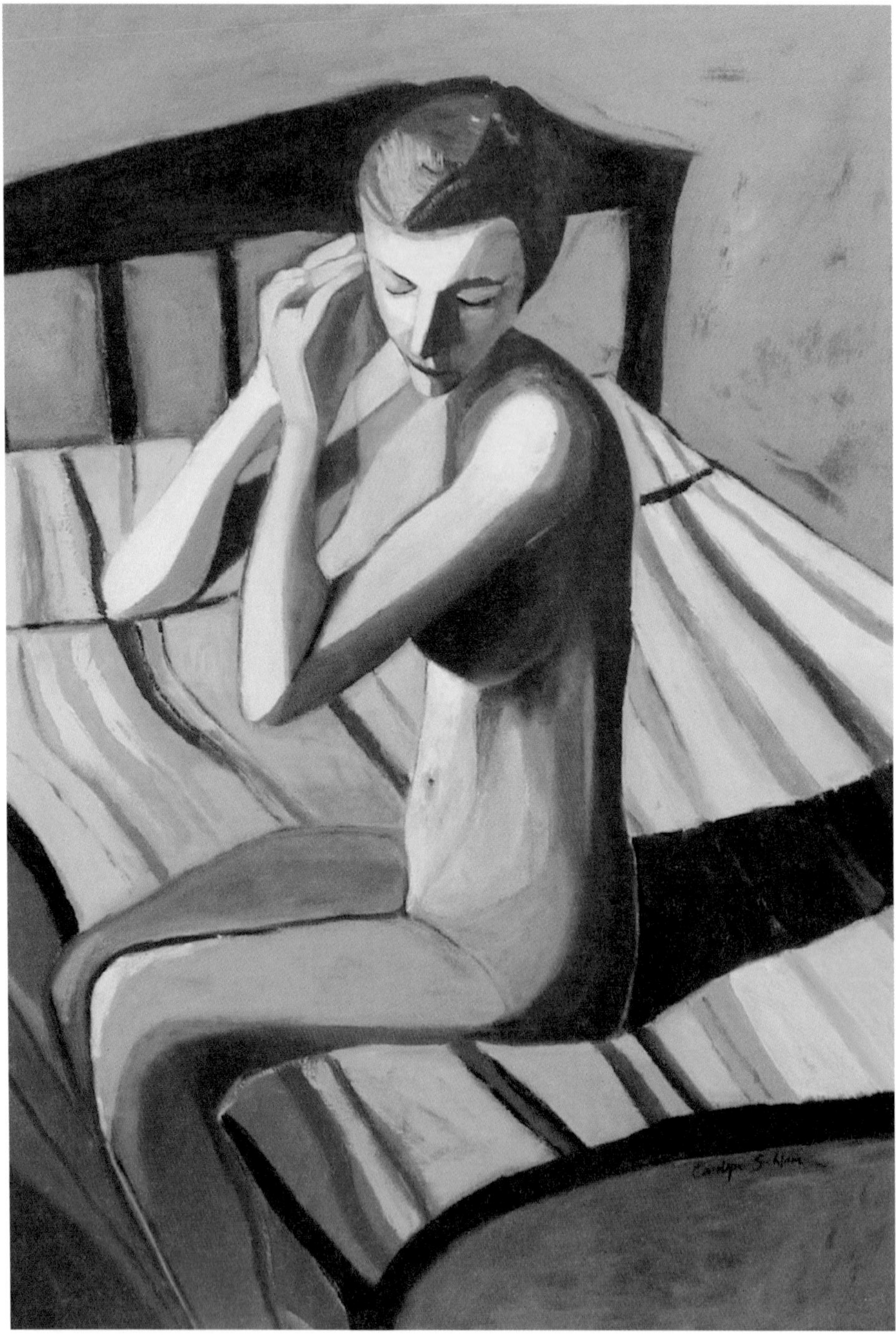

[그림 149] 캐럴린 슐람, 〈침대〉

캐럴린은 화가이자, 유리 예술가이며, 작가이다. 그의 웹사이트www.carolyschlam.com을 찾아 더 많은 작품의 예시를 살펴보라.

다섯 단어를 활용하여 이 작품을 설명하라.

1. ______________________
2. ______________________
3. ______________________
4. ______________________
5. ______________________

〈침대〉를 어떻게 설명하겠는가?

해답—연습문제 2: 용어 연결하기

명암의 대비	밝음
명암의 배합chiaroscuro	대조
소실점	원근법
미니멀리즘	본질적인 것들
형식주의	작품 그 자체
소극적 공간	대기
색조	빨강
크로스 해칭	선형적 질감
유기적인 형태	생체 변형
추상	제목 없음
환영	3차원
콜라주	부착
미학	규준
색감tone	환경
비율	상대적인 크기
패턴화	반복
표현주의	감정을 우선시
야외 사생	야외

해답—연습문제 5

1. 쇠라
2. 마네
3. 터너
4. 페르메이르
5. c. 현실주의자
6. d. 크레용 리지스트
7. b. 색조
8. b. 소실점
9. 반추상
10. 릴리프
11. 임파스토
12. 정물
14. 콜라주
15. c. 명암

해답—연습문제 6

1. 다빈치Da Vinci
2. 렘브란트Rembrandt
3. 카라바조Caravaggio
4. 티치아노Titian
5. 고야Goya
6. 르누아르Renoir
7. 드가Degas
8. 샤르댕Chardin
9. 로랭Lorrain
10. 피카소Picasso
11. 그리스Gris
12. 스티글리츠Stieglitz
13. 칸딘스키Kandinsky
14. 라우션버그Rauschenberg
15. 에이킨스Eakins
16. 사전트Sargent
17. 아르프Arp
18. 브랑쿠시Brancusi
19. 폴록Pollock
20. 미켈란젤로Michelangelo
21. 프랑켄탈러Frankenthaler
22. 할스Hals
23. 호크니Hockney
24. 몬드리안Mondrian
25. 마티스Matisse

부록 B

작품 목록

[그림 1] Juan Gris, CHECKERBOARD AND PLAYING CARDS, 1915, gouache, graphite, and resin on cream-colored wove paper, mounted to paperboard, 8.25 × 11.75 inches. Metropolitan Museum of Art, New York, NewYork, United States of America. Leonard A. Lauder Cubist Collection, Gift of Leonard A. Lauder, 2016. Photograph by Metropolitan Museum of Art.

[그림 2] Jean-Baptiste-Camille Corot, LE CHEMIN DE SÈVRES, 1855–1865, oilon canvas, 13.3 × 19.2 inches. Musée du Louvre, Paris, France. Photograph by theYorck Project.

[그림 3] Carolyn Schlam, Vanishing point (illustration).

[그림 4] Carolyn Schlam, Box (illustration).

[그림 5] Michelangelo, AWAKENING SLAVE, 1520–1523, marble, 8.8 feet. Galleriadell'Accademia, Florence, Italy. Photograph by Jörg Bittner Unna.

[그림 6a] Claude Monet, HAYSTACKS (EFFECT OF SNOW AND SUN), 1891,oil on canvas, 25.75 × 36.25 inches. Metropolitan Museum of Art, New York, NewYork, United States of America. H. O. Havemeyer Collection, Bequest of Mrs.H. O. Havemeyer, 1929. Photograph by Google Cultural Institute.

[그림 6b] Claude Monet, HAYSTACKS (END OF SUMMER), 1891, oil oncanvas, 23.62 × 39.37 inches. Musée d'Orsay, Paris, France. Photograph by Google Cultural Institute.

[그림 7] Amadeo Modigliani, GIRL IN A SAILOR'S BLOUSE, 1918, oil on canvas,25.7 × 18.2 inches. Metropolitan Museum of Art, New York, New York, United States of America. Gift of Charles F. Iklé, 1960. Photograph by Metropolitan Museum of Art.

[그림 8] Claude Monet, MORNING ON THE SEINE NEAR GIVERNY, 1897,oil on canvas, 32.1 × 36.6 inches. Metropolitan Museum of Art, New York, New York, United States of America. Bequest of Julia W. Emmons, 1956. Photograph by Metropolitan Museum of Art.

[그림 9] Carolyn Schlam, GIRL WITH GREEN EYES, 2017, oil on canvas, 24 ×30 inches. Private collection. Courtesy of the artist.

[그림 10] Pierre Bonnard, GARDEN, 1935, oil on canvas, 35.5 × 35.625 inches. Metropolitan Museum of Art, New York, New York, United States of America. The Walter H. and Leonore Annenberg Collection, Bequest of Walter H.

Annenberg, 2002. The Metropolitan Museum of Art.

[그림 11] Henri de Toulouse-Lautrec, DANSEUSE ASSISE AUX BAS DE ROSES, 1890, pastel on board, 22.36 × 18.27 inches. Dickinson Gallery, London, England. Photograph by Dickinson Gallery.

[그림 12] Juan Gris, STILL LIFE WITH A GUITAR, 1913, oil on canvas, 26 ×39.5 inches. Metropolitan Museum of Art, New York, New York, United States of America. Jacques and Natasha Gelman Collection, 1998. The Metropolitan Museum of Art.

[그림 13] Paul Cézanne, MADAME CÉZANNE IN A RED ARMCHAIR,1877, oil on canvas, 28.5 × 22 inches. Museum of Fine Arts, Boston, Massachusetts, United States of America. Photograph by Google Cultural Institute.

[그림 14] Albert Bierstadt, THE ROCKY MOUNTAINS, LANDER'S PEAK,1863, oil on canvas, 73.5 × 120.75 inches. Metropolitan Museum of Art, NewYork, New York, United States of America. Rogers Fund, 1907.

[그림 15] Vincent van Gogh, SHOES, 1888, oil on canvas, 18 × 21.75 inches. Metropolitan Museum of Art, New York, New York, United States of America. Purchase, The Annenberg Foundation Gift, 1992. The Metropolitan Museum of Art.

[그림 16] Edvard Munch, THE SCREAM, 1893, oil, tempera, and pastel on cardboard, 35.8 × 28.9 inches. National Gallery of Norway, Oslo, Norway. Photograph by National Gallery of Norway.

[그림 17] Phoebe Scott, TORSO, PRESSED, 2017, stoneware, 48 × 38 inches.Private collection. Courtesy of the artist.

[그림 18] Henri de Toulouse-Lautrec, POSTER FOR ARISTIDE BRUANT, 1896. Photograph by Charles Hiatt.

[그림 19] Jean-Auguste-Dominique Ingres, JOSÉPHINE-ÉLÉONORE-MARIEPAULINE DE GALARD DE BRASSAC DE BÉARN (1825–1860), PRINCESSE DE BROGLIE, 1851–1853, oil on canvas, 47.75 × 35.75 inches. Metropolitan Museum of Art, New York, New York, United States of America. Robert Lehman Collection, 1975. The Metropolitan Museum of Art.

[그림 20] Chaim Soutine, VIEW OF CAGNES, 1924–1925, oil on canvas, 23.75 × 28.875 inches. Metropolitan Museum of Art, New York, New York, United Statesof America. The Mr. and Mrs. Klaus G. Perls Collection, 1997. The Metropolitan Museum of Art.

[그림 21] Vasily Kandinsky, KLEINE WELTEN III, 1922, lithograph, 14.0625 ×11 inches. Metropolitan Museum of Art, New York, New York, United States ofAmerica. Harris Brisbane Dick Fund, 1931. The Metropolitan Museum of Art.

[그림 22] Edgar Degas, DANCERS, PINK AND GREEN, 1890, oil on canvas,32.375 × 29.75 inches. Metropolitan Museum of Art, New York, New York,United States of America. H. O. Havemeyer Collection, Bequest of Mrs. H.O. Havemeyer, 1929. The Metropolitan Museum of Art.

[그림 23] Paul Gauguin, IA ORANA MARIA, 1891, oil on canvas, 44.75 × 34.5inches. Metropolitan Museum of Art, New York, New York, United States ofAmerica. Bequest of Sam A. Lewisohn, 1951. The Metropolitan Museum of Art.

[그림 24] Egon Schiele, CROUCHING NUDE IN SHOES AND BLACKSTOCKINGS, BACK VIEW, 1912, watercolor, gouache, and graphite on paper. Metropolitan Museum of Art, New York, New York, United States of America. Bequest of Scofield Thayer, 1982. The Metropolitan Museum of Art.

[그림 25] Jacques-Louis David, THE DEATH OF MARAT, 1793, oil on canvas, 64.9× 50.3 inches. Royal Museum of Fine Arts of Belgium, Brussels, Belgium. Photograph by Google Cultural Institute.

[그림 26] Edward Hopper, NIGHTHAWKS 1942, oil on canvas, 33.1 × 60 inches.Art Institute of Chicago, Chicago, Illinois, United States of America. Photographby Art Institute of Chicago.

[그림 27] Mary Cassatt, ELLEN MARY CASSATT, 1899, pastel on laid paper, 12× 14.5 inches. Metropolitan Museum of Art, New York, New York, United Statesof America. Gift of Mrs. Gardner Cassatt, 1959. Metropolitan Museum of Art

[그림 28] Paul Klee, DRAWING KNOTTED IN THE MANNER OF A NET, 1920, ink on paper mounted on cardboard, 12.25 × 7.5 inches. Metropolitan Museum of Art, New York, New York, United States of America. The Berggruen Klee Collection, 1984. Metropolitan Museum of Art.

[그림 29] Jan Brueghel the Elder, BOUQUET OF FLOWERS, 1600–1625, oilon panel, 63.7 × 51.9 inches. National Museum of Art of Romania, Bucharest,Romania. Photograph by National Museum of Art of Romania.

[그림 30] Odilon Redon, ETRUSCAN VASE WITH FLOWERS, 1900–1910, tempera on canvas. The Metropolitan Museum of Art, New York, New York, UnitedStates of America. Maria DeWitt Jesup Fund, 1951; acquired from The Museum of Modern Art, Lillie P. Bliss Collection. The Metropolitan Museum of Art.

[그림 31] Arthur Dove, MOUNTAIN AND SKY, 1925, oil on wood panel,15.625 × 11.875 inches. Metropolitan Museum of Art, New York, New York, United States of America. Gift of Carl D. Lobell, 1994. The Metropolitan Museum of Art.

[그림 32] Piet Mondrian, COMPOSITION, 1921, oil on canvas, 19.5 × 19.5 inches. Metropolitan Museum of Art, New York, New York, United States of America.

Jacques and Natasha Gelman Collection, 1998. The Metropolitan Museum of Art.

[그림 33] Antonín Procházka, LADY IN SWEATER, 1921, mixed media oncardboard. Photograph by Ablakok.

[그림 34] Rembrandt van Rijn, SELF-PORTRAIT, 1628-1629, oil on oak panel,8.8 × 18.7 inches. Rijks museum, Amsterdam, Netherlands. Photograph by WebGallery of Art.

[그림 35] Johannes Vermeer, THE LOVE LETTER, c. 1669, oil on canvas, 17.3 ×5.1 inches. Rijksmuseum, Amsterdam, Netherlands. Photograph by Google Cultural Institute.

[그림 36] Juan Gris, PORTRAIT OF PABLO PICASSO, 1912, oil on canvas,36.73 × 29.29 inches. Art Institute of Chicago, Chicago, Illinois, United States of America.

[그림 37] Michelangelo Merisi da Caravaggio, THE CONVERSION ON THEWAY TO DAMASCUS, 1600, oil on canvas, 90.5 × 68.8 inches. Cerasi Chapel,Rome, Italy. Photograph by Web Gallery of Art.

[그림 38] Franz Stuck, THE SIN, 1893, oil on canvas, 37.2 × 23.4 inches. NeuePinakothek, Munich, Germany. Photograph by the Yorck Project.

[그림 39] J. M. W. Turner, RAIN, STEAM AND SPEED—THE GREATWESTERN RAILWAY, 1844, oil on canvas, 35.8 × 47.9 inches. National Gallery, London, England. Photograph by National Gallery.

[그림 40] Claude Monet, THE HOUSES OF PARLIAMENT (EFFECT OF FOG),1903-1904, oil on canvas, 32 × 36.375 inches. Metropolitan Museum of Art, NewYork, New York, United States of America. Bequest of Julia W. Emmons, 1956. The Metropolitan Museum of Art.

[그림 41] Frederick Carl Frieseke, AFTERNOON—YELLOW ROOM, 1910,oil on canvas, 32 × 32 inches. Indianapolis Museum of Art, Indianapolis,Indiana, United States of America. Photograph by Google Cultural Institute.

[그림 42] Paul Cézanne, GARDANNE, 1885-1886, oil on canvas, 31.5 × 25.25inches. Metropolitan Museum of Art, New York, New York, United States ofAmerica. Gift of Dr. and Mrs. Franz H. Hirschland, 1957. The Metropolitan Museum of Art.

[그림 43] Winslow Homer, THE BRIDLE PATH, WHITE MOUNTAINS, 1868,oil on canvas. Clark Art Institute, Williamstown, Massachusetts. Photographby the Bridgeman Art Library.

[그림 44] Vasily Kandinsky, SKETCH II FOR COMPOSITION VII, 1913,oil on canvas. Lenbachhaus, Maxvorstadt, Germany. Photograph by Ermell.

[그림 45] Pierre Bonnard, THE BROTHERS BERNHEIM-JEUNE, 1920, oil oncanvas, Musée d'Orsay, Paris, France. Photograph by Paul Hermans.

[그림 46] Alfred Henry Maurer, LANDSCAPE WITH HOUSE, 1909–1912,oil and egg tempera on paperboard, 21.5 × 18 inches. The Barnes Collection,Philadelphia, Pennsylvania, United States of America.

[그림 47] James Fitton, SELF-PORTRAIT, 1981, oil on canvas. Private collection. Photograph by Leutha.

[그림 48] Johannes Vermeer, THE ART OF PAINTING, 1666–1668, oil on canvas,47.24 × 39.37 inches. Kunsthistorisches Museum, Vienna, Austria. Photograph by Google Cultural Institute.

[그림 49] Édouard Vuillard, MADAME VUILLARD SEWING BY THEWINDOW, RUE TRUFFAUT, 1899, oil on cardboard on panel, 19.5 × 20.75inches. Metropolitan Museum of Art, New York, New York, United States of America. Robert Lehman Collection, 1975. The Metroplitan Museum of Art.

[그림 50] Leonardo da Vinci, SELF-PORTRAIT, 1512, red chalk on paper, 13.11× 8.38 inches. Royal Library of Turin, Turin, Italy. Photograph by Web Gallery of Art.

[그림 51] Michelangelo, DAVID (detail), 1501–1504, marble. Galleria dell'Accademia, Florence, Italy. Photograph by Jörg Bittner Unna.

[그림 52] Titian, BACCHUS AND ARIADNE, 1520–1523, oil on canvas, 69.4 ×75.1 inches. National Gallery, London, England. Photograph by National Gallery.

[그림 53] El Greco, EL SALVADOR, 1608–1614, oil on canvas, 28.3 × 21.6 inches. Museo del Prado, Madrid, Spain. Photograph by Museo del Prado.

[그림 54] Michelangelo Merisi da Caravaggio, SAINT JOHN THE BAPTIST INTHE WILDERNESS, 1604–1605, oil on canvas, 68 × 52 inches. Nelson-AtkinsMuseum of Art, Kansas City, Missouri, United States of America. Photographby Google Cultural Institute.

[그림 55] Johannes Vermeer, GIRL WITH A PEARL EARRING, 1665, oil oncanvas, 17.5 × 15.3 inches. Mauritshuis, The Hague, Netherlands. Photographby Mauritshuis, copied, sampled, and uploaded by Crisco 1492.

[그림 56] Rembrandt van Rijn, PORTRAIT OF SASKIA VAN UYLENBURGH(1612–1642), 1633, oil on oak panel, 18.8 inches wide. Rijksmuseum, Amsterdam,Netherlands. Photograph by Geheugen van Nederland.

[그림 57] Diego Velázquez, LAS MENINAS (detail), 1656–1657, oil on canvas,10.4 × 9.05 feet. Museo del Prado, Madrid, Spain. Photograph by Web Galleyof Art.

[그림 58] John Singer Sargent, MORNING WALK, 1888, oil on canvas, 19.7 ×26 inches. Private collection. Photograph by freeparking.

[그림 59] Édouard Manet, A BAR AT THE FOLIES-BERGÈRE, 1881–1882,oil on canvas, 37.7 × 51.1 inches. Courtauld Institute of Art, London, England. Photograph by Courtauld Institute of Art.

[그림 60] James Abbott McNeill Whistler, SYMPHONY IN WHITE, NO. 1: THE WHITE GIRL, 1861, 83.8 × 42.4 inches. National Gallery of Art, WashingtonDC, United States of America. Photograph by National Gallery of Art.

[그림 61] Gustav Klimt, THE KISS, 1907–1908, oil on canvas, 70.8 × 70.8 inches. Österreichische Galerie Belvedere, Vienna, Austria. Photograph by Google Art Project.

[그림 62] Henri Matisse, ODALISQUE SEATED WITH ARMS RAISED, GREEN-STRIPED CHAIR, 1923, oil on canvas, 25.625 × 19.75 inches. National Gallery of Art, Washington, DC, United States of America. Chester Dale Collection. Photograph by National Gallery of Art.

[그림 63] Pablo Picasso, PAULO ON A DONKEY, 1923, oil on canvas, 39 ×32 inches. Fundación Almine y Bernard Ruiz-Picasso para el Arte, Madrid,Spain. Photograph by Arthive user. Archive.

[그림 64] Richard Diebenkorn, WOMAN IN A WINDOW, 1957, oil on canvas,59 × 56 inches. Albright-Knox Art Gallery, Buffalo, New York, United States ofAmerica. Gift of Symour H. Knox, Jr., 1958. Photograph by Richard DiebenkornFoundation. Catalogue raisonné no. 2185. © Richard Diebenkorn Foundation. Reprinted here with permission.

[그림 65] Norman Rockwell, FACT AND FICTION, 1917, color halftonereproduction of painting, used as cover illustration for Leslie's Illustrated WeeklyNewspaper, vol. 124, no. 3201, 11 January 1917. US Library of Congress Prints and Photographs division.

[그림 66] Pieter Bruegel the Elder, THE HUNTERS IN THE SNOW, 1565, oilon oak panel, 46 × 63.8 inches. Kunsthistorisches Museum, Vienna, Austria. Photograph by Google Cultural Institute.

[그림 67] Claude Lorrain, PASTORAL LANDSCAPE: THE ROMANCAMPAGNA, 1639, oil on canvas, 40 × 53.5 inches. Metropolitan Museumof Art, New York, New York, United States of America. Bequest of Adele L. Lehman, in memory of Arthur Lehman, 1965. Photograph by Metropolitan Museum of Art.

[그림 68] Jacob van Ruisdael, WHEAT FIELDS, 1670, oil on canvas, 39.375 ×51.25 inches. Metropolitan Museum of Art, New York, New York, United States of America. Bequest of Benjamin Altman, 1913. Photograph by Metropolitan Museum of Art.

[그림 69] Caspar David Friedrich, THE WANDERER ABOVE THE SEA OFFOG, 1817, oil on canvas, 38.5 × 29.1 inches. Kunsthalle Hamburg, Hamburg,Germany.

Photograph by Cybershot800i.

[그림 70] John Constable, STONEHENGE, 1835, watercolor, 15.24 × 23.5 inches. Victoria and Albert Museum, London, England. Photograph by Google Cultural Institute.

[그림 71] J. M. W. Turner, THE LAKE OF ZUG, watercolor over graphite, 11.75× 18.375 inches. Metropolitan Museum of Art, New York, New York, United States of America. Marquand Fund, 1959. Photograph by Metropolitan Museum of Art.

[그림 72] Jean-Baptiste-Camille Corot, THE HEIGHTS ABOVE SÈVRES, 1865–1870, oil on canvas, 20.8 × 39.5 inches. Royal Museum of Fine Arts of Belgium, Brussels, Belgium. Photograph by Rvalette.

[그림 73] Thomas Cole, VIEW FROM MOUNT HOLYOKE, NORTHAMPTON, MAS-SACHUSETTS, AFTER A THUNDERSTORM—THE OXBOW,1836, oil on canvas, 51.4 × 75.9 inches. Metropolitan Museum of Art, New York, New York, United States of America. Photograph by Metropolitan Museum of Art.

[그림 74] Alfred Sisley, THE BRIDGE AT VILLENEUVE-LA-GARENNE, 1872,oil on canvas, 19.5 × 25.75 inches. Metropolitan Museum of Art, New York, New York, United States of America. Gift of Mr. and Mrs. Henry Ittleson Jr., 1964. Photograph by Metropolitan Museum of Art.

[그림 75] Claude Monet, WATER LILIES, 1919, oil on canvas, 39.75 × 78.75inches. Metropolitan Museum of Art, New York, New York, United States ofAmerica. The Walter H. and Leonore Annenberg Collection, Gift of Walter H.and Leonore Annenberg, 1998, Bequest of Walter H. Annenberg, 2002. The Metropolitan Museum of Art.

[그림 76] Georges Seurat, STUDY FOR "A SUNDAY AFTERNOON ON THEISLAND OF LA GRANDE JATTE," 1884, oil on canvas, 27.75 × 41 inches.Metropolitan Museum of Art, New York, New York, United States of America. Bequest of Sam A. Lewisohn, 1951. The Metropolitan Museum of Art.

[그림 77] Paul Cézanne, VIEW OF THE DOMAINE SAINT-JOSEPH, late 1880s,oil on canvas, 25.625 × 32 inches. Metropolitan Museum of Art, New York, NewYork, United States of America. Catharine Lorillard Wolfe Collection, Wolfe Fund,1913. The Metropolitan Museum of Art.

[그림 78] Vincent van Gogh, IRISES, 1889, oil on canvas, 29.25 × 37.125 inches. TheJ. Paul Getty Museum, Los Angeles, California, United States of America. Getty Open Images.

[그림 79] Henri Matisse, WINDOW AT TANGIER, 1913, oil on canvas, 45.27× 31.5 inches. The Pushkin State Museum of Fine Arts, Moscow, Russia.

[그림 80] Carolyn Schlam, Simplified landscape (illustration).

[그림 81] August Haake, FIELD WITH SHEAFS, 1911–1914, oil on cardboard,19.7 × 28.1 inches. Private collection. Photograph by Michael Gäbler.

[그림 82] Richard Diebenkorn, OCEAN PARK #54, 1972, oil and charcoal on canvas,100 × 81 inches. San Francisco Museum of Modern Art, San Francisco, California,United States of America. Gift of Friends of Gerald Nordland. Photograph by RichardDiebenkorn Foundation. Catalogue raisonné no. 4117. © Richard DiebenkornFoundation. Reprinted here with permission.

[그림 83] Jean-Baptiste-Siméon Chardin, STILL LIFE WITH FISH, VEGETABLES, GOUGÈRES, POTS, AND CRUETS ON A TABLE, 1769, oil on canvas, 27× 22.9 inches. J. Paul Getty Museum, Los Angeles, California, United States of America. Photograph by J. Paul Getty Museum.

[그림 84] Henri Fantin-Latour, SUMMER FLOWERS, 1880, oil on canvas, 20 ×24.3 inches. Metropolitan Museum of Art, New York, New York, United Statesof America. Gift of Susan S. Dillon, 1997. Photograph by Metropolitan Museumof Art.

[그림 85] Paul Cézanne, APPLES, 1878–1879, oil on canvas, 9 × 13 inches. Metropolitan Museum of Art, New York, New York, United States of America. Photograph by Metropolitan Museum of Art.

[그림 86] Camille Pissarro, STILL LIFE WITH APPLES AND PITCHER, 1872,oil on canvas, 18.25 × 22.25 inches. Metropolitan Museum of Art, New York,New York, United States of America. Purchase, Mr. and Mrs. Richard J. Bernhard-Gift, by exchange, 1983. Photograph by Metropolitan Museum of Art.

[그림 87] Juan Gris, STILL LIFE BEFORE AN OPEN WINDOW, PLACERAVIGNAN, 1915, oil on canvas, 45.65 × 35 inches. Philadelphia Museum of Art, Philadelphia, Pennsylvania, United States of America. Photograph by Google Cultural Institute.

[그림 88] Vincent van Gogh, FOURTEEN SUNFLOWERS IN A VASE, 1889,oil on canvas, 37.4 × 28.7 inches. Van Gogh Museum, Amsterdam, Netherlands.

[그림 89] Paolo Monti, MORANDI STUDIO, 1981, photograph of still-life setupin studio of Giorgio Morandi. Bibliotecha Europea di Informazione e Cultura, Milan, Italy. Photograph by Fondo Paolo Monti.

[그림 90] Robert Rauschenberg, TRACER, 1963, mixed media. San FranciscoMuseum of Modern Art, San Francisco, California, United States of America. Photograph by Sharon Mollerus.

[그림 91] Edgar Degas, LITTLE FOURTEEN-YEAR-OLD DANCER, 1922,bronze, 38.5 × 17.25 × 14.375. Metropolitan Museum of Art, New York, New York, United

States of America. Bequest of Mrs. H. O. Havemeyer, 1929. Photograph by Agnostic Preachers Kid.

[그림 92] Jeylina Ever, ORLANDO, 2009, mixed media. Photograph by Jeylina Ever.

[그림 93] Marcel Duchamp, FOUNTAIN, 1917. Photograph by Alfred Stieglitz.

[그림 94] Arshile Gorky, GARDEN OF WISH FULFILLMENT, 1944, oil on canvas. Museu Calouste Gulbenkian, Lisbon, Portugal. Photograph by Pedro Ribeiro Simoes.

[그림 95] Willem de Kooning, WAVES #1, 1960, lithograph, 45.8125 × 31.75inches. Fine Arts Museums of San Francisco, San Francisco, California, UnitedStates of America. Photograph by Theresa Papanikolas and Stephen Salel, Abstract Expressionism: Looking East from the Far West (Honolulu: Honolulu Museum ofArt, 2017).

[그림 96] Art & Language, UNTITLED PAINTING, 1965, mirror mountedon canvas, 32.12 × 22.95 inches. Tate Modern, London, England. Photograph by Smucon-law.

[그림 97] Frank James Graham, UNTITLED, early 1970s, acrylic on canvas. Photo-graph by Beergas.

[그림 98] Thutmose, BUST OF NEFERTITI, 1345 BC (ancient Egypt), limestone and stucco, 19 inches tall. Neues Museum, Berlin, Germany. Photographby Philip Pikart.

[그림 99] Michelangelo, DAVID, 1501–1504, marble, 17 feet tall. Galleria dell'Acca-demia, Florence, Italy. Photograph by Livioandronico2013.

[그림 100] Auguste Rodin, THE THINKER, 1903, bronze on patina, 70.8 ×38.1 × 55.1 inches. Museo Soumaya, Mexico City, Mexico. Photograph by Protoplas-maKid.

[그림 101] Paul Landowski, CHRIST THE REDEEMER, concrete and soapstone, 98 feet tall. Mount Corcovado, Rio de Janeiro, Brazil. Photograph by Arian Zwe-gers.

[그림 102] Daniel Chester French, LINCOLN MEMORIAL, 1920, marble, 19feet tall. Washington, DC. Photograph by Erick Robert Joli Weber.

[그림 103] Jean Arp, CLOUD SHEPHERD, 1953, bronze, 5 feet tall. Kröller-Müller-Museum, Otterlo, Netherlands. Photograph by Gerardus.

[그림 104] Henry Moore, RECLINING FIGURE: ANGLES, 1980, bronze, 48.5 ×86.5 × 61.8 inches, Art Gallery of New South Wales, Sydney, Australia. Photograph by Paul Holloway.

[그림 105] Amedeo Modigliani, WOMAN'S HEAD, 1912, limestone, 26.875 ×6.25 × 9 .5 inches. Metropolitan Museum of Art, New York, New York, UnitedStates of America. The Mr. and Mrs. Klaus G. Perls Collection, 1997.

[그림 106] Umberto Boccioni, ANTIGRACEFUL, 1913 (cast 1950), bronze, 23× 21 × 16.5 inches. Metropolitan Museum of Art, New York, New York, UnitedStates of America. Bequest of Lydia Winston Malbin, 1989.

[그림 107] Deborah Butterfield, RORY, 1992, painted steel. Samuel P. HarnMuseum of Art, Gainesville, Florida, United States of America. Photograph by Soulbust.

[그림 108] Anthony Caro, AURORA, 2000–2003, painted metal. Leeds Art Gallery,Leeds, England. Photograph by Tim Green.

[그림 109] Mark di Suvero, (sculptures left to right) OLD BUDDY (1993–1995), DREAMCATCHER (2005–2012), MOTHER PEACE (1970), and HURU(1984–1985), metal, varying sizes. San Francisco Museum of Modern Art atCrissy Field, San Francisco, California, United States of America. Photograph by Chedasaurus.

[그림 110] Anish Kapoor, TALL TREE AND THE EYE, 2009, stainless steel and carbon steel, 4.4 × 4.4 × 13 meters. Guggenheim Museum, Bilbao, Spain. Photographby Kamahele.

[그림 111] Alfred Stieglitz, A SNAPSHOT, PARIS, 1911, photogravure, 13.8 ×17.4 centimeters. Metropolitan Museum of Art, New York, New York, United States of America. Gift of J. B. Neumann, 1958. Photograph by Metropolitan Museum of Art.

[그림 112] Carolyn Schlam, REFLECT/REFRACT, 2018, collage, 40 × 32 inches. Courtesy of the artist.

[그림 113] Titian, VENUS OF URBINO, 1538, oil on canvas, 47 × 65 inches. Uffizi Gallery, Florence, Italy. Photograph by Uffizi.

[그림 114] Giorgione, SLEEPING VENUS, 1508, oil on canvas, 42.7 × 68.8 inches. Gemäldegalerie Alte Meister, Dresden, Germany. Photograph by Google Cultural Institute.

[그림 115] Francisco Goya, THE NUDE MAJA, 1795–1800, oil on canvas, 38.5 ×75.1 inches. Museo del Prado, Madrid, Spain. Photograph by Museo Nacional delPrado.

[그림 116] Édouard Manet, OLYMPIA, 1863, oil on canvas, 51.1 × 74.8 inches.Musée d'Orsay, Paris, France. Photograph by Google Art Project.

[그림 117] Diego Velázquez, LAS MENINAS, 1656–1657, oil on canvas, 10.4 × 9feet. Museo del Prado, Madrid, Spain. Photograph by the Prado in Google Earth.

[그림 118] John Singer Sargent, THE DAUGHTERS OF EDWARD DARLEYBOIT, 1882, oil on canvas, 87.3 × 87.6 inches. Museum of Fine Arts, Boston, Massachusetts. Photograph by the Museum of Fine Arts.

[그림 119] Manolo Valdés, LAS MENINAS, 2006, bronze. Hofgarten, Düsseldorf,Germany. Photograph by Ralf Hüls.

[그림 120] Jacqueline Roberts, A MENINAS DREAM, 2008, photograph by Courtesy of the artist.

[그림 121] Jimmy Wright, SELF #4, 2002, pastel on paper, 25.5 × 19.5 inches. Private collection. Courtesy of the artist.

[그림 122] Rembrandt van Rijn, LARGE SELF-PORTRAIT, 1652, oil on canvas, 44 × 32 inches. Kunsthistorisches Museum, Vienna, Austria. Photograph byMyStudios.

[그림 123] Gustave Courbet, THE DESPERATE MAN(self-portrait), 1843, oilon canvas, 17.7 × 21.2 inches. Private collection.

[그림 124] Vincent van Gogh, SELF-PORTRAIT, 1889, oil on canvas, 26 × 21inches. Musée d'Orsay, Paris, France. Photograph by Google Cultural Institute.

[그림 125] Francisco Goya, THE DOG, 1820–1823, oil on canvas, 51.5 × 31.1inches. Museo del Prado, Madrid, Spain. Photograph by Museo del Prado.

[그림 126] Isaac Levitan, ABOVE THE ETERNAL PEACE, 1894, oil on canvas, 37.4 × 50 inches. State Tretyakov Gallery, Moscow, Russia. Photograph by Anagoria.

[그림 127] Thomas Denny, RICHARD III WINDOW, 2016, stained glass, 8 ×3 feet. Leicester Cathedral, Leicester, England. Photograph by Amanda Slater.

[그림 128] Edgar Degas, A WOMAN IRONING, 1873, oil on canvas, 21.375× 15.5 inches. Metropolitan Museum of Art. H. O. Havemeyer Collection,Bequest of Mrs. H. O. Havemeyer, 1929. Photograph by Metropolitan Museumof Art.

[그림 129] Paul Klee, AD PARNASSUM, 1932, tempera on linen, 26.1 × 41.7inches. Kunstmuseum Basel, Basel, Switzerland.

[그림 130] Piet Mondrian, BROADWAY BOOGIE WOOGIE, 1942–1943,oil on canvas, 50 × 50 inches. Museum of Modern Art.

[그림 131] Artist unknown, CROUCHING FIGURE, 10th–4th century BC,Olmec (Mexico), andesite (stone), 10.375 × 5.25 × 6.125 inches. Metropolitan Museum of Art. The Michael C. Rockefeller Memorial Collection, Bequest of Nelson A. Rockefeller, 1979. Photograph by Metropolitan Museum of Art.

[그림 132] Michelangelo, CROUCHING BOY, 1530–1534, marble, 21 inches.Hermitage Museum, St. Petersburg, Russia. Photograph by Richard Mortel.

[그림 133] Aristide Maillol, CROUCHING GIRL, 1900, bronze, 8.25 × 3.75 × 4.25inches. Metropolitan Museum of Art, Bequest of Jane Costello Goldberg, 1987. Photograph by Metropolitan Museum of Art.

[그림 134] Antony Gormley, EXPOSURE, 2010, metal pylons. Haven van Lelystad, Netherlands. Photograph by Herman Verheij.

[그림 135] Jean-Auguste-Dominique Ingres, LA GRANDE BAIGNEUSE, 1808, oil oncanvas, 57.4 × 38.6 inches. Musée du Louvre, Paris, France. Photograph by Gallerix.

[그림 136] Edgar Degas, AFTER THE BATH, WOMAN DRYING HERSELF,1890–1895, pastel on woven paper mounted on millboard, 40.7 × 38.7 inches.National Gallery, London, England. Photograph by National Gallery.

[그림 137] Carolyn Schlam, BATH, 2017, oil on canvas, 40 × 30 inches. Private collection. Courtesy of the artist.

[그림 138] William Blake, THE ANCIENT OF DAYS, 1794, etching, 9.125 ×6.875 inches. British Museum, London, England. Photograph by Frank Vincentz.

[그림 139] Marc Chagall, WINDOW AT CHICHESTER CATHEDRAL, 1978, stained glass. Chichester Cathedral, Chichester, England. Photograph by Tony Hisgett.

[그림 140] Henri Rousseau, THE DREAM, 1910, oil on canvas, 80.5 × 117.5 inches. Museum of Modern Art, New York, New York, United States of America. Photograph by The Yorck Project.

[그림 141] Thomas Eakins, THE PAIR-OARED SHELL, 1872, oil on canvas, 24× 35.9 inches. Philadelphia Museum of Art, Philadelphia, Pennsylvania, United States of America. Gift of Mrs. Thomas Eakins and Miss Mary Edline Williams,1929. Photograph by Gallerix.

[그림 142] Thomas Eakins, PERSPECTIVE DRAWING FOR "THE PAIR-OARED-SHELL," 1872, drawing. Philadelphia Museum of Art, Philadelphia, Pennsylvania, United States of America. Photograph by Raul654.

[그림 143] Robert Henri, SNOW IN NEW YORK, 1902, oil on canvas, 32 ×25.7 inches. National Gallery of Art, Washington DC, United States of America. Photograph by National Gallery of Art.

[그림 144] Clark Hulings, THE PINK PARASOL, 1979, oil on canvas, 32 × 46inches. Private collection. Photo courtesy of The Clark Hulings Estate.

[그림 145] Sirarpi Heghinian Walzer, BODY AND SOUL, 2018, mixed media, oilon paper, 24 × 32 inches. Private collection. Courtesy of the artist.Fig. 146.

[그림 146] Elana Kundell, I WANT YOU INEVITABLE, 2011, oil and charcoal onpanel, 20 × 16 inches. Private collection.

[그림 147] Claire Haye, SEEKING TRUTH—BOTH SIDES, 2008, bronze sculpture, 44 × 16 × 30 inches. Private collection.

[그림 148] Sheila Fein, COUNTING PONIES, 2018, colored pencil with turpentine. Private collection.

[그림 149] Carolyn Schlam, THE BED, 2011, oil on canvas, 50 × 36 inches.Private collection. Courtesy of the artist.

옮긴이의 말

미술관을 갈 때마다 챙겨 가야 할 도구 상자가 생겼다

1.

더러 미술관을 갈 때가 있다. 샤갈이나 마티스, 달리나 호크니 등 유명한 화가들의 전시는 물론이거니와 주제를 내걸고 기획된 특별전도 챙겨서 가는 편이다. 그러나 갈 때마다 번번이 실망이다. 내가 가고 싶다고 마음이 동하는 만큼 다른 사람들도 그러할 것이기에 미술관은 언제나 번잡하기 그지없다. 더욱이 마음 편히 좋은 그림 앞에서 한참을 머무를 수는 더욱이 없다. 인파에 밀려 그저 일별할 수 있을 뿐이다. 더욱이 유명한 화가들의 전시에는 작품 그 자체보다 스케치나 주변 텍스트들이 더 많이 전시되어 있기에 과대 포장된 상품을 열어보는 기분이 드는 것도 어쩔 수가 없다.

그러나 미술관에 다녀온 뒤끝이 늘 마뜩지 않은 것은 전시 내용에 기인하는 것만도 아니다. 무엇보다 불만은 작품을 보았음에도 딱히 할 말이 없다는 점이다. 물론 전시장을 둘러보고, '이 작품이 제일 마음에 드는군'이란 느낌은 있다. 그러나 그 그림에 관해 왜, 무엇 때문에 내 마음을 툭 치고 가는지 할 수 있는 말이 없다. 미술관만 가면 나는 과묵해진다. 왜 그럴까?

이런 답답함은 유독 필자만의 문제는 아닌 듯싶다. 수많은 미술 관련 서적들은 한결같이 초심자를 위한 안내를 자처하기 때문이다. 그러나 그림에 깃든 비밀스러운 아름다움에 관해 남의 이야기를 듣는 것은 찬탄을 자아내기는 할지언정 스스로의 감동으로 자리매김되는 것은 아니다. 나만의 관점으로 작품의 아름다움을 말할 수 있어야만, 언표화되어야만 비로소 대상의 세계는 온전히 전유된다. 그러자면 결국 그림을 좋아하고, 누리고, 창조하는 공동체의 언어를 익히는 수밖에 없다. 언어가 사고의 집이라면 미술의 언어는 그림으로 지은 집을 여는 열쇠가 아닐 수 없다. 이 책 『그림 앞에서 수다 떨기』는 그림으로 지은 집을 들어가기 위한 딱 맞춤한 안내서다.

2.

이 책은 연구자나 애호가의 관점이 아니라 화가의 관점에서 쓰였다. 오랜 수련과 창작의 과정을 몸소 체험한 화가가 자신에게 미술이란 무엇이며, 이 미술작품에 독자들이 다가서기 위해 도구 상자에 무엇을 담아야 할 것인지를 친절하게 알려주고 있다. 미술의 근본적인 요소들인 선, 형태, 색, 질감, 공간 등은 물론이거니와 주제에 따른 인물화, 풍경화, 정물화, 추상화와 조각 등에 이르기까지 대표적인 작품을 통해 상세하고 알기 쉽게 알려주고 있다.

특히나 이 책의 관점은 어떤 특정한 관점이 바람직하다고 결코 말하지 않는다. 문제는 주장이 아니라 한 걸음 더 가까이 그림에 다가가는 태도이기 때문이다. 시야를 넓히고 마음을 연다면 그 어떤 작품이든 우리에게 말을 걸어오기 마련이며, 기꺼이 자신의 언어로 포획할 수만 있다면 그림은 우리네 삶의 일부가 된다는 것이다.

화가로서의 유연함만이 이 책의 장점은 아니다. 무엇보다 이 책은 그림을 향유할 수 있는 우리의 도구 상자에 어떤 언어를 채워야 할지를 정확하게 또 명료하게 건네주고 있다. 기본적인 용어는 물론이거니와 미술사를 관통하는 흐름들을 파악할 수 있는 특징과 운동들을 관계 속에서 포착하고 있다. 어떻게 해서 인상주의가 반추상을 거쳐 추상으로 발전해 가는지를 알기 쉽게 설명하고 있는 것에서 이와 같은 저자의 안내는 빛을 발한다. 더욱이 작품의 특성을 최근 세간의 관심을 끄는 MBTI를 통해 성격 분석을 해보임으로써 사람과 다를 바 없이 화가들이 창조한 작품 역시 저마다 자신만의 성격을 가지고 있다는 분석은 참으로 의미 있는 작업이 아닐 수 없다.

예컨대 지은이는 바실리 칸딘스키의 작품 〈작은 세계들 III〉은 내향, 직관, 사고, 인식으로 이루어진 INTP에 속하며 자크 루이 다비드의 〈마라의 죽음〉을 두고서는 외향, 직관, 사고, 판단의 ENTJ에 속한다고 제시하고 있다. 이는 작품에 깃든 화가의 의도가 대립축의 어느 지점에서 안착하고 있는지를 보여줌으로써 그림을 보는 우리의 시각을 한층 명료하게 밝혀주고 있다.

3.

그림에 관한 책들이 가진 가장 큰 미덕은 그림 자체를 보여주는 것이어야 한다. 이 책은 이 점에서도 손색이 없다. 149점에 걸친 다양한 시대, 문화, 화가들의 작품들이 제시됨으로써 그림을 읽는 즐거움을 여지없이 전달해 준다. 더욱이 잘 알려진 작품뿐만 아니라 지은이와 동시대를 살아가는 다양한 화가들의 그림들을 함께 보여줌으로써 오늘날 서양화의 흐름이 어떻게 변화, 발전되어 가고 있는지 책을 읽는 것만으로 독자의 내면에 차곡차곡 채워질 것이다. 더욱이 이 책에는 그저 용어를 설명하고, 사조를 설명하는 데에서 더 나아가 마치 한 편의 독립된 에세이와 같은 글 역시 수록되어 있어 현대 미술에 대한 지은이의 관점 역시 명확하게 표현하고 있다.

그리고 이 책에는 생각해 볼 문제들이 질문의 형식으로 던져져 있다. 예컨대 '몸을 웅크린 조각상' 네 작품을 제시한 다음 '네 작품 중 어느 작품이 가장 마음에 드는가? 그 까닭은 무엇인가?', '메시지를 담고 있는 작품이 더 인상적인가?', '미술이 메시지를 갖는 것이 중요하다고 생각하는가?', '미술을 통해 전달하고자 하는 메시지가 있다면 무엇인가?' 등의 간결하면서 숙고할 가치가 있는 질문들을 제시하고 있다. 이를 통해 그저 객관적인 대상으로서의 그림이 아니라, 지은이가 중시하는 소통으로서의 미술에 한 걸음 더 가깝게 다가설 수 있게 해준다.

4.

그림은, 미술은 당연 시각적인 예술 작품이다. 이 책에서 art는 미술로 가능한 한 통일적으로 번역했지만 미술은 예술과 동의어로 사용되고 있으며, 예술적 자질들을 대표하는 장르로 자리매김되고 있다. 그리고 예술의 역할이 우리로 하여금 더 많은 것을, 더 잘 보고, 더 잘 느낄 수 있도록 만드는 것이라면, 우리네 삶에서 미술은 결코 건너뛰거나 빠뜨릴 수 없는 인간적 활동이다. 수렵과 채집에 매달리기에도 바빴던 원시시대조차 인간은 예술을 위해 기꺼이 시간과 장소를 내어주었다. 지금이라고 해서 다르지 않을 것이다. 비록 창작하는 화가는 아닐지라도 그림의 세계를 삶의 한 영역으로 끌어안음으로써 우리는 새삼 삶의 아름다움이 어떠하며 무엇이어야 하는지를 경험할 수 있을 것이다. 예술이야말로 우리를 우리답게 만드는 것이 아니겠는가?

책을 번역하면서 성큼 미술의 세계에 가까이 다가서 있는 스스로를 발견하게 되었다. 번역을 맡겨 준 출판사에 고마운 마음이다. 그리고 그림을 보고 난 다음 내게도 할 말이 생겼다는 것을 고백하지 않을 수 없다. 이 책을 읽는 독자들 역시 미술관을 갈 때마다, 그림을 마주칠 때마다 이 책이 건네는 도구 상자를 꼭 챙겨 가기를 바라는 마음이다. 그림이 함께 있는 삶, 근사하지 않은가?

2024년 6월

이 진 경

용어 색인

작가 · 작품 색인

ㅌ

ㅍ

뒤란에서 예술 읽기 04

그림 앞에서 수다 떨기

초판 1쇄 발행 2024년 6월 10일
지은이 캐럴린 슐람 옮긴이 이진경
책임편집 박은혜 디자인 볍씨 인쇄 POD Book(천일문화사)
펴낸이 김두엄
펴낸곳 뒤란 등록 제2019-000092호(2019년 7월 19일)
주소 07208 서울시 영등포구 선유로49길 23 IS비즈타워2차 1503호
전화 02-3667-1618 전자우편 ssh_publ@naver.com
블로그 sangsanghim.tistory.com 인스타그램 @duiran_book

ISBN 979-11-978957-7-7